ZDROWY BRUD

Maya Shetreat-Klein
oraz Rachel Holtzman

ZDROWY BRUD

Jak unikanie sterylnie czystych warzyw i owoców może poprawić odporność twojego dziecka

vivante

TYTUŁ ORYGINAŁU:
The Dirt Cure. Growing Healthy Kids with Food Straight from Soil

Przełożyli: Katarzyna Kmieć-Krzewniak i Mateusz Suchecki
Redaktor prowadzący: Aneta Bujno
Redakcja: Aleksandra Marczuk
Korekta: Monika Pruska
Projekt okładki: Łukasz Werpachowski
Zdjęcie na okładce: © ClarkandCompany (istockphoto.com)
Skład: skladigrafika@gmail.com

Wydanie I
Białystok 2017
ISBN 978-83-65442-78-9

Od wydawcy:
Publikacja zawiera opinie i pomysły autorki. Jej zamierzeniem jest przekazanie czytelnikom pomocnych porad i informacji w ramach poruszanych w tekście zagadnień.
Materiał niniejszej publikacji nie stanowi środka zastępczego dla porad specjalistów w dziedzinie medycyny i zdrowia lub innych ekspertów. Przed wyciągnięciem ostatecznych wniosków i zastosowaniem się do jakiejkolwiek sugestii zawartej w książce czytelnik powinien najpierw skonsultować się z lekarzem lub inną kompetentną osobą w zakresie medycyny i zdrowia.
Autor i wydawca nie ponoszą żadnej odpowiedzialności za jakiekolwiek straty bądź ryzyko będące – w sposób bezpośredni lub pośredni – następstwem wykorzystania i zastosowania treści zawartych w książce.

vivante
www.vivante.pl

Wydawnictwo Vivante
E-mail: wydawnictwo@vivante.pl
Dział handlowy: zamowienia@vivante.pl
Pełna oferta wydawnictwa jest dostępna na stronie www.vivante.pl

Tę książkę dedykuję rzeczom świętym:
kamieniom, ziemi i promieniom słońca;
wiatrowi, wodzie i pustkowiom;
roślinom, drzewom i wszystkim żywym stworzeniom
widzialnym i niewidzialnym

Spis treści

CZĘŚĆ 4. SKŁADAMY WSZYSTKO W JEDNĄ CAŁOŚĆ

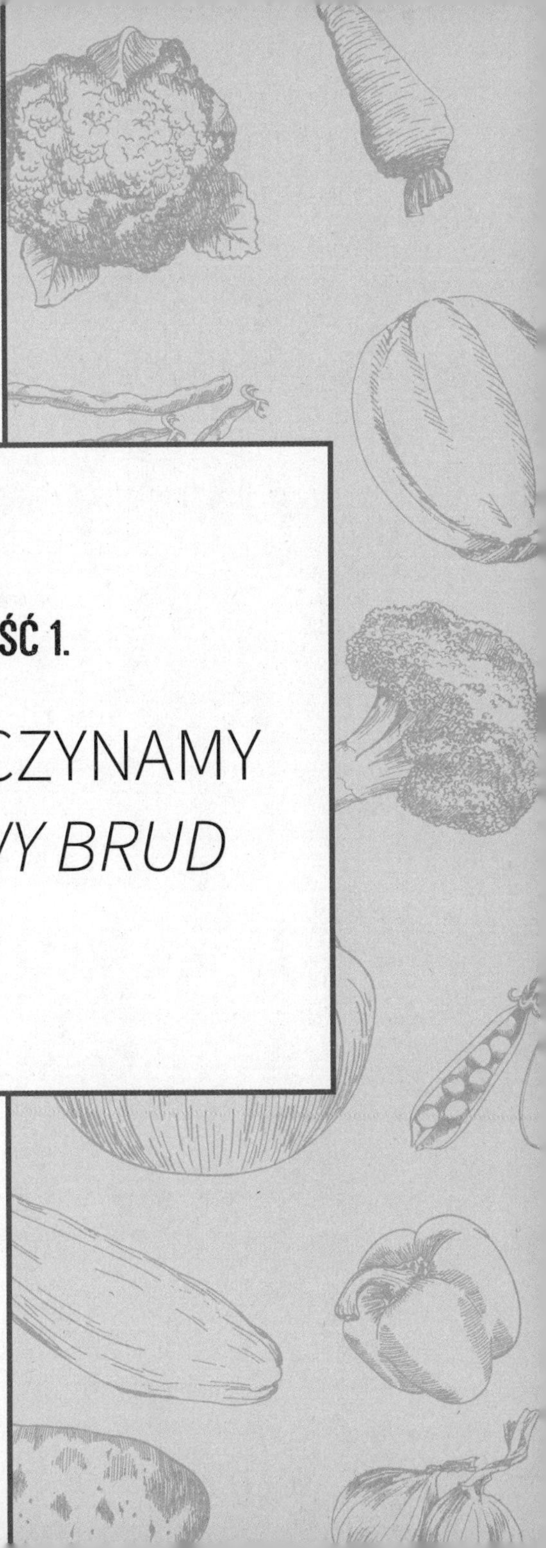

CZĘŚĆ 1.

ROZPOCZYNAMY *ZDROWY BRUD*

Przyjrzyj się przyrodzie,
*a od razu wszystko lepiej zrozumiesz**.

– ALBERT EINSTEIN

Bycie rodzicem to szczególnie stresujący czas w życiu. Z każdymi kolejnymi badaniami naukowymi dowiadujemy się, że wśród dzieci w zawrotnym tempie wzrasta wskaźnik zachorowalności na takie przypadłości jak ADHD, autyzm, dysleksja, stany lękowe, depresja, epilepsja, choroba dwubiegunowa czy zespół Tourette'a. W ciągu ostatniej dekady w Stanach Zjednoczonych odsetek dzieci z zaburzeniami rozwoju w wieku od 3 do 17 lat wzrósł o liczbę dwucyfrową. Współczynnik występowania przypadłości takich jak autyzm zwiększył się aż o 78 procent[1]. Obecnie ADHD zaczyna występować już nawet u dzieci w wieku 2 lat, natomiast u 11 procent dzieci w wieku szkolnym i 20 procent nastolatków zostaje już oficjalnie zdiagnozowane – w ciągu minionej dekady liczba przypadków tego zaburzenia wzrosła o 41 procent. W tym samym okresie ponad trzykrotnie zwiększyła się także liczba dzieci, u których stosuje się kuracje stymulantami lub lekami przeciwpsychotycznymi[2]. Ostatnie badania wykazały, że w Stanach Zjednoczonych średnio u jednego na pięcioro dzieci diagnozuje się chorobę psychiczną. Leczenie wszystkich wspomnianych chorób kosztuje nas obecnie 247 miliardów dolarów rocznie[3].

* Wszystkie cytaty w przekładzie tłumaczy [przyp. tłum.].

Jeśli to wszystko nie wystarczy, by całkowicie odebrać nam ochotę na prokreację, można jeszcze zaobserwować dziś bezprecedensowy wzrost przypadków alergii pokarmowych, egzemy, astmy, choroby zapalnej jelit i innych przypadłości autoimmunologicznych[4, 5, 6], szczególnie w Stanach Zjednoczonych. W ciągu ostatnich kilku lat liczba zachorowań na cukrzycę typu 1 wśród dzieci w wieku 5 lat i młodszych wzrastała co roku o 6,3 procent[7]. Z kolei tzw. typowe dolegliwości, jak kolka, infekcje uszu, zaburzenia snu czy zaparcia, stały się zdecydowanie zbyt powszechne. (Bo od kiedy to kupka raz na tydzień to coś „typowego"?!). Dlaczego zatem, skoro żyjemy w społeczeństwie coraz lepiej wyedukowanym i coraz zamożniejszym, w którym mamy dostęp do zaawansowanej medycyny i odnosimy coraz większe sukcesy w walce z różnego rodzaju chorobami zakaźnymi, ze zdrowiem naszych dzieci jest coraz gorzej?

Jako neurolog dziecięcy myślę o tych zatrważających statystykach każdego dnia, ponieważ moja praca polega na leczeniu dzieci. Dla wielu moich pacjentów jestem, nazwijmy to, „ostatnim przystankiem". Większość rodzin, które zjawiają się w moim gabinecie – często po pokonaniu bardzo wielu kilometrów – ma za sobą długie zmagania związane z nieudanymi kuracjami w ramach tradycyjnych metod leczenia. Są to najczęściej ludzie, których dzieci otrzymały na swoje objawy konwencjonalne lekarstwa, cierpiały w wyniku ich skutków ubocznych, po czym przepisywano im kolejne medykamenty, żeby poradzić sobie z niepożądanymi efektami, wywołanymi przez te pierwsze. A co najgorsze, wielu z nich wmówiono, że ich dzieci po prostu nie da się wyleczyć. Że będą chore przez całe życie i nic nie można z tym zrobić.

Nie ma dla mnie sytuacji beznadziejnych i nigdy nie załamuję rąk. Ale nie jestem zwykłym lekarzem. Bo przecież kiedyś sama byłam jedną z tych spanikowanych osób, szukających odpowiedzi. W dniu swoich pierwszych urodzin mój młodszy synek nieoczekiwanie zaczął chrapać podczas snu. Trwało to tydzień, a później powtarzało się co jakiś czas przez następne dziesięć miesięcy. Mimo podawania lekarstw, które przepisał wtedy mojemu dziecku pediatra – jak antybiotyki, sterydy, specjalne rozpylacze powietrza – objawy znikały tylko na kilka dni. Potem trudności z oddychaniem wracały, a wraz z nimi pojawiał się katar. Nieustannie synowi wyskakiwała jakaś zagadkowa swędząca wysypka. Na dodatek wszystko wskazywało na to, że zatrzymał się jego rozwój poznawczy – bo choć swoje pierwsze słowa wypowiedział już w wieku ośmiu miesięcy, w chwili gdy zaczął mieć problemy z oddychaniem, jego rozwój językowy się zatrzymał. Ponadto bardzo często się przewracał i przestał amortyzować te upadki rękami. Po prostu nie dało się zliczyć momentów, w których jego głowa lub twarz nagle uderzały o podłogę. Bardziej przerażające było jednak to, że żaden lekarz nie potrafił zaproponować nic, co mogłoby zmienić tę sytuację. Jeśli ja sama – będąc lekarzem – nie byłam w stanie uzyskać odpowiedzi od innych lekarzy, to czy w ogóle komuś ich udzielali?

W ciągu tych dziesięciu przerażających miesięcy zaczęłam robić swój własny *research*, zadając sobie pytania, których inni zdawali się w ogóle nie stawiać. To podstawowe brzmiało: dlaczego zdrowie mojego syna uległo aż takiemu pogorszeniu? Wcześniej zauważyliśmy, że krowie mleko wywołuje u niego gazy, więc zamiast niego zaczęliśmy mu podawać sojowe. Ale czy kolejna zmiana diety mogłaby się okazać kluczem do polepszenia jego zdrowia?

Lekarze, z którymi się konsultowaliśmy, odwodzili nas od podążania tym tropem. I właśnie wtedy zrozumiałam, że jestem w tej podróży zupełnie sama. Kiedy wreszcie udało nam się znaleźć alergologa, który wykazał chęć przeprowadzenia testów alergicznych i nie odrzucał możliwości, że te wszystkie objawy mogą mieć związek z jedzeniem, dowiedzieliśmy się, że nasz syn jest poważnie uczulony na soję. W ciągu tygodnia, podczas którego całkowicie wyeliminowaliśmy z jego diety soję (łącznie z wszędobylskim olejem sojowym obecnym w preclach i innych przekąskach, a także w prawie wszystkim, co przygotowuje się obecnie w restauracjach), katar, kaszel i chrapanie natychmiast ustąpiły. Ale bardziej niezwykłe było to, że mój syn po kilku długich miesiącach znów zaczął robić postępy w mówieniu.

Wiem, że może trudno w to uwierzyć. Na początku sama w to nie wierzyłam. Kiedy mój syn zachorował, zatrzymał się również jego rozwój psychiczny. Gdy jego stan zdrowia zaczął się poprawiać, wszystko wróciło do normy.

Czułam się potwornie winna. Myślałam, że karmię mojego syna zdrową żywnością, a tymczasem okazało się, że to właśnie ona wpędziła go w chorobę. Najgorsze w tym wszystkim nie było to, że nikt nie wierzył, że to właśnie jedzenie wpływa na jego zdrowie. Najgorszy był fakt, że nikt w ogóle nie rozpatrywał stanu mojego syna w kategoriach choroby. Bo to przecież „zwykła dziecięca astma" i „drobne opóźnienie w rozwoju". A więc miałam się tym wszystkim nie przejmować?

Nawet nie zauważyliśmy, kiedy przewlekłe choroby dzieci zaczęto traktować jako „coś normalnego". Obecnie zamiast okazjonalnie przechodzić zwykłe choroby z wyraźnym początkiem i zakończeniem, wiele dzieci najpierw czuje się źle, potem odczuwa lekką poprawę, a następnie znów pogorszenie. A choroba cały czas ewoluuje. Powiedzmy, że dziecko – być może chodzi tutaj nawet o wasze własne – w wieku sześciu tygodni dostaje kolki, potem w wieku sześciu miesięcy występuje egzema, następnie, gdy ma roczek, pojawiają się infekcje uszu, później w wieku trzech lat wycina mu się migdałki, a kiedy kończy sześć lat, ma już zdiagnozowane ADHD. Wielu dzieciom przepisuje się teraz całe listy medykamentów, które mogłyby spokojnie konkurować z tymi dla seniorów: krem sterydowy na egzemę, blokery receptora H2 na refluks żołądka, leki antyhistaminowe na alergię, przeciwzapalne na migrenę, leki na zaparcia, stymulanty na ADHD i dysleksję, specyfiki z grupy SSRI na depresję, leki normotymiczne na poprawę nastroju… Czasem wszystkie naraz! I coraz więcej dzieci zaczyna brać insulinę na cukrzycę typu 1 albo metforminę na cukrzycę typu 2. Do tego dochodzą leki na niedoczynność tarczycy, leki przeciwpadaczkowe na ataki drgawek, neuroleptyki na tłumienie wybuchowości lub niepokoju oraz sterydy albo inne modulatory odporności (jak choćby te wykorzystywane w chemioterapii) na szereg dolegliwości autoimmunologicznych, które stały się porażająco powszechne wśród dzieci.

Poza tym żyjemy w czasach środków dezynfekujących, antybiotyków i sterydów, a także pestycydów, nawozów chemicznych oraz GMO. Zabiegi związane z postępem naukowym miały rozwiązać nasze problemy. I choć rzeczywiście uratowano dzięki nim wiele istnień, to zdrowie naszych dzieci pogorszyło się jak nigdy wcześniej.

Wmówiono nam, że brud jest zły, że złe są drobnoustroje, robaki i chwasty. Podjęliśmy zatem wszelkie środki ostrożności, żeby jak najlepiej zabezpieczyć się przed tymi intruzami. Wybieliliśmy zarazki, szczepimy dzieci przeciwko mikrobom, leczymy infekcje antybiotykami, wytruwamy szkodniki w domu i w ogrodzie, pryskamy rośliny, by cieszyć się doskonałością trawników i zbiorów. Zrobiliśmy wszystko „jak należy".

A jednak nasze dzieci wciąż czują się źle. **Czy może o czymś zapomnieliśmy?** Pomyślcie tylko: ostatnie badania pokazały, że dzieci, które mają do czynienia z wybielaczami, w rzeczywistości częściej (nie rzadziej!) padają ofiarą infekcji i są o 20 procent bardziej podatne na zachorowanie na grypę[8]. Środki dezynfekujące do rąk zawierają triclosan, który zaburza działanie układu dokrewnego i zwiększa ryzyko wystąpienia egzemy, alergii, astmy[9], a nawet raka[10]. A badania udowodniły, że do dezynfekcji równie odpowiednie jest stare dobre mydło[11]. Kolejne testy wykazują również, że wielokrotne powtarzanie kuracji antybiotykowych – szczególnie w przypadku dzieci – ma szkodliwy wpływ na ich zdrowie w przyszłości, przyczyniając się do otyłości, alergii, a także chorób autoimmunologicznych[12]. **Powoli zaczynamy pojmować, że krótkoterminowe korzyści płynące z postępu technologicznego mogą nie być najlepszym rozwiązaniem złożonych problemów, jakie stawia przed nami natura.**

Oddany ochronie przyrody John Muir mawiał: „Jeśli skoncentrujesz się na jednej rzeczy w przyrodzie, szybko zrozumiesz, że istnieje nierozerwalny związek pomiędzy nią a całym światem". Technologiczne i przemysłowe udogodnienia wytworzyły szereg niezamierzonych i wcześniej nieprzewidzianych konsekwencji, które obecnie negatywnie wpływają na zdrowie naszych dzieci.

Mówiąc wprost, przeoczyliśmy to, że najbardziej fundamentalne składniki, których dzieci potrzebują, by cieszyć się zdrowiem i dobrym samopoczuciem, pochodzą właśnie z natury. Nasze organizmy rozwijały się przecież w oparciu o świat przyrody; rozpoznajemy wszystkie jego elementy na poziomie komórkowym. To właśnie żywność bogata w składniki odżywcze – dojrzewająca w promieniach słońca, na świeżym powietrzu, podlewana czystą wodą, zawierająca witaminy i minerały, fitochemikalia i dobroczynne bakterie pochodzące prosto z gleby – zapewnia nam integralne składniki budulcowe ze świata przyrody, których tak potrzebują nasze dzieci.

Pamiętacie maksymę „Jesteś tym, co jesz"? Tak naprawdę powinna ona brzmieć: „Jesteś tym, co żywi twoje jedzenie". Jemy rośliny i zwierzęta. Zwierzęta jedzą rośliny. A co „jedzą" rośliny? Słońce, wiatr, wodę i… brud. Tak, błoto, w którym tarzaliśmy się jako dzieci, a później dostawaliśmy za to burę. Jeśli więc jesteśmy tym, czym żywi się nasze jedzenie, będziemy tak zdrowi, jak zdrowa jest gleba, na której ono dojrzewa. Żywność to bezpośrednia manifestacja płodności gleby: tak wiele cennych minerałów pochodzi ze skał, zwierzęcych odchodów, od bakterii, robaków, pluskiew i grzybów, które pracują wspólnie na to, by odżywić naszą ziemię. Z tego właśnie powodu żyjemy w bezpośrednim, dynamicznym związku z tym, co spożywamy, a jednocześnie stanowimy jedność z glebą i światem natury. Jeżeli zatem nie będziemy dbać o ziemię i świat przyrody, po prostu nie dostarczą nam one niezbędnych substancji odżywczych.

Okazuje się bowiem, że wszystko, co na tym świecie brudne i niechlujne, wszystkie rzeczy, które zaczęliśmy kontrolować albo wręcz eliminować, myśląc, że tak trzeba i to pomoże nam przetrwać, to w rzeczywistości podstawa naszego zdrowia i odporności. Badania wykazują, że bakterie, grzyby, pasożyty, insekty i chwasty (a także żywa i odżywiona gleba pełna tych elementów) odgrywają główne role w zapewnieniu właściwości prozdrowotnych naszego pokarmu, a co za tym idzie – w zdrowiu naszych dzieci. Zamiast wymyślać nowe antybiotyki lekarze starają się teraz leczyć choroby przewlekłe całkowicie przeciwnymi metodami: wykorzystując bakterie, pasożyty, glebę, a nawet – uwaga! – stolec.

Nie trzeba być naukowcem, aby wiedzieć, że spędzenie kilku godzin na zabawie na świeżym powietrzu potrafi zdziałać cuda w przypadku każdego dziecka. Wszyscy wiemy, że dzieci kwitną, gdy ze wszystkich stron otacza je dobry, staroświecki brud. A badania tylko to potwierdzają: dzieci, które wychodzą na spacery do parku lub bawią się na otoczonych zielenią placach zabaw, są bardziej skoncentrowane i uzyskują lepsze wyniki w nauce, a także są szczęśliwsze i spokojniejsze niż ich rówieśnicy spędzający czas w mniej naturalnych warunkach. Na przykład przebywanie w lesie w widoczny sposób zwiększa odporność dziecka na czynniki zewnętrzne[13]. **Brud i natura przenikają do organizmów i umysłów naszych pociech poprzez ich codzienną dietę i zabawę.**

Co w związku z tym musiałam zmienić w opiece nad moim synem? By naprawić szkody wywołane przez sterydy i antybiotyki, które mu przepisano (a więc leki, które wyprowadziły z równowagi dobroczynne bakterie w jego jelitach i rozregulowały pracę jego systemu immunologicznego), zaczęłam go karmić świeżymi produktami prosto z naszego ogródka – wypłukane, ale wciąż ze śladami pozostawionymi na nich przez glebę. Dawałam mu fermentowaną żywność probiotyczną – kiszone ogórki, jogurt, kefir i kwaszoną czerwoną kapustę na odbudowanie naturalnej flory bakteryjnej. Dla lepszego przyswajania składników odżywczych przygotowywałam mu lecznicze rosołki z dodatkiem grzybów shiitake i maitake, korzenia traganka oraz imbiru, dzięki którym jego jelita znów zaczęły pracować normalnie, a system odpornościowy odzyskał sprawność. Dodałam do jego diety wzmacniające odporność przyprawy, takie jak kurkuma czy czarnuszka. Włączyłam do niej także produkty wpływające pozytywnie na pracę mózgu, jak brokuły i brukselka z naszego warzywnego ogródka, żółtka jaj od kur hodowanych na podwórku za domem, bogate w kwasy omega-3 sardynki i anchois, a od czasu do czasu także dobrą gorzką czekoladę. Mój synek spędzał długie godziny na zabawie na zewnątrz, w parkach, chodząc po lesie i brudząc się podczas odkrywania świata natury.

Kiedy kondycja jego organizmu wracała do normy, szybko nadrobił zaległości w rozwoju, jakie narosły przez większą część tego feralnego roku. Przyswoił nowe słowa, zaczął stawiać pewniejsze kroki i stał się zdecydowanie radośniejszy. **Jego przemiana otworzyła mi oczy i zrozumiałam, jak bardzo ważny jest związek pomiędzy dietą a rozwojem psychicznym i fizycznym u dzieci.**

Teraz chciałabym pokazać wam, w jaki sposób wy możecie pomóc swoim dzieciom.

W biblijnej historii o stworzeniu świata Adam powstaje z prochu ziemi. Wielu powie, że to tylko przenośnia, ale w rzeczywistości nauka opowiada nam dokładnie tę samą historię, tylko w nieco inny sposób: czujemy się tak dobrze, jak dobra jest ziemia, na której wyrasta nasze pożywienie i na której bawią się nasze dzieci. W *Zdrowym brudzie* poznamy naukę o odżywczych pokarmach, dzięki którym jesteśmy w stanie wyleczyć różne dolegliwości u dzieci – od egzemy, przez infekcje uszu, po ADHD – i zadbać (realnie, prawdziwie) o ich zdrowie. Porozmawiamy o tym, co niszczy urodzajność gleby; o tym, jak unikać produktów, które dojrzewają w złych warunkach, i jak znajdować żywność możliwie najobfitszą w składniki odżywcze, pochodzącą z najlepszych źródeł. Pomogę wam również przygotować dla waszego dziecka plan diety opartej na pełnowartościowych składnikach i podzielę się wskazówkami, jak przygotowywać pyszne potrawy, które dzieci zjedzą ze smakiem i które korzystnie wpłyną na ich witalność. Na koniec sami się przekonacie, że zdrowie waszych dzieci naprawdę ma bezpośredni związek z ziemią.

ROZDZIAŁ 1

To tutaj zaczyna się prawdziwe zdrowie

Uwielbiam pracować w kontakcie z glebą. Kiedy odbywałam staż z pediatrii, zrobiło się o mnie głośno wśród lokalnej społeczności za sprawą pięknych melonów, pomidorów, ogórków, papryki, rukoli i fasoli, które hodowałam w ogródku obok szpitala. Choć z okien naszego nowego mieszkania na Bronksie miałam wówczas widok na park, musiałam odszukać własną przestrzeń, w której mogłabym wzrastać.

Jakimś cudem udało mi się znaleźć gabinet, który mieścił się w budynku z dużym podwórzem. Gburowaty właściciel zapewnił, że za budynkiem rzeczywiście znajduje się „ogródek", i możliwość korzystania z niego zgodził się zawrzeć w mojej umowie wynajmu. Dostałam więc do ręki kluczyk do kłódki i po chwili wkroczyłam w opuszczoną przestrzeń, która zdecydowanie nie przypominała pokrytego bujną zielenią rajskiego ogrodu z moich wyobrażeń. Umierające drzewo, masa chwastów, dzikie pnącza niemal tak grube jak gałęzie drzew (nie wspominając pokaźnych stosików czegoś, co potem okazało się skamieniałymi psimi odchodami). Niewątpliwie miałam co robić. Pomimo że podwórze tak bardzo zarosło, ziemia sama w sobie nie miała zbyt wiele do zaoferowania – była bardzo twarda, pylasta; bez stonki ziemniaczanej, pająków, węży ogrodowych i, co gorsza, bez robaków. Na początku nie miałam zielonego pojęcia, co mogłabym zrobić, żeby pomóc tej chorej glebie wyzdrowieć.

Zwerbowałam dodatkową parę rąk do pracy – Jessego, młodego artystę, który zgodnie z zasadami permakultury zamierzał utworzyć w każdej dzielnicy Nowego Jorku osobne ogrody uprawne. Spędziliśmy kilka kolejnych miesięcy, pracując ramię w ramię, cali w błocie. Zrobiliśmy użytek ze słomy, starych kartonów i obornika o komicznej nazwie „Chickity-Doo-Doo", aby stworzyć glebę, która utrzymywałaby wilgoć i wartości odżywcze, znów zapraszając do siebie robaki i drobne bezkręgowce. Po pewnym czasie teren zaczął zdrowieć. Gdy tylko gleba stała się bogata i żyzna, ponownie pojawiły się robaczki, a to oznaczało, że ich niewidzialne społeczności – dobroczynne bakterie i grzyby, wszystkie substancje organiczne, dzięki którym dojrzewają rośliny – powróciły razem z nimi. Sprowadziliśmy również innych mieszkańców ogrodu: kury nioski i pszczoły. Moje rośliny – melony, fasola, jarmuż, pomidory, kiwi, jagody – zaczęły rosnąć bardzo intensywnie. Nauczyłam się, że w miejskim ogródku można hodować nawet dzikie rośliny jadalne, takie jak komosa biała czy mniszek lekarski. Kiedy pojawiły się pierwsze szkodniki, postanowiłam oprzeć się (swoją drogą bardzo silnej) pokusie wytrucia ich pestycydami. Zamiast tego po prostu wyrwaliśmy to, co mogliśmy, i postawiliśmy na odżywienie gleby glonami morskimi, mączką kostną i czarnym kompostem z odpadów z kuchni i ogrodu. Liczba szkodników znacznie się zmniejszyła. Choć nigdy nie wyginęły wszystkie jednocześnie, rośliny były w stanie wypracować bez mojej pomocy odpowiednią strategię defensywną i żyć w równowadze z różnego rodzaju stworzeniami. Odkryłam, że odżywiona ziemia bogata w mikroby i minerały daje obfity i wartościowy plon.

To przypomniało mi o dawnym sporze pomiędzy dwoma słynnymi naukowcami – Louisem Pasteurem, ojcem „teorii zarazkowej chorób" i pasteryzacji, a jego kolegą Claude Bernardem – o to, co odgrywa większą rolę w przypadku choroby: zarazki same w sobie czy osoba, która jest ich nosicielem. Pasteur wiązał ludzkie choroby z obecnością i aktywnością konkretnych zarazków. Według tej teorii im mniej mikrobów ma styczność z naszym organizmem, tym lepiej. Bernard uważał natomiast, że to środowisko wewnętrzne danej osoby odgrywa ważniejszą rolę w zdrowiu. Utrzymywał, że najpowszechniejsze choroby zakaźne wywoływane są właśnie przez mikroorganizmy obecne w ciele zwykłego człowieka. Na co dzień bowiem mikroby pomagają w procesach komórkowych i przemianie materii. Ale jeśli tylko równowaga w organizmie zostaje zaburzona, te same mikroby od razu wprowadzają nas w stan chorobowy. Z punktu widzenia Bernarda to kondycja żywiciela – nie siła mikroorganizmów – prowokuje większość chorób. Według jednej z plotek Pasteur na łożu śmierci miał wyznać: „Mikrob jest niczym. Liczy się tylko otoczenie".

Swoje wykształcenie medyczne zdobywałam właśnie w oparciu o teorię Pasteura. Wpajano mi na przykład, że choroba może zaatakować każdego o każdej porze. Nazywałam to teorią „łatwego celu", bo patrząc na to w ten sposób, choroba jawi się jako zwykły pech, a najlepszą metodą prewencji jest dążenie do tego, by być narażonym na działanie jak najmniejszej liczby mikrobów dzięki stosowaniu dostępnych na rynku środków leczniczych. Filozofia ta wciąż stanowi podstawową zasadę współczesnej medycyny, a jej oddziaływanie widać również w hodowli zwierząt, gospodarce rolnej i produkcji żywności. O ile mycie rąk mydłem czy poddawanie osób poważnie chorych kwarantannie rzeczywiście pomogło w zmniejszeniu ryzyka rozprzestrzeniania się infekcji, to jednak problem okazuje się zdecydowanie bardziej złożony.

Moje doświadczenie z pracy w ogrodzie uświadomiło mi, że Bernard miał rację. Bo przecież uzdrowienie terenu pod uprawę – co w praktyce polegało na dostarczeniu mu większej liczby mikrobów, robaków i pluskiew – pozwoliło później przetrwać roślinom w starciu z czynnikami stresogennymi, takimi jak infekcje czy szkodniki. Teraz, nawet jeśli zaledwie parę metrów dalej pasożyty atakują ogródek sąsiada, ja śpię spokojnie, bo wiem, że moim roślinom nie grozi nic złego. Najefektywniejszą strategią okazało się bowiem zrezygnowanie z wypowiedzenia wojny szkodnikom. **Nauczyłam się, że to zrównoważona uprawa zapewnia roślinom najlepszą ochronę przed wyzwaniami, jakie stawia przed nimi natura**. To doświadczenie wpłynęło niespodziewanie na moją postawę lekarza. Swoje obserwacje ze świata roślin zaczęłam powoli wykorzystywać podczas pracy z dziećmi.

W mojej praktyce lekarskiej przekonałam się, że podobnie jak przy uprawie ogrodu, od zdrowia wewnętrznego środowiska dziecka zależy jego zdrowie zewnętrzne. Innymi słowy, na prawidłowe funkcjonowanie organizmu dziecka oddziałuje wiele różnych elementów świata przyrody. Dlatego też nie powinniśmy wychowywać dzieci w warunkach sterylnych, lecz zapewnić im takie środowisko rozwoju, które będzie jak najbardziej zróżnicowane.

Teoria o zarazkach ustawia je w opozycji do środowiska, a przecież uczymy się, że w dużej mierze to właśnie one, w swoich niezwykle różnorodnych i licznych koloniach, to środowisko tworzą. Aby utrzymać optymalne zdrowie, zarówno rośliny, jak i dzieci potrzebują kontaktu z pełną gamą różnych elementów (a nie ochrony przed nimi), takich jak: promienie słońca, prawdziwie świeża żywność, gleba, różnego rodzaju mikroby i inne żyjątka. Potrzebują także odżywienia, które zapewnia dobrej jakości jedzenie, bez toksyn i prosto z ogródka. To od tego zależy ich zdrowie.

CIAŁO UCZY SIĘ PRZEZ CAŁE ŻYCIE

Nasze organizmy nie są samotnymi wyspami. Zostaliśmy stworzeni po to, by stawiać czoła różnym wyzwaniom. A wyzwania te w rzeczywistości wiążą się w bezpośredni sposób z każdą interakcją ze światem natury – pożywieniem, brudem, mikrobami, zwierzętami czy ludźmi – a także z syntetycznymi chemikaliami, farmaceutykami, metalami ciężkimi itd. Nasze ciała to kompleksowe centra przetwarzania informacji, a w związku z tym każda interakcja stanowi dla nich kolejną porcję wiadomości, na podstawie których zdobywają niezbędną wiedzę. Każde, nawet najmniejsze wyzwanie uczy nasz organizm, jak powinien się zachować, gdy przyjdzie mu zmierzyć się z większymi przeszkodami. Dlatego właśnie zupełnie normalne (a nawet bardzo ważne) jest to, aby nasze dzieci miały stały kontakt ze światem zewnętrznym; aby od czasu do czasu dostały kataru, gorączki, kaszlu itd. Przejście tego typu łagodnych infekcji jest niezwykle istotne, bo od tego przecież zaczyna się trwający całe życie proces zdobywania przez organizm informacji na temat świata i jego złożoności.

Nie wiedzieć czemu, straciliśmy wiarę w umiejętność naszego organizmu do samoleczenia. Zażywamy za to tony środków przeciwbólowych i antybiotyków, gdy tylko pojawią się pierwsze objawy, bo obawiamy się, że nasz organizm nie będzie wiedział, co robić. A paradoksalnie za każdym razem, kiedy zaburzamy działanie naturalnych mechanizmów obronnych naszego organizmu – nawet jeśli naszym pragnieniem jest go chronić – zmniejszamy jego zdolność samoleczenia. Organizm, który jest nieustannie osłaniany przed walką i pokonywaniem niegroźnych dolegliwości, może nie być przygotowany na zetknięcie się z groźniejszymi wyzwaniami. Dlaczego? Przecież jeśli chcecie, żeby wasze dziecko nauczyło się grać na skrzypcach, nie zapraszacie do domu kogoś, kto będzie ćwiczył za nie (i nie odganiacie dzieciaka od instrumentu za każdym razem, gdy chce coś zagrać!). **Pozwalanie dziecku na samodzielne pokonywanie drobnych chorób wzmacnia jego układ odpornościowy. Co więcej, dostarcza to organizmowi możliwości jasnej oceny, czy ma do czynienia z czymś łagodnym, czy bardziej niebezpiecznym; kiedy może spokojnie funkcjonować i pozwolić żyć różnego rodzaju mikroorganizmom, a kiedy podjąć z nimi walkę. To umiejętności, które są absolutnie niezbędne, by wasze dzieci mogły cieszyć się w życiu dobrym zdrowiem.**

Weźmy na przykład gorączkę. Tak bardzo boimy się nieprawidłowego funkcjonowania naszego organizmu, że jego całkiem zdrową reakcję immunologiczną odbieramy jako coś z natury groźnego. Najbardziej chore dzieci, które widuję – na przykład te dotknięte przez ostre, przewlekłe choroby – bardzo rzadko dostają gorączki. I wcale nie jest to pozytywne zjawisko. Gorączka pomaga przecież wydalić z organizmu nieprzyjazne drobnoustroje i związki chemiczne. Organizmy tych dzieci po prostu nie są w stanie skutecznie odpowiedzieć na atak choroby. Nawet mój syn – mimo kaszlu i pojawiającego się często kataru – będąc maluchem, nigdy nie dostał gorączki. Po raz pierwszy wystąpiła ona u niego, kiedy miał siedem lat. I pamiętam, że byliśmy wtedy zachwyceni. Wiem, że to może zabrzmieć dość komicznie, ale cieszyliśmy się, że jego układ odpornościowy w końcu robi to, co do niego należy, a więc podejmuje walkę i pokonuje infekcję.

Oczywiście nie sugeruję tutaj, że kiedy dziecko zachoruje, powinno przez całą tę niedolę przejść bez niczyjej pomocy. Ale odgradzanie go od świata czy zakłócanie naturalnych reakcji jego organizmu nie jest rozwiązaniem. Dzięki tej książce poznacie sposoby na to, jak wzmocnić organizm i układ odpornościowy waszego dziecka i zwiększyć jego możliwości samoleczenia.

Gorączka: ciało wie, co robić, żeby wydobrzeć

Gorączka sama w sobie nie jest chorobą; to w rzeczywistości nasze remedium. Jest ona elementem kompleksowej aktywności zapalnej, jaką nasz organizm rozpoczyna w odpowiedzi na infekcję. Można ją więc określić jako naturalny „antybiotyk", bo podnosi wewnętrzną temperaturę naszego ciała do poziomu, który staje się nieprzyjazny dla atakujących nas drobnoustrojów. Jednak w ciągu ostatnich 30 lat wielu rodziców uwierzyło w to, że gdy tylko ich dziecko ma jakąś infekcję, na każdy rodzaj gorączki (a nawet wtedy, kiedy jej nie ma) powinni mu natychmiast zaaplikować lek przeciwgorączkowy – czyli taki, który obniży gorączkę – jak ibuprofen czy acetaminofen[14]. A według Amerykańskiej Akademii Pediatrycznej (AAP) gorączki poniżej 40 stopni nie są szkodliwe dla organizmu. W rzeczywistości bowiem gorączka może wydatnie przyczynić się do tego, że dziecko pokona infekcję znacznie szybciej[15]. Leki przeciwgorączkowe obniżają temperaturę celowo podniesioną przez nasz organizm i przeszkadzają w reakcjach, które mają prowadzić do naturalnego przezwyciężenia infekcji.

Oczywiście trzeba mieć na uwadze to, że gorączka odzwierciedla czasem bardzo poważne dolegliwości, kiedy dziecko czuje się bardzo źle i powinien je zbadać lekarz. W pozostałych przypadkach najlepszym wyjściem jest po prostu wspieranie układu odpornościowego dziecka i dbanie o jego komfort – na przykład poprzez zimne okłady, kąpiele w letniej wodzie itd.[16] Ja zalecam podawać dziecku syrop z dzikiego bzu, miód tymiankowy, herbatkę z lukrecją i dużo rosołu drobiowego z dodatkiem imbiru oraz grzybów maitake i kurek, a także korzenia traganka dla wzmocnienia odporności i skuteczniejszej walki z infekcją. Herbata albo nalewka z krwawnika pomogą natomiast wywołać pocenie się, które złagodzi gorączkę bez zakłócania naturalnej pracy układu immunologicznego. Ukojenie przyniesie również kubek herbatki miętowej lub kompres z gazy zanurzonej w zimnej wodzie z kilkoma kroplami naturalnego olejku miętowego.

BĄDŹMY (PRAWDZIWIE) ZDROWSI

Co to znaczy być zdrowym? Wielu ludzi określa zdrowie jako „stan wolny od chorób". Jednak zdrowie to coś więcej niż tylko brak choroby; to niezwykle dynamiczny związek pomiędzy nami – naszymi ciałami i umysłami – a światem, który nas otacza. Homeostaza to termin określający dążenie naszego organizmu do utrzymywania wewnętrznej równowagi poprzez normalizację funkcjonowania na każdej płaszczyźnie, niezależnie od czasu. Jest to wielka siła napędowa, która sprawia, że wszystko – od tętna przez poziom cukru we krwi po liczbę czerwonych krwinek – działa w równowadze z naszym otoczeniem. Jesteśmy bowiem zdrowi wtedy, gdy nasze środowisko wewnętrzne pozostaje w harmonii ze światem zewnętrznym. Kiedy równowaga zostaje zachwiana, zaczynamy chorować. A jeśli choroba jest poważna, najprawdopodobniej nasz organizm sygnalizował nam już od jakiegoś czasu, że coś wymyka się nam spod kontroli.

Niestety, bardzo często sygnały, że z organizmem dziecka dzieje się coś niedobrego, nie są przez rodziców odbierane jako problem. Na przykład kiedy pytam: „Jak często w ciągu minionego roku państwa dziecko chorowało na uszy?", w odpowiedzi słyszę zazwyczaj: „Och, na pewno nie częściej niż inne dzieci. To normalne w tym wieku". Albo: „Jak często państwa dziecko robi kupkę?". „Cóż, normalnie, tak często jak inne dzieci". **Uważajmy: To, co wydaje nam się normalne, wcale nie musi takie być.**

Pewnego dnia przyszła do mnie inteligentna i urocza mama z pięcioletnią córeczką, która miała problemy z nauką. Kiedy zapytałam, jak wygląda stolec dziecka, kobieta rzuciła: „Och, cóż, normalnie". A wtedy mała wypaliła z entuzjazmem: „Mamo, ale ja zawsze jak robię kupkę, to zatykam toaletę!". Matka szybko odparła: „Myszko, przecież pani doktor nie musi tego wszystkiego wiedzieć!". Powiedziałam jej, że zależy mi właśnie na takich szczegółach. Po chwili okazało się, że rzeczywiście dziewczynka zatyka w domu toaletę, a matka nosi w torebce plastikowy nożyk, którym rozdrabnia kupkę dziecka, by uniknąć podobnej sytuacji, gdy idą do kogoś w odwiedziny. „To taka moja mała *super pooper*!", stwierdziła kobieta. Musiała nosić ze sobą nóż, którym przecinała stolec własnego dziecka, by przez przypadek nie zatkał komuś toalety, a mimo to określała ten stolec jako „normalny". Oto w jaki sposób potrafimy czasem usprawiedliwić stan zdrowia swojego dziecka – nawet sami przed sobą!

Często kiedy pytam rodziców, czy dziecko ma jakąś historię chorób, odpowiadają: „Nie". Dopytuję wtedy: „Na pewno? Oczy, uszy, nos, gardło, płuca, serca, brzuch, skóra – nic?". „Nic, on prawie w ogóle nie choruje. Jest naprawdę zdrowy!". Staram się więc zgromadzić jakąkolwiek dokumentację medyczną, pytając, jak często dziecko przyjmowało do tej pory powszechnie stosowane lekarstwa, takie jak antybiotyki. „Cóż, parę razy… to normalne". Pytam zatem: „Normalne, to znaczy jak często?". „Hmm, może sześć-siedem razy w roku". „A krem sterydowy?". „Ach tak, przez całą zimę ma problem z egzemą". „A jakieś lekarstwa na alergię?". „Naturalnie, podajemy je dziecku wiosną i jesienią, bo zawsze ma wtedy kłopoty z oddychaniem". Tyle różnych medykamentów, ale dziecko jest „zdrowe". W taki właśnie sposób zatarliśmy granicę pomiędzy zdrowym a chorym. A przecież każda z wymienionych reakcji jest sygnałem, że z organizmem dziecka dzieje się coś niedobrego.

Nasze normowanie chorób przewlekłych u dzieci obejmuje już teraz wszystkie rodzaje problemów: powracające bóle głowy, egzemę, alergie, astmę, refluks żołądka, niepokój, depresję, wybuchowość czy skłonność do irytacji, ciągłe zapalenia skóry, „mrówki w gaciach", kłopoty ze snem, z nadwagą lub niedowagą. Nawet rodzicom, którzy nieustannie zmagają się z problemami zdrowotnymi swoich dzieci, zdarza się zaprzeczać, że mają do czynienia z „chorobą przewlekłą", dopóki objawy nie staną się na tyle poważne, że będą zmuszeni biegać po gabinetach lekarskich albo nawet oddać dziecko do szpitala. **Jakimś cudem schorzenia przewlekłe u dzieci – ze stale występującymi objawami, na które przepisuje się masę różnych lekarstw – traktuje się teraz jako coś normalnego.**

A jeśli wam powiem, że tego typu dolegliwości w żadnym wypadku nie są czymś „normalnym"? Że niektóre dzieci w ogóle nie dostają infekcji uszu? Albo że zapalenia skóry takie jak egzema czy nawet pieluszkowa wysypka to sygnały, za pomocą których organizm – a szczególnie jelita – proszą o pomoc? Wbrew temu, co nam wmówiono, dzieci z egzemą nie urodziły się z wrodzonym niedoborem sterydów! ADHD nie jest niedoborem stymulantów. A zaparcia nie wiążą się z niedoborem leków na zaparcia. Każda z tych przypadłości oznacza bowiem to, że w organizmie dzieje się coś złego.

Żaden symptom nie pojawia się bez przyczyny. Czasem przyczyna pozostaje zagadką, ale przecież możemy zabawić się w detektywów i spróbować ją odkryć, pytając: „Co się dzieje? Jakie zmiany zaszły ostatnio u mojego dziecka? Co się na nie złożyło? W jaki sposób mogę pozytywnie wpłynąć na kondycję zdrowotną mojego dziecka?". Często chodzi tutaj o interakcję pomiędzy tym, co wewnątrz – wliczając w to geny – a tym, co nas otacza.

Symptomy rozregulowanego organizmu

Oto dwa najczęstsze sygnały, po których możemy poznać, że organizm naszego dziecka nie pracuje tak, jak powinien:

1. Dziecko zaczyna mieć problemy zdrowotne po kontakcie z jedzeniem, drzewami, kwiatami, czyli z podstawowymi elementami, pośród których ewoluowaliśmy przez tysiące lat. Kiedy coś znanego staje się na tyle nieznane, ze organizm zaczyna traktować to jako potencjalnie śmiertelnego wroga, to znak, że nie funkcjonuje on w harmonii ze swoim środowiskiem.
2. Najbardziej fundamentalne i zarazem niezbędne do życia funkcje organizmu (a więc: jedzenie, oddychanie, wydalanie, spanie, bieganie, śmianie się, mówienie, myślenie, uczenie się, bawienie się i – co najważniejsze – leczenie się) wydają się zaburzone.

Zdrowe dzieci to odporne dzieci

Najlepszy dowód na to, że dziecko jest zdrowe, staje się jasny po tym, jak zachoruje. Po walce z takimi chorobami jak grypa zdrowe dzieci od razu powracają do normalności – zazwyczaj powinno im wystarczyć trochę odpoczynku, czasu i telewizji. Zanim się obejrzymy, zupełnie wracają do siebie i znów są aktywne, pełne zainteresowania i pozostają w takim stanie przez większość czasu.

Najważniejszym przejawem zdrowia jest bowiem „rezyliencja". Terminu tego używa się w biologii i ekonomii na określenie czegoś lub kogoś, kto posiada zdolność do podjęcia wyzwania, przystosowania się i przetrwania. Nazywana również charakterem, jest to ważna umiejętność, dzięki której jesteśmy w stanie mierzyć się z nieprzewidywalnością w świecie, w którym żyjemy – radzić sobie z mniejszymi lub większymi wyzwaniami, które na koniec czynią nas lepszymi i silniejszymi. Pamiętacie o homeostazie, tendencji naszego organizmu do trwania w równowadze? Zdolność utrzymania homeostazy przejawia się właśnie w ogólnej rezyliencji naszego ciała. A to wszystko dzieje się dosłownie na poziomie komórkowym w organellach zwanych mitochondriami. (Więcej na ten temat powiem troszkę później).

Na szczęście wychowanie radosnych, zdrowych i odpornych dzieci nie wymaga nadnaturalnych zdolności. Tak naprawdę to organizm – z całą swoją złożonością i zaawansowaniem działania – jest w stanie zrobić wiele za nas. Organizm został zbudowany tak, aby przejść przez wszystkie próby, na jakie wystawia nas życie: intensywne ćwiczenia, czasem brak snu, mikroby, a nawet niektóre toksyny. Odpowiednio odżywione dziecko, które ma stały kontakt ze wszystkimi elementami środowiska, staje się w naturalny sposób odporne.

NASZE GENY NIE STANOWIĄ O NASZYM PRZEZNACZENIU

Dlaczego tak wielu rodziców akceptuje i uważa za normalne to, że ich dzieci ciągle chorują? Może dzieje się tak, bo my sami cierpimy na podobne dolegliwości i zakładamy, że to rodzinne dziedzictwo? Rozmawiając z różnymi rodzicami, wielokrotnie spotkałam się ze stwierdzeniami, że z dolegliwością ich dziecka chyba nic nie można zrobić albo że „to normalne", bo to taka „rodzinna choroba" i „u nas wszyscy to mają". A jeśli powiem, że wiele schorzeń przewlekłych, które uważaliście dotąd za „genetyczne", niekoniecznie jest nam dane raz na zawsze? A jeśli moglibyście w realny sposób zmienić przeznaczenie genetyczne waszego dziecka?

DNA dyktuje, jakie są nasze osobiste skłonności. Faktyczna sekwencja kodu DNA – a więc genom przekazywany najpierw przez dziadków rodzicom, a potem przez rodziców dzieciom – jest względnie stabilna; ulega zmianom jedynie w rzadkich przypadkach mutacji. Ale DNA jest w rzeczywistości czymś bardziej dynamicznym, niż wcześniej przypuszczaliśmy. W miarę jak dzieci rosną i rozwijają się, określone części genomu uaktywniają się i dezaktywują w strategicznych momentach, w konkretnych miejscach. Proces ten odbywa się też w oparciu o pory roku: na przykład choroby zapalne doskwierają nam bardziej w zimie ze względu na to, że zwiększa się wówczas aktywność genów wywołujących stan zapalny. Geny hamujące ten stan pracują wtedy zdecydowanie mniej intensywnie[17]. Komórki dziecięce – w oparciu o ich kod DNA – nieustannie odpowiadają na zmiany zachodzące w świecie, który je otacza. I okazuje się, że kontakt zarówno z naturalnymi, jak i wytworzonymi przez człowieka związkami chemicznymi może wymusić epigenetyczne zmiany, które są następnie przekazywane z pokolenia na pokolenie.

DNA naszych dzieci każdego dnia wchodzi wielokrotnie w różne skomplikowane interakcje ze światem zewnętrznym. **Zatem, co by nie mówić, każdy kęs pokarmu przyjmowany przez nasze dziecko – razem z substancjami odżywczymi z gleby, mikrobami albo syntetycznymi chemikaliami wykorzystywanymi w gospodarstwie, w którym został on wyprodukowany, albo ze śladami opakowania czy naczynia, w którym go przygotowano – może wpłynąć na jego proces ekspresji genu**. Ten silny wpływ na dziecięce geny jest często krótkotrwały – wtedy ich funkcje metaboliczne ulegają zmianie tylko na czas, kiedy mikroby, składniki odżywcze i inne substancje utrzymują się w organizmie. Ale jeśli w dłuższej perspektywie stosunek ich genów do doświadczeń w otaczającym je świecie powoduje utrzymujące się zmiany w sposobie funkcjonowania DNA, mamy do czynienia z procesem epigenetycznym.

Epigenetyka (dosłownie „ponad genetyką") obejmuje szereg zjawisk, w których jedzenie, infekcje, toksyny, a nawet zwykłe życiowe doświadczenia zmieniają sposób, w jaki DNA przejawia się w naszym wyglądzie, pracy naszego organizmu i ogólnej kondycji zdrowotnej. To, z czym stykamy się w naszym codziennym życiu, może stale poprzez epigenetyczne modyfikacje albo wyciszać, albo uaktywniać konkretne geny. A tego typu procesy trwają przez całe pokolenia. Oto jeden prosty przykład epigenetycznego wpływu jedzenia na życie zaczerpnięty ze świata owadów: pszczoły robotnice nie mają jajników, natomiast mają je królowe – które przecież pod względem genetycznym niczym się od nich nie różnią. Dzieje się tak dlatego, że robotnice spożywają miód, który uruchamia geny warunkujące zanik tego narządu, podczas gdy królowe jedzą mleczko pszczele, dezaktywujące działanie tych samych genów. Oczywiście na nasze geny mogą wpłynąć także toksyny. Ciężarne myszy, które karmiono paszą z dodatkiem bisfenolu A (BPA), czyli toksycznego plastiku wykorzystywanego na przykład w produkcji puszek na żywność, rodziły młode ze zmienną ekspresją genu. Małe myszy charakteryzowały się tzw. fenotypem *agouti*: miały dziwne żółte futerka (zamiast zwykłych brązowych) i o wiele większą skłonność do otyłości, cukrzycy i raka. Co więcej, efekt ten nieoczekiwanie wpłynął również na kolejne pokolenie myszy. Ich mysie wnuczęta też miały takie same dziwne futra i problemy zdrowotne, mimo że akurat ich rodzicielki nie miały już bezpośredniego kontaktu z BPA. Z drugiej strony, myszy, których pokarm zawierał BPA i kwas foliowy, nie wypracowały nieprawidłowego fenotypu *agouti*, ponieważ kwas foliowy „wyciszył" niejako toksyczne oddziaływanie BPA na geny. Te myszy miały więc zdrowe dzieci i wnuki o zwykłym brązowym futerku, bez zwiększonego ryzyka chorób. Pomyślcie tylko: zwyczajny kontakt z pożywieniem – zarówno złym, jak i dobrym – miał kluczowy wpływ na ich ekspresję genu na przestrzeni kolejnych pokoleń.

Pomyślcie o swoim kodzie DNA jak o ciągle aktywnej instrukcji, informującej, w jaki sposób zbudować, a potem utrzymać zdrowy organizm, który musi być przygotowany na wyzwania każdego dnia, w każdej chwili. Komórki i enzymy odpowiedzialne za to, by wspomagać nasze ciało w rozwoju, zasilać je i nieprzerwanie naprawiać, odwołują się właśnie do tych instrukcji. Sama instrukcja zmienia się bardzo rzadko, ale co innego sposób, w jaki ją odczytujemy. Składniki odżywcze, mikroby i substancje syntetyczne, które dostają się do naszego organizmu

– w dużej mierze poprzez jedzenie, ale nie tylko – mogą sygnalizować naszym komórkom, do którego zestawu instrukcji powinny się w danej chwili zastosować. To przypomina przyklejanie żółtych samoprzylepnych karteczek na niektóre strony podręcznika, podczas gdy pozostałe są wciąż nieprzeczytane. Dlatego możemy mieć genetyczne predyspozycje do tego, by zachorować na raka, chorobę psychiczną albo mieć problem z ADHD czy otyłością, ale w żaden sposób nie wiąże się to z tym, że rzeczywiście te konkretne partie naszego DNA zostaną kiedykolwiek aktywowane. Substancje odżywcze w określonym czasie mogą pełnić rolę sygnalizatorów pewnych istotnych zjawisk; dlatego też bardzo wiele zależy od tego, co jemy. Epigenetyka może się okazać pomocna w ustaleniu, kiedy w życiu naszych dzieci dojdzie do zdarzeń, które z pozoru zachodzą losowo: na przykład kiedy młoda kobieta dostanie pierwszą miesiączkę albo kiedy u chłopaka wystąpią pierwsze niekontrolowane wytryski nasienia. **Predyspozycje genetyczne mogą uczynić wasze dziecko podatniejszym na konkretne choroby, ale to nie do nich należy ostatnie słowo**[18].

Co to dla nas oznacza? Genetyka może warunkować podatność naszego dziecka na wystąpienie konkretnych zaburzeń, a nawet momenty kluczowych zdarzeń w jego życiu, ale to od tego, z czym ma ono na co dzień do czynienia – i chodzi tutaj zarówno o rzeczy dobre, jak i złe – zależy ostatecznie jego zdrowie. W przypadku pewnych chorób mówi się, że „geny ładują broń, ale to środowisko ciągnie za spust". Te zależności do pewnego stopnia wyjaśnia właśnie epigenetyka.

Pomyślcie teraz o bliźniaczkach jednojajowych. Na początku są do siebie tak podobne, że nie można ich odróżnić. Ale w miarę upływu czasu ich interakcje z otoczeniem mogą zmienić ich wygląd. Może się to dokonać poprzez składniki zawarte w pokarmie, mikroby albo toksyny, na których działanie są narażone, albo życiowe doświadczenia. Niektóre z tych czynników działają na poziomie metabolicznym i znikają od razu po kontakcie. Ale są też takie, które zmieniają sposób, w jaki są odczytywane poszczególne instrukcje w ich organizmie. Choć bliźnięta posiadają dokładnie ten sam podstawowy kod genetyczny, w miarę jak przybywa im lat, przestają być identyczne. I dotyczy to zarówno wyglądu zewnętrznego, jak i ich wnętrza. W pewnym momencie zaczynają różnić się nie tylko pod względem fizycznym, ale także zdrowotnym. Jedno z nich może zachorować na raka, podczas gdy drugie będzie zupełnie zdrowe. Jedno będzie czuło się doskonale, a tymczasem drugie nabawi się choroby autoimmunologicznej.

Przeprowadzono badania, w których skupiono się na sprawdzeniu konwencjonalnej wiedzy, która mówi, że bliźniaki jednojajowe z identycznym kodem DNA charakteryzują takie same uwarunkowania medyczne i neurologiczne, szczególnie jeśli chodzi o choroby genetyczne, takie jak na przykład autyzm. Okazało się jednak, że wśród uczestniczących w badaniach bliźniąt jednojajowych tylko w 70 procentach przypadków na autyzm zachorowało oboje rodzeństwa[19, 20]. Po kolejnych badaniach w tej grupie odnotowano, żc wśród bliźniąt uwarunkowaniom genetycznym można przypisać zaledwie 40 procent ryzyka zachorowania na autyzm, natomiast aż 55 procent wpływom środowiska, w którym przebywają[21]. Te i dalsze badania potwierdziły istotną rolę epigenetyki[22].

Naukowcy spędzili długie lata na próbach zidentyfikowania „genu autyzmu", „genu cukrzycy" czy „genu ADHD". Pogoń za magicznym modelem leczenia wciąż trwa, ale do tej pory nic dzięki niej nie zyskaliśmy. Jedynie od czasu do czasu wyróżnia się geny, które mogą świadczyć o podwyższonym ryzyku autyzmu lub innych zaburzeń, na przykład konkretnych form epilepsji bądź innych neurologicznych i przewlekłych chorób. Jednakże przyczyny występowania tych zaburzeń są znacznie bardziej złożone niż DNA, o którym tyle się mówi.

Nasza wiedza na temat epigenetyki wciąż jest niewielka, ale najbardziej fascynujące jest to, że epigenetyczne zmiany mogą być odwracalne. I nie chodzi tutaj tylko o przyszłe pokolenia, ale o to, co dzieje się tu i teraz, o wasze dzieci – szczególnie w okresie ich najszybszego rozwoju. Musimy się jeszcze wiele nauczyć o tym, które z metod epigenetycznych rzeczywiście przynoszą oczekiwane rezultaty. Ale wierzcie mi, że miałam do czynienia z dziećmi, które były naprawdę poważnie chore (często wydawało się, że wręcz nie można im pomóc), i kiedy tylko zmieniliśmy im dietę i wpłynęliśmy na sposób funkcjonowania, ich stan natychmiast ulegał znacznej poprawie. Dzięki modyfikacjom epigenetycznym zyskujemy bowiem możliwość trwałego leczenia.

Teraz już wiecie, że zdrowie waszego dziecka jest czymś płynnym, nie statycznym. Potencjał do wprowadzenia zmian – nie wspominając o prewencji – zawsze istnieje. Naszym zadaniem jest więc wspólnie stworzyć szansę na dobre zmiany, dzięki którym będziemy mogli cieszyć się lepszą równowagą wewnątrz i w kontakcie ze światem zewnętrznym. Wyruszamy w podróż, podczas której odkryjemy sposoby na to, by wasze dziecko czuło się lepiej, było silniejsze i odporniejsze.

ZACZNIJCIE JESZCZE RAZ Z CZYSTYM KONTEM

Prawdziwie wielkie odkrycia nie polegają
na poszukiwaniu nowych krain,
lecz na nowym spojrzeniu.
– MARCEL PROUST

Dobrze, zapomnijcie teraz o wszystkim, czego dowiedzieliście się do tej pory na temat zdrowia waszego dziecka – nieważne, czy są to wiadomości cenne, czy nie. Chciałabym, żebyście zdali się na intuicję, wrodzoną wiedzę o waszym dziecku. Bo przecież żaden ekspert – niezależnie od jego inteligencji i poziomu wyszkolenia – nie zna waszego dziecka lepiej niż wy sami. **To wy jesteście ekspertami w kwestii waszych dzieci**. Za każdym razem, gdy słyszę rodziców, którzy dzielą się ze mną obserwacjami na temat swojego dziecka, mówiąc: „To pewnie nie jest istotne, ale..." albo „Nie jesteśmy pewni, ale...", natychmiast odpowiadam: „Jesteście pewni!". Wy też powinniście być. Zaufanie własnym instynktom to jeden z kluczy do sukcesu.

Chciałabym, żebyście spojrzeli na swoje dziecko na nowo. Musimy wykroczyć poza etykietki, którymi opisano przypadłość waszego dziecka: „zatwardzenie", „ADHD", „astma", „niedoczynność tarczycy", „epilepsja" czy „egzema". Tak naprawdę są one tylko określeniem samych symptomów. Pytanie brzmi, dlaczego wasze dziecko czuje się źle, a nie, co możecie zrobić, żeby mu pomóc. Bo nazywanie „chorobą" występujących chronicznie symptomów daje lekarzom przyzwolenie na automatyczne przepisanie leków, bez zagłębiania się w szczegóły lub próby znalezienia przyczyn.

Aby to zobrazować, wyobraźcie sobie, że umarł ktoś, kogo znaliście, i chcecie się dowiedzieć, dlaczego do tego doszło. Ale jeśli spojrzelibyście na przykładowe akty zgonów, odkrylibyście, że w bardzo wielu z nich za główną przyczynę śmierci podaje się po prostu „zatrzymanie akcji serca". To tak, jakby powiedzieć, że ci ludzie umarli na „syndrom śmierci". To opis tego, czego dana osoba doświadczyła, ale nie daje nam to żadnego wglądu w to, dlaczego tak się stało. Podobnie w przypadku wielu schorzeń przewlekłych diagnozy określają, co się dzieje, nie mówiąc nic na temat tego, dlaczego tak jest. I jeśli środki farmaceutyczne w satysfakcjonujący sposób stłumią objawy, wielu lekarzy nie widzi potrzeby, by spojrzeć głębiej.

Spójrzmy głębiej

ADHD to doskonały przykład na to, jak zespół symultanicznie występujących objawów można błędnie zdefiniować jako chorobę. ADHD to tak naprawdę termin na określenie konstelacji różnych symptomów. Podczas gdy objawy mogą być bardzo realne, diagnoza nie mówi nam nic o ich źródłach. Objawy ADHD mogą wystąpić u jednego dziecka z zupełnie innych powodów niż u drugiego. ADHD nie jest bowiem wywoływane przez jeden konkretny gen i nie jest to wrodzone zaburzenie pracy mózgu – jeśli już, to jest to wiele różnych zaburzeń jego pracy! To zbiór objawów wywołanych przez wiele różnych czynników. U niektórych dzieci występują one w związku ze złą dietą i obecnymi w jedzeniu konserwantami[23], u innych przez kontakt z toksynami[24], a u jeszcze innych mogą się one pojawić po prostu godzinę po jedzeniu albo na chwilę przed obiadem, gdy spada im poziom cukru we krwi. Gdy dzieci, które są w nieodpowiednim dla siebie środowisku do nauki, zmieniają otoczenie albo dostają nowego nauczyciela – *tadam*! Nagle zaczynają robić wielkie postępy. Powód wystąpienia objawów nie zawsze jest oczywisty, ale zawsze istnieje.

Kolejnym przykładem może być refluks. Diagnozuje się go u większości dzieci, które często ulewają. Zamiast dowiedzieć się, dlaczego dziecko reaguje w taki sposób, lekarze szybciutko przepisują blokery receptora H2 na zmniejszenie ilości kwasu w żołądku. Mój kolega, dr Sidney Baker, nazywa takie podejście „Nazwij-obwiń-oswój". Kiedy lekarze zamieniają zwykłe symptomy w chorobę (w tym przypadku „refluks") bez dociekania przyczyny, przepisują na nią pigułki, które mają ją kontrolować. Ale refluks to nie choroba; to po prostu symptom często wywołany przez nadwrażliwość na konkretny pokarm (najczęściej okazuje się, że jest to trudne do przetrawienia białko mleka krowiego albo nawet mleko matki)[25, 26, 27]. Jedne z badań wykazały, że 33 procentom noworodków z refluksem nie pomogły żadne lekarstwa; *wszystkie te dzieci poczuły się lepiej, gdy przestano im podawać białko mleka krowiego*[28]. (Pozostałe 66 procent stanowiły niemowlęta, których w ogóle nie karmiono produktami mlecznymi). Kolejne badania dowiodły natomiast, że usunięcie z diety pokarmu opartego na białku mleka krowiego pomaga przy refluksie nawet w przypadku dzieci, które nie mają alergii na krowie mleko[29]. Powiecie: „Ale kogo to obchodzi, skoro dziecko zażywa lekarstwa tak długo, aż nie poczuje się lepiej?". Po pierwsze, kwas żołądkowy jest nam potrzebny, by rozłożyć proteiny powodujące alergię, która następnie uruchamia system odpornościowy jelita. Po drugie, sok żołądkowy działa jako warstwa obronna przed patogenami. A po trzecie, jest on niezbędny dla dobrego przyswajania wapnia, magnezu i cynku; w związku z tym dawanie dziecku lekarstw na refluks może spowodować poważne niedobory żywieniowe w okresie, kiedy jego zapotrzebowanie na składniki odżywcze jest bardzo wysokie[30].

Nawet jeśli dziecko rzeczywiście musi zacząć przyjmować lek – co w pewnych przypadkach jest konieczne, bo sytuacja jest krytyczna – mimo wszystko musimy dalej próbować znaleźć przyczynę takiego stanu rzeczy. Naszym celem powinno być to, by zapobiec długotrwałemu podawaniu lekarstwa. Oczywiście najlepiej byłoby, gdyby dziecko w ogóle nie zaczęło go brać.

Leczenie albo „gojenie się" rzadko staje się teraz częścią leksykonu medycznego opanowanego przez środki farmaceutyczne.

A to dlatego, że każdorazowy proces gojenia musi być przecież zapoczątkowany przez sam organizm. Powtórzę: proces gojenia musi zostać zapoczątkowany przez nasz organizm. Rolą medykamentów powinno być natomiast to, by pomóc naszemu ciału w powrocie do formy. **Jednak kiedy dziecięcy organizm jest wyczerpany i nieprawidłowo odżywiany, nie może sam się uleczyć**. I właśnie w takich sytuacjach lekarstwa stają się niezbędne do tego, by nastąpiła fizjologiczna reakcja, do której ciało samo nie jest już w stanie doprowadzić. Ale jeśli organizm dziecka jest na tyle silny, by poradzić sobie z leczeniem samodzielnie, lekarstwa można odstawić, bo nie są one potrzebne. Niestety często tego nie robimy, a nasze dzieci nazywamy „przewlekle chorymi".

Ciało odżywione naturą i pożywieniem bogatym w składniki odżywcze posiada ważne elementy budulcowe do tego, by leczyć się samo. Bardzo wiele zależy więc od nas samych. Możemy wpłynąć na nasze zdrowie poprzez środowisko, w którym żyjemy, i to, co spożywamy. Tak jest: wasze jedzenie, picie oraz kontakt z naturą dostarczają wam wyjątkowych narzędzi zarówno dla leczenia, jak i dla utrzymania zdrowia i szczęścia.

Ja nazywam to „momentem Dorotki". W zakończeniu *Czarnoksiężnika z krainy Oz* właśnie Dorotka uświadamia sobie, że boski czarodziej tak naprawdę nie znał wszystkich odpowiedzi i że to ona sama przez cały ten czas miała moc, która pozwoliła jej wrócić do domu. Być może również wy i wasze dzieci znacie już odpowiedzi na pytanie o to, jak być odpornym i czuć się dobrze. Moim zadaniem jest to, abyście to sobie uświadomili. Nadszedł czas, by porzucić utarte formuły, a zacząć patrzeć na świat zupełnie innymi oczyma. I zacząć pytać: „Dlaczego?".

Prowadź dziennik

Poniżej znajdziecie listę kontrolną, dzięki której będziecie mogli jeszcze lepiej zapanować nad zdrowiem waszego dziecka i łatwiej będzie wam zauważyć, nad czym powinniście pracować. Jeżeli wasze dziecko zmaga się z zaburzeniami rozwoju albo cierpi na przewlekłe schorzenia, ten krok pozwoli wam zrozumieć, czym jest prawdziwe zdrowie, i pomoże do niego dojść nie tylko waszym dzieciom, ale i całej waszej rodzinie.

ZDROWE DZIECKO

- **Sen:** zdrowe dziecko w nocy zasypia w czasie krótszym niż 30 minut, budzi się rzadko i wstaje rano wypoczęte.
- **Stolec:** robi kupkę raz dziennie lub częściej (i są to wypróżnienia bezbolesne, które nie zatykają toalety i które nie powodują później nieprzyjemnego zapachu w całym domu).
- **Dieta:** je różnorodne produkty, w tym warzywa i owoce.
- **Trawienie:** od czasu do czasu ma gazy, bóle brzucha, nie ma za to kolek. Rośnie normalnie.
- **Infekcje:** co jakiś czas łapie przeziębienie i kaszle, natomiast rzadko w całym okresie dzieciństwa występują u niego infekcje uszu (albo angina).
- **Skóra:** ma czystą skórę, a nie szorstką, „wrażliwą" czy swędzącą. Nie ma częstych wysypek. Czerwone uszy albo pokryte plamami policzki nie utrzymują się u niego dłużej niż 5–10 minut po tym, jak było mu zbyt zimno lub gorąco.
- **Oczy:** są zdrowe i jasne, bez opuchlizny, zaczerwienienia czy ciemnych plam wokół.

- **Energia:** jest na tyle wytrzymałe, że bez problemu dorównuje innym dzieciom.
- **Odporność:** czasem przy okazji choroby dostaje gorączki, która albo mija sama, albo z drobną pomocą. Nie cierpi na żadne alergie, astmę czy inne schorzenia przewlekłe.
- **Zachowanie:** niekontrolowane napady złości występują u niego bardzo rzadko. Nie przejawia agresji, nie niszczy zabawek lub innych rzeczy i w przypadku choroby dość szybko dochodzi do zdrowia.
- **Skupienie:** potrafi się skoncentrować, uczy się i zapamiętuje w stopniu odpowiednim dla swojego wieku.
- **Nastrój:** interesuje go świat, który go otacza, i cieszy się życiem.

Zapomnijcie teraz o etykietkach i diagnozach. Stwórzcie własną listę charakteryzującą wasze dziecko. W miarę jak będziecie realizować zalecenia, które znajdziecie w tej książce – dodając do jego diety leczniczą żywność i stosując dobre praktyki, a eliminując to, co jest potencjalnie szkodliwe – wracajcie do tej listy i odnotowujcie, jak te konkretne zmiany wpływają na rozwój waszego dziecka. Moim celem jest to, żeby przy jak największej liczbie punktów widniała adnotacja: „wszystko w porządku", a przy jak najmniejszej: „wymaga poprawy".

ROZDZIAŁ 2

Uczymy się słuchać naszego ciała. Co mogą nam powiedzieć symptomy?

Współczesne społeczeństwo doprowadziło teorię Pasteura do skrajności, skupiając całą uwagę prawie wyłącznie na atakowaniu „mikroba" – czyli zarazków wywołujących choroby – zamiast skoncentrować się na wzmocnieniu „terenu", a więc ogólnego zdrowia osoby, która zapadła na daną chorobę. Bo przecież to właśnie nasze środowisko wewnętrzne jest w dużej mierze odpowiedzialne za naszą podatność na choroby. **Dlaczego** dziecko co miesiąc ma zapalenie ucha? **Czemu** ciągle choruje na anginę? **Dlaczego** dziecko tak ciężko przechodzi grypę, podczas gdy inne dzieci radzą sobie z nią znacznie lepiej? **Czemu** jedno dziecko z taką łatwością pokonuje epizod boreliozy, a inne staje się tak przewlekle chore, że jego rodzice mówią: „Od tego czasu zmienił/a się nie do poznania..."?

Te różnice odzwierciedlają właśnie kondycję wewnętrznego „terenu" dziecka: ich odporność, to, na jakim poziomie jest ich homeostaza, kiedy choroba rzuca im kolejne wyzwanie. Oczywiście to wszystko w pewnym stopniu uzależnione jest również od ich genetycznych skłonności, ale zdecydowanie większą rolę odgrywają tutaj zasoby wewnętrzne i kontakt z otoczeniem. Kiedy wyczerpują się rezerwy niezbędnych składników w organizmie, od razu pojawiają się pierwsze objawy, które sygnalizują nam, że dzieje się coś niedobrego.

Poprzez symptomy organizm mówi nam, że potrzebuje pomocy

Ciało cały czas powiadamia nas o swoich potrzebach i podpowiada, jak powinniśmy je wspierać. I robi to głównie za pomocą symptomów. Czasem jest w stanie pokonać niebezpieczeństwo samodzielnie, bez potrzeby naszej interwencji. Są jednak sytuacje, w których niezbędna jest nasza pomoc. A kiedy ignorujemy sygnały, które dostajemy od organizmu, stopniowo stają się one coraz bardziej donośne – intensywniejsze, częstsze, trudne do opanowania – aż wreszcie dochodzimy do momentu, kiedy po prostu nie możemy ich dłużej lekceważyć.

Objawy choroby u waszego dziecka same w sobie dostarczają wam istotnych wskazówek, by dojść do tego, co sprawia, że jego organizm nie radzi sobie z infekcją. Nawet przypadłości takie jak egzema, astma, migreny, ADHD czy drgawki nie są w rzeczywistości chorobami, lecz po prostu objawami.

Zamiast odbierać symptomy jako kłopot, którego należy jak najszybciej się pozbyć, popatrzcie na wysypkę, bezsenność czy ból brzucha swojego dziecka jak na poszlaki, które zostawia wam jego organizm, jednocześnie wołając o pomoc. Zabawcie się w detektywów. Ja podzielę się z wami moim doświadczeniem i podpowiem, jak rozmawiać z ciałem w jego własnym języku – żebyście wiedzieli, w którym momencie przełączyć się na odbiór, gdy pojawiają się objawy.

ZBIERAMY DOWODY: IDENTYFIKACJA OBJAWÓW

Kiedy rozpoczęłam prywatną praktykę lekarską, spotkałam się z wieloma przypadkami, w których objawy, jakie wystąpiły u dziecka, albo poddano od razu leczeniu medykamentami, albo zwyczajnie zignorowano, albo – co najgorsze – na ich podstawie stwierdzono, że „tak już musi być". Rodzice przyprowadzali do mnie dzieci z bólem głowy, bo nikt wcześniej nie wpadł na to, że ciągłe egzemy czy zapalenie ucha siedem razy do roku mogą mieć z tym jakiś związek. Gdy podczas badania pewnej dziewczynki zaznaczyłam, że wypróżnianie raz w tygodniu zdecydowanie nie jest czymś normalnym, jej matka odparła: „Ale nasza pani doktor próbowała już wszystkiego i powiedziała, że Jamie taka już jest". Innym razem, gdy zadzwoniłam do pediatry jednego z moich małych pacjentów i zasugerowałam, że ADHD, które u niego zdiagnozowano, może mieć związek z astronomiczną liczbą infekcji uszu, powiedział mi: „Słuchaj, czasem zapalenie ucha to po prostu zapalenie ucha". Tak, być może. A więc 15 infekcji ucha to tylko 15 infekcji ucha? A 25 infekcji ucha to tylko 25 infekcji ucha?! A czy to wszystko ma jakiś koniec?

Wzajemnego związku pomiędzy poszczególnymi objawami doświadczyłam również jako rodzic. Kiedy mój syn wykazywał nietolerancję na soję, wystąpiły u niego objawy astmy, a także nieustanny katar, wysypki, a jego rozwój się zatrzymał. Ale nasz pediatra (swoją drogą bardzo troskliwa osoba) nie spojrzał na te wszystkie symptomy jako na całość. A właściwie to wiele o nich nie myślał. Dla niego nasz syn był po prostu „nadwrażliwym" dzieckiem. Powiedział nam wtedy: „On taki już jest. Po prostu niektóre dzieci tak mają". Cóż, ostatecznie brzmi to przecież jak typowa wymówka. I dopiero kiedy zdecydowałam się zapytać „dlaczego?", rozpoczęła się nasza droga do wyzdrowienia.

Konwencjonalna medycyna nie zagłębia się w niezwykle skomplikowane połączenia pomiędzy gęstą siecią poszczególnych systemów naszego organizmu (układu trawiennego, odpornościowego, nerwowego, endokrynologicznego). Większość lekarzy nie patrzy na problemy w szerszej perspektywie – najczęściej mamy do czynienia ze specjalistami w jednej konkretnej dziedzinie. I tak: astma to problem w funkcjonowaniu płuc, egzema to problem ze skórą, zaparcia to problem z jelitami, ADHD to zaburzenie pracy mózgu. Ale przecież organizm to jeden kompletny układ, w którym wszystkie działania są ze sobą powiązane. Jelito i układ immunologiczny. Skóra i praca płuc. Mózg będący w stałym połączeniu z resztą ciała. Wiem, to wszystko wydaje się oczywiste. A więc dlaczego zamieniamy własne dzieci w worki totalnie bezcielesnych symptomów? Oto przykład: do mojego gabinetu trafia dziecko cierpiące na epilepsję, u którego występują również zaparcia, egzema, astma, zaburzenia wzrostu, a na dodatek jeszcze drgawki. Wcześniej było już badane przez gastrologa, dermatologa, pulmonologa i neurologa. I żaden z tych specjalistów nie potraktował jego organizmu jako jednej całości.

Usuwając warstwy, jak przy obieraniu cebuli, objaw po objawie, w końcu będziemy w stanie uleczyć nasze dziecko od jelit po sam mózg. Dlatego kiedy dziecko cierpi na migreny, a rodzice przyznają: „Bardzo często zdarza mu się mieć gazy [albo bóle brzucha czy zaparcia]" – od tego właśnie należy zacząć. Mój kolega powiedział mi kiedyś: „Wybrałem neurologię dlatego, żeby zajmować się mózgiem, a nie odbytem!". Ale ja osobiście nie potrafię sobie wyobrazić, w jaki sposób miałabym leczyć dzieci bez pytań o trawienie i wydalanie. Dopiero kiedy zbierzemy wszystkie dziecięce objawy do kupy, możemy poznać całą historię. Gdy badanie jest kompleksowe, jesteśmy w stanie wyleczyć nawet najpoważniejsze neurologiczne symptomy – jak drgawki, tiki nerwowe, nerwicę, zaburzenia eksplozywne czy lękowe. Musimy jednak zwracać uwagę na wszystkie sygnały, jakie daje nam nasz organizm.

Tłumienie objawów może zaszkodzić organizmowi

Pomyślcie o ostatniej recepcie, jaką wypisano waszemu dziecku. Może była na niej maść sterydowa na egzemę albo jakiś antybiotyk na zapalenie gardła. A może przepisano wam leki dostępne bez recepty – coś przeciwgorączkowego, coś na biegunkę czy kaszel. Wraz z taką receptą dostajemy jasną wiadomość: jesteśmy dobrymi, troskliwymi rodzicami, którzy zwalczają objawy powodujące dyskomfort u naszego dziecka. I większość lekarzy – w tym również ja – została wyszkolona tak, by leczyć (czytaj: tłumić) objawy swojego pacjenta poprzez natychmiastowe podanie lekarstwa, bez podejmowania prób odkrycia powodu, dla którego równowaga w organizmie została zachwiana.

Tłumiąc objawy, leki praktycznie odbierają głos naszemu ciału. Czasem rzeczywiście sprawiają one, że czujemy się lepiej, ale jednocześnie ignorujemy przez nie bardzo ważne sygnały, jakie wysyła nam organizm. A przecież wyciszanie tych awaryjnych komunikatów nie powstrzyma zbliżającego się nieuchronnie kryzysu. Jeśli zaburzenia równowagi będą się utrzymywały i nic z nimi nie zrobimy, po pewnym czasie zmienią się one w nawracające objawy kliniczne.

Lekarstwa wpływają również na zdolność organizmu do pokonywania kolejnych wyzwań. Jeśli wasze dziecko nie ćwiczy na skrzypcach przed recitalem, na pewno nie zagra dobrze podczas występu. Podobnie działa nasz system odpornościowy – uczy się bardzo szybko, ale tylko wtedy, gdy damy mu szansę. A idąc tym tropem, infekcje stwarzają przecież doskonałe możliwości do nauki. Każda gorączka, przeziębienie czy zapalenie gardła mogą być dla naszego układu immunologicznego okazją do udoskonalenia umiejętności, aby następnym razem zareagować jeszcze lepiej. Leki przeciwbólowe czy antybiotyki mogą w tym procesie przeszkadzać poprzez wyłączanie wrodzonych reakcji odpornościowych organizmu. Jeżeli ciągle przeszkadzamy naszemu ciału albo wręcz wykonujemy całą robotę za nie, nie będzie ono w stanie wypracować, a następnie doskonalić umiejętności, które pozwoliłyby mu samodzielnie zwalczać infekcje.

Lek nie jest dobrym rozwiązaniem, gdy chcemy poczuć się lepiej. Jest nim zwalczenie przyczyny problemu. Jeśli spojrzę na moją praktykę lekarską, na palcach jednej ręki mogę wyliczyć przypadki, w których w ciągu danego miesiąca przepisałam moim pacjentom jakieś leki. I nawet jeśli już rozpoczynam jakąś kurację lekami, zawsze od razu myślę, jak najszybciej ją przerwać.

LECZENIE FARMAKOLOGICZNE: CZY W OGÓLE MOŻNA JE NAZWAĆ LECZENIEM?

W ciągu ostatnich stu lat nasze społeczeństwo poczyniło wielkie postępy w medycynie i technologii. Leki przeciwgorączkowe, przeciwbakteryjne, antybiotyki zwiększyły nasze możliwości w redukowaniu liczby zgonów wśród dzieci dotkniętych różnego typu infekcjami i niewątpliwie oszczędziły wielu ludziom bólu i dyskomfortu. Jednak w miarę wzrostu liczb opartych na nich kuracji zdrowie naszych dzieci coraz bardziej się pogarszało[31, 32, 33].

Choć Stany Zjednoczone stanowią zaledwie 5 procent światowej populacji, są odpowiedzialne aż za 75 procent globalnego użycia leków na receptę. A zażywanie tych wszystkich leków ma przecież swoje konsekwencje. Na przykład selektywne inhibitory wychwytu zwrotnego serotoniny (SSRI) wykorzystywane w leczeniu depresji niosą ze sobą poważne zagrożenia, takie jak choćby nasilenie myśli samobójczych u dzieci i nastolatków, które zaczynają kurację od wysokich dawek[34]. Z kolei konkretne lekarstwa na ADHD oprócz bezsenności i stłumionego apetytu mogą prowadzić do uzależnień, stanów lękowych, a nawet do psychozy[35].

Pewnego dnia postanowiła mnie odwiedzić czternastoletnia Phoebe, ponieważ nie mogła sobie poradzić ze swoim ponurym nastrojem. Okazało się, że zażywa Focalin na koncentrację, Trazodone na bezsenność, która okazała się skutkiem ubocznym Focalinu, i Zoloft na depresję, którą z kolei wywołał Trazodone. Od razu skonsultowałam się z pediatrą Phoebe i poprosiłam, żeby rozważył stopniowe odstawienie tych wszystkich lekarstw, abyśmy mogli wpłynąć na zły nastrój dziewczynki, ale on powiedział tylko: „Zostawmy to tak, jak jest. Przecież całkiem nieźle sobie radzi".

Już kiedy zaczęłam prowadzić własny gabinet, spotykałam się nawet z sześciolatkami, którym dziennie podawano 2-3 różne leki psychotropowe. Przy posługiwaniu się bardzo dziwną logiką miało to nawet pewien sens, bo każde kolejne lekarstwo było odpowiedzią na potrzebę, którą stworzyło poprzednie. Dlatego niektóre dzieci brały leki przeciwpadaczkowe na drgawki, później stymulanty na problemy z koncentracją, które pojawiły się jako efekt uboczny tych pierwszych, a następnie neuroleptyki na agresywne zachowanie po stymulantach. Pamiętajcie: czasem to właśnie leki aktywnie przyczyniają się do pogorszenia stanu zdrowia dziecka.

Tak, czasami narzędzia, które wykorzystujemy, aby zwalczać infekcje, przyczyniają się do wystąpienia chorób zapalnych i autoimmunologicznych[36]. Antybiotyki wynaleziono w 1928 roku. Uważa się, że od czasu II wojny światowej uratowały one około 100 milionów istnień. Jednak leki te, które tak powszechnie i w ogromnych ilościach przepisuje się teraz dzieciom i noworodkom, w dłuższej perspektywie niosą ze sobą o wiele większe zagrożenie dla zdrowia dzieci niż dorosłych, ponieważ zaburzają równowagę funkcjonowania kultur bakterii w przewodzie pokarmowym dziecka w okresie, gdy jest ono najbardziej wrażliwe na wpływ czynników zewnętrznych. W zamian za duże osiągnięcie w kwestii zwiększenia kontroli nad chorobami zakaźnymi antybiotyki przyczyniły się jednak do widocznego wzrostu ryzyka występowania różnych bardziej złożonych chorób – od tych na tle immunologicznym przez choroby metaboliczne po nowotwory[37].

Oczywiście nie tylko leki na receptę, o których tutaj mowa, ale także powszechnie wykorzystywane medykamenty, nawet te wydawane bez recepty na przeziębienie, kaszel, gorączkę albo inne popularne objawy, mogą być szkodliwe dla naszych dzieci i ich systemów odpornościowych. Wydaje nam się, że leki zawierające paracetamol czy ibuprofen, które można kupić w każdej aptece czy nawet na stacji benzynowej, są całkowicie bezpieczne. A nie są. Na przykład zażywanie lekarstw opartych na paracetamolu może zwiększyć ryzyko astmy, alergii czy egzemy[38, 39] – szczególnie jeśli przyjmuje się je w pierwszych latach życia. Leki te zwiększają także ryzyko wystąpienia ADHD u dziecka, które znajduje się jeszcze w łonie matki[40]. Dlaczego? Paracetamol (inaczej acetaminofen) łączy się z bardzo silnym antyoksydantem nazywanym glutationem, który służy naszym komórkom za śmieciarkę, pomagając im pozbyć się wolnych rodników i toksyn w ramach procesu detoksykacji zachodzącego w naszym ciele. Paracetamol nieodwracalnie przywiera do glutationu i zmniejsza jego zdolności czyszczenia komórek, szczególnie w obszarach, gdzie jest on nam najbardziej potrzebny – a więc w mózgu i wątrobie[41, 42]. Toksyczność paracetamolu jest obecnie częstszą przyczyną problemów z wydolnością wątroby niż wirusowe zapalenie tego narządu – zażywanie paracetamolu to obecnie drugi najczęstszy powód niewydolności wątroby, który wymusza konieczność przeszczepu[43]. No cóż. Uważajcie: Federalny Urząd Żywności i Leków w bardzo zdecydowany sposób ostrzega, że stary dobry ibuprofen i inne niesteroidowe leki przeciwzapalne (NLPZ) mogą zwiększać ryzyko ataku serca aż o 50 procent[44].

Ponadto lekarstwa tego typu zakłócają naturalną pracę organizmu i umiejętność wystosowania przez niego odpowiedzi immunologicznej na wypadek ewentualnego zagrożenia. Pomyślcie tylko: gorączka to dla waszego ciała wrodzony „antybiotyk” – naturalna reakcja obronna na atak mikrobów, która stanowi odzwierciedlenie mobilizacji waszego układu odpornościowego. To wszystko działa w sposób o wiele bardziej złożony niż zwykłe tabletki, często ze znacznie większą siłą. Jeżeli za każdym razem, gdy dzieje się coś złego, pozwalamy tabletce odgrywać rolę superbohatera, który wpada do naszego organizmu i „ratuje sytuację”, możemy realnie przyczynić się do osłabienia naszego systemu immunologicznego, który cały czas uczy się, jak powinien reagować, gdy na jego drodze pojawiają się różnego rodzaju organizmy. W rezultacie odpowiedzialne za komórkową odpowiedź odpornościową limfocyty T nie ewoluują, by wypracować tolerancję, w związku z czym zachwiana zostaje nasza równowaga immunologiczna[45]. Limfocyty T, które funkcjonują w oparciu o pamięć i wcześniejsze doświadczenia, stają się przewrażliwione i zaczynają widzieć zagrożenie tam, gdzie go nie ma. A to stwarza doskonałe warunki dla rozwoju alergii, astmy czy chorób autoimmunologicznych.

W niektórych sytuacjach leki rzeczywiście są niezbędne, by poradzić sobie z kryzysem. Ale nasze zbyt wielkie zaufanie do leczenia farmakologicznego wytworzyło niebezpieczne błędne koło. Bo leki wykorzystywane są najczęściej do tłumienia konkretnych, wyizolowanych objawów – jako środek zastępczy dla prób odkrycia źródła złego stanu rzeczy. A lekarze, jak gdyby ćwiczeni w tym, by celować w leczenie objawowe, wydają się w ogóle nie myśleć o tym, jakie konsekwencje w miarę upływu czasu powoduje zażywanie leków. Na przykład rodzice bardzo często narzekają na to, że lekarze lekceważą niepokojące skutki uboczne, jakie wywołuje u ich dziecka przyjmowanie danego lekarstwa, bo przepisywane przez nich leki skutecznie radzą sobie z konkret-

WSKAZÓWKA

Zanim zaczniecie podawać swojemu dziecku jakieś lekarstwo, poświęćcie chwilę na to, by przeczytać ulotkę i dowiedzieć się, jakie efekty uboczne może ono wywołać. Zawsze pytajcie lekarza o ryzyko, jakie wiąże się z proponowaną przez niego kuracją. Dzięki temu będziecie mogli dokonywać rozważnych wyborów. Jeżeli lekarz stwierdzi, że nie widzi żadnego zagrożenia, na wszelki wypadek i tak zasięgnijcie opinii innego specjalisty. Przecież każda kuracja niesie ze sobą pewną dozę ryzyka.

nymi objawami. Zdarza się również, że lekarze po prostu zaprzeczają temu, że skutki uboczne rzeczywiście nimi są – nawet jeśli widnieją one na ulotkach popularnych leków na astmę, ADHD, alergię czy inne zaburzenia.

Lekarze bardzo często zapominają również o zasadzie zachowania ostrożności przy ocenie skutków długoterminowych, jakie mogą wywołać lekarstwa. A przecież zawsze należy zastanowić się nad tym, czy dane lekarstwo – nawet gdy chwilowo jest pomocne i nie ma wyraźnych dowodów na jego działanie niepożądane – w przyszłości może się okazać potencjalnie niebezpieczne dla dziecka. W przypadku noworodków i małych dzieci jest to szczególnie ważne. Na przykład jedne badania przeprowadzone z udziałem ponad 65 000 dorosłych wykazały, że osoby, które regularnie przyjmowały stymulanty (na ADHD lub z innych powodów), były w późniejszym okresie życia o 60 procent bardziej narażone na wystąpienie choroby Parkinsona niż te, które przyjmowały je tylko sporadycznie[46]. Te badania dotyczyły akurat dorosłych. A jaki wpływ na rozwój mózgu może mieć w dłuższej perspektywie codzienne zażywanie stymulantów u dzieci? Tego jeszcze do końca nie wiemy, ale tego typu informacje muszą być dla nas ostrzeżeniem.

LECZENIE OD ŚRODKA

Czy wasz związek z organizmem można porównać do ulicy dwukierunkowej? Czy może raczej wygląda to tak, że bierzecie znacznie więcej, niż dajecie? Czy nie zdarza się wam wymagać od organizmu, by dalej wykonywał swoje typowe zadania nawet wtedy, gdy nie czuje się najlepiej albo gdy nie zapewniliście mu odpowiedniej dawki paliwa czy odpoczynku? Wasze oczekiwania względem ciała są prawdopodobnie wysokie, ale w rzeczywistości nie czujecie się z nim w pełni zjednoczeni. I tego właśnie społeczeństwo uczy teraz nasze dzieci. Większość rodziców chciałaby, żeby ich dzieci najlepiej już w ciągu 24 godzin rozprawiły się z chorobą, bo w takiej sytuacji już następnego dnia będą mogły wrócić do szkoły, a oni – do pracy.

Nadszedł czas, by się zatrzymać. Zanim zaczniecie wymagać od organizmu, aby dobrze wykonywał swoje funkcje – albo nawet sam się leczył – najpierw musicie odpowiednio go odżywić i po prostu o niego dbać. A najlepszym sposobem na to jest mądre dobieranie pokarmu. Pożywienie z natury różni się od lekarstw, bo oferuje naszemu organizmowi niezbędne składniki, dzięki którym może się on samodzielnie leczyć.

Wszystkie materiały, których nasze ciało potrzebuje do prawidłowego funkcjonowania – od odnowy DNA do formowania mięśni i produkcji czerwonych krwinek – pochodzą z witamin, minerałów, aminokwasów i innych składników obecnych w jedzeniu. Właściwe żywienie jest bardzo ważne nawet dla zdrowych dzieci, które zostały obdarzone błogosławieństwem „dobrych genów" i które cieszą się doskonałym zdrowiem. Fundamenty długiego i zdrowego życia trzeba zbudować już w dzieciństwie. Idealnie byłoby, gdyby wasze dziecko nie musiało przechodzić przez żadne z wcześniej wymienionych problemów. A jeśli wiecie, że nie jest ono tak odporne, jak według was mogłoby być, musicie nauczyć się nowego sposobu dbania o jego witalność.

ROZDZIAŁ 3

W zdrowym ciele zdrowy duch

Kiedy moja córka chodziła do przedszkola, cały czas dokuczały jej bóle brzucha. Nieustannie telefonowano do nas z informacją, że znów boli ją brzuszek. Myśleliśmy, że być może ma to podłoże emocjonalne albo po prostu córka jest głodna. Próbowaliśmy wielu rzeczy, np. podawania dodatkowych przekąsek i zapewnienia odpoczynku w gabinecie higienistki – w efekcie czasem czuła się lepiej, czasem nie. Występujące co jakiś czas bóle brzucha utrzymywały się i z biegiem czasu stawały się coraz częstsze. Córka zaczęła narzekać także na ból głowy. Później, gdy była w trzeciej klasie, nauczyciele zauważyli, że ma kłopoty z koncentracją. Przypuszczaliśmy więc, że może mieć trudności w uczeniu się. Obudziłam się dopiero wtedy, gdy zadałam sobie pytanie: „A może ona ma po prostu jakąś alergię pokarmową?". (Wiem, wiem – to tak, jakby przez cały ten czas dziecko szewca chodziło bez butów!)

Na kilka tygodni usunęliśmy z jej diety nabiał i gluten – a więc to, co najczęściej wywołuje alergie – i okazało się, że bóle ustąpiły. Aby potwierdzić naszą hipotezę, że to alergia była powodem jej dolegliwości, ponownie wprowadziliśmy do jej jadłospisu produkty zawierające gluten. Po naprawdę wyjątkowo „glutenowym dniu" – bajglu na śniadanie, makaronie na obiad i pizzy na kolację – nasza córka przez kolejne 24 godziny czuła się tak, jakby miała grypę. Ale mój mąż wciąż nie był przekonany. Spróbowaliśmy więc jeszcze raz – najpierw usuwaliśmy, a potem znów dodawaliśmy do jej diety konkretne produkty. I rzeczywiście, po raz kolejny poczuła się gorzej. Produkty mleczne okazały się dla niej mniejszym problemem, ale z glutenu zrezygnowaliśmy nieodwołalnie. Natychmiast wpłynęło to na jej wyniki w nauce. Z miejsca została jednym z klasowych asów. Minęły kłopoty z koncentracją i zdobywaniem wiedzy. Zdarzało się jednak, że gdy wracała po szkole do domu, jej nosek drgał jak u małego zajączka. Pytałam ją wtedy: „Co dzisiaj jadłaś?", a ona odpowiadała: „Mmm, koleżanka dała mi ciasteczko" albo: „W przerwie zjadłam kilka precelków". Zawsze gdy miała ten tik, jadła w szkole coś, co zawierało gluten. I jak tylko przyzwyczaiła się do diety bezglutenowej, nigdy więcej go już nie zobaczyliśmy.

Pozostało jednak kilka pytań:

- *Jak coś, co wywołało u córki zwykły ból brzucha, mogło stać się na tyle silne, że zaczęło wpływać również na jej koncentrację i percepcję, a w końcu doprowadziło do powstania tików, czyli do zaburzeń neurologicznych?*
- *Czy to możliwe, że to, co jemy, wpływa na funkcjonowanie naszego organizmu od układu trawiennego przez odpornościowy aż do układu nerwowego?*

- *Jeżeli jedzenie oddziałuje na system nerwowy, to czy oznacza to, że problemy, które kiedyś postrzegaliśmy jako „zaburzenia pracy mózgu", tak naprawdę są wynikiem czegoś innego, co rozgrywa się w zupełnie innym miejscu naszego organizmu?*

Zapnijcie pasy. Zaraz wywrócimy wszystko do góry nogami.

JELITO

Jelito nie cieszy się zbyt wielką sławą. Wiąże się to przede wszystkim z pewnym zażenowaniem, gdy zaczynamy porównywać je z bardziej reprezentacyjnymi narządami, choćby takimi jak mózg. A przecież odpowiada ono za produkcję 3/4 neuroprzekaźników w organizmie, i to właśnie od niego zależy rozruch 2/3 naszego układu odpornościowego. Mhm. Sok żołądkowy, migdałki, wyrostek robaczkowy, śledziona i wszystkie węzły chłonne, którymi wyłożone są ścianki waszych wnętrzności, tworzą jeden ogromny system odpornościowy jelita.

Jelito to jedna z najbardziej skomplikowanych i ważnych części naszego organizmu. W pewnym sensie działa ono podobnie jak gleba, odżywiając wszystkie jego elementy. I podobnie jak żyzna gleba, nasze jelita mieszczą w sobie liczne składniki odżywcze i różnorodne mikroby, dzięki którym nasze ciało może cieszyć się zdrowiem. Otwarty po obu stronach (jama ustna i odbyt), nasz układ pokarmowy jest czymś naprawdę wyjątkowym zarówno dla naszego środowiska zewnętrznego, jak i wewnętrznego. Bo przecież może się do niego dostać wszystko. Nasze jelito zalewają przeróżne rzeczy: jedzenie, drobnoustroje, toksyny, zanieczyszczenia... Można by długo wyliczać! Jelito jest doskonale ukryte wewnątrz ciała, pozostając w stałym kontakcie z innymi narządami – nawet z mózgiem. Jelito jest swoistym interfejsem, który łączy nasz świat wewnętrzny ze światem zewnętrznym.

Przyjrzyjmy się temu, co jest w środku. Oto na przykład kwas żołądkowy. Uwierzcie mi, nie jest on tak złośliwy, jak malują go twórcy wszystkich reklam środków zobojętniających. Wręcz przeciwnie. Wraz ze śliną i żółcią sok żołądkowy blokuje działanie szkodliwych patogenów, neutralizuje niektóre toksyny i pomaga rozłożyć duże molekuły pożywienia na mniejsze, łatwiejsze do zaabsorbowania elementy.

Następnie mamy mikroskopijny wszechświat złożony ze stu bilionów drobnoustrojów – w tym głównie wirusów, ale także bakterii, grzybów i drożdży. To właśnie te niemal 2 kilogramy żywych organizmów znajdujących się w naszych jelitach tworzą nasz mikrobiom, który wspomaga proces trawienia (zwłaszcza węglowodanów), reguluje odporność, ułatwia wypłukiwanie toksyn i produkuje składniki odżywcze, takie jak witamina K i witaminy grupy B[47]. Ów mikrobiom w naszym jelicie funkcjonuje na zasadzie równowagi i tolerancji. Tak jak w przypadku żyznej gleby, jelito cieszy się najlepszą kondycją wtedy, gdy jest obficie skąpane w substancjach odżywczych i różnego rodzaju drobnoustrojach – im większe zróżnicowanie, tym lepiej. Mniejsza różnorodność mikrobów w jelicie zwiększa prawdopodobieństwo, że jeden z typów obecnych w nim organizmów w nieprawidłowy sposób zacznie dominować, a taka sytuacja może doprowadzić do gazów, wzdęć, niezdolności do wchłaniania substancji odżywczych, a nawet do poważnych infekcji żołądkowo-jelitowych.

Następnie warto wspomnieć o specjalnej warstwie, którą tworzą ściany jelita. Można powiedzieć, że pełnią one funkcję bramkarza, który pilnuje wejścia do bardzo ekskluzywnego klubu, jakim jest nasze wnętrze. Te komórki nabłonkowe decydują, co może dostać się do krwiobiegu, a co nie, wpuszczając to, co nas odżywia i chroni przed wieloma niepożądanymi mikroorganizmami i czynnikami toksycznymi.

Z różnych względów, na które zwrócimy uwagę trochę później, jelito czasami może stać się bardziej przepuszczalne albo „nieszczelne", przez co do krążenia dostają się cząsteczki obce, mikroby i toksyny. Tego typu immunologiczne wyzwalacze żeglują następnie przez krwiobieg, uaktywniając nasz system odpornościowy[48], sprawiając, że dzieci stają się podatne na różnego rodzaju alergie, a w niektórych przypadkach również na choroby autoimmunologiczne, jak celiakia czy cukrzyca typu 1[49].

Moje dziecko je zdrową żywność, a mimo to wciąż ma problemy zdrowotne. Dlaczego?

Dobre pytanie. Jeśli jelito waszego dziecka nie jest w stanie przyjąć składników odżywczych zawartych w pokarmie, nie będzie czerpało z niego korzyści – niezależnie od tego, jak bardzo odżywczy byłby to pokarm. Złe zmiany w jelicie możecie złagodzić żelem z liścia aloesu (nie całym liściem), proszkiem z korzenia lukrecji tudzież bulionem z kości. Włączcie do diety swojego dziecka prebiotyki – takie jak cykoria, łopian, czosnek – oraz naturalne probiotyki, np. jogurt, kefir czy fermentowane warzywa, jak choćby kiszona kapusta czy ogórki. Unikajcie za to żywności przetworzonej, która nie zawiera substancji odżywczych, a także dodatków – takich jak polisorbat 80[50] czy karagen[51], które uszkadzają jelita.

UKŁAD ODPORNOŚCIOWY ZACZYNA SIĘ W JELICIE

Poza trawieniem nasz trakt jelitowy wspomagany jest przez wbudowany zespół przetwarzający różnego rodzaju informacje, a jego poszczególne części mieszczą się w różnych fragmentach jelita. Otóż właśnie – wasze migdałki, kwas żołądkowy, wyrostek robaczkowy, śledziona i węzły chłonne, które pokrywają ściany jelita, tworzą jeden wielki jelitowy system odpornościowy. Nawet wyrostek robaczkowy, przez długi czas uważany za element totalnie bezużyteczny, wykonuje zróżnicowane funkcje immunologiczne – przechowuje na przykład bardzo ważne dla jelita mikroorganizmy, aby zasilić ich zapasy, kiedy tylko zachodzi taka potrzeba[52, 53]. Całość tkanki limfatycznej występującej w obrębie układu pokarmowego (tzw. GALT – ang. *gut-associated lymphoid tissue*) to prawie 70 procent układu odpornościowego człowieka[54].

Te wszystkie siły policyjne naszego jelita nieustannie sprawdzają jego zawartość i patrolują teren w poszukiwaniu „podejrzanych typów" – a więc wszystkiego: od potencjalnie niebezpiecznych mikrobów do toksyn. Miliony białych krwinek zachowują się niczym wartownicy, którzy muszą wykryć, czy w danym momencie w którymś miejscu dzieje się coś niewłaściwego. System immunologiczny stanowi jedność z jelitem i jego mikrobiomem: każde zakłócenie – spowodowane jedzeniem, dodatkami polepszającymi, pestycydami, toksynami, problematycznymi mikroorganizmami, a nawet antybiotykami, sterydami czy innymi lekami – ma wpływ na pracę całego organizmu.

Spójrzmy na tak dobrze znaną kolkę. Liczne badania wskazują, że dzieci, które mają problemy z kolkami – te, które nieprzerwanie przez jakiś czas (albo w ogóle cały czas) płaczą bez wiadomego powodu – zaczęły czuć się znacznie lepiej, gdy zaczęto im podawać probiotyk *Lactobacillus reuteri*[55]. Jeżeli kiedykolwiek mieliście do czynienia z kolką u dziecka, na pewno łatwiej wam sobie wyobrazić, jaką potęgą muszą dysponować mikroorganizmy w naszym jelicie, skoro potrafią sobie poradzić z tak olbrzymim wyzwaniem.

BIORÓŻNORODNOŚĆ MIKROBÓW

„Hipoteza higieniczna", która zakłada, że w dzisiejszych czasach przez wybielacze czy wszelkie środki do dezynfekcji dzieci żyją w nazbyt odkażonym społeczeństwie, często wykorzystywana jest do wyjaśnienia wzrostu występowania alergii u najmłodszych. Chodzi o to, że układy odpornościowe dzieci, żyjących teraz głównie w zurbanizowanych społeczeństwach, bardzo rzadko narażane są na zetknięcie się z bakteriami czy innymi mikroorganizmami. A przecież to właśnie ten kontakt ma ogromny wpływ na zdrowie naszego układu odpornościowego. Hipoteza ta opiera się po części na wynikach badań, które wykazały, że dzieci mieszkające na wsi rzadziej cierpią z powodu alergii i ataków astmy[56]. Zabawy na podwórku, kopanie w ziemi w poszukiwaniu robaków, uprawa roślin, a co najważniejsze – kontakt z wszelkiego rodzaju brudem i zwierzętami hodowlanymi, to w rzeczywistości bardzo korzystne dla zdrowia aktywności. A nawet nie tylko korzystne – kluczowe!

Bakterie, wirusy, pasożyty i grzyby odgrywają bardzo istotną rolę w zbudowaniu, a następnie w utrzymaniu zdrowych jelit i systemu immunologicznego. Inna wyjaśniająca wzrost liczby alergii teza nazywana jest „hipotezą starych przyjaciół"[57] ze względu na to, że w jelitach dzieci cierpiących na alergię brakuje różnorodności wśród tych dobroczynnych mikroorganizmów. Aby sprawdzić zasadność tych teorii, naukowcy porównali próbki miejskiego apartamentowca i gospodarstwa wiejskiego. Co zaskakujące, okazało się, że oba te środowiska charakteryzowały się właściwie tą samą ilością mikrobów. Różnica pomiędzy nimi polegała jednak na różnorodności bakterii[58]. Próbka z apartamentu była dość uboga, podczas gdy ta z gospodarstwa wiejskiego zawierała wiele różnych gatunków mikroorganizmów. Podczas badań, jakich dokonano z udziałem jednego z rdzennych plemion Amazonii, którego nie dotyczył problem chorób przewlekłych, zetknięto się z najbardziej zróżnicowaną ilością mikroorganizmów, jaką kiedykolwiek wykryto w organizmie człowieka[59]. W zdrowym jelicie występuje różnorodność mikrobów: im więcej gatunków, tym lepiej. **Bioróżnorodność odgrywa ogromną rolę**. To dzięki niej możliwe jest osiągnięcie wewnętrznej harmonii, która chroni nasz organizm przed rozregulowaniem.

Krótka historia o robakach

Wszyscy wiemy, że infekcje wywołane przez mikroorganizmy mogą być śmiertelnie niebezpieczne. Ale czy mogą one być również korzystne? Czy żyjące w brudzie bakterie, wirusy i pasożyty – a więc to, czego tak skrupulatnie dzisiaj unikamy – mogą sprawić, że nasze dzieci będą zdrowsze? Pomyślcie tylko: szczepy *Clostridium*, bakterii jelitowych, które w określonych sytuacjach wpędzają nas w chorobę, u myszy są w stanie odwrócić alergię na orzechy[60]. Właśnie tak: bakterie znajdujące się w jelicie posiadają moc zatrzymania naprawdę ostrych – a nawet śmiertelnych – reakcji immunogennych. W badaniach przeprowadzonych w sierpniu 2014 roku na myszach naukowcy najpierw zdziesiątkowali bakterie w ich jelitach, a następnie wystawili zwierzaki na działanie alergenów zawartych w orzechach, które wywołały bardzo silne reakcje immunologiczne. Myszy zaczęły więc produkować przeciwciała mające na celu zwalczenie alergenów w znacznie większym stopniu niż ich towarzysze, u których ilość bakterii w jelitach utrzymano na normalnym poziomie. Jednak gdy walczącym z alergią gryzoniom zaaplikowano *Clostridium*, ich białe krwinki od razu zaczęły generować w wysokim stężeniu ochronne molekuły nazywane interlukiną-22 (IL-22), które stłumiły ich reakcje alergiczne.

Podobna historia dotyczy bakterii *Helicobacter pylori* – znienawidzonej i łączonej z podwyższonym ryzykiem wrzodów czy raka żołądka – która kiedyś występowała powszechnie w żołądku prawie każdego człowieka. Natomiast na początku XXI wieku już tylko 6 procent populacji nosiło w sobie tę bakterię. Ale jej zwalczenie paradoksalnie zwiększyło zachorowalność na refluks, chorobę przełyku Barretta czy raka przełyku[61]. Bez *Helicobacter pylori* równowaga regulujących apetyt hormonów leptyny i greliny ulega zachwianiu i jednocześnie zwiększa się ryzyko występowania u dzieci kataru siennego, alergii lub astmy[62]. **Jak to wszystko wytłumaczyć? Być może nie chodzi o to, czy bakterie są dobre, czy złe, ale o zmianę, jaka zaszła w nas samych. Tak czy inaczej, równowaga drobnoustrojowa i biologiczna różnorodność to nasze klucze do sukcesu.**

Korzystne dla naszego ciała mogą się okazać także niektóre pasożyty. Ostatnie badania wykazały, że są one w stanie komunikować się z bakteriami w jelicie w celu regulowania odporności. Mój kolega, który leczy imigrantów, widział wiele przypadków dzieci z Etiopii, u których wykryto pasożyty. Choć nie wykazywały one żadnych objawów choroby, mimo wszystko postanowił skoncentrować się na wyleczeniu ich „infekcji". Ku jego zaskoczeniu wiele z nich natychmiast zaczęło cierpieć z powodu astmy, egzemy i innych przypadłości alergicznych. Jak tylko zdecydował się na przerwanie leczenia u tych pacjentów, problemy zniknęły. A nauka potwierdza jego obserwacje[63]. U ludzi, którzy żyją na obszarach szczególnie narażonych na infekcje pasożytnicze, w rzeczywistości występuje mniejsze ryzyko zachorowania na cukrzycę typu 1 czy 2[64, 65]. Naukowcy starają się dziś dowieść, że jaja pasożytów mogą się okazać pomocne w kuracjach zwalczających stwardnienie rozsiane, chorobę zapalną jelit, celiakię, cukrzycę typu 2, reumatoidalne zapalenie stawów czy astmę[66]. **Ale to chyba nie dziwi, bo ci wszyscy „starzy przyjaciele" uczestniczyli przecież w naszej ewolucji.**

Nawet wirusy mogą być czasem przydatne[67]. Przełomowe badania z 2014 roku, których rezultaty opublikowano w czasopiśmie „Nature", udowodniły, że w sytuacji, gdy praca bakterii w jelicie zostaje zaburzona, niektóre wirusy są w stanie wpłynąć na właściwą regulację odporności naszego organizmu, za którą odpowiada nasz mikrobiom, i uniemożliwić wystąpienie jakichkolwiek zakłóceń pracy jelita czy układu immunologicznego, jakie obserwuje się zwykle po leczeniu antybiotykami[68]. W „Nature" opisano również testy, w których ukryta infekcja wywołana przez określony typ wirusa – podobnego do wirusa cytomegalii (CMV) czy Epsteina-Barr (EBV), który wywołuje mononukleozę – chroniła myszy przed śmiercią z powodu takich chorób jak na przykład dżuma[69]. Uwaga, teraz będzie coś jeszcze dziwniejszego. Jeśli jako dzieci przeszliście świnkę, prawdopodobnie zmniejszyliście o połowę ryzyko zachorowania na raka jajnika w późniejszym czasie – być może dlatego, że wasz system odpornościowy nabrał już wprawy w wyszukiwaniu tego typu komórek rakowych[70]. Także wirus odry jest obecnie badany w kontekście swoich potencjalnie niezwykłych właściwości, z których mogłaby skorzystać dzisiejsza onkologia, ponieważ występując w roli wirusa onkolitycznego[71] – a więc przeciwrakowego – może być pomocny w leczeniu tak poważnych nowotworów, jak choćby mięsak, białaczka czy glejak[72, 73, 74, 75]. Przebycie w dzieciństwie odry lub świnki kojarzone jest również z obniżeniem ryzyka zachorowania na chorobę sercowo-naczyniową w dorosłym życiu[76]. **Nasze ciało jest w rzeczywistości częścią wielkiego superorganizmu, w którym system immunologiczny nie jest zabójcą, lecz siłą, która formuje naszą homeostazę[77].**

Wierzcie lub nie, ale nawet stolec może stanowić dowód efektywności danej kuracji. Wiele szpitali wykonuje teraz z wielkimi sukcesami przeszczepy flory kałowej – tak, chodzi tutaj o lewatywę z kałem dawcy – w ramach leczenia nawracających problemów z bakteriami *Clostridium difficile*, wywołującymi zakażenia oportunistyczne w wyniku na przykład nadużycia antybiotyków[78]. **Korzyści płynące z różnorodności biologicznej kału – tak jak w przypadku gleby – nie da się imitować, wykorzystując syntetyczne środki farmaceutyczne.**

W końcu dzielimy nasze ciała, wraz ze wszystkimi informacjami genomicznymi, z mikroorganizmami, które w nas żyją. One naprawdę stały się „częścią nas". Kluczem jest tutaj równowaga: bo przecież nie chcemy, żeby jeden konkretny gatunek przeważał albo by było go za mało. **Trwamy w ciągłym zjednoczeniu z różnorodnym światem drobnoustrojów – zarówno tym zewnętrznym, jak i wewnętrznym. A właśnie ta ich różnorodność stanowi jeden z najważniejszych składników zdrowia naszych dzieci.**

MÓZG W JELICIE, JELITO W MÓZGU

Można powiedzieć, że jelito jest mózgiem organizmu, funkcjonującym w stałym połączeniu z mózgiem, który mamy w głowie. Właśnie tak – jelito i mózg pracują wspólnie, tworząc jeden system nerwowy. Dlatego jedzenie i nierównowaga trawienna mogą powodować zaburzenia pracy mózgu. Jelito i jego mikroorganizmy wytwarzają więcej neuroprzekaźników niż cały centralny system nerwowy. W mózgu mamy neurony, zaś jelito posiada swoje „interneurony", które komunikują się z resztą układu nerwowego, a na koniec z mózgiem.

To wszystko ma sens. Pomyślcie o swoich emocjonalnych doświadczeniach, odczuwanych w głębi brzucha. Co z tymi wszystkimi spontanicznymi reakcjami albo „motylkami w brzuchu"? Zastanówcie się: ludzie, którzy doświadczyli wstrząśnienia mózgu albo innych tego typu urazów, doznają najczęściej załamania zdrowia jelit, co prowadzi do takich chorób jak choćby wrzody – nawet jeśli nie nabawili się traumy wpływającej na pracę ich układu trawiennego[79]. Inne badania pokazują, że mózg odgrywa istotną rolę w przemianie bakterii w jelicie. Na przykład myszy, które wystawiono na działanie pewnych zewnętrznych bodźców wywołujących stres, po sześciu dniach miały zupełnie inną florę jelitową niż myszy, które nie były zestresowane[80]. Nawet wybory dotyczące pożywienia zmieniają nasz mikrobiom: na przykład ludzie, których dieta zawierała dużo tłuszczu, a mało błonnika, w ciągu dziesięciu dni byli w stanie poprawić kondycję swojego zaburzonego mikrobiomu po przejściu na dietę bogatą w błonnik, o niskiej zawartości tłuszczu[81].

A czy działa to także w drugą stronę? Oczywiście. Jelito również wpływa na pracę mózgu.

OD JEDZENIA DO MYŚLENIA: ZWIĄZEK JELITA Z MÓZGIEM

Jelito i mózg pozostają ze sobą w ciągłej łączności – dzięki naszemu wewnętrznemu systemowi przesyłania informacji. Nerw błędny zaczyna swój bieg głęboko w jelicie, na wysokości miednicy, unerwiając przeponę, płuca, serce i wszystkie inne organy aż do samego pnia mózgu. Ta kompleksowa sieć elektryczna z jednej strony łączy jelito z organami wewnętrznymi i mózgiem, a z drugiej – mózg z jelitem i pozostałymi organami. To niezwykłe połączenie pomiędzy jelitem a mózgiem jest tak szybkie, że nie wymaga nawet wykręcania numeru. Nerw błędny moduluje tak istotne funkcje, jak trawienie, bicie serca, częstość oddechów, a nawet zapalenie, transmitując sygnały w górę i w dół naszego ciała. Tak więc na przykład komórki jelitowe wysyłają za pomocą tego właśnie nerwu wszelkiego rodzaju informacje na temat tego, jakie bakterie lub inne obiekty będące przedmiotem zainteresowania zostały wykryte w jelicie, oraz tego, czy istnieje jakiekolwiek niebezpieczeństwo, które wymagałoby interwencji.

Białe krwinki w jelicie (i gdziekolwiek indziej) uwalniają cytokiny w celu porozumienia się z innymi leukocytami. W pewnym sensie zachowują się one jak „policjanci” przeczesujący całe jelito w poszukiwaniu oznak zagrożenia. Patrolują układ trawienny, ścigając podejrzane proteiny, mikroby i toksyny. Biała krwinka, która napotyka na swej drodze coś dziwnego, od razu uruchamia alarm: poprzez uwolnienie cytokin ostrzega o niebezpieczeństwie inne leukocyty w naszym organizmie, a te wówczas uaktywniają się, odpowiadając kolejną porcją cytokin. Komunikaty te przenikają przez barierę krew–mózg, by aktywować system odpornościowy naszego mózgu. Dlaczego to właśnie cytokiny dostąpiły takiego przywileju? Chodzi o przetrwanie. Wyobraźcie sobie, że przez przypadek zjadacie coś zjełczałego. Wasz mózg natychmiast musi się o tym dowiedzieć, aby odpowiednio szybko zareagować – zmusić do przerwania jedzenia i wypicia wody, zwymiotowania albo innej reakcji oczyszczającej. Cytokiny w takich sytuacjach działają jak neuroprzekaźniki. System jest na tyle wrażliwy, że nawet jeden niepożądany rodzaj bakterii, które dostają się do jelita, może potencjalnie wpłynąć na pracę mózgu przez kolejne kilka godzin[82].

A więc neuroprzekaźniki (z interneuronów jelitowych) albo cytokiny (z białych krwinek), które biorą swój początek w jelicie, mają duży wpływ na inne systemy naszego organizmu, w tym ośrodkowy układ nerwowy (OUN). A kiedy coś wpływa na OUN, oddziałuje na umiejętność uczenia się i pamięć, trzeźwe myślenie i skupienie, etapy snu, a także nastrój. Natomiast najważniejszą wiadomością, jaka jest przekazywana w całej tej rozmowie pomiędzy jelitem, układem immunologicznym, mózgiem a mikrobami, jest TOLERANCJA. Jeśli te poszczególne elementy przestaną się tolerować, również i my stracimy tolerancję do samych siebie, a wtedy pojawią się alergie i choroby autoimmunologiczne. Zazwyczaj ta komunikacja przebiega bez żadnych zastrzeżeń. Wówczas wszystkie elementy i układy współpracują ze sobą, by w razie potrzeby odeprzeć atak różnego rodzaju potencjalnie szkodliwych najeźdźców. Ale kiedy jelito raz za razem ostrzega o niebezpieczeństwie, a mózg tych komunikatów nie słucha, sytuacja radykalnie się zmienia. W badaniach, które przeprowadzono w 2011 roku, naukowcy poddali sterylizacji jelita żywych myszy, tak by były one wolne od jakichkolwiek mikroorganizmów[83]. Po pewnym czasie zauważono u tych zwierzaków znaczne ograniczenie funkcji mózgu: gwałtownie pogorszyły się ich zdolności uczenia się, poznania i zapamiętywania[84]. Tak samo produkcja czynników wzrostu mózgu niezbędnych dla jego plastyczności. Zmieniło się również zachowanie gryzoni: zaczęły mianowicie wykazywać duży niepokój. Kiedy badacze ponownie wprowadzili do ich organizmów bakterie *Lactobacillus*, wszystko oprócz zachowania wróciło do normy. Po tym, jak znów zaaplikowano im inny szczep bakterii, *Bifidobacterium*, zniknął również ich niepokój. A ostatecznie naukowcy nie wpłynęli przecież w bezpośredni sposób na pracę mózgu, tylko na pracę jelita.

Badania zostały już kilkakrotnie powtórzone i na kilka różnych sposobów. Wszystkie podejścia doprowadziły jednak do tych samych wniosków: posiadanie zróżnicowanej i zrównoważonej flory bakteryjnej jest kluczem do zdrowia naszego organizmu[85]. Co więcej, dobrze prosperujący mikrobiom wpływa pozytywnie na naukę, pamięć i dobry nastrój. Natomiast złe informacje dla jelita mogą nieść ze sobą złe informacje również dla mózgu. Tego typu paralelne reakcje można bez trudu zaobserwować u dzieci. Stany lękowe, depresja, agresja, bezsenność, problemy z koncentracją lub nauką mogą być wynikiem złej kondycji jelit.

Co się dzieje, jeśli jelito nie funkcjonuje tak, jak powinno? Gdy zostaje wytrącone z równowagi – przez zbyt małą ilość soku żołądkowego (czasem w wyniku używania blokerów receptora H2) albo niewłaściwy stan mikrobiomu (często spowodowany antybiotykami lub sterydami) – chorobotwórcze bakterie albo nieprawidłowo przetrawione białka mogą aktywować nasz układ odpornościowy. Tego typu bakteryjny „motłoch" wywołuje reakcję obronną białych krwinek w postaci stanu zapalnego, czyniąc z jelita prawdziwe pole walki. Zapalenie niszczy „ochronne" ściany jelitowe – komórki nabłonkowe powiązane połączeniami ścisłymi – bo ich pokrycie staje się dziurawe albo zbyt przepuszczalne[86]. A to wszystko zakłóca umiejętność trawienia i absorbowania składników odżywczych przez organizm dziecka. W rezultacie może ono zacząć cierpieć na wzdęcia, bóle brzucha, gazy, zatwardzenie bądź biegunkę. Może nawet dojść do zatrzymania jego rozwoju.

Taki stan niestety powoduje, że niektóre toksyny, bakterie i inne szkodliwe mikroorganizmy mogą bezkarnie dostać się do krwiobiegu. A więc problem, który dotyka najpierw jelita, z biegiem czasu obejmuje cały organizm, w tym także mózg. Zwiększenie przepuszczalności bądź nieszczelność ścian jelita umożliwiają nierozpoznanym podmiotom wejście do obiegu krwi[87]. Układ odpornościowy odpowiada na to, uwalniając cytokiny, które inicjują stan zapalny w organizmie. Jednak stan zapalny nie zawsze musi oznaczać coś złego; jest on niezbędny, by poradzić sobie z najeźdźcami próbującymi przejąć kontrolę nad naszym ciałem. Pomaga także w likwidacji połączeń w mózgu, które nie są nam już dłużej potrzebne. Ale co, jeśli system odpornościowy nieustannie wysyła sygnały SOS i całe ciało – jelito, płuca, migdałki, skóra, a nawet przewód słuchowy – znajduje się w ciągłym stanie pogotowia, bo wszędzie szaleje już zapalenie? To właśnie wtedy mamy do czynienia z prawdziwym problemem. A nadmierne zapalenie niesie ze sobą całą masę różnych objawów, na przykład zespół jelita drażliwego, chorobę zapalną jelit, astmę, powiększenie migdałków, wyrośle adenoidalne, egzemę czy infekcje uszu.

Czy rzeczywiście zapalenie, które bierze początek w jelicie, może dotrzeć aż do naszych uszu? Tak. Dziecięcy nerw bębenkowy ma średnicę węższą niż kosmyk włosów, a nawet najmniejsze zapalenie sprawia, że zaczyna puchnąć, blokując normalny przepływ fluidów i wywołując infekcję z powodu hipostazy[88]. Przewlekłe infekcje uszu stanowią więc odzwierciedlenie stanów zapalnych, do których doszło w innych miejscach w naszym organizmie.

Ale to nie wszystko. Cytokiny, które docierają do mózgu, pobudzają jego własne komórki obronne – tzw. mikroglej – do bicia na alarm. Te wyspecjalizowane komórki mózgowe, które swoją liczebnością zdecydowanie przewyższają neurony, działają zazwyczaj na zasadzie przywracania sił: od cięcia starych i niewykorzystywanych już połączeń, na których opierała się produkcja protein odżywiających neurony, do uwolnienia czynników wzrostu stymulujących formowanie zupełnie nowych połączeń tego typu. Jednakże cytokiny sprawiają, że zamiast działać według „metody przywracania sił", mikroglej przestawia się na „tryb wojownika"[89]. Komórki te atakują wówczas wroga, ale przy okazji w całym tym procesie niszczą wiele neuronów, które zwykle chronią.

Takie epizody mogą być tolerowane przez organizm tylko przez ograniczony czas. Czasem jednak jelito chronicznie uwalnia cytokiny w odpowiedzi na brak równowagi we florze bakteryjnej, wywołujące stan zapalny dodatki do żywności, zanieczyszczenia i toksyny, pokarm immunogenny, a nawet szczepionki wywołujące przejściowy stan zapalny. I czasem nasz mikroglej „utyka" w roli wojownika – jest to stan nazywany aktywacją mikrogleju – i nie jest w stanie powrócić do swojego normalnego trybu odnowy. Ten proces może się rozpocząć nawet u dziecka będącego jeszcze w łonie matki, jeśli przez długi czas walczy ona z jakąś infekcją lub ciągłym stanem zapalnym[90, 91]. Nieustannie aktywne komórki mikrogleju przyczyniają się w końcu do wystąpienia zaburzeń neurologicznych[92], poczynając od SPD, autyzmu[93], drgawek[94, 95] tudzież ADHD czy zespołu Tourette'a[96] w młodości, aż do schizofrenii, jaskry, chronicznych zespołów bólowych[97], a także chorób Alzheimera i Parkinsona w późniejszym okresie życia[98]. Zrozumienie, co powoduje aktywację mikrogleju i znalezienie odpowiedzi na pytania, dlaczego komórki te blokują się w trybie wojowników i co może je dezaktywować, to najważniejsze zadania w kontekście leczenia nieustępliwych zaburzeń pracy mózgu.

Całe zdrowie zaczyna się w jelicie. Wielu ludzi uważa mózg za szczyt cielesnego totemu, ale tak naprawdę nic by on nie znaczył bez organów tzw. niższego szczebla. W wielu sytuacjach to właśnie jelito – a więc gleba naszego organizmu – dyktuje warunki. Zła kondycja jelit prowadzi do złej kondycji systemów odpornościowego, endokrynologicznego czy nerwowego. Potem pojawiają się na przykład problemy z koncentracją, percepcją, zachowaniem, snem i nastrojem. To właśnie dlatego zaburzenia pracy jelit u dziecka, jeśli się je zignoruje, wywołują różne alergie czy nadwrażliwości, objawiając się ostatecznie w formie bólów brzucha, astmy, infekcji uszu, które później przechodzą w niebezpieczne dysfunkcje neurologiczne.

Wiele dzieci, z którymi mam do czynienia, nie trafia do mojego gabinetu po to, by rozmawiać o objawach związanych z trawieniem. Większość rodziców nie potrafi zrozumieć, po co pytam ich o kupkę, gdy oni chcą mi opowiedzieć o trudnych w leczeniu drgawkach, astmie, ADHD albo autyzmie, na które cierpi ich dziecko. Ale kiedy wyjaśniam im, że to wszystko jest ze sobą ściśle powiązane, przeżywają momenty, w których mogliby zakrzyknąć: „Eureka!". „Czyli mówi pani, że ta astma jest związana z gazami i wzdęciami?". „A więc to ciągłe budzenie się w nocy jest powiązane z jego zatwardzeniem, tak?".

Kiedy Anika pojawiła się u mnie po raz pierwszy, miała problemy z koncentracją i cierpiała na astmę – bardzo ostrą, przez którą kilkakrotnie trafiała do szpitala. Jak na swój wiek była bardzo malutka, ale jej rodzicom wmówiono, że „taka już jest". Jedno z moich pierwszych pytań dotyczyło tego, czy dziewczynka była badana pod kątem celiakii – choroby polegającej na autoimmunologicznej reakcji na gluten, która niszczy ścianki jelita i zatrzymuje przyswajanie składników odżywczych z żywności. Dzieci, które mają ADHD, drgawki albo nawet autyzm, znacznie częściej niż ich koledzy i koleżanki bez problemów neurologicznych przechodzą takie testy pozytywnie[99, 100]. I jednocześnie dzieci te oprócz dolegliwości neurologicznych wcale nie muszą mieć problemów żołądkowo-jelitowych[101]. W przypadku Aniki wyniki wręcz nie mieściły się w skali. W laboratorium nie potrafili ich nawet dokładnie uporządkować. Jej rodzice byli w prawdziwym szoku, kiedy odkryli, że wszystkie problemy ich córki – neurologiczne, z płucami, ze wzrostem – rozpoczęły się w jelicie, prawdopodobnie już we wcześniejszym okresie jej dzieciństwa.

GAŁKĘ TEJ KUPKI, PROSZĘ!

Czy wiecie, jak wiele można się o kimś dowiedzieć na podstawie tego, czego się pozbywa? Z kupą jest podobnie. Można zaryzykować stwierdzenie, że jest ona oknem, przez które widać wszystko, co dzieje się w naszym organizmie. Pytam o nią wszystkie dzieci: jak często ją robią, czy odczuwają przy tym ból, czy łatwo im później po sobie posprzątać, i wreszcie czy pojawiają się u nich gazy, ból brzucha albo wzdęcia. Pewien chłopczyk, którego leczyłam, powiedział mi kiedyś, że stara się chodzić do toalety tak rzadko, jak to tylko możliwe. Gdy zapytałam go, dlaczego, odparł: „Bo potem muszę bardzo długo się podcierać, nie cierpię tego". Powiedział, że czasem potrzebuje do tego niemal całej rolki papieru, bo jego kupki są tak rzadkie. Nigdy nie zrobił solidnej, dobrze uformowanej kupy! A przyszedł do mnie z zespołem natręctw, tikami i zaburzeniami lękowymi. W jego przypadku – tak jak u wielu innych dzieci, z którymi mam do czynienia – równowaga flory jelitowej została zaburzona przez dietę opartą na wysoko przetworzonej żywności i wielokrotne zażywanie antybiotyków.

Kluczowe dla tego bardzo niespokojnego chłopca okazało się zrównoważenie pracy jego układu nerwowego. Trawienie modulowane jest przez współczulny i przywspółczulny układ nerwowy i zależy od tzw. reakcji „walki lub ucieczki". Kiedy jakieś zagrożenie aktywuje współczulny system nerwowy, proces trawienia ulega zatrzymaniu, bo przecież nie mamy czasu, by usiąść i spokojnie zrobić kupę, kiedy goni nas lew. Gdy niebezpieczeństwo zostaje zażegnane i do gry wchodzi „uspokajający" przywspółczulny system nerwowy, trawienie znów powinno przebiegać normalnie. Jednak ciągły stres lub niepokój – problem dla wielu dzieci – sieje wielkie spustoszenie w naszych jelitach. Pojawia się zatwardzenie albo biegunka (lub obie te przypadłości naraz).

Niektórzy rodzice mówią: „Ale co z tego, że moje dziecko siada na toalecie co trzeci dzień? Widocznie tak już ma". Po pierwsze, nawet w przypadku braku wyraźnych dolegliwości nikt nie ma chyba wątpliwości, że dzieci czują się niekomfortowo, chodząc tu i tam z odbytnicą pełną stolca. Po drugie, dzieci bardzo rzadko odmawiają zrobienia kupy bez powodu. Wstrzymywanie stolca to sygnał, że z jelitem coś jest nie w porządku. Po trzecie wreszcie, kupa to śmieci naszego organizmu. A przecież śmieci należy wyrzucić! W niezliczonej liczbie rodzin krążą opowieści o tym, jak ich dzieci zaczęły dostawać drgawek, napadów złości albo pojawiły się u nich problemy z zachowaniem, niepokój, kiedy miały zatwardzenie. Właściwa regulacja pracy jelit – na którą składa się swobodne wydalanie uformowanego stolca raz lub dwa razy dziennie – to kluczowy element w kontekście zachowania i prawidłowego funkcjonowania mózgu.

Odpadów pozbywamy się za pośrednictwem naszego jelita grubego. Zachowuje się ono bardzo pragmatycznie: kontroluje cały wychodzący materiał, aby mieć pewność, że nie ucieka nam coś, czego nie powinniśmy wyrzucać. Jelito cienkie absorbuje więc minerały, tłuszcze, cukry i wiele innych. A wtedy nasza okrężnica pyta: „Hej, a co z tymi cząsteczkami wody? Albo całym tym magnezem? Zatrzymajmy to sobie". Świetnie. Ale ta piękna inspekcja może się szybko zamienić w jeden z odcinków *Hoarders*. Jeżeli kupa zatrzymuje się w ostatnim etapie swojej podróży na czas znacznie dłuższy niż powinna, okrężnica zaczyna przyjmować z powrotem elementy, które nie są korzystne dla organizmu: ołów, rtęć, arsen, pestycydy lub inne odrzucone wcześniej drobinki. Jeśli nie wynosimy śmieci regularnie, tworzymy w swoim domu nieprzyjemne środowisko, narażając się na przykre zapachy i przyciągając szkodniki. Jeśli chodzi o jelita, zatrzymywanie stolca wywołuje wzdęcia, nieświeży oddech, zaburzenie równowagi flory bakteryjnej i zwiększa toksyczność. A więc zapamiętajcie, zasada numer jeden: wynoście śmieci codziennie.

PRZESTAŃMY WKURZAĆ NASZE ROBAKI

O zdrowie naszego wewnętrznego terenu powinniśmy dbać już od najmłodszych lat. Aby zrozumieć, dlaczego tak wiele dzieci nie ma tylu zróżnicowanych bakterii, ile powinno, przyjrzyjmy się rzeczom, które wyrządzają jelitom najwięcej szkód:

- **Antybiotyki:** te bardzo silne leki na krótszą metę są w stanie poradzić sobie z niektórymi infekcjami, ale jednocześnie zupełnie bezkarnie wypłukują przy tym niezbędne mikroorganizmy w jelicie (i w każdym innym miejscu w organizmie). Jeśli się ich nadużywa, mogą uszkodzić mikrobiom jelitowy i zakłócić pracę systemu odpornościowego. Niektóre antybiotyki mogą nawet doprowadzić do znacznej toksyczności mitochondriów, a więc organelli, które odpowiadają za zapewnienie komórce energii[102].
- **Substancje toksyczne:** z reguły szkodzą one naszemu ciału na różne sposoby, wpływając niekorzystnie na trawienie, odporność, gospodarkę hormonalną, reprodukcję i zdrowie neurologiczne. Ostatnie badania przeprowadzone w Harvard School of Public Health i New York Mount Sinai Medical Center donoszą, że wzrost takich neurobehawioralnych zaburzeń jak ADHD, autyzm, zaburzenia opozycyjno-buntownicze (ODD), zaburzenia sensoryczne czy dysleksja można skojarzyć właśnie z negatywnym działaniem toksyn[103]. A te pojawiają się w przetworzonej żywności jako alergeny, barwniki, sztuczne składniki, nanocząsteczki, BPA i inne dodatki; jako substancje chemiczne, takie jak pestycydy czy herbicydy, metale ciężkie w wodzie i glebie, zanieczyszczenie i pleśń w powietrzu; a nawet w związku ze stresem. Porozmawiamy o nich trochę bardziej szczegółowo w następnych rozdziałach.
- **Cesarskie cięcia i mleko dla niemowląt:** obie te rzeczy mogą w pewnych sytuacjach uratować życie. Trzeba jednak zaznaczyć, że dzieci, które przyszły na świat przez cesarskie cięcie i/lub nie były karmione piersią, charakteryzują się zupełnie inną kondycją mikrobiomu i systemu odpornościowego niż ich urodzeni naturalnie i karmieni mlekiem matki rówieśnicy.

Badania porównujące florę jelitową dzieci wydanych na świat metodą naturalną i tych, które narodziły się poprzez cesarskie cięcie, pokazują, że u tych pierwszych jelita zostały skolonizowane przez florę bakteryjną pochwy ich matki – o tak, to właśnie w taki sposób niemowlęta zyskują swój własny mikrobiom, moi drodzy! – podczas gdy u drugich florą bakteryjną skóry[104]. Co więcej, w trakcie cesarskiego cięcia matce podaje się specjalne antybiotyki, które mają wpływ na różnorodność bakterii, jakie później mogą zostać przekazane dziecku.

W uśrednieniu dzieci karmione piersią rzadziej cierpią na przeziębienia, infekcje uszu (zwłaszcza jeśli chodzi o te nawracające), zapalenie żołądka i jelit, syncytialnego wirusa oddechowego (RSV; tutaj ryzyko jest mniejsze nawet o 75 procent), alergię czy celiakię; rzadziej też mają problemy z otyłością, cukrzycą typu 1 i 2, a także rzadziej zapadają na raka. Charakteryzują się również lepszą percepcją i szybszym rozwojem ogólnym[105]. Mleko matki dostarcza dziecku ważnego prebiotyku, glicyny, dzięki której *Bifidobacterium longum* – dobroczynne bakterie jelitowe – pokrywają jelito, by chronić je przed szkodliwymi drobnoustrojami[106]. Dzieci z natury rodzą się z lekko „dziurawym" jelitem, ale *Bifidobacterium longum* sprawiają, że ściany jelita stają się z czasem nieprzepuszczalne[107]. Bakterie te występują jednak tylko u dzieci karmionych piersią[108] i tylko w okresie, gdy regularnie piją one mleko matki[109]. Kobiece mleko wzmacnia dodatkowo funkcje immunologiczne organizmu poprzez przesyłanie macierzyńskiego mikroRNA (miRNA), które komunikuje się bezpośrednio z genami dziecka, pozytywnie wpływając na odporność[110]. Niemowlęta karmione mlekiem modyfikowanym niestety nie otrzymują tych oraz innych korzyści.

- **Zdrowe jelita rodziców:** tak jest. Nawet jeśli ty albo twój partner cierpicie na jakieś problemy trawienne, takie jak zgaga albo refluks, odbijanie się, gazy, zatwardzenie, biegunka, zespół jelita drażliwego (IBS), nadwrażliwość pokarmowa lub alergia, albo jeśli wielokrotnie przebywaliście kurację antybiotykową, nawet w dzieciństwie, funkcjonowanie waszego mikrobiomu mogło zostać zaburzone, a w związku z tym mogliście przekazać wszystkie te dolegliwości swojemu dziecku z dniem jego narodzin. A to jeszcze nie wszystko. Nieprzerwanie dzielicie florę bakteryjną ze swoim dzieckiem, bo przecież prowadzicie wspólne życie. Dotyczy to także rodzin zastępczych! Myślę, że to wystarczająca mobilizacja do tego, by już teraz zacząć poprawiać zdrowie własnego jelita.

Żaden z tych czynników sam w sobie nie powoduje alergii, stanów zapalnych czy innych dolegliwości. Bo źródłem choroby nie jest „to albo to", ale raczej „to i to, i to też". Na budowę jelita, układu odpornościowego i mózgu składa się wiele różnych czynników. Oczywiście u wielu dzieci urodzonych przez cesarskie cięcie i karmionych sztucznym mlekiem układ odpornościowy rozwija się normalnie, a one szybko rosną i nie mają problemów ze zdrowiem. Jednakże ich ciała prawdopodobnie muszą wykonać trochę trudniejszą pracę, aby osiągnąć takie rezultaty. Mogą być także bardziej podatne na różnego rodzaju czynniki stresogenne, jakie napotykają na swej drodze. Z drugiej strony, dzieci urodzone metodą naturalną i karmione mlekiem matki mogą napotkać w życiu tak potężne czynniki stresujące, że po korzyściach, jakie zdobyły, nie pozostaje nawet ślad. Tak czy inaczej, tego typu wiedza jest niezbędna, gdy szukamy sposobów na poprawę – albo po prostu utrzymanie – zdrowia naszych dzieci. Wkrótce sami się przekonacie, że nasze ciała mają niesamowitą zdolność do adaptacji, regeneracji i uzdrawiania.

Przecież tak jak ciało może się zmienić na gorsze, może też zmienić się na lepsze. Organizm, który otrzyma niezbędne narzędzia do odwrócenia szkody, szybko powróci do zdrowia i stanie się bardziej odporny niż wcześniej. Tymi narzędziami mogą być produkty sfermentowane lub pełne dobroczynnych bakterii probiotyki, które pozwalają odzyskać jelitom utraconą równowagę, jak również składniki odżywcze, które zwiększają nasze własne umiejętności oczyszczania. Pamiętajcie, że nigdy nie jest za późno, by zadbać o ciała i umysły naszych dzieci.

Zdrowie to po prostu jedna z funkcji. Zdrowe środowisko jest brudne, niechlujne, niezwykle skomplikowane w budowie i nie dostajemy go w pigułce lub pakiecie. Jest to proces, który zaczyna się od jedzenia i życia w zgodzie ze światem przyrody. To właśnie całe to skomplikowanie naturalnego świata daje nam odporność, która jest kluczem do prawdziwego zdrowia.

ROZDZIAŁ 4

Czas na oczyszczenie

My, rodzice, spędzamy bardzo dużo czasu na przypominaniu naszym dzieciom, aby posprzątały pokój, zabawki albo by uporządkowały plecaki. I choć wiemy już, że ich organizmy potrzebują brudu i zarazków, musimy wiedzieć również o tym, przed czym faktycznie należy je chronić. Aby ustalić, z czego organizm powinien się oczyścić, trzeba najpierw spróbować zrozumieć naturalny proces jego detoksykacji. Wyobraźcie sobie, że nasze ciało jest basenem, który wypełnia się dobrymi składnikami (dobrą żywnością i jej składnikami odżywczymi), po chwili „złymi" (choroby zakaźne, jak na przykład grypa), a na koniec również „brzydkimi" (toksyny, alergeny pokarmowe i środowiskowe). **Nasze ciała są praktycznie w każdej chwili narażone na działanie całej masy czynników zewnętrznych, które kryją się w tym, co jemy, w powietrzu, którym oddychamy, w kosmetykach i materiałach, jakich używamy do pielęgna-**

cji skóry, a nawet w wodzie, którą pijemy i w której się kąpiemy. Zdrowy organizm potrafi korzystać z odżywczego wkładu, jaki otrzymuje, nie mając jednocześnie problemu z wypłukiwaniem trucizn i odpadów: z każdej komórki, poprzez naczynia limfatyczne aż do wątroby, śledziony, nerek i jelit, a ostatecznie poprzez oddawanie moczu, defekację, pocenie się, kaszel i kichanie, łzy, a nawet – jeśli to konieczne – za pomocą wymiotów.

Jednak czasami ten wielki basen nie odprowadza swojej zawartości równie dobrze lub tak szybko, jak powinien. Pisząc to, nie odwołuję się tym razem do tego, jak często wasze dzieci sikają czy robią kupkę (choć oczywiście jest to bardzo ważne). Chodzi mi teraz o to, na ile skutecznie organizm naszego dziecka jest w stanie wypłukać toksyny, które zakłócają jego normalne funkcjonowanie. To właśnie oczyszczanie i usuwanie tego, co niepotrzebne, tworzy realną różnicę pomiędzy zdrowiem a stanem chorobowym.

WIELKIE SPRZĄTANIE W NASZYM ORGANIZMIE

Nasz basen powinien przetworzyć wszystko, z czym mieliśmy kontakt, a następnie wydalić to, czego nie chcemy. Ale jeśli odprowadzanie zawartości przestaje funkcjonować, zaczyna się on niebezpiecznie przepełniać. A w końcu to, co dzieje się w basenie, zaczyna wykraczać także poza jego ramy. Zamiast wydalania szkodliwych związków chemicznych w ramach normalnych fizjologicznych mechanizmów, takich jak oddawanie moczu i defekacja, z naszego basenu zaczynają się wylewać toksyny. I właśnie wtedy dostrzegamy pierwsze objawy.

Początkowo ten nadmiar może dawać o sobie znać za pomocą łagodnych sygnałów, takich jak pokrzywka, bóle głowy lub zaparcia. **Jeśli jednak postanowimy zlekceważyć te pierwsze symptomy, z biegiem czasu problem może się stać naprawdę bardzo poważny.** Objawy te mogą wyglądać inaczej u różnych dzieci, w zależności od ich uwarunkowań genetycznych: u jednych mogą się pojawić wypryski, u drugich objawy ADHD, migreny lub drgawki, u jeszcze innych zaparcia, choroba zapalna jelit tudzież refluks żołądka, a pozostałe mogą na przykład dostać astmy albo przewlekłego zapalenia płuc. **Wielokrotnie wygląda to bowiem tak, że u podstaw pozornie niepowiązanych ze sobą objawów może leżeć ten sam początkowy problem: przepełniony basen, który nieprawidłowo odprowadza swoją zawartość.**

Czym jest toksyna?

Toksyna jest związkiem, który uszkadza nasz organizm, działając albo w pojedynkę, albo kumulatywnie. Podobnie jak nasze zdrowie opiera się przede wszystkim na naszym związku z otaczającym nas światem, również toksyczność opiera się na wzajemnej zależności pomiędzy wszystkimi potencjalnie szkodliwymi związkami, z którymi mamy do czynienia każdego dnia, a tym, jak skutecznie są one przetwarzane przez nasz organizm. Liczy się tutaj zarówno to, w jakich ilościach substancje te trafiają do organizmu, jak i liczba niepożądanych kontaktów i wcześniejsze doświadczenia danej osoby. Potencjalnie szkodliwe związki nawet w najmniejszych dawkach mogą być magazynowane w organizmie, by działając synergicznie, w pewnym momencie gwałtownie osiągnąć ogromną toksyczność. Ostatecznie więc sam kontakt z substancją toksyczną nie jest odpowiedzią na wszystkie nasze pytania. **Ale jedno jest pewne: dzieci są bardziej podatne na działanie takich substancji**[111]. Nauka wciąż odkrywa skomplikowane procesy, w ramach których różne związki kumulują się w organizmach naszych dzieci, zakłócając ich pracę w okresach ich najszybszego rozwoju.

System detoksykacji organizmu

W rzeczywistości nasz organizm jest znacznie bardziej skomplikowany niż zwykły basen z odprowadzeniem wody. Nasz wspaniały basen jest fizycznym, emocjonalnym i duchowym krajobrazem, a my posiadamy zdolność do oczyszczania się z wielu różnych substancji na wszystkich tych poziomach. Atakujące nas fizyczne stresory pochodzą zarówno z zewnątrz (leki, pestycydy, herbicydy, plastik), jak i z wnętrza ciała (hormony, metaboliczne produkty uboczne i stres).

Wiele toksyn środowiskowych rozpuszcza się w tłuszczach, przez co są one łatwo wchłaniane i przechowywane w tkankach tłuszczowych w organizmie (w tym w mózgu), a jednocześnie dość trudne do wydalania. Ciało nieustannie stara się usuwać nadmiar toksyn. Detoksykacja przebiega w dwóch etapach, a jej ogólnym celem jest to, by toksyny zaczęły się łatwo rozpuszczać w wodzie, co umożliwi następnie wydalenie ich z moczem lub podczas pocenia się (dlatego właśnie nie należy używać antyperspirantów!). Inne pozostają rozpuszczalne w tłuszczach, wiążą się z żółcią (poprzez pęcherzyk żółciowy i wątrobę) i ostatecznie są wydalane w kale (dlatego powinniśmy się regularnie wypróżniać!).

W pierwszej fazie detoksykacji wykorzystywane są głównie enzymy wątrobowe i tlen, a toksyny przygotowywane są do usunięcia. Faza druga polega na wiązaniu – albo „sprzęganiu" – toksyn, które przeszły przez fazę pierwszą, w skupiska związków odżywczych, co pozwala organizmowi je wydalić. Dobrą wiadomością jest to, że nasze ciała są naturalnie zaprogramowane na to, by przetwarzać, a później wydalać związki, które mogą być dla nas szkodliwe. Każda komórka naszego ciała bez przerwy pracuje nad tym, aby pozbyć się toksyn, co stwarza zapotrzebowanie na bieżącą dostawę środków odżywczych i energetycznych. Wobec tak wielkiego popytu nie może dziwić fakt, że niedobór składników odżywczych okazuje się tak niebezpieczny. Wszystkie elementy niezbędne do detoksykacji pochodzą z tego, co jemy i pijemy. **Nasza żywność może więc albo wesprzeć nasz szybki i skuteczny detoks, albo go spowolnić.**

Nie wszystkie baseny są takie same

Często słyszę, jak ludzie mówią: „Jeśli żywność X lub toksyna Y są takie złe, to dlaczego nie wywołują chorób u wszystkich bez wyjątku?". Najprostsza odpowiedź na to pytanie jest taka, że nasze organizmy zdecydowanie różnią się między sobą. Każdy z nas charakteryzuje się unikalnym zestawem mocnych i słabych punktów. Być może natrafiliście kiedyś na jakiś wywiad ze stulatkiem, który stwierdził, że swoją długowieczność zawdzięcza cygarom i whiskey. Teraz pewnie myślicie: Nigdy w życiu nie paliłem. Kupuję żywność organiczną, a do sprzątania zamiast toksycznych środków chemicznych używam sody oczyszczonej i octu. A mimo to stan mojego dziecka nie ulega poprawie! Dlaczego jedni przez całe lata palą cygara i nic, a inni ot tak dostają raka krtani? Czemu jedno dziecko wcina tony orzechów, a drugie od razu dostaje anafilaksji?

W pewnym stopniu można to wszystko wytłumaczyć uwarunkowaniami genetycznymi. Niektórzy ludzie radzą sobie z detoksykacją fantastycznie, nie mają żadnego problemu z produkcją niezbędnych enzymów wątrobowych i metabolicznych, aby skutecznie pozbyć się zalegających w ich ciele toksyn. Po prostu korzystają ze swoich genów, które ja nazywam „genami whiskey i tytoniu" (albo „coli i ciasteczek"). Ich baseny są duże i piękne, odpływy działają bez zarzutu, a geny natychmiast radzą sobie ze zniewagą, jakiej dopuszczają się toksyny, wkraczające na ich teren. Zdolność organizmu do detoksykacji częściowo zależy bowiem od naszego DNA. Niewielkie różnice w naszych genach, zwane „polimorfizmem", mogą wpłynąć na aktywność naszych enzymów wątrobowych (CYP), enzymów metylacji (w tym MTHFR i COMT) i wielu innych. Te minimutacje nie są na tyle poważne, aby w bezpośredni sposób wywołać chorobę, ale to na ich podstawie powstają konkretne uwarunkowania określające naszą podatność na różne czynniki – a więc m.in. naszą dietę czy elementy świata zewnętrznego.

Jeśli zapewniamy naszemu organizmowi odpowiednią dietę, bogatą w składniki odżywcze żywność uprawianą na żyznej i obfitej w różnego rodzaju mikroby glebie, owe polimorfizmy nie powinny stanowić większego problemu. Kłopoty pojawiają się wtedy, gdy zapomnimy o właściwym odżywieniu i narazimy się na działanie toksyn. W jednym z badań, kontakt z pestycydami dwukrotnie zwiększył ryzyko wystąpienia choroby Parkinsona... ale tylko u tych badanych, którzy charakteryzowali się polimorfizmem enzymu wątroby. Polimorfizm czy narażenie się na działanie pestycydów samo w sobie nie podnosi więc ryzyka.

W zależności od uwarunkowań genetycznych dziecka pierwsza faza detoksykacji może przebiegać bardzo wolno, co prowadzi do nawarstwiania się toksyn. Ale z drugiej strony zdarza się i tak, że kończy się ona zbyt szybko, gdy faza druga nie jest jeszcze gotowa. A to z kolei powoduje nagromadzenie się częściowo metabolizowanych – ale nadal szkodliwych – toksycznych metabolitów. Być może wiecie już, w jakim tempie przebiega u was pierwsza faza oczyszczania dzięki tzw. testowi kawowemu: jeśli należycie do grupy ludzi, którzy piją kawę w porze lunchu, a później doświadczają kołatania serca albo do drugiej w nocy nie mogą zmrużyć oka, faza ta następuje u was powoli. Jeżeli natomiast możecie wypić kawę tuż przed pójściem do łóżka i zasypiacie bez żadnego problemu, przebiega ona zdecydowanie szybko. Mimo wszystko obie te skrajności oznaczają, że wasz organizm potrzebuje wsparcia.

To, co jemy, odgrywa kluczową rolę dla naszych zdolności detoksykacyjnych. Konsumpcja częściowo utwardzonych olejów roślinnych, mocno spieczonych mięs, paracetamolu, pestycydów i niektórych konserwantów spożywczych, takich jak BHT (powszechnie obecny w chipsach, ciastkach, płatkach śniadaniowych i olejach roślinnych), to tylko niektóre czynniki, które negatywnie wpływają na nasz detoks. Z drugiej strony odpowiednie spożycie i trawienie białka z wysokiej jakości mięs, jajek, nasion, orzechów i roślin strączkowych zwiększa zdolność detoksykacji, podobnie jak związki fitochemiczne znajdujące się w warzywach z rodziny krzyżowych, takich jak brokuły, kalafior i brukselka, a także przyprawy, takie jak kurkuma, rozmaryn, tymianek, mięta, kminek. Poza tym warto jeść również jagody, owoce cytrusowe, czosnek i używać oliwy z oliwek. Dobra kondycja mikrobiomu znacznie ułatwia detoksykację[112]. Wszystkie składniki budulcowe naszego organizmu, dzięki którym możliwy jest także prawidłowy detoks – będziemy jeszcze bardziej szczegółowo omawiać w kolejnych rozdziałach. **Choć uwarunkowania genetyczne mogą z góry dyktować ryzyko rozwoju różnych chorób, metaboliczne i epigenetyczne interakcje z naturą dają nam duży potencjał uzdrawiania. Nawet dzieci, których nie da się od razu „wyleczyć" z konkretnych dolegliwości, dysponują potencjałem do szybkiej poprawy własnego zdrowia i jakości życia.**

Rozpoznawanie objawów toksyczności

Dziecko, które ma problem z wysypkami, przewlekłą pokrzywką, infekcjami ucha, wypryskami, zaparciami, gazami, jest niewątpliwie dzieckiem narażonym na niebezpieczeństwo. Nie, te „łagodne" objawy na pewno nie zabiją wam dziecka, ale widząc je, powinniście od razu uderzyć na alarm: „Oj, coś jest nie tak. Popyt przewyższa zasoby". Oczywiście nie wpadajcie w panikę za każdym razem, gdy pojawia się jakiś nowy symptom. Po prostu zwróćcie na niego uwagę. Nawet łagodne objawy mogą sygnalizować, że organizm został wytrącony z równowagi i stał się bardziej podatny na zagrożenie. Większa podatność na zagrożenie oznacza automatycznie mniejszą odporność. **Z kolei mniejsza odporność oznacza, że następny czynnik stresogenny, który stanie na drodze waszego dziecka – może to być choroba, kontakt z substancjami toksycznymi, a nawet stresujące wydarzenia – może dać początek chorobie przewlekłej.** A tego przecież najbardziej chcielibyśmy uniknąć.

Objawy wstępnego zatrucia mogą obejmować:

- ból głowy,
- kaszel, świszczący oddech i duszność,
- podrażnienie oczu, uszu, nosa lub gardła,
- dreszcze lub gorączkę,
- zawroty głowy, niestabilny chód,
- nudności,
- wypadanie włosów,
- wysypkę,
- osłabienie lub zmęczenie,
- chroniczny ból,
- depresję,
- niepłodność u kobiet i mężczyzn (lub częste poronienia),
- zaburzenia neurologiczne, w tym problemy z pamięcią, koncentracją, nauką; zaburzenia sensoryczne, ADHD i inne (gdy toksyczność jest naprawdę duża),
- raka (gdy toksyczność jest naprawdę duża).

PRZYWITAJCIE SIĘ Z MITOCHONDRIAMI

Co się dzieje w organizmie, gdy nasz basen zaczyna się wypełniać toksynami? Znaczna część szkód dotyka nas już na poziomie komórkowym. To z komórek składają się przecież narządy, takie jak serce, mózg, płuca, jelita i inne. Wśród wielu niezwykle istotnych funkcji, jakie wykonują mitochondria, należy wyróżnić przede wszystkim wytwarzanie energii dla każdej komórki ciała oraz wszystkich funkcji komórkowych[113]. Jeżeli wszystko przebiega poprawnie, mitochondria dają energię, komórka działa optymalnie, a my czujemy się świetnie. Gdy jednak działanie mitochondriów zostaje zakłócone, dochodzi do jednej z trzech następujących sytuacji[114]: umierają te komórki, które powinny przetrwać (co może prowadzić do stanów zwyrodnieniowych, takich jak choroba Parkinsona lub choroba Alzheimera); komórki, które powinny umrzeć, nie umierają (to z kolei prowadzi do stanów proliferacyjnych, jak rak); albo po prostu ogół komórek zaczyna pracować poniżej swojego optymalnego poziomu (a to odgrywa swoją rolę w autyzmie, padaczce, ADHD, alergiach, astmie, cukrzycy, zespole metabolicznym i innych chorobach przewlekłych). Mitochondria pełnią także funkcję strażników, którzy sprawdzają różnego rodzaju związki – dobre, złe i brzydkie – które zamierzają dostać się do środka komórki. I w zależności od poziomu stresu, jaki związki te wprowadzają do komórki, mitochondria decydują, czy powinna ona żyć dalej, czy może powinna jednak umrzeć. Organella te w zdumiewający sposób odgrywają więc rolę sędziów, mających ostateczny głos w sprawie życia albo śmierci komórki, a także jej wytrzymałości.

Gdy komórka działa pod wpływem stresu – powiedzmy w czasie zakażenia grypą – w odpowiedzi na niebezpieczeństwo wydaje specjalne rozkazy obronne, które umożliwiają jej przeżycie[115]. Prawdopodobnie to właśnie dlatego czujemy się tak wyjątkowo zmęczeni i chorzy, gdy nasz organizm skutecznie zwalcza grypę. Komórkowa odpowiedź na niebezpieczeństwo (ang. *Cell danger response*, CDR) na szczęście spełnia swoje zadanie w okresie najczęściej od kilku dni do tygodnia i wraz z pełnym wyleczeniem grypy wszystko powraca do normy.

Niestety w pewnych okolicznościach mitochondriom zdarza się „utknąć" w trybie stałego zagrożenia; a dzieje się to zwłaszcza wtedy, gdy nasz organizm wchodzi w interakcje z alergenną żywnością, toksycznymi dodatkami, lekami, pestycydami, metalami ciężkimi – takimi jak choćby ołów, rtęć, arsen lub aluminium – lotnymi związkami organicznymi (ang. VOC) albo po prostu z zanieczyszczeniem powietrza. Nawet szczepienia wymają czasowego wejścia komórek w tryb odpowiedzi na zagrożenie, by potem były one w stanie osiągnąć trwałą odporność[116]. Ale jeśli dany kontakt ze stresorem wywołuje stan oblężenia, z którego komórki nie mogą bez trudu wyjść obronną ręką, konkretne objawy, jakie mu towarzyszą, stają się po pewnym czasie ostre, a w końcu przewlekłe. Chroniczny stan oblężenia zwiększa bowiem nasze zapotrzebowanie żywieniowe i czyni nasze komórki podatniejszymi na działanie toksyn.

Przewlekłe objawy wywołane szkodliwym działaniem jakiegoś czynnika mogą dotyczyć praktycznie każdego narządu w naszym organizmie – płuc, jelit, układu odpornościowego, hormonalnego (np. tarczycy lub układu rozrodczego). Dzieci są jednak szczególnie narażone na przypadłości o podłożu neurologicznym – zmiany w nastroju, funkcjach poznawczych, zachowaniu, problemy z koncentracją – z powodu szybkiego rozwoju mózgu i bardzo wysokiej gęstości mitochondriów w mózgu. Na przykład dzieci, które są narażone na działanie pestycydów, charakteryzują się wyższym ryzykiem wystąpienia ADHD albo trudności w uczeniu się i raka[117, 118]. Dzieci narażone na ołów częściej zachowują się agresywnie i znacznie częściej mają kłopoty z nauką. Natomiast dzieci mieszkające w pobliżu elektrowni węglowych, autostrad i innych źródeł zanieczyszczeń wykazują większe ryzyko zachorowania na autyzm już we wczesnym okresie życia[119, 120]. Różnego rodzaju zanieczyszczenia, zwłaszcza w połączeniu z konkretnymi uwarunkowaniami genetycznymi, mogą po prostu zatruć nam dziecko.

Dobra wiadomość jest taka, że u większości osób z dysfunkcją mitochondriów nie jest to coś wrodzonego, lecz po prostu przypadłość nabyta. Jako strażnicy mitochondria ciągle odpowiadają na różne typy kontaktów ze światem zewnętrznym – zarówno te dobre, jak i złe. Oznacza to więc, że jeśli zaczną nam sprzyjać okoliczności, wszelkiego rodzaju przewlekłe objawy – astma, egzema, ADHD itd. – mogą zostać zneutralizowane na dobre. Nawet w przypadku pozornie nieuleczalnych przypadłości, takich jak autyzm, można uzyskać poprawę, jeśli uda nam się doprowadzić do wyciszenia komórkowej odpowiedzi na niebezpieczeństwo[121]. Mitochondria, komórki i narządy mogą odzyskać swoją naturalną sprawność z drobną pomocą roślin, przyrody i bogatego w składniki odżywcze pożywienia. To właśnie w ten sposób zdrowie dzieci polepsza się, organizm wychodzi ze stanu ciągłego oblężenia i odzyskuje swoją wytrzymałość.

CZY WASZ BASEN NIE JEST PRZEPEŁNIONY?

Piętnastoletnia pacjentka Sarah pojawiła się u mnie z bardzo trudnymi w leczeniu migrenami menstruacyjnymi – na tyle poważnymi, że nie pomagał jej żaden lek. Bardzo często zmuszona była opuszczać lekcje. „Wiem, dlaczego je mam", powiedziała mi, odwołując się do tego, co usłyszała wcześniej od innych lekarzy. „To kwestia hormonów".

„W porządku", odparłam. „Ale przecież większość kobiet dotykają co miesiąc te same hormonalne problemy, a jednak nie dostają one migreny. Dlaczego w twoim przypadku jest inaczej?". Jednym z powodów jej dolegliwości był fakt, że za sprawą codziennych kontaktów ze szkodliwymi substancjami – pochodzącymi w dużej mierze ze złej diety – jej basen stał się przepełniony, a to doprowadziło do tego, że comiesięczne zmagania hormonalne zaczęły zakłócać mechanizmy detoksykacji. I właśnie to wywoływało u niej migreny.

Aby ją wyleczyć, zredukowaliśmy ilość kontaktów z czynnikami stresogennymi przy jednoczesnym zwiększeniu spożycia produktów naładowanych substancjami odżywczymi i ziół, które pozwoliły odprowadzić z jej basenu to, co było szkodliwe, oraz poprawić działanie jej wewnętrznych filtrów. Naszym pierwszym przystankiem była oczywiście jej dieta, która składała się głównie z dietetycznej coli i żywności przetworzonej. Kiedy wyjaśniłam jej, jakie spustoszenie sieją w jej organizmie te wszystkie chemikalia, które spożywała (na tym skupimy się później) – niechętnie, ale zgodziła się zmienić swoje przyzwyczajenia. Miesiąc później po niechęci nie było już śladu. Jej migreny zmniejszyły się o 75 procent. Po kolejnym miesiącu Sara całkowicie uwolniła się od bólu głowy, a także leków – po raz pierwszy od czasu, gdy skończyła 12 lat. W przypadku dzieci bardziej podatnych na choroby wystarczy jeden stresor więcej i basen natychmiast zaczyna się przepełniać, a to wyczerpuje, obciąża lub uszkadza wrodzone mechanizmy lecznicze naszego organizmu, by ostatecznie wywołać chorobę. Co może zwiększyć ryzyko jej wystąpienia?

- Przetworzona żywność zawierająca środki konserwujące, barwniki i inne dodatki, a także cukier i tłuszcze syntetyczne.
- Tradycyjnie wytwarzana żywność uprawiana lub pakowana przy użyciu chemikaliów, które negatywnie wpływają na nasz organizm: GMO, glifosatu, antybiotyków, pestycydów, plastiku i innych tworzyw sztucznych.
- Jedzenie uprawiane na ubogiej i zaniedbanej ziemi, pozbawionej składników odżywczych.
- Wielokrotne kuracje antybiotykami, sterydami, paracetamolem albo lekami na refluks.
- Szczepienia lub przyjmowanie antybiotyków.

Żywność i leki, które powodują przepełnienie naszego basenu, następnie wywołują również objawy. Jeśli będziemy czujni i szybko zareagujemy, gdy jeszcze będą one łagodne, istnieje duża szansa na to, by na dobre zatrzymać rozwój choroby.

Warto zapamiętać

1. Zdrowe, odżywione komórki poradzą sobie z najbardziej nieprzyjemnymi stresorami. To zależy również częściowo od naszych indywidualnych uwarunkowań genetycznych, a także od naszych wcześniejszych doświadczeń.
2. Objawy pojawiają się, gdy komórki są przeciążone.
3. Możesz pomóc swojemu dziecku poprzez zminimalizowanie jego kontaktu z toksynami: pestycydami i herbicydami, metalami ciężkimi, zanieczyszczeniami powietrza i wody, fluorkiem, dodatkami do żywności, tworzywami sztucznymi, syntetycznymi substancjami zapachowymi, a także wysoko przetworzonymi cukrami i innymi produktami tego typu.
4. Nie musicie przez cały czas odczuwać strachu na myśl o toksynach, bo kontakt z nimi jest nieuchronny. Unikajcie tego, czego możecie unikać; kluczem do zdrowych umysłów i ciał jest zwiększenie odporności poprzez odżywienie organizmu dobrymi rzeczami – zdrowymi produktami, roślinami, bakteriami i brudem – tak, by był on dobrze przygotowany na podjęcie każdego wyzwania.

WAŻNY KROK: CZYSZCZENIE BASENU (I UTRZYMANIE GO W CZYSTOŚCI)

Aby osiągnąć stan *wellness*:

1. **usuńcie z organizmu to, co utrudnia funkcjonowanie mitochondriów i komórek, a następnie**
2. **przyjmujcie to, co je usprawnia, począwszy od wysokiej jakości pokarmów.**

Niestety, przestawienie się w pełni na jedzenie produktów obfitujących w składniki odżywcze nie jest tak proste, jak mogłoby się wydawać. A to dlatego, że w praktyce nie wszystko, co jemy, rzeczywiście można nazwać żywnością, która odżywia i pielęgnuje nasze ciało. Nadszedł czas, abyście zapomnieli o wszystkim, co wiecie na temat żywienia – o wszystkich właściwościach zdrowotnych, o zakazach i nakazach. Nadszedł czas, aby spojrzeć na jedzenie zupełnie nowymi oczyma.

CZĘŚĆ 2.

KROK PIERWSZY: LECZYMY

Z pokarmu uczyńcie swoje lekarstwo, a z lekarstwa pokarm.
Jeśli kto nie pojmuje tej koncepcji, jakże zrozumie choroby ludzkości?
– HIPOKRATES

Jeszcze dwieście lat temu byliśmy niemal w pełni świadomi, co jemy, bo dużą część żywności uprawialiśmy własnymi rękoma. Potem nadeszła rewolucja przemysłowa i nasze społeczeństwo agrarne złożone z samowystarczalnych producentów żywności rozpoczęło swoją zdradliwą transformację w naród konsumentów miejskich. Zaledwie sto lat później nasza wiedza na temat uprawiania żywności – a także dbanie o jej najlepszą jakość i przygotowanie – zaczęła zanikać.

A kiedy staliśmy się mniej samowystarczalni, zaczęliśmy częściej chorować. Pozyskiwana przez nas żywność jest teraz produkowana, przetwarzana i kontrolowana przez przemysł. Nawet tzw. *whole foods*, czyli pełnowartościowe produkty organiczne, jak mięso lub mleko, w pewnym sensie stały się już „żywnością przetworzoną", biorąc pod uwagę to, w jakich warunkach hoduje się zwierzęta lub w jaki sposób przetwarza się żywność, zanim trafia ona na nasz stół. Różnego rodzaju dodatki – począwszy od sztucznych aromatów do barwników i konserwantów – sprzyjają występowaniu chorób przewlekłych u dzieci, które są najbardziej podatne na ich działanie. **Cóż, pozwalamy branży żywieniowej sprawować pełną kontrolę nad jedzeniem naszych dzieci, a co za tym idzie, również nad ich zdrowiem.**

To, co jemy, wchodzi w bezpośredni dialog z naszym organizmem – od przewodu pokarmowego, przez białe krwinki, aż do mitochondriów, kończąc na DNA. A rodzaj spożywanej przez nas żywności określa, czy ta epigenetyczna komunikacja będzie dla nas pozytywna, czy szkodliwa. Nasze DNA reaguje na to poprzez: a) regulację złożonego zespołu enzymów i innych białek, które umożliwiają komórkom optymalne funkcjonowanie, albo poprzez b) rozpoczęcie produkcji składników prozapalnych, które wywołują następnie komórkową odpowiedź na niebezpieczeństwo.

Jest jedna główna zasada. **Pokarm pełen składników odżywczych odżywia nas na poziomie komórkowym, a dzięki temu niedomagające komórki naszego ciała mogą znów zacząć poprawnie funkcjonować.**

Może nam się wydawać, że ograniczenie spożywania przetworzonej żywności jest trudne. Bo rzeczywiście nie jest łatwo zabronić dzieciom jeść to, co lubią, zwłaszcza gdy zmagają się one z innymi problemami. Jednak z mojej praktyki wynika, że większość rodziców, którzy decydują się na przejście na lepszą żywność, po pewnym czasie spostrzega, że ich życie rodzinne stało się łatwiejsze. Ogólna poprawa jakości życia, jaką zaobserwowali po zmianie diety, przekonuje ich do tego, żeby już nigdy nie wracać do starych nawyków, jak choćby wykorzystywanie żywności śmieciowej jako łapówki w sytuacjach, gdy ich dziecko nie chce jeść albo wybucha gniewem. Nawet kilka prostych zmian może spowodować ogromną różnicę w życiu dziecka.

Musimy znów stać się bohaterami historii o naszej żywności.

ROZDZIAŁ 5

Alergeny pokarmowe. Jak „zdrowe" produkty mogą sprawić ból

Jeśli jesteś rodzicem, dziadkiem, nauczycielem, opiekunem, trenerem, sąsiadem lub kimś, kto dostarcza żywność dla dzieci, to prawdopodobnie wiesz już co nieco o rosnącej epidemii alergii pokarmowych wśród najmłodszych. A jeśli jesteś lekarzem, terapeutą lub pielęgniarką szkolną, to pewnie osobiście przekonałeś/aś się, jak wiele dzieci wymaga teraz specjalnego żywienia.

EpiPeny* (na ciężkie reakcje alergiczne) są obecnie przepisywane właściwie w nieograniczonych ilościach. Pojawia się coraz więcej sal lekcyjnych, w których wiszą tabliczki z napisem: PRZEKĄSKI NIE MOGĄ ZAWIERAĆ ORZECHÓW. Wiele dzieci ma więcej niż jedną alergię pokarmową. Kiedy mój zmagający się z alergią pokarmową syn miał trzy lata, słynął na placu zabaw

*EpiPen – jednorazowy automatyczny wstrzykiwacz z adrenaliną stosowany w przypadku anafilaksji (przyp. tłum.)

z tego, że gdy tylko ktoś zaoferował mu coś do jedzenia, z miejsca pytał: „A czy to ma mleko albo jajo, albo soję?". Moja przyjaciółka chciała powitać nowych sąsiadów świeżo upieczonymi ciasteczkami, ale w końcu zrezygnowała i postanowiła dać im kwiaty, bo poczuła się przytłoczona wizją, że któreś z ich dzieci może mieć na coś alergię.

O CO CHODZI Z TYMI ALERGIAMI?

Oto pytanie warte milion dolarów. To właśnie ono pada najczęściej podczas publicznych sesji Q&A, w których biorę udział, i podczas prywatnych rozmów z przyjaciółmi, gdy podejmujemy temat dzieci. „Jednego razu, gdy moja córka zjadła batonik z orzechami, skończyło się na ostrym dyżurze. Gardło jej spuchło tak bardzo, że nie mogła w ogóle przełykać" – powiedział mi kiedyś przyjaciel ze studiów. Ostatnio znajomy z sąsiedztwa zatrzymał mnie w sklepie i zagadnął: „Mój syn miał wysypkę wokół ust, a jego zachowanie kompletnie wymknęło nam się spod kontroli. Okazało się, że był bardzo mocno uczulony na mleko". „Mój roczny synek cały czas wymiotował i płakał, a my zakładaliśmy najgorsze – zwierzył mi się kolega ze stażu. – Alergolog odkrył, że dostał niezwykle silnej alergii na jajka".

Rodzice zazwyczaj nieśmiało zauważają: „Nie pamiętam, żeby jakieś inne dzieci miały alergię, kiedy my byliśmy mali". Bo kiedyś naprawdę godne uwagi było, jeśli choć jedno dziecko dostało jakiejś alergii. Co się zmieniło?

Mamy teraz znacznie więcej alergii pokarmowych niż kiedyś, to fakt. Między 1997 a 2011 rokiem liczba alergii pokarmowych u dzieci wzrosła o 50 procent. Jedno na 13 dzieci ma alergię pokarmową, rośnie też liczba przypadków śmiertelnych. Na największe ryzyko narażone są dzieci mieszkające w miastach. Pewne badania wykazały, że 10 procent dzieci wychowywanych w środowisku miejskim już w wieku pięciu lat miało alergie pokarmowe na jaja, mleko, orzechy ziemne, a 55 procent prawdopodobnie dostanie alergii w późniejszym okresie życia[122]. Naukowcy przeprowadzający badanie stwierdzili także, że ogólne ryzyko wystąpienia alergii pokarmowej prawdopodobnie byłoby znacznie większe, gdyby dodatkowo uwzględnili najpowszechniejsze alergiczne produkty. Jak to się stało, że organizmy naszych dzieci tak bardzo zmieniły się w ciągu ostatnich trzech dekad i teraz tak wiele pokarmów powoduje u nich reakcje zapalne? I co alergia sama w sobie mówi o zdrowiu naszych dzieci?

Nie ma jasnej przyczyny. Na ten problem składa się bowiem wiele różnych czynników.

Ale coraz więcej danych wskazuje na to, że dzieci mają alergie przez naszego bzika na punkcie czystości. Zaatakowaliśmy drobnoustroje płynami do dezynfekcji rąk, antybiotykami, sterydami, pasteryzacją, napromieniowaniem, a także coraz większą liczbą szczepień. Nasza obsesja zaszła tak daleko, że dezynfekujemy nawet brud. Pestycydy, herbicydy, leki przeciwgrzybicze i antybiotyki zabijają kluczowe dla gleby mikroby i pokrywają naszą żywność.

Wszystko sprowadza się do tego, że nasze próby sprawowania kontroli nad nieuporządkowaniem w przyrodzie wytworzyły niestety szereg konsekwencji dla zdrowia naszych dzieci. Według teorii zarazkowej chorób mikroorganizmy są jednoznacznie niebezpieczne. Kolejna wojna, którą wypowiedzieliśmy zarazkom – mając oczywiście jak najlepsze intencje –

zmieniła zasadniczo środowisko zewnętrzne i wewnętrzne naszych dzieci. Staje się jednak jasne, że wystawienie dzieci na działanie drobnoustrojów – wobec ich ogromnej różnorodności – jest kluczowe najpierw dla zapewnienia zdrowia naszym dzieciom, a później również dla jego utrzymania.

Wszystko zaczyna się już w momencie narodzin, a nawet wcześniej. Gdy noworodek wydostaje się na zewnątrz poprzez kanał rodny matki, gdzie aż roi się od wszelkiego rodzaju drobnoustrojów, jego jelita kolonizowane są przez bakterie, które dostają się do jego organizmu poprzez połykanie wydzielin pochwowych. Teraz dzieci częściej niż kiedykolwiek wcześniej – w Stanach Zjednoczonych więcej niż 30 procent[123] – przychodzi na świat poprzez cesarskie cięcie, przez co omija je ta niezwykle istotna część drogi. Dzieci te są więc bardziej narażone na wystąpienie alergii, astmy, choroby autoimmunologicznej, a nawet raka[124]. Karmienie piersią także wspiera w unikalny sposób mikrobiom i układ odpornościowy dziecka[125]. Dzieci, które karmi się mlekiem modyfikowanym, są znacznie bardziej narażone między innymi na infekcje i alergie[126, 127]. Antybiotyki stosowane w niemowlęctwie i dzieciństwie, a nawet podczas ciąży i w czasie porodu, również mogą przyczynić się do wystąpienia u dziecka alergii pokarmowej. Zaburzają one bowiem równowagę mikrobiomu jelit, a to powoduje następnie nadczynność układu immunologicznego[128, 129].

Nawet nasze próby wyeliminowania chorób wirusowych już w dzieciństwie wydają się mieć niezamierzone konsekwencje. Bo podobnie jak bakterie, które są niezbędne do regulacji układu immunologicznego u dzieci, także wirusy tworzą ochronny „mikrowirom" – w pewien sposób przypominający nasz mikrobiom – który jest niezwykle istotny dla zdrowia jelita[130]. Wcześniej powszechnie występujące wirusy dziecięce, jak te wywołujące odrę i świnkę, w rzeczywistości przyczyniały się do zmniejszenia liczby alergii, bo w pewien sposób uczyły układ odpornościowy, jak zwalczać na przykład komórki rakowe[131, 132]. A mimo to wirusy uważane są wciąż za jednoznacznie „złe".

Jednak nasze białe krwinki są typami społeczników i wydaje się, że każdego dnia jest wiele organizmów, z którymi chciałyby się spotkać i które chciałyby pozdrowić. Nie mając kontaktu z różnymi drobnoustrojami, stają się kapryśne i popadają w paranoję, a za swój cel obierają to, z czym codziennie mają do czynienia, a więc na przykład jedzenie. A przecież w tym samym czasie układ odpornościowy naszych dzieci jest już przygotowywany na to, by zwiększyć swoją reaktywność poprzez szczepienia[133]. Adiuwanty, które zawierają między innymi glin i Tiomersal, zostały zaprojektowane tak, aby wzmocnić odpowiedź immunologiczną i w ten sposób wywołać dożywotnie ochronne przeciwciała, które mają nas bronić przed konkretnymi chorobami wirusowymi. Jednak według niektórych badań adiuwanty mogą uczulać jakiś procent układu odpornościowego dziecka na pewne czynniki zewnętrzne, takie jak choćby żywność, a nawet pyłki kwiatów[134]. Innymi słowy, system odpornościowy dzieci jest celowo wzmacniany, a jednocześnie do ich diety wprowadza się coraz to nowe produkty. I być może właśnie dlatego w pewnym momencie pojawia się u nich nadwrażliwość na jedzenie. Opierając się na tej literaturze naukowej, można więc rozważyć **zaprzestanie wprowadzania nowych pokarmów do diety niemowląt i dzieci w okresie od dwóch do czterech tygodni po szczepieniu, aby dzięki temu zmniejszyć ryzyko wystąpienia u nich nadwrażliwości pokarmowej.**

UKRYTA NADWRAŻLIWOŚĆ POKARMOWA

Większość z nas uważa, że nadwrażliwość na pokarm dotyczy jedynie tych dzieci, które dostają pokrzywki lub mają skłonności do anafilaksji. A przecież jedzenie może mieć wpływ na zdrowie, nastrój i zachowanie każdego dziecka. Bez wyjątku. Jako neurolog dziecięcy patrzę na nietolerancję pokarmową inaczej niż wielu alergologów. Alergolodzy definiują alergie głównie w oparciu o bardzo specyficzne reakcje, na które składają się konkretne znaczniki fizjologiczne (przeciwciała IgE, uwalnianie histaminy), albo o szczególne odruchy (zazwyczaj natychmiastowe; w tym wymioty, wstrząs anafilaktyczny, pokrzywka, obrzęk warg i twarzy, wysypka). Dodatni wynik testu skórnego i badania na stężenia IgE we krwi, nawet przy bardzo niskich poziomach – to wszystko dostarcza nam wskazówek na temat tego, jakie produkty wywołują u dziecka takie, a nie inne objawy ogólnoustrojowe i neurologiczne. Oba te badania, wraz z obserwacjami klinicznymi, mają dużą wartość. **Jednakże negatywny wynik testu nie dowodzi, że konkretny produkt jest przyczyną naszego problemu.** Pokarm wchodzi w interakcję z naszym układem odpornościowym na wiele różnych sposobów, a objawy nie zawsze wyglądają tak samo. Często zdarza się, że wielu rodziców i lekarzy nie rozpoznaje bardzo poważnych reakcji na żywność, które u dzieci manifestują się poprzez problemy z jelitami, skórą, płucami i systemem nerwowym, i po prostu nie określa ich jako nietolerancji na pokarm. A w rzeczywistości te wszystkie „niewinne” przypadłości, których na co dzień doświadczają nasze dzieci – a więc zaparcia, uciążliwy katar, przewlekłe infekcje ucha, tajemnicze wysypki i bóle głowy – są często bezpośrednio związane właśnie z nadwrażliwością pokarmową.

Czasami rodzice starają się połączyć fakty na przekór lekarzom. „Wyniki w porządku, lekarz mówi, że żadnej alergii na pszenicę czy celiakii nie ma, tylko dlaczego Johnny zwija się w kłębek z bólu

WSKAZÓWKA

Czy twoje dziecko wykazuje nadwrażliwość na jedzenie?

- **Wyeliminujcie te produkty**, które przez co najmniej miesiąc wywoływały u waszego dziecka negatywne reakcje.
- **Zaufajcie swojej intuicji.** Jeśli zauważycie, że wasze dziecko po zjedzeniu konkretnych pokarmów jest bardziej agresywne, zdezorientowane, dostaje wysypki albo po prostu czuje się źle; i jeśli sytuacja poprawi się, gdy zrezygnujecie z tych produktów – zacznijcie ich unikać. Nie potrzebujecie na to niczyjej zgody.
- **Zabawcie się w naukowców.** Dokumentujcie objawy przed, w trakcie i po wyeliminowaniu z diety konkretnych rzeczy, prowadząc dziennik, robiąc zdjęcia, filmy, rozmawiając z nauczycielami itp. Jeśli dany symptom sprowadza się do pewnych stałych zachowań lub tików, postarajcie się oszacować, jak często obserwujecie go u swojego dziecka.
- **Wprowadzajcie pokarm na nowo.** Jeśli nie jesteście pewni, wracajcie do wcześniej wyeliminowanych rzeczy (najlepiej w weekend), aby sprawdzić, czy objawy powracają.

UWAGA: Czasami zauważycie poprawę, ale nie taką, jakiej się spodziewaliście. Może ona być także bardzo subtelna, ledwie zauważalna. Zawsze pamiętajcie o tym, żeby nie odrzucać zdrowych i pełnowartościowych produktów „na wszelki wypadek", jeśli nie widzicie po tym wyraźnej poprawy.

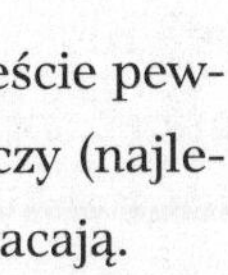

na dzień lub dwa po tym, jak zje coś z glutenem?" albo: „Przecież wystarczy, że Sadie zje odrobinę sera, a przez następnych kilka dni ma gazy; potem kończy się to wszystko infekcją ucha, a mimo to lekarz wmawia nam, że to nie są objawy alergii!". Nazwijcie to jak chcecie, ale te dzieci mają po prostu alergie pokarmowe.

Tego typu reakcje mają ogromny wpływ na zdrowie i jakość życia. A wyniki badań pokazują, co najczęściej obserwują rodzice. Oto kilka przykładów: nadwrażliwość na pokarm wpływa na motorykę przewodu pokarmowego – a to może powodować zaparcia lub biegunki, a nawet „zespół jelita drażliwego[135]. Alergie pokarmowe wywołują stan zapalny oraz obrzęk ucha środkowego i wewnętrznego, w tym trąbki Eustachiusza, blokują swobodny przepływ płynów, przyczyniają się do powstawania skupisk bakterii w uchu środkowym[136, 137], a także prowadzą do wystąpienia zawrotów głowy i choroby Meniere'a[138]. Usunięcie z diety sprawcy całego zamieszania może zmniejszyć lub wyeliminować objawy – od tych tylko denerwujących po naprawdę poważne[139].

Pamiętajcie, że jesteście najlepszymi ekspertami w kwestii zdrowia waszego dziecka. Wielu lekarzy bierze pod uwagę obserwacje rodziców dopiero wtedy, gdy mają one swoje odzwierciedlenie w wykonanych testach, a przecież trzeba mieć świadomość, że takie badania mają ograniczoną skuteczność i nie zawsze mówią nam całą prawdę.

Nadwrażliwość na pokarm: przykładowe reakcje u dzieci

1. **Alergia:** prawdziwa alergia oznacza występowanie reakcji opartych na IgE, czyli przeciwciałach odpowiedzialnych za klasyczne histaminowe odruchy alergiczne, które obejmują: pokrzywkę,

świąd, pobudzenie, obrzęk, trudności w oddychaniu, wymioty i anafilaksję. Wielu lekarzy uważa ją za jedyną kategorię reakcji na pokarm.

2. **Nadwrażliwość i nietolerancja:** nadwrażliwość obejmuje pozostałą część reakcji na żywność. Testy skórne lub badanie krwi nie dadzą nam tutaj pełnego obrazu. Od glutenu, przez produkty mleczne, aż do jajek i jakiegokolwiek innego produktu bądź napoju nadwrażliwość może wywoływać szereg objawów: od dyskomfortu w przewodzie pokarmowym, zmęczenia lub braku koncentracji, po nadpobudliwość, wybuchowość i niepokój, a także wysypkę/wypryski/egzemę, bóle głowy i inne.
3. **Celiakia:** choroba autoimmunologiczna, w której gliadyna (białko z ziaren zawierających gluten) uaktywnia przeciwciała klasy IgA i IgG; celiakia charakteryzuje się zmiennymi i różnymi objawami, obejmującymi ból brzucha, wzdęcia, nieprzyjemny zapach z ust, zatrzymanie rozwoju, migreny, ADHD, a nawet drgawki. Wbrew powszechnemu przekonaniu u dzieci mogą wystąpić tylko objawy neurologiczne lub związane z nastrojem, a niekoniecznie problemy z trawieniem czy wzrostem.
4. **Nietolerancja laktozy:** laktoza jest cukrem obecnym w mleku. Gdy po spożyciu nabiału u dzieci pojawiają się problemy żołądkowe – które ograniczają się do gazów, wzdęć i biegunki po jedzeniu lub piciu produktów mlecznych – przyczyną może być nietolerancja laktozy. Natomiast inne objawy (wymioty, zwiększone wydzielanie śluzu, wysypka lub świąd, zaparcia) wskazują, że jednak mamy do czynienia z alergią albo nadwrażliwością na mleko.
5. **Wrażliwość na kazomorfiny A1:** niektóre osoby mają taką odmianę enzymów trawiennych, które zamiast rozkładać proteiny na aminokwasy ulegające absorbcji, rozkładają pewne białka mleka do biologicznie aktywnych elementów zwanych kazomorfinami. A te po wypiciu mleka przez dziecko mogą wywoływać „narkotyczny" stan, jak po zażyciu morfiny, a także zaparcia czy alergię. Dodatkowo mogą też podwyższać ryzyko wystąpie-

nia SIDS oraz zaostrzać problemy związane z autyzmem czy schizofrenią[140]. Mleko kóz i krów niektórych ras, takich jak Jersey albo Guernsey, zawiera bezpieczniejsze kazeiny A2, które nie rozkładają się na kazomorfiny u osób z tym wariantem enzymów.

6. **Złe wchłanianie fruktozy (FODMAPS):** dzieci, które po zjedzeniu takich produktów jak miód, owoce i niektóre ziarna zbóż oraz wyroby mleczne, odczuwają dyskomfort w jamie brzusznej, mają wzdęcia i gazy, mogą mieć trudności z absorpcją fruktozy.
7. **Nadwrażliwość na polifenol:** czerwone lub fioletowe owoce i warzywa – na przykład jabłka, winogrona, jagody czy pomidory[141] – zawierają przeciwutleniacze, które dla niektórych dzieci mogą być trudne do przetworzenia. Może się to objawiać zaczerwienieniem uszu, policzków, cieniami pod oczami, trudnościami w zasypianiu, nadpobudliwością albo bardzo emocjonalnymi zachowaniami.

WPŁYW ALERGII POKARMOWEJ NA MÓZG

Dlaczego tak ważna jest identyfikacja „prowokatorów" w diecie twojego dziecka, bez względu na to, czy zdiagnozowano u niego alergię, czy nie?

Obecność żywności reaktywnej w codziennej diecie jest dodatkowym obciążeniem dla organizmu w jego walce z chorobą. Pamiętajmy, że układ odpornościowy patroluje przewód pokarmowy, krew, skórę, a nawet mózg. Kiedy spożywany pokarm zostanie rozpoznany jako nieprzyjazny dla organizmu, komórki układu immunologicznego reagują nasileniem reakcji zapalnych w obrębie całego ciała, w tym układu nerwowego, za każdym razem, kiedy taki pokarm będzie musiał przejść przez przewód pokarmowy.

Kiedy rozpoczynałam pracę jako neurolog dziecięcy, byłam zaskoczona odkryciem, że wprowadzenie zmian do diety dziecka może mieć aż tak istotny wpływ na jego zdrowie – i to nie tylko w przypadku dzieci, którym dokucza egzema, astma, zaparcia, biegunka, wzdęcia i gazy, lecz także tych, u których wykryto o wiele trudniejsze do leczenia choroby, takie jak ADHD, migreny, autyzm, zespół Tourette'a, zespół natręctw (zaburzenia obsesyjno-kompulsywne OCD) oraz napady padaczkowe.

Z powodu migreny brzusznej dziesięcioletnia Ella nie mogła uczestniczyć aż w jednej czwartej zajęć podczas roku szkolnego. Pomimo przyjmowania niezliczonych leków oraz częstych hospitalizacji objawy nie ustępowały. Wykonałam u dziewczynki badanie krwi pod kątem alergii. Ponieważ testy wykazały jedynie nieznaczną alergię na mleko, doszłam do wniosku, że na próbę warto całkowicie zrezygnować z nabiału w diecie dziecka przez jeden miesiąc. Chociaż przekonanie młodej pacjentki do rezygnacji z nabiału nie było łatwe („Co mleko może mieć wspólnego z moimi problemami?"), w końcu się udało. Na efekty nie musiałyśmy długo czekać. Częstotliwość napadów migreny brzusznej, ich nasilenie i długość zmniejszyły się o 75 procent. Z resztą objawów mogłyśmy sobie już bez trudu poradzić, korzystając z preparatów ziołowych oraz leków i suplementów diety. W rezultacie w ciągu następnego roku szkolnego dziewczynka nie opuściła ani jednego dnia zajęć.

U Milo, chłopca, który cierpiał na napadowe zaburzenia ruchowe, napady drgawek pojawiały się nawet kilkaset razy w ciągu dnia, a ich stłumienie było możliwe tylko za pomocą silnych środków uspokajających na oddziale intensywnej terapii dziecięcej. W wyniku odstawienia leków uspokajających liczba ataków u chłopca ponownie doszła do trzydziestu dziennie. Chociaż Milo był na diecie ketogenicznej, bogatej w tłuszcze (masło) i białko (jajka), lecz pozbawionej węglowodanów, w ramach próby odstawiliśmy nabiał i jajka. W rezultacie, po raz pierwszy, od kiedy chłopiec był leczony na tę chorobę, w ciągu dwóch kolejnych tygodni nie wystąpił ani jeden atak, a po upływie tego czasu ataki pojawiały się średnio raz w tygodniu, a nie – jak przedtem – wiele razy dziennie.

Niewątpliwie reakcje dziecięcego organizmu na spożywane pokarmy mogą być zupełnie nieoczekiwane. Często są one zaskoczeniem nie tylko dla samego dziecka, ale także dla dorosłych, którzy sprawują nad nimi opiekę. Ponieważ lekarze i rodzice spodziewają się jedynie tradycyjnych symptomów w postaci pokrzywki, opuchniętych warg lub swędzących ust, reakcje innych dzieci mogą z łatwością umknąć ich uwadze. **Dobra wiadomość jest taka, że masz o wiele większy wpływ na zdrowie twojego dziecka, niż ci się wydaje.** Możesz zmienić jego codzienną dietę, aby stworzyć warunki pozwalające zrezygnować z długotrwałego stosowania leków (wraz z towarzyszącymi temu kosztami i niepożądanymi efektami ubocznymi) lub przynajmniej je ograniczyć.

O tym, że dieta ma ogromny wpływ na pracę mózgu, przekonałam się zupełnie przypadkowo, gdy rozpoczęłam praktykę. U pewnego dwuletniego bliźniaka o imieniu Tony stwierdzono wiele objawów autyzmu wraz z zaburzeniami komunikacji werbalnej, podczas gdy jego siostra rozwijała się prawidłowo. Podczas naszego pierwszego spotkania Tony nieustannie wrzeszczał, kiedy jego mama próbowała podzielić się ze mną swoimi obawami. Chłopiec miał wzdęty brzuszek, a jego uszy i policzki były jasnoczerwone. Dziecko oddawało luźne stolce i cierpiało na przewlekłe ostre pieluszkowe zapalenie skóry. Kiedy zapytałam o jego dietę, matka odpowiedziała po chwili wahania: „Prawdę mówiąc, to on w ogóle nie je". Ponieważ nie stwierdziłam u chłopca niedowagi, próbowałam zachęcić kobietę, aby jednak ujawniła mi jadłospis swojego syna. „No więc… on w zasadzie tylko pije mleko", odpowiedziała, dodając, że Tony codziennie wypija osiem butelek mleka o pojemności od około 230 do 300 ml, z dodatkiem syropu truskawkowego, który miał go na początku zachęcić do konsumpcji. Kobieta utrzymywała, że gdyby nie mleko, to codzienny jadłospis jej syna składałby się wyłącznie z chipsów Doritos oraz makaronu Ramen. Wszystkie trzy wymienione tu „pokarmy" są rezerwuarami glutaminianu sodu, różnego rodzaju dodatków żywnościowych, tłuszczów trans oraz genetycznie modyfikowanej kukurydzy.

W opisanym przypadku zaleciłam rezygnację z nabiału – nie dlatego, że w związku z tym liczyłam na pozytywne zmiany zachowań dziecka, lecz ze względu na to, że spożywanie tak ogromnych ilości krowiego mleka uniemożliwiało stosowanie u dwuletniego chłopca zdrowej, czyli różnorodnej diety, która spełnia zapotrzebowanie ciągle rosnącego i rozwijającego się organizmu. Podczas szkoleń pediatrycznych można coraz częściej usłyszeć, że dzieciom w wieku od jednego roku do trzech lat nie zaleca się podawania zbyt dużych ilości mleka z uwagi na ryzyko wywołania anemii powstałej na skutek mikroskopijnych krwotoków w jelitach, których skutkiem jest przewlekła utrata niewielkich ilości krwi. Rozmawiałyśmy także o popularnych zamiennikach mleka krowiego (mleku migdałowym i kokosowym), które kobieta mogłaby podawać chłopcu, aby stopniowo ograniczyć, a po tygodniu całkowicie wyeliminować tradycyjne mleko z jego diety. Po zakończeniu konsultacji z mamą chłopca wcale nie byłam pewna, czy kobieta zastosuje się do moich zaleceń i czy w ogóle coś z nich zrozumiała, ponieważ przez cały czas musiała zwracać baczną uwagę na bliźnięta.

Jednak po trzech tygodniach, kiedy mama Tony'ego ponownie się ze mną skontaktowała, zadawała mi tak wiele pytań o dietę chłopca, że w pewnym momencie musiałam jej przerwać, aby dowiedzieć się, jaki jest aktualnie stan małego pacjenta. Wtedy kobieta zakomunikowała mi, że przestała podawać synowi mleko już trzy tygodnie temu. Od tego czasu chłopiec nauczył się pięćdziesięciu słów, przestał dostawać napadów złości, a jego codzienna dieta składa się z trzech pełnowartościowych posiłków. Przed naszym kolejnym spotkaniem matka sama postanowiła wykluczyć gluten z diety synka, w wyniku czego już niebawem zauważyła, że dziecku przestały dokuczać wzdęcia. Ponadto w ciągu zaledwie jednego tygodnia Tony nauczył się korzystać z nocnika. Chociaż taka interwencja na pewno nie okaże się skutecznym rozwiązaniem dla każdego dziecka z autyzmem, u Tony'ego objawy ostatecznie ustąpiły. Chłopiec zaczął normalnie funkcjonować i uczyć się w klasie ze zdrowymi dziećmi.

Mając na koncie ten oto zdumiewający sukces, zaczęłam dokładniej przyglądać się dietom pacjentów z chorobami neurologicznymi. Pewnego dnia w moim biurze pojawiła się Sarah, słodka pięcioletnia dziewczynka, wyglądająca jak prawdziwy aniołek. Dziewczynka czekała na orzeczenie o ADHD. Jej niezwykle cierpliwa mama nie wyglądała na zbyt przejętą. Kobieta zażartowała, że jej córeczka „zachowuje się jak króliczek z reklam baterii Energizer na haju". Spostrzeżenie to było rzeczywiście trafne, ponieważ dziewczynka wykazywała takie pobudzenie ruchowe i wewnętrzny niepokój, że gdyby tylko mogła, to weszłaby na sufit mojego biura. Co istotne, nie wyglądało na to, że ta nadmierna ruchliwość sprawia dziecku przyjemność. Miałam raczej wrażenie, że Sarah nie mogła zapanować nad swoimi ruchami. W historii chorobowej dziewczynki odnalazłam wiele zaburzeń, takich jak na przykład wirusowe zapalenie krtani i tchawicy (krup), przewlekłe zapalenie ucha, egzema oraz zaparcia, które mogły zostać wywołane przez nadmierne spożywanie produktów nabiałowych. Dziecko pochłaniało ogromne ilości nabiału, jakby było całkowicie od niego uzależnione. Chociaż na pierwszy rzut oka jadłospis dziewczynki mógł nie budzić większych zastrzeżeń, dla próby zaleciłam całkowitą rezygnację z produktów mlecznych oraz stopniowe wprowadzenie do jej diety zdrowych pokarmów.

Po miesiącu spotkałyśmy się ponownie. Kiedy Sarah usiadła w moim biurze, zauważyłam, że jest nadzwyczaj spokojna i zrelaksowana. Po egzemie i zaparciach nie było śladu, a ogólny stan dziewczynki najlepiej podsumowała jej mama, twierdząc, że „Sarah" jeszcze czasami zachowuje się jak Króliczek Energizer, ale już nie jak ten sam króliczek pod wpływem jakiejś używki". O tym, że głównym sprawcą wszystkich zaburzeń był nabiał, przekonano się, kiedy starsze rodzeństwo po powrocie do domu ze swojej uczelni zaprosiło młodszą siostrę na lody, któ-

WSKAZÓWKA

W znacznej liczbie przypadków usunięcie z diety dziecka niewskazanych dla jego organizmu pokarmów jest pierwszym i najważniejszym krokiem na drodze do zminimalizowania lub wyeliminowania niepożądanych objawów. Jednak nawet jeśli organizm dziecka nie zostanie „wyleczony" dzięki usunięciu problematycznych produktów, to korzystna zmiana jadłospisu może przyczynić się do złagodzenia niektórych objawów (na przykład dziecko zacznie przesypiać całą noc!), zmniejszenia dawki podawanych lekarstw, poprawy ogólnego stanu zdrowia i jakości życia.

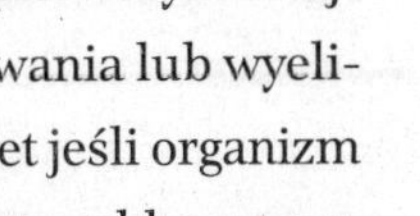

re ponownie wywołały u dziewczynki nadpobudliwość ruchową, trwającą kilka dni.

Inni moi młodzi pacjenci, u których wystąpiły problemy z odczytaniem nawet kilku podstawowych wyrazów, po wyeliminowaniu nabiału z ich diety już w ciągu miesiąca bez problemów radzili sobie z kolejnymi rozdziałami dłuższych książek, a trudne do opanowania tiki nerwowe uległy widocznej redukcji. Coraz więcej badań wykazuje, że w niektórych przypadkach[142, 143] zarówno częstotliwość, jak i intensywność napadów epilepsji u dzieci z alergią na produkty mleczne może ulec znacznemu ograniczeniu, włącznie z normalizacją EEG, po odstawieniu tych pokarmów. U innych pacjentów, w wyniku ustąpienia napadów padaczkowych po wyeliminowaniu z diety produktów zawierających gluten, można było znacznie ograniczyć podawanie leków lub całkowicie z nich zrezygnować. Po zmianie diety pewien mały chłopiec mający alergię na jajka przestał krzyczeć za każdym razem, kiedy go uwierała metka lub miał zbyt mocno ściśnięty pasek. Z kolei mój synek, u którego stwierdzono regresję rozwojową w wyniku reakcji na soję, zaczął ponownie prawidłowo się rozwijać, gdy tylko wyeliminowaliśmy ten składnik z jego jadłospisu.

Aby umożliwić dziecku jak najszybszy powrót do zdrowia, należy zacząć od usunięcia z jego diety reaktywnych składników (wraz z towarzyszącymi im związkami chemicznymi), które dotychczas ciągle podrażniały jego organizm. Po złagodzeniu lub ustąpieniu objawów oraz właściwym odżywieniu dziecka nie należy wykluczyć możliwości ponownego wprowadzenia problematycznych produktów (ale nie przetworzonych!), ponieważ dzięki dobrze zbilansowanym posiłkom organizm stanie się silniejszy i odporniejszy.

CZY TE POKARMY SĄ ZDROWE?

Często dochodzi do sytuacji, w której pokarmy powszechnie uchodzące za „zdrowe", takie jak na przykład nabiał, soja, pszenica, jajka, różne rodzaje orzechów, owoce morza, a nawet owoce cytrusowe, wpływają niekorzystnie na organizm dzieci podatnych na reakcje alergiczne. Dla wielu rodziców (nie mówiąc już o dziadkach) taka sytuacja jest wprost nie do pojęcia, a ich reakcja często ogranicza się do stwierdzenia: „Nie dawać mleka? Naprawdę? To przecież niemożliwe!". Więc jak to się dzieje, że ten z pozoru zdrowy pokarm wywołuje aż tyle niekorzystnych objawów?

Muszę tu wyjaśnić, że sam pokarm nie jest wrogiem organizmu. W teorii mleko jest tylko mlekiem, jajka są jedynie jajkami, pszenica pszenicą, a soja – po prostu soją. Przecież wszystkie te produkty służą naszym organizmom od wielu tysiącleci. Mamy tu do czynienia z dwoma różnymi aspektami tego samego problemu. Po pierwsze, żywność jest uprawiana, zbierana, produkowana i przetwarzana metodami, które znacznie ograniczają jej wartości odżywcze i zdrowotne. Po drugie, doszło do rozregulowania przewodu pokarmowego oraz układu odpornościowego w organizmie dziecka, w wyniku czego wzrosła jego skłonność do reakcji alergicznych. W gruncie rzeczy pokarmy te prześladują układ odpornościowy dziecka, zmuszając jego organizm do niespodziewanych i często szkodliwych dla zdrowia reakcji.

Przyjrzyjmy się na przykład orzeszkom ziemnym. W krajach wschodniej Azji i Afryki, gdzie tradycyjnie gotowano je na parze, smażono lub spożywano na surowo, alergie na ten produkt występowały o wiele rzadziej niż miało to miejsce w Stanach Zjednoczonych i Europie. Jednak obecnie, w czasach masowej produkcji orzeszków ziemnych, podaje się je niemal zawsze prażone. W procesie prażenia orzechów na sucho wykorzystuje się mechanizm reakcji Maillarda, a dzięki karmelizacji zachodzącej w bardzo wysokich temperaturach otrzymuje się pyszną i aromatyczną przekąskę. Jednak z drugiej strony, w wyniku tego procesu, powstają końcowe produkty zaawansowanej glikacji białek (AGE's), które z kolei sprzyjają powstawaniu reakcji alergicznych o wiele bardziej niż świeże orzechy[144].

Organizmy dzieci są także narażone na substancje znajdujące się wewnątrz lub na powierzchni produktów spożywczych, w których nigdy nie powinny się znaleźć. W roku 2014 miesięcznik branży medycznej „Annals of Allergy, Asthma & Immunology" opublikował sprawozdanie na temat problemów zdrowotnych małej dziewczynki, u której wykryto alergię na antybiotyki i mleko. Poza tym u dziecka rozpoznano anafilaktyczne reakcje na ciasto jagodowe. Co ciekawe, przeprowadzone badania nie potwierdziły u dziewczynki alergii na żaden konkretny składnik tego ciasta[145]. Co więc było powodem gwałtownych reakcji dziecka na ten produkt? Okazało się, że winę ponoszą antybiotyki dodawane do jagód, a konkretnie zakazana w Europie streptomycyna, którą w dalszym ciągu stosuje się w Stanach Zjednoczonych i Kanadzie do ochrony pewnych roślin uprawnych przed rozwojem bakterii, grzybów i glonów. (Szczególnie niepokojący jest fakt, że nasz organizm narażony jest na obecność antybiotyków już nie tylko w produktach pochodzenia roślinnego i zwierzęcego, ale nawet w wodzie dostarczanej do naszych mieszkań).

Kolejnym przykładem jest soja. Kiedyś wydawało mi się, że soja jest zdrowa. Jednak w poszukiwaniu pomocy dla mojego syna, kiedy sytuacja zmusiła mnie do przeprowadzenia pewnych badań, odkryłam, że ponad 90 procent soi i aż 85 procent kukurydzy w Stanach Zjednoczonych jest genetycznie modyfikowana[146], co sprawia, że rośliny te są bardziej alergenne, gdyż dostarczają naszemu organizmowi nieoczekiwanych protein[147, 148], zaburzają i uszkadzają florę bakteryjną jelit i enzymy trawienne, a także wykazują inne, niekorzystne działania[149, 150, 151]. Zastosowanie znacznych ilości pestycydów przy uprawie tych roślin powoduje niszczenie komórek w naszym organizmie, zmianę składu flory bakteryjnej, a nawet uszkodzenia naszego DNA[152, 153], zwiększając jednocześnie ryzyko zachorowania na astmę, celiakię, choroby neurologiczne oraz nowotwory[154, 155, 156, 157]. Co więcej, pestycydy te mogą łączyć się ze składnikami odżywczymi gleby i przenikać do rośliny[158], co znacznie obniża wartości odżywcze spożywanego produktu. Nawet sposób przygotowania i spożywania soi może przyczynić się do podrażnienia i tak już zbyt reaktywnego układu odpornościowego. Na przykład organizm mojego syna reagował nie tyle na samą soję, ile raczej na olej sojowy (używany w większości restauracji oraz w przemyśle spożywczym przy produkcji dań gotowych). Zdaniem alergologów oraz Agencji Żywności i Leków (FDA) tylko produkty zawierające białko mogą wywołać alergię. Ponieważ podczas procesu rafinacji oleju sojowego usuwane jest białko, restauratorzy nie wymieniają go na liście składników danej potrawy. Tymczasem po zjedzeniu dania przygotowanego na oleju sojowym u mojego syna wystąpił tak silny atak astmy, jakby co najmniej zjadł tofu. Tak więc sama soja na pewno nie jest głównym winowajcą odpowiedzialnym za problemy w naszym przewodzie pokarmowym.

Czytając kolejne rozdziały, przekonacie się, że właściwie wszystko, co dotyczy naszej żywności, uległo ostatnio daleko idącym zmianom. Obecnie coraz częściej spotykamy się z żywnością hybrydyzowaną, standaryzowaną, pasteryzowaną, napromieniowaną, spryskaną pestycydami, wzbogaconą antybiotykami, genetycznie zmodyfikowaną i w dodatku uprawianą w glebie pozbawionej pożytecznych mikrobów i składników odżywczych. Wiele takich interwencji uważa się za „konieczne", ponieważ produkcja żywności na wielką skalę związana jest ze znacznie większym ryzykiem jej skażenia. Ta „nowa" żywność jest wprawdzie ceniona ze względu na wysoką wydajność, długi okres przechowywania, niezawodność i niemal nieograniczone możliwości wzrostu produkcji, ale na wprowadzeniu takich innowacji cierpią zarówno rośliny i zwierzęta, jak i nasze organizmy.

W ostatecznym rachunku wykształcone w procesie ewolucji reakcje organizmu nie mogą nadążyć za zmianami zachodzącymi w szeroko pojętej produkcji żywności. Od kiedy jedzenie przestało być źródłem wartości odżywczych warunkujących zachowanie równowagi naszego organizmu, a stało się jedynie towarem przemysłowym, możemy cieszyć się smakiem tych samych produktów niemal przez cały rok. Z drugiej strony, technologia zbiorów, produkcji i przetwarzania takiej żywności – począwszy od zwierząt, ich mleka i jaj, poprzez owoce, warzywa i zboża, a skończywszy na innych roślinach – sprawia, że coraz częściej chorujemy.

Upraszczając, nigdy wcześniej nie zakładano, że żywność stanie się produktem przemysłowym, wytwarzanym na tak gigantyczną skalę.

Nabiał

Większość spożywanego mleka pochodzi od krów, które zamiast żywić się trawą na pastwisku, karmione są w ciasnych zagrodach treściwą paszą zawierającą ziarna zbóż. Krowom mlecznym podaje się antybiotyki, aby przyspieszyć ich wzrost, oraz hormony w celu zwiększenia produkcji mleka, które z kolei jest pasteryzowane i homogenizowane, co znacznie zmienia jego strukturę i składniki. Ponieważ dzisiejsze, typowe mleko zakupione w supermarkecie znacznie różni się od mleka „prosto od krowy", spożywanego przez poprzednie pokolenia, nie powinno nas dziwić, że organizmy dzieci różnie reagują na tego typu produkty.

Wyniki badań naukowych jedynie potwierdzają to, co przez lata udało mi się zaobserwować w praktyce – a mianowicie, że żywność zawierająca krowie mleko może wywołać liczne choroby i zaburzenia, takie jak zapalenie ucha, migreny, napady padaczkowe, ADHD, alergie, astmę, IBS (zespół jelita drażliwego), rozwój wrzodów oraz chorobę Leśniowskiego-Crohna[159]. Jedno z przeprowadzonych badań wykryło, że częstość występowania ADHD koreluje z nietolerancją organizmu na krowie mleko, a także z innymi rodzajami alergii, zażywaniem leków przeciwastmatycznych, sterydów wziewnych, sterydów stosowanych miejscowo, leków antybakteryjnych i przeciwgrzybiczych[160]. I rzeczywiście – zdarza się, że w moim gabinecie pojawiają się dzieci, które zażywają jednocześnie Miralax na zaparcia, antybiotyki na przewlekłe zapalenie ucha i liszajca (bakteryjne zapalenie skóry), leki antyhistaminowe na alergie, sterydy wziewne na astmę, sterydy miejscowe na egzemę oraz środki wspomagające koncentrację. Tymczasem autorzy wyżej wspomnianego badania, zamiast zaproponować przeprowadzenie kolejnej próby na grupie uczestników, których dieta byłaby pozbawiona produktów nabiałowych, co potencjalnie mogłoby się przyczynić do ograniczenia rozwoju objawów neurologicznych, alergii i infekcji, doszli do wniosku, że pacjentów cierpiących na astmę lub alergię nie należy zniechęcać do przyjmowania leków[161]. **Tymczasem stałe przyjmowanie leków jedynie**

maskuje objawy, podczas gdy zmiana diety może skutecznie wyeliminować niektóre – lub nawet wszystkie – symptomy.

Spożywanie nabiału przy alergii na krowie mleko może nawet sprzyjać pojawieniu się napadów padaczkowych u dzieci szczególnie uczulonych na produkty nabiałowe. Podobnie jak ADHD, alergia na krowie mleko, egzema oraz astma znacznie częściej występują u dzieci cierpiących na epilepsję[162, 163]. Wszystkie te objawy należy traktować jako ważne sygnały ostrzegawcze, mogące świadczyć o rozwoju alergii pokarmowych, nawet u dzieci, u których stwierdzono przede wszystkim objawy neurologiczne. Autorzy co najmniej kilku badań sugerują, że usunięcie nabiału z diety dzieci z epilepsją przyczynia się do zmniejszenia częstotliwości napadów padaczki i złagodzenia ich przebiegu, eliminowania zaburzeń pracy mózgu (lepsze wyniki badań EEG) oraz poprawy objawów poznawczo-behawioralnych. U dziecka, u którego alergia na krowie mleko objawiała się zmianami na skórze, stwierdzono ograniczenie napadów padaczkowych i widoczną poprawę wyników EEG po wyeliminowaniu nabiału z jego codziennej diety[164]. Do kolejnego badania włączono troje dzieci, które nie zażywały leków, z padaczką kryptogenną (samoistną) częściową, uczulonych na przetwory mleczne. Dzieci te miały problemy ze snem, odręcznym pisaniem, a także wykazywały zaburzenia zachowania. Po wykluczeniu produktów mlecznych z ich diety stwierdzono ograniczenie napadów padaczkowych, poprawę wyników EEG oraz złagodzenie innych zaburzeń. Wszystkie te problemy powróciły wkrótce po ponownym wprowadzeniu przetworów mlecznych do ich jadłospisu, po czym znowu ustąpiły, gdy tylko zrezygnowano z dalszego podawania im mleka[165]. Inne badanie wykazało, że dzieci cierpiące na padaczkę Rolanda (charakterystyczne są tu napady podczas snu, związane z chwilowym zanikiem mowy), którym zaprzestano podawania produktów nabiałowych, rzadziej doświadczały napadów[166]. Chociaż nie należy traktować tej metody jako panaceum, z pewnością warto ją poddać dogłębnym badaniom.

Wielu rodziców dzieci z autyzmem opisuje szereg objawów nasilających się po spożyciu pokarmów zawierających krowie mleko oraz znaczną poprawę funkcjonowania w sferze poznawczo-behawioralnej po odstawieniu tych produktów. Jedno z badań wykazało wysoki wskaźnik reakcji układu immunologicznego na białko zawarte w mleku przy zaburzeniach ze spektrum autyzmu[167]. Do podobnego wniosku doszli naukowcy podczas innego badania. Ponadto ustalili oni, że przeciwciała skierowane przeciwko białkom mleka podstępnie wymusiły na organizmie reakcje autoimmunologiczne w następstwie infekcji, takich jak na przykład zakażenia paciorkowcowe[168]. W niektórych badaniach skupiono się na skutkach zdrowotnych wyeliminowania z diety wyłącznie przetworów mlecznych, podczas gdy inne wykazały znaczne złagodzenie objawów autystycznych w wyniku odstawienia produktów zawierających zarówno mleko, jak i gluten[169, 170]. Chociaż na autyzm nie ma jednej konkretnej diety, wiele rodzin zauważa znaczną poprawę po wyeliminowaniu problematycznych produktów z jadłospisów autystycznych dzieci.

Zatem u których dzieci należy wykluczyć z diety produkty mleczne? Przede wszystkim powinno się wnikliwie obserwować objawy, ponieważ różnią się one u każdego dziecka. Podczas praktyki leczyłam dzieci uczulone na mleko, które – za namową lekarza – wypijały dziennie trzy szklanki tego napoju o pojemności około 250 ml, aby ich organizm „otrzymał odpowiednią ilość wapnia". Dzieciom tym dokuczała egzema, zaparcia, astma lub krup (ostre zapalenie krtani, tchawicy i oskrzeli), a także zaburzenia koncentracji. U dziecka z nietolerancją lub alergią na mleko pojawiają się ciemne kręgi pod oczami, a jego policzki i oczy są zaczerwienione. Po wypiciu szklanki mleka takie dziecko staje się zdezorientowane i „oderwane od rzeczywistości" lub odwrotnie – jest hiperaktywne i reaguje wybuchowo.

Kiedy rodzice skarżą się, że ich dzieci czują się gorzej po wypiciu mleka, wielu lekarzy traktuje ich spostrzeżenia i obawy z pewnym lekceważeniem. „Nie szkodzi – mówią – najważniejsze, żeby dziecko otrzymało z mlekiem wystarczające ilości wapnia". Dzieciom tym aplikuje się sterydy o działaniu miejscowym na złagodzenie objawów egzemy, leki przeciwhistaminowe zmniejszające przekrwienie, środki przeczyszczające na ciężkie zaparcia, sterydy wziewne na astmę oraz Metylofenidat na problemy z koncentracją. Tymczasem niektóre z tych leków jeszcze bardziej przyczyniają się do zaburzenia równowagi flory bakteryjnej jelit (która ma istotny wpływ na prawidłowe funkcjonowanie organizmu), jednocześnie zwiększając podatność dziecka na alergie.

Czasami jednak trudno ustalić, czy to właśnie mleko jest głównym winowajcą, odpowiadającym za wszystkie zaburzenia. Wiele dzieci z uczuleniem na przetwory mleczne paradoksalnie łaknie mleka, co często prowadzi do nadmiernej konsumpcji produktów z jego udziałem. Dzieci takie spożywają bez opamiętania ogromne ilości mleka i przetworów mlecznych, zupełnie nie zważając na przykre doświadczenia z przeszłości ani na łatwe do przewidzenia skutki. Dlatego właśnie warto podjąć próbę całkowitej rezygnacji z mleka i jego przetworów na jeden miesiąc. Tym dzieciom, których organizm walczy z mlekiem, wyeliminowanie go z diety na pewien czas może przynieść odczuwalną ulgę, a nawet znaczne złagodzenie szeregu uciążliwych problemów zdrowotnych.

Kiedy lekarz twojego dziecka zleci badanie krwi oraz stanu skóry, możesz go poprosić, żeby zbadał także wrażliwość jego organizmu na białka mleka. Nawet niejednoznaczne (które nie w pełni potwierdzają alergię) reakcje organizmu powinny być wystarczającym powodem, aby dla próby zrezygnować z podawania dziecku mleka przez miesiąc. Jednak nie polegaj wyłącznie na wynikach tego typu badań. Rzadziej wykonywane lub ogólnie niedostępne badania, takie jak punktowe testy skórne, testy skaryfikacyjne oraz badania stężenia przeciwciał IgE, IgG oraz IgA w surowicy należą do znacznie skuteczniejszych metod wykrywania alergii. Najlepszym sposobem na stwierdzenie u dziecka uczulenia na mleko jest wyeliminowanie go z jego jadłospisu co najmniej na miesiąc, a następnie ponowne jego wprowadzenie i obserwowanie, czy nastąpi powrót lub nasilenie objawów.

Zobacz poniżej, jak należy przeprowadzić dietę eliminującą mleko i zapoznaj się z proponowanymi jego zamiennikami.

Przeprowadź próbę polegającą na wykluczeniu z diety podejrzanych pokarmów, które mogą uczulać organizm.

Aby przekonać się, czy twoje dziecko jest uczulone na wybrane produkty, przeprowadź miesięczną dietę eliminacyjną.

- Podstawą tej diety jest całkowite wykluczenie alergenu. Kupując żywność przetworzoną, czytaj dokładnie informacje zamieszczone na opakowaniach. Jeżeli wykluczasz z diety mleko, musisz także zrezygnować z podawania dziecku wszystkich produktów zawierających ten składnik, czyli sera, masła, kwaśnej śmietany, serka śmietankowego, serwatki, kazeiny, laktoalbuminy itp. Pamiętaj, że „mlekiem" umownie nazywamy każdy rodzaj mleka uzyskanego od zwierząt, takich jak na przykład krowy, kozy, barany i bawoły, a także wszystkie produkty wytworzone na jego bazie. (Określenie „nabiał" nie obejmuje jajek).

- **Konsekwentnie przestrzegaj ustalonych zasad.** Zdarza się, że rodzice wynajdują sobie różne usprawiedliwienia, na przykład: „Nie jesteśmy pewni, czy to nie zaszkodziło, ale przez kilka dni w tygodniu podawaliśmy dziecku płatki śniadaniowe z mlekiem"; lub „Ale przecież w szkole obchodzono Dzień Pizzy!". Musisz zapomnieć o takich wyjątkach i dopilnować, aby jadłospis twojego dziecka był całkowicie pozbawiony podejrzanego produktu. Kupując żywność, zawsze upewnij się, czy nie zawiera ona wykluczonych z diety składników. Nawet jeśli podczas przeprowadzania próby napotykasz trudności i przeszkody, nie rezygnuj i staraj się nie naruszać zasad.
- **Wprowadź ponownie do diety wyeliminowany wcześniej produkt.** Po zakończeniu miesięcznej diety eliminacyjnej najlepiej wybierz jakiś weekendowy dzień na ponowne wprowadzenie do jadłospisu podejrzanego produktu. Musisz to zrobić w odpowiedni sposób (o ile oczywiście u dziecka nie występowały wcześniej objawy anafilaksji). Jeżeli na przykład podczas próby z diety dziecka wyeliminowany był gluten, można mu podać bajgla na śniadanie, makaron na lunch itp., a następnie w ciągu najbliższych 24–72 godzin obserwować, czy nie nastąpi powrót lub nasilenie objawów. Reakcje organizmu dziecka na ponownie wprowadzony do diety produkt mogą znacznie odbiegać od tych, których się spodziewasz. Możliwe jest oczywiście ponowne wystąpienie objawów, podobnych do tych, które towarzyszyły dziecku po spożyciu danego produktu przed podjęciem próby (i które właśnie próbujesz wyeliminować), ale równie dobrze może to być przeziębienie lub grypa, przewlekły nieżyt nosa, ból brzucha, zmęczenie, bezsenność, ból głowy lub nieznośne zachowania dziecka. Moja przyjaciółka, z którą rozmawiałam po ponownym wprowadzeniu nabiału do diety jej dziecka, powiedziała, że nie może mi opisać, jak reaguje organizm jej córki na mleko, ponieważ dziecko jest „przeziębione" już od trzech ty-

godni, czyli odkąd zaczęło znowu pić mleko. W takiej sytuacji kobieta musiała ponownie wykluczyć produkty mleczne z diety dziewczynki. W rezultacie niemal natychmiast ustąpił kaszel i zmęczenie, a po śluzie nagromadzonym w drogach oddechowych wkrótce nie było nawet śladu.

- **Prowadź dziennik.** Nie wierzę w zbiegi okoliczności. Nic nie dzieje się przypadkowo, zawsze jest jakaś przyczyna. Wnikliwie obserwuj zatem wszystkie objawy, takie jak „zapchany" nos, nadpobudliwość i chwiejność emocjonalna, zapalenie ucha czy też problemy ze snem, i na bieżąco szczegółowo je opisuj, aby móc porównać reakcje organizmu twojego dziecka podczas zastosowania diety eliminacyjnej z objawami występującymi po ponownym wprowadzeniu kwestionowanego produktu. Naprawdę warto prowadzić taki dziennik, ponieważ bardzo trudno będzie ci rozpoznać i zrozumieć pojawiające się wzory reakcji i zachowań, jeżeli nie będziesz dokumentować ich na bieżąco. Wystarczy poświęcić nie więcej niż dziesięć minut pod koniec każdego dnia, aby zapisać, co twoje dziecko jadło, ocenić (najlepiej w skali od 1 do 10) intensywność objawów, z którymi spotykasz się każdego dnia, oraz opisać reakcje organizmu, które nie pojawiają się regularnie lub z którymi wcześniej nie miałaś do czynienia.
- **Reakcje uczuleniowe, nietolerancja pokarmowa, a nawet alergie wcale nie muszą trwać wiecznie.** Kiedy organizm wraca do normy, dojrzewa lub regeneruje się, następują także zmiany w psychice. Układ immunologiczny ciągle się uczy, rozwija i zmienia, co oznacza, że w sprzyjających okolicznościach objawy nietolerancji pokarmowej mogą z czasem osłabnąć lub nawet ustąpić. Przywrócenie tolerancji na pokarm pierwotnie szkodliwy wiąże się z możliwością ponownego wprowadzenia do diety dotychczas problematycznych produktów. Chociaż każde dziecko jest inne, można spróbować ponownie wprowadzić taki produkt do jego jadłospisu po upływie od 6 do 12 miesięcy od rozpoczęcia diety eliminacyjnej. W przypadku silnych reakcji

alergicznych ponowne wprowadzenie pierwotnie szkodliwego pokarmu do diety dziecka powinno odbyć się znacznie później i wyłącznie pod nadzorem lekarza. Warto wiedzieć, że nawet jeśli stan zdrowia dziecka ulegnie znacznej poprawie podczas stosowania diety wykluczającej nabiał (lub inne szkodliwe dla jego organizmu pokarmy), to niekoniecznie musi to oznaczać, że już do końca życia nie będzie się ono mogło cieszyć smakiem lodów lub jogurtu. Aby zminimalizować ryzyko, najlepiej stopniowo podawać dziecku takie przysmaki, zaczynając od jednej łyżeczki tygodniowo (z czasem można zwiększyć częstotliwość). Istnieje wtedy duża szansa, że organizm dziecka zacznie tolerować coraz większe i coraz częściej podawane porcje.

- **Reakcje alergiczne różnią się znacznie intensywnością objawów.** U jednego dziecka kanapka z masłem orzechowym wywoła jedynie ból brzucha, podczas gdy u innego taka sama przekąska może spowodować reakcje zagrażające jego życiu. Na początku stosowania diety eliminacyjnej dowiadujesz się, jaki jest u dziecka poziom tolerancji na alergen i jak bardzo rygorystyczne powinno być twoje podejście do jadłospisu twojej pociechy. Jest bowiem różnica między wyproszeniem dziecka z pokoju, w którym znajduje się zakazana dla niego żywność, sporadycznym poczęstowaniem go lodami, na przykład z okazji urodzin, a wyrażeniem zgody na jedzenie nabiału przez jeden dzień w tygodniu. Należy tu jednak zachować dużą ostrożność i nie popadać w przedwczesne zadowolenie, ponieważ objawy chorobowe mogą czasami powrócić.
- **Zapoznaj się z listą objawów klinicznych, aby łatwiej było ci rozpoznać poprawę.** Nawet jeśli całkowicie skupiasz się na celu ostatecznym, przywiązuj także wagę do poszczególnych kroków, które do niego prowadzą, i naucz się doceniać każdy najdrobniejszy sukces. Możliwe, że utrzymująca się nadmierna aktywność będzie wymagała podjęcia dalszych działań, ale już teraz należy się cieszyć z tego, że dziecko lepiej śpi i znacznie poprawił mu się nastrój.

UWAGA! Reakcja organizmu na pokarmy, które zostały najpierw wykluczone z diety, a po pewnym czasie ponownie do niej wprowadzone, może być znacznie silniejsza niż przed zastosowaniem diety eliminacyjnej. Czasami bowiem układ immunologiczny wyraża gwałtowniej wrażliwość lub uczulenie na problematyczne produkty, kiedy nie jest nimi przeciążony.

Wykluczenie mleka

Jeżeli wypróbowałaś dietę eliminacyjną i zaobserwowałaś, że twoje dziecko lepiej funkcjonuje bez nabiału (co oznacza, że organizm dziecka nie toleruje żadnych pokarmów zawierających mleko, mleko w proszku, kazeinę, serwatkę, masło, kwaśną śmietanę, serek śmietankowy itp.), powinnaś kontynuować stosowanie diety wykluczającej te składniki przez co najmniej trzy do sześciu miesięcy, w ciągu których podejmujesz dalsze kroki zmierzające do ostatecznego celu, jakim jest wyleczenie dziecka. Nie wpadaj w panikę! Wiem, jak przerażająca może ci się wydawać wizja przygotowywania posiłków bez ulubionego składnika. Proponuję jednak, abyś pomyślała o tym w ten sposób: niezależnie od tego, czy jest to egzema, zapalenie ucha, nadpobudliwość ruchowa, trądzik, napady padaczkowe czy migreny, życie twojego dziecka jest ciągłą walką z tymi zaburzeniami. W ciągu kilku dni lub tygodni dziecko przyzwyczaja się do diety bezmlecznej. Kiedy zaczniesz coraz częściej zauważać u swojego dziecka korzystne zmiany i ogólną poprawę funkcjonowania organizmu, zapewne nie będziesz chciała się spieszyć z ponownym wprowadzeniem problematycznych produktów do jego diety. Oto lista doskonałych zamienników mleka krowiego, które sprawią, że twoje dziecko szybko przekona się do nowej diety i nie będzie czuło się w żaden sposób pokrzywdzone.

Zamienniki mleka krowiego

- **Mleko migdałowe:** dla dzieci, których organizm toleruje orzechy, mleko migdałowe lub mleko z innych orzechów jest ulubioną alternatywą dla mleka krowiego. Jest ono bogatym źródłem białka, zdrowych tłuszczów oraz minerałów. Co więcej, mleko migdałowe można bez problemu przygotować domowym sposobem. Natomiast przy zakupie mleka zwróć uwagę, żeby nie zawierało karagenu ani innych dodatków.
- **Mleko kokosowe:** jako bogate źródło niezmiernie ważnych dla zdrowia trójglicerydów średniołańcuchowych, organiczne mleko kokosowe jest pysznym, naturalnie słodkim zamiennikiem mleka krowiego, który można wykorzystać do przygotowania wyśmienitego koktajlu, a nawet płatków śniadaniowych. Najlepiej kupuj mleko kokosowe niesłodzone lub minimalnie słodzone, w szklanych opakowaniach.
- **Mleko ryżowe:** chociaż nie jest ono moim ulubionym zamiennikiem mleka krowiego, ponieważ zawiera dużo cukru, a w niektórych produktach ponoć stwierdzono zbyt duże stężenie arszeniku, to wykorzystanie go do posiłków kilka razy w tygodniu może urozmaicić dietę dziecka.
- **Mleko z konopi lub nasion lnu:** większość dzieci z alergią na mleko krowie toleruje mleko z konopi lub nasion lnu. Można je podać dziecku do wypicia lub z powodzeniem wykorzystać do pieczenia.

Zamienniki mleka krowiego, które wchodzą z nim w reakcje krzyżowe

- **Mleko kozie:** w odróżnieniu od mleka krowiego mleko kozie zawiera znacznie mniej alergennej kazeiny oraz większe ilości mniej alergennej (dla większości osób z alergią) serwatki. Nie zmienia to jednak faktu, że wiele dzieci z alergią lub uczuleniem na mleko krowie także go nie toleruje. Po upływie od sześciu do dwunastu miesięcy od zastosowania diety beznabiałowej można zacząć podawać dziecku niewielkie ilości (na początku jedną łyżeczkę dziennie) domowego jogurtu z koziego mleka. Jest to dobry sposób na ponowne, stopniowe wprowadzanie nabiału do diety, który ułatwi nam dokonanie oceny stanu tolerancji pokarmowej organizmu dziecka. Nie podawaj dziecku koziego mleka podczas trwania diety eliminacyjnej białka krowiego mleka!
- **Mleko sojowe:** soja może wchodzić w reakcje krzyżowe z produktami mlecznymi, więc nie zalecam podawania mleka sojowego podczas trwania diety eliminacyjnej białka krowiego mleka. Warto mieć na uwadze, że soja nieorganiczna uprawiana na terenie Stanów Zjednoczonych jest prawie zawsze genetycznie zmodyfikowana i spryskiwana pestycydami. Soja zawiera także pewne związki fitochemiczne, które mogą zakłócić prawidłowe funkcjonowanie tarczycy, a także fitoestrogeny (związki naturalne, pochodzenia roślinnego), które mogą zaburzyć równowagę hormonalną organizmu dziecka. Lepiej więc jej unikać!
- **Surowe mleko wielbłądzie:** już widzę zdziwienie na waszych twarzach. Zapewniam jednak, że nie macie omamów wzrokowych. Ten tradycyjny napój koczowniczych plemion

mieszkających na pustyniach Bliskiego Wschodu cieszy się coraz większą popularnością w Stanach Zjednoczonych, a na niektórych amiszowskich farmach nadal trwa jego produkcja. Przeciwciała oraz kuleczki tłuszczowe zawarte w mleku wielbłądzim są mniejszych rozmiarów, przez co jest ono mniej alergenne i łatwiej przyswajane. Niektóre dzieci z poważniejszymi problemami trawiennymi, które są uczulone na mleko krowie, mogą tolerować mleko z wielbłąda, a nawet doskonale po nim funkcjonować. Pewien izraelski lekarz opublikował pracę, w której wskazuje na znaczną poprawę funkcji poznawczych oraz złagodzenie zaburzeń behawioralnych u dzieci autystycznych, które zaczęły spożywać mleko wielbłądzie. Jednak aby w pełni potwierdzić takie właściwości, trzeba jeszcze w tym kierunku przeprowadzić więcej badań. Ponieważ korzystne działanie mleka wielbłądziego na organizm niektórych dzieci autystycznych stwierdzone zostało na razie tylko w przypadku mleka surowego, niezmiernie ważne jest, żeby pochodziło ono z certyfikowanych gospodarstw, aby mieć pewność, że produkt nie jest skażony pałeczkami brucelozy oraz innych niebezpiecznych bakterii, na których obecność narażone jest mleko niepasteryzowane. Nie podawaj dziecku mleka wielbłądziego podczas stosowania diety eliminacyjnej białka krowiego mleka!

Opisane tu historie wielu moich pacjentów, których stan fizyczny i neurologiczny uległ znacznej poprawie na skutek wyeliminowania nabiału z ich diety, oraz wiele innych podobnych przypadków sprawiają, że coraz więcej lekarzy, dietetyków i propagatorów zdrowego odżywiania twierdzi, że mleko wcale dobrze nie służy organizmowi człowieka. Hasło „Mleko krowie przeznaczone jest dla cieląt" należy do argumentów często i chętnie powtarzanych przez uczestników antymlecznych kampanii. Przeciwnicy mleka zwracają uwagę na fakt, że jesteśmy jedynym gatunkiem ssaków, który pije mleko innych ssaków przez całe życie. Muszę jednak przyznać, że nie do końca przemawia do mnie taki argument. Picie mleka może wprawdzie okazać się nie najlepszym rozwiązaniem dla pewnej grupy ludzi lub też w pewnym okresie ich życia. Jednak człowiek zaczął spożywać mleko, jak tylko udomowił zwierzęta, na długo przed nastaniem epoki rolniczej. Przez tysiące lat mleko odgrywało kluczową rolę w utrzymaniu zdrowia, a w trudnych chwilach pomagało nam przetrwać. W dawnych, trudniejszych czasach, z powodu biedy i braku wyboru, człowiek nie mógł sobie pozwolić na to, żeby nie spożywać wyrobów mlecznych. Dlaczego zatem obecnie mleko stało się pokarmem o wiele bardziej problematycznym niż kiedykolwiek wcześniej?

Z dużym prawdopodobieństwem można stwierdzić, że podobnie jak w przypadku orzeszków ziemnych i soi, połączenie kilku czynników sprawiło, że obecnie dla wielu ludzi mleko stało się pokarmem problematycznym. Jak już wspomniałam wcześniej, nie jest temu winne samo mleko, które jest przecież podstawą naszego pożywienia od wielu tysiącleci, głównie ze względu na bogactwo składników odżywczych i tłuszczów, właściwości uodparniające, a także zawartość prebiotyków stymulujących rozwój flory bakteryjnej jelit, enzymów, a nawet naturalnych bakterii probiotycznych. Jednak przemysł rolny od pewnego czasu wkłada coraz więcej energii w „poprawianie natury", próbując przez to zwiększyć wartość dodaną produktu. Mleko zostaje tak bardzo przetworzone, że coraz częściej ludzki organizm przestaje je tolerować. **Ponieważ natura jest niezwykle złożona, a nasze**

rozumowanie ograniczone, nie potrafimy przewidzieć, jakie skutki mogą przynieść zmiany wprowadzone do produkcji żywności w dalszej perspektywie. Można być jednak pewnym, że pociągnie to za sobą niezamierzone przez nas konsekwencje. Więcej na ten temat w rozdziale 11.

Jajka

Jajka należą do najczęstszych alergenów pokarmowych w diecie niemowląt i małych dzieci. Jako noworodek Leora miała wyjątkowo wyczuloną skórę. Z bliżej nieznanych powodów na jej ciele często pojawiały się wysypki i pokrzywki. Kiedy dziewczynka ukończyła pierwszy rok życia, zaczęła czasami jadać na śniadanie jajecznicę. Po każdym takim śniadaniu u dziecka pojawiał się kaszel, kichanie, a nawet wymioty. Początkowo matka podejrzewała, że powodem takich reakcji jest wprowadzenie do diety dziecka nowego pokarmu o odmiennej konsystencji, jednak wymioty zamiast ustępować, nasilały się. W końcu kobieta zabrała dziecko do alergologa, który zdiagnozował alergię na jajka.

Aby zrozumieć przyczyny wzrostu liczby alergii na jajka, musimy najpierw zastanowić się nad tym, jakie jajka nabywamy. Jajka spożywane przez członków mojej rodziny pochodzą od naszych „upierzonych dam" (tak nazywamy kury nioski z własnego chowu). Jestem więc w pełni odpowiedzialna za to, czym zwierzęta są karmione, a nawet wiem, ile czasu spędzają, wydziobując z ziemi robaki i nasiona chwastów. Niestety, większość niosek hoduje się w warunkach przemysłowych. Kury takie spędzają całe życie stłoczone w ciasnych klatkach, zazwyczaj mając niewielkie możliwości ruchu, bez dostępu do wybiegu na świeżym powietrzu, światła słonecznego, nie wspominając już o ulubionych robakach. Żyjąc w takich warunkach, nioski nie mają prawa być zdrowe, a tym bardziej szczęśliwe. Przez całą dobę skazane są na przebywanie w sztucznie oświetlonych zamkniętych pomieszczeniach, co ma przyspieszyć znoszenie jaj. Na domiar złego kurom hodowanym na skalę przemysłową często podaje się antybiotyki, aby nie dopadły ich żadne choroby w tych dalekich od ideału, nienaturalnych warunkach. Kury nioski przeważnie karmione są genetycznie modyfikowaną soją (wraz z powtórnie przetworzonym olejem roślinnym), nie mając przy tym dostępu do trawy, zieleniny, owadów ani żadnych resztek jedzenia. Badania przeprowadzone w roku 1993 przez Departament Rolnictwa Stanów Zjednoczonych (USDA) dowiodły, że kury przeniesione z pastwiska na fermę, gdzie karmiono je soją, kukurydzą, pszenicą lub nasionami bawełny, znosiły mniej jajek. W jajach takich kur częściej nie dochodziło do pełnego rozwoju zarodka. Niepokojącym zjawiskiem było także stosunkowo częste zamieranie piskląt w ostatniej fazie inkubacji. Z kolei u piskląt już wyklutych stwierdzono znacznie wyższy wskaźnik zachorowalności i umieralności. Skoro więc takie zagrożenia czekają na pisklęta, jeszcze zanim się wyklują, to czy możemy być pewni, że nasz organizm nie jest zagrożony po spożyciu jajek pochodzących z takiego źróła?

Tak jak środowisko przyrodnicze, w którym żyje człowiek, ma wpływ na jego organizm, tak samo warunki, w jakich przebywają kury, wpływają na ich zdrowie, jakość jaj, wyniki lęgów, a także zdrowie potomstwa. Potężny stres, w jakim żyją kury nioski, brak ruchu, ciągłe podawanie leków oraz dieta pozbawiona wartości odżywczych – wszystko to odbija się na jakości znoszonych przez nie jajek. W moim przypadku, przed przygotowaniem jajecznicy, wystarczy usunąć widoczne zabrudzenia z powierzchni skorupek jaj, podczas gdy do mycia jaj przemysłowych używane są silne detergenty, pełne szkodliwych substancji chemicznych. Następnie takie jajka spłukiwane są ciepłą wodą z dodatkiem środków odkażających, a po wysuszeniu powleka się je cienką warstwą oleju mineralnego. Poddanie jajka takim procesom musi z natury rzeczy wpłynąć na zmianę jego jakości, a w ostatecznym rachunku – na organizm konsumenta. Jajko zniesione przez zdrową, dobrze odżywioną, „szczęśliwą" kurę ma znacznie większą wartość odżywczą i jest mniej alergenne niż jajko pochodzące od nioski żywionej nienaturalną dietą z dodatkiem antybiotyków, pozbawionej światła słonecznego i świeżego powietrza. Na domiar złego takie jajko na koniec czeka jeszcze „pralnia chemiczna".

Powtórzę więc, że jajko samo w sobie – podobnie jak mleko – nie jest „złe". Dobre jajka są na wagę złota! Niestety, nie wszystkie pokarmy są sobie równe.

Gluten

Dzisiejsza pszenica także różni się od tej, którą jadali nasi dziadkowie. I podobnie jak inne zboża zawierające gluten (np. orkisz, żyto, jęczmień i niektóre gatunki owsa), może wywołać reakcje alergiczne w organizmie dziecka[171]. Uprawiane dziś gatunki pszenicy znacznie odbiegają od tych, które znane były sto lat temu. Obecnie pszenica uprawiana jest przeważnie w monokulturach o powierzchni kilku tysięcy akrów, często w glebie o znikomej bioróżnorodności, co oznacza, że musi być wielokrotnie opryskiwana pestycydami i herbicydami, w szczególności preparatem chwastobójczym o nazwie Roundup (znany u nas pod nazwą handlową Randap). Zmielona pszenica podlega procesowi dalszego przetwarzania, który także wygląda inaczej niż kiedyś. Wyniki niektórych badań wskazują na to, że glifosat, aktywny składnik herbicydu Roundup, może odpowiadać za gwałtownie rosnącą liczbę zachorowań na celiakię oraz za coraz częstsze przypadki nowotworów, choroby Parkinsona, nadczynności tarczycy i niewydolności nerek.

Za sprawą uprawy pszenicy preparat Roundup stał się ogromnym zagrożeniem dla naszego organizmu. Kiedy zbliżają się żniwa, pszenicę opryskuje się tym środkiem nawet sześciokrotnie, aby zniszczyć młodsze źdźbła i uzyskać suchsze ziarna , co zmniejsza koszty ich późniejszego suszenia. Przedżniwny oprysk pól tym preparatem z jednej strony podnosi opłacalność uprawy, a z drugiej naraża nasz organizm na niebezpieczeństwo, ponieważ spożywane przez nas produkty pszenne zawierają coraz większe ilości tego toksycznego herbicydu. Według danych Departamentu Rolnictwa Stanów Zjednoczonych z roku 2012 aż 99% upraw pszenicy durum, 97% pszenicy jarej oraz 61% pszenicy ozimej potraktowano herbicydami, co w porównaniu z danymi z roku 1998 oznacza znaczący wzrost[172]. Preparat Roundup może na wiele sposobów przyczyniać się do powstawania coraz częstszych reakcji alergicznych, na przykład niszcząc florę bakteryjną jelit[173], utrudniając detoksykację[174], ograniczając przyswajalność składników odżywczych oraz prowokując szkodliwe reakcje układu immunologicznego.

Już sama alergia na pszenicę może przysporzyć nam wystarczająco dużo trudności, ale dopiero u chorych na celiakię pojawiają się trudne do opanowania reakcje autoimmunologiczne całego organizmu. Chociaż u dziecka z celiakią występują przede wszystkim niepożądane reakcje trawienne, bolesne wysypki na skórze oraz zaburzenia rozwoju fizycznego, takie jak zahamowanie wzrostu i brak przybierania na wadze, to istnieją wiarygodne dane potwierdzające występowanie również wielu innych objawów. Chorych na celiakię dotykają także zaburzenia neurologiczne i psychiczne. Literatura naukowa wymienia ataksję (zespół objawów obejmujący zaburzenia koordynacji ruchowej, głównie prawidłowego chodu) oraz nasilenie reakcji autystycznych, tików nerwowych i napadów padaczki[175].

Jedną z moich pacjentek była Cheri, malutka pięcioletnia dziewczynka z wagą i wzrostem poniżej piątego centyla. Dziecko cierpiało na astmę, z powodu której musiało być wielokrotnie hospitalizowane. Pomimo tak młodego wieku dziewczynką zajmowali się już liczni pediatrzy, pulmonolodzy, gastroenterolodzy oraz alergolodzy. Powodem, dla którego rodzice przyprowadzili do mnie Cheri, nie była jednak astma ani zaburzenia w rozwoju, lecz jej trudności z koncentracją w szkole. Po przeprowadzeniu wielu badań laboratoryjnych okazało się, że poziom przeciwciał w organizmie dziewczynki znacznie przekraczał wszelkie dopuszczalne normy. Kolejne badania, wykonane tym razem przez gastroenterologa, potwierdziły celiakię. Po zastosowaniu diety bezglutenowej objawy astmy ustąpiły, dzięki czemu dziewczynka zaczęła przybierać na wadze i wykazywać coraz większą poprawę koncentracji. Niezmiernie trudna i długotrwała walka z objawami tak osłabiła organizm dziecka, że na całkowite jego wyleczenie trzeba będzie jeszcze poczekać. Jednak już w tej chwili stan dziewczynki poprawił się na tyle, że zaniechano podawania dziecku większości leków.

Jestem przekonana, że **u każdego dziecka z zaburzeniami zachowania oraz objawami neurologicznymi – sensorycznymi, poznawczymi, a także związanymi z trudnościami z koncentracją – należy przeprowadzić badania przesiewowe w kierunku celiakii, a następnie zastosować dietę eliminacyjną, wykluczającą gluten, przez co najmniej jeden**

miesiąc. Należy jednak pamiętać, że nie każde dziecko z objawami neurologicznymi musi być chore na celiakię. Nie powinniśmy także z góry zakładać, że stan każdego dziecka ulegnie poprawie po wyeliminowaniu glutenu z jego diety. Nie można jednak wykluczyć wystąpienia reakcji uczuleniowej na gluten, biorąc pod uwagę chociażby częstość zachorowań na celiakię (statystycznie jeden przypadek na sto osób)[176].

W wieku trzech lat Billy rozwijał się zupełnie prawidłowo. Jego przerażona mama przyprowadziła go do mnie, kiedy chłopiec zaczął nagle chować się w małej wnęce za meblami w przedszkolu, całymi godzinami płacząc i wrzeszcząc na przemian: „Zabiję cię!" i „Zabiję się!". Mama chłopca sama miała wiele niepokojących objawów, które ustąpiły po wykluczeniu z diety glutenu, ale badania nie potwierdziły u niej celiakii. Podobnie było w przypadku Billy'ego. Wyniki badań krwi na obecność przeciwciał typowych dla celiakii oraz biopsji jelita były negatywne. Wiedząc, że alternatywą może być konieczność zastosowania silnych leków o nieznanych długofalowych działaniach ubocznych i negatywnym wpływie na funkcjonowanie mózgu, postanowiłyśmy dla próby wykluczyć gluten z diety chłopca na jeden miesiąc, aby sprawdzić, czy podobnie jak w przypadku mamy, organizm dziecka reaguje na niego nadwrażliwością. W ciągu zaledwie tygodnia chłopiec przestał chować się i wydawać hałaśliwe dźwięki.

Wykluczenie glutenu z diety może znacznie złagodzić, a nawet wyeliminować takie objawy. Opierając się na literaturze naukowej oraz doświadczeniach klinicznych, zalecam zastosowanie diety eliminacyjnej z wykluczeniem glutenu, na okres od jednego do trzech miesięcy, także u dzieci, które przeszły napady padaczki. U dzieci z epilepsją istnieje bowiem większe ryzyko zachorowania na celiakię niż u ich rówieśników[177], a ponadto udokumentowano, że wyeliminowanie glutenu z jadłospisu może przyczynić się do osłabienia intensywności napadów padaczkowych, zmniejszenia ich częstotliwości lub nawet do całkowitego ich ustąpienia, w szczególności w przypadku, gdy badanie MRI (rezonans magnetyczny głowy) wykazało znaczne zwapnienie w obrębie mózgu[178, 179, 180]. Wykluczenie glutenu z diety może także u niektórych dzieci wpłynąć na znaczną poprawę jakości snu, ułatwić pracę jelit i wypróżnianie się, a nawet poprawić jakość mowy i wydajność funkcji poznawczych[181]. Trzeba jednak pamiętać, że nie wszystkie dzieci autystyczne reagują w taki sam sposób na zmianę diety. Innym sygnałem ostrzegawczym są częste złamania kości oraz problemy z zębami, jako że celiakia utrudnia prawidłowe wchłanianie wapnia, w wyniku czego trafia ono do tkanek miękkich i mózgu, zamiast do kości, obniżając tym samym ich gęstość mineralną[182].

I na koniec jedno ważne zastrzeżenie: wcale nie uważam, że gluten sam w sobie jest taki „zły" ani tym bardziej, że dzieci powinny trzymać się od niego z daleka, nawet jeśli go dobrze tolerują. Przecież wielokrotnie mamy do czynienia z mocno przetworzonymi, bezglutenowymi zamiennikami, których wartości odżywcze są o wiele mniejsze niż w przypadku wysokogatunkowych świeżo zmielonych ziaren organicznej pszenicy – a w szczególności jej najstarszych odmian, takich jak orkisz, płaskurka i samopsza, które zawierają więcej białka, a mniej glutenu.

Kukurydza

Kukurydza jest wszechobecnym i często ukrytym składnikiem żywności przetworzonej. W Stanach Zjednoczonych kukurydza pochodząca z upraw konwencjonalnych jest najczęściej genetycznie zmodyfikowana, przez co naraża nasz organizm na szkodliwe działanie niepożądanych pestycydów. Może ona także wywoływać silne reakcje alergiczne. Jeżeli więc zauważysz u swojego dziecka jakieś niepokojące objawy po zjedzeniu kukurydzy, wyklucz ją na okres próbny z jego diety. Muszę cię jednak z góry uprzedzić, że takie wyeliminowanie kukurydzy z jadłospisu dziecka nie będzie łatwe, ponieważ – jak już wspomniałam – występuje ona w licznych produktach, które zgodnie ze swoją nazwą nie powinny z nią mieć nic wspólnego. To, że kukurydza znajduje się w mące kukurydzianej, oleju kukurydzianym, skrobi kukurydzianej lub syropie kukurydzianym, jest rzeczą oczywistą, ale już jej obecność w cukrze pudrze lub proszku do pieczenia może wydawać się zaskakująca. Witamina C – w tym kwas askorbinowy i kwasek cytrynowy – może być pozyskiwana właśnie z kukurydzy. Skrobię lub mąkę kukurydzianą dodaje się właściwie do wszystkich mieszanek mlecznych dla niemowląt, a także do popularnego preparatu PediaSure. Aż trudno w to uwierzyć, ale właśnie te najbardziej hypoalergiczne mieszanki mleczne i mlekozastępcze zawierają kukurydzę! Producenci i sprzedawcy coraz częściej nabłyszczają owoce i niektóre warzywa woskiem roślinnym, którego jednym ze składników jest kukurydza. Nawet do produkcji wolnej od BPA, wewnętrznej warstwy puszek z żywnością, coraz częściej wykorzystuje się kukurydzę.

Wykluczenie z diety wszystkich produktów zbożowych

Stan zdrowia niektórych dzieci z poważniejszymi zaburzeniami trawiennymi, bólami żołądka, przewlekłą biegunką (luźnymi stolcami), ostrymi zaparciami, bolesnymi wzdęciami, a w szczególności tych, u których wyżej wymienionym objawom towarzyszą inne, związane z nimi niepożądane reakcje, ulega znacznej poprawie po wykluczeniu z ich diety cukru, produktów zbożowych oraz roślin strączkowych przez co najmniej jeden miesiąc. Badania kliniczne potwierdzają, że stan zdrowia wielu dzieci z objawami choroby Crohna, reakcjami autystycznymi oraz innymi pochodnymi zaburzeniami ulega istotnej poprawie w wyniku zmiany diety[183]. Niektórzy mali pacjenci pozostają na takiej diecie przez dłuższy czas, podczas gdy innym, po zakończeniu danego etapu leczenia, próbuje się ponownie wprowadzić do jadłospisu problematyczne produkty, najlepiej w postaci wilgotnych wypieków na zakwasie. Pacjenci, których organizm dobrze toleruje taką dietę i którzy chcieliby kontynuować ten sposób żywienia długoterminowo, powinni zrobić to pod nadzorem lekarza lub profesjonalnego dietetyka, który ma już pewne doświadczenie w zakresie tego rodzaju diet, na przykład Diety Specyficznych Węglowodanów (SCD), Diety na Zespół Psychologiczno-Jelitowy (GAPS) lub diety paleolitycznej.

Wykluczenie węglowodanów

Niektóre dzieci z ciężkimi objawami neurologicznymi, szczególnie z trudnymi do wyleczenia napadami padaczki, ale także dzieci z autyzmem oraz innymi objawami neuropsychiatrycznymi, odczuwają znaczną poprawę stanu zdrowia po wykluczeniu z ich diety pewnych węglowodanów lub nawet większości z nich[184, 185]. Badania, podczas których zastosowano taką dietę u pacjentów cierpiących prawie na wszystkie rodzaje epilepsji, pokazują, że ma ona ogromny wpływ na złagodzenie objawów chorobowych. Co więcej, objawy nie powracają, nawet w przypadku zaniechania stosowania diety. **Jednak na to, czy zastosowanie diety zakończy się sukcesem czy porażką, duży wpływ będzie miał rodzaj spożywanych białek i tłuszczów.** (Więcej szczegółów na temat zdrowych tłuszczów znajdziesz w rozdziale 15). Do najskuteczniejszych rozwiązań należy zmodyfikowana dieta Atkinsa oraz dieta ketogeniczna.

Ze względu na szybko rozwijający się organizm, dziecku najlepiej służy dieta bogata w różnorodne składniki odżywcze. Jeżeli nie posiadasz wystarczającej wiedzy z zakresu żywienia człowieka, zastosowanie tak restrykcyjnej diety będzie wymagało nadzoru lekarza lub dietetyka monitorującego jej przebieg, co pozwoli uniknąć niedoborów pokarmowych u dziecka.

Inne pokarmy

Kiedy mój średni syn był w przedszkolu, czasami zdarzało się, że bez żadnego powodu czerwieniły mu się policzki i uszy. Często także spacerował w ciągu nocy, wyraźnie czymś niepocieszony, a nawet wzburzony. Kiedyś, będąc w parku, przypadkiem zauważyliśmy, że chłopcu zaczerwieniły się policzki po wypiciu szklanki lemoniady. Dla próby przez miesiąc nie podawaliśmy dziecku owoców cytrusowych pod żadną postacią. Na skutki nie musieliśmy długo czekać. Wkrótce zaczerwienienia przestały się pojawiać, a sen chłopca wrócił do normy.

Jeżeli tylko zauważysz, że twoje dziecko po zjedzeniu pewnych pokarmów wygląda, czuje się lub zachowuje inaczej niż zwykle, zastanów się, czy nie warto dla próby wykluczyć na pewien czas tego produktu z jego diety. Jeśli zdecydujesz się na chwilową zmianę jadłospisu dziecka, zacznij prowadzić dziennik i opisuj w nim wszystkie objawy, które zauważysz podczas trwania próby. Po miesiącu wprowadź ponownie problematyczny produkt do diety dziecka i dokładnie obserwuj jego reakcje w ciągu kolejnych dwóch lub trzech dni. Dzięki prowadzeniu dziennika oraz wnikliwej obserwacji będziesz mogła stwierdzić, czy objawy powróciły, osłabły, czy też gwałtownie się nasiliły. Lista pokarmów, które mogą wywołać różne reakcje organizmu, zawiera między innymi truskawki, owoce cytrusowe, soję, orzechy (zarówno ziemne, jak i rosnące na drzewach) oraz skorupiaki.

Oto kolejne kroki, jakie należy podjąć przy zastosowaniu diagnostycznej diety eliminacyjnej.

Jak przeprowadzić dietę eliminacyjną.

1. Przede wszystkim trzeba wykluczyć wszystkie składniki, które nie należą do pokarmów, takie jak dodatki do żywności, barwniki, słodziki itp. Czasami już to wystarczy, aby nastąpiła ogromna poprawa. Więcej informacji na ten temat znajdziesz w rozdziale 6.
2. Jeśli podejrzewasz, że występujące objawy mogą mieć związek ze spożywaniem konkretnego pokarmu, wyeliminuj go z diety na jeden miesiąc. Dzięki prowadzeniu dziennika łatwiej będzie ci zauważyć każdą poprawę. Po zakończeniu próby wprowadź ponownie dany produkt do diety i upewnij się, czy nie nastąpiło przypadkiem nasilenie objawów.
3. Jeśli nie nastąpiła widoczna poprawa, a dziecko źle się czuje i wymiotuje, lub też podejrzewasz, że winne są inne pokarmy, ale nie masz pojęcia które, możesz podjąć opisane poniżej kroki:
   a. zdecydować się na przeprowadzenie u dziecka testu RAST (test radioalergosorpcji). Jest to badanie krwi, któ-

re umożliwia wskazanie swoistych przeciwciał IgE skierowanych przeciw konkretnym alergenom. Wykonanie takiego testu może zlecić każdy lekarz, niekoniecznie alergolog. Badanie należy przeprowadzić pod kątem alergii na kazeinę, serwatkę, soję, białko i żółtko jajka, kukurydzę, pszenicę, orzechy ziemne, cytryny, pomarańcze, kurczaka, wołowinę, a także inne, najczęściej spożywane produkty, w tym także te, których muszą wystrzegać się osoby cierpiące na celiakię;

b. na miesiąc wyeliminować z diety „najpopularniejsze alergeny", takie jak nabiał, gluten, soja, kukurydza, jajka, orzechy, orzeszki ziemne i owoce morza. Jeśli tylko przeprowadzenie takiej diety eliminacyjnej nie nastręczy ci zbyt wielu trudności, warto spróbować. Po upływie miesiąca zacznij ponownie stopniowo wprowadzać do jadłospisu kolejne wykluczone produkty;

c. zabawić się w detektywa. Jeśli twoje dziecko zjada nadmierne ilości jakiegoś pokarmu (na przykład przetworów mlecznych lub masła orzechowego), to właśnie te produkty wyklucz dla próby z jego diety na jeden miesiąc.

4. Zaangażuj swoje dziecko. Przekonaj je, że rozumiesz, na czym polega ten proces. Powiedz mu, jaki postawiliście sobie wspólny cel i w jaki sposób zamierzacie go osiągnąć wspólnymi siłami. Porozmawiaj z dzieckiem o jego troskach i zmartwieniach oraz kłopotach w szkole. Warto też je pocieszyć, obiecując mu, że niebawem poprawi się stan jego skóry, ustąpią bóle żołądka, a migreny będą mu dokuczały coraz rzadziej. Zamiast zachowywać się wobec dziecka jak tyran, który bezlitośnie zabiera mu sprzed nosa ulubione jedzenie, spróbuj stworzyć atmosferę wzajemnego zaufania i współpracy.

5. Wyszukaj jak najwięcej zamienników jego ulubionych produktów i przysmaków. Twoje dziecko z czasem przekona się do produktów opatrzonych etykietą z informacją „wolne od…", a nawet stwierdzi, że są smaczniejsze od szkodzących mu, mocno przetworzonych odpowiedników zawierających alergeny. Co więcej, zamienniki te już niebawem mogą okazać się bardzo przydatne, ponieważ dzięki nim dziecku będzie o wiele łatwiej przyzwyczaić się do restrykcyjnej diety eliminacyjnej.
6. Upewnij się, czy dziecko nie jest narażone na czynniki zewnętrzne, które mogą wywołać alergie. Poważnym zagrożeniem mogą być pleśnie zalegające czasami na ścianach w domu, przedszkolu lub szkole. Pamiętaj także o sprawdzeniu wszystkich pomieszczeń, uszczelnij cieknące krany i rury, a przede wszystkim usuwaj na bieżąco nadmiar wilgoci.

Warto zapamiętać

1. Wyniki tradycyjnych testów alergicznych nie powiedzą ci całej prawdy o reaktywnych pokarmach. To samo dotyczy badań krwi na obecność przeciwciał IgA, IgG i innych. Testy na obecność IgE/IgG są stosunkowo przydatne, jeżeli chcemy się dowiedzieć, które konkretnie produkty wywołują reakcje organizmu.
2. Najlepszym sposobem ustalenia, czy dany produkt wywołuje niepożądane reakcje organizmu dziecka – niezależnie od tego, czy objawy te są charakterystyczne dla alergii, czy nietolerancji pokarmowej – jest wykluczenie go z diety na jeden miesiąc, a następnie ponowne jego wprowadzenie w celu sprawdzenia, czy nie powróciły zaobserwowane wcześniej niepokojące symptomy.
3. Można ponownie zastosować dietę eliminacyjną, trwającą tym razem od jednego do trzech miesięcy, ale tylko pod warunkiem, że dziecko czuło się lepiej po wykluczeniu danego produktu lub gorzej po jego ponownym wprowadzeniu.
4. Jeżeli z diety dziecka trzeba wykluczyć jeden lub więcej produktów, skonsultuj się z dietetykiem, aby mieć pewność, że w zmienionym jadłospisie nie zabraknie żadnych składników odżywczych niezbędnych dla prawidłowego funkcjonowania i rozwoju organizmu.
5. Alergie i uczulenia na pokarmy oznaczają zaburzenia pracy jelit i układu odpornościowego, ale objawy nie muszą trwać

przez całe życie. Pamiętaj, że samo wykluczenie problematycznego pokarmu nie rozwiązuje do końca problemu. Nie poprzestawaj zatem na wprowadzeniu diety eliminacyjnej. Informacje zawarte w następnych rozdziałach pomogą ci kontynuować leczenie organizmu dziecka w taki sposób, który ostatecznie umożliwi ponowne wprowadzenie do jego diety zdrowych i pełnowartościowych pokarmów.

ROZDZIAŁ 6

Pokarmy sztuczne. Wzmacniacze smaku, barwniki, konserwanty i inne toksyczne dodatki

Kiedy dorastałam, każdego lata w mojej rodzinie robiło się domowe truskawkowe lody na patyku. Pamiętam, jak wrzucaliśmy świeże truskawki do blendera, mieszaliśmy je z wodą, miodem i cytryną, a otrzymany płyn przelewaliśmy do foremek, które wkładaliśmy do zamrażalnika. Potem co chwilę zaglądaliśmy tam, nie mogąc się doczekać, kiedy słodki płyn zamarznie. Wreszcie pozostało nam już tylko zachwycać się piękną, wyrazistą czerwienią gotowych lodów oraz mocnym, długo wyczuwalnym aromatem i intensywnym smakiem (jednocześnie zaspokajając w pełni nasze dzienne zapotrzebowanie na flawonoidy). Kiedy odwiedzałam moich przyjaciół, miałam okazję spróbować nieco innej wersji tego słodkiego przysmaku. W ten sposób odkryłam, że moje ulubione lody produkowane są na masową skalę przez wielkie koncerny spożywcze. Zaskoczyło mnie jednak, że słodki przysmak, którym poczęstowali mnie przyjaciele, w ogóle nie zawierał prawdziwych truskawek, natomiast swój kolor, zapach i smak zawdzięczał jedynie sztucznym aromatom spożywczym i barwnikom.

Zamiast zainwestować w naturalne składniki, pochodzące ze świeżej żywności, które nadają produktom oczekiwany przez nas smak, aromat i konsystencję, producenci żywności na masową skalę wolą dodawać do swoich „produktów spożywczych" o wiele tańsze, najrozmaitsze substancje chemiczne, dzięki którym ich wyroby mogą udawać coś, czym w żadnym wypadku nie są. Tymczasem wielkie koncerny spożywcze chętnie wydają gigantyczne sumy na badania nad kolejnymi sztucznymi dodatkami do produktów spożywczych, dzięki którym mogłyby one naśladować, a nawet przewyższać naturalną żywność pod względem wyglądu, smaku i aromatu. Ponieważ większość z nas nie wybiera celowo żywności wzbogaconej dodatkami chemicznymi, szczególnie wtedy, gdy produkty te będą przeznaczone dla naszych dzieci, eksperci zatrudnieni w sektorze spożywczym doradzają umieszczanie na etykietach określeń takich jak „naturalne" oraz „świeże", by tym samym zwiększyć sprzedaż.

Sztuczne dodatki do żywności używane są tylko w jednym celu: aby nas oszukać. Przyjrzyjmy się z bliska tym oto „produktom" i przekonajmy się, jak daleko mogą posunąć się producenci, aby zapewnić przewidywalność i atrakcyjność swoich produktów. Czy sok „Very Berry" dla twojego dziecka ma tak piękny żywy kolor i mocno owocowy smak naprawdę dlatego, że został wyprodukowany ze świeżych owoców? Czy intensywny brunatny kolor pakowanego pumpernikla jest oby na pewno efektem zastosowania mąki razowej do jego wypieku? Czy apetyczny wygląd jasnozielonych ogórków kiszonych wynika z tego, że zaprawiono je według tradycyjnej receptury? Nic z tych rzeczy! Otóż ciemny kolor pumpernikla to wynik barwienia sztucznym zamiennikiem karmelu, wygląd ogórków poprawiono żółtym barwnikiem spożywczym nr 30, a sok z owoców jagodowych dla dzieci prawdopodobnie w ogóle nie zawiera żadnych jagód. W wyniku przeprowadzenia kompleksowej oceny napoju wiśniowego Cherry Berry Blast przez Centrum Nauki w Interesie Publicznym (Center for Science in Public Interest) okazało się, że produkt nie zawierał nawet śladowych ilości soku wiśniowego ani żadnych innych owoców, natomiast swój atrakcyjny, jasnoczerwony kolor napój zawdzięcza zastosowaniu syntetycznego barwnika spożywczego nr 40 (E129). Twój miks do wypieku tradycyjnego ciasta marchewkowego najprawdopodobniej zamiast marchwi zawiera „elementy o smaku marchwi", otrzymywane w procesie połączenia syropu kukurydzianego, mąki, płatków kukurydzianych, częściowo uwodornionego oleju bawełnianego lub sojowego, a także barwnika żółtego nr 6 (E110) oraz czerwonego nr 40 (E129).

Dla większości z nas dużym zaskoczeniem może być odkrycie, że prawie wszystkie gotowe produkty, obecnie pakowane i sprzedawane w Stanach Zjednoczonych, zawierają dodatki spożywcze, takie jak syntetyczne barwniki, konserwanty, środki aromatyzujące, substancje wiążące, zagęstniki i stabilizatory, które mają przybliżyć je pod względem wyglądu, konsystencji, smaku i aromatu do wyrobów wytwarzanych ze zdrowych naturalnych składników. Spożywając produkty wzbogacane w związki chemiczne pochodzące prosto z laboratorium, nie tylko pozbawiamy nasz organizm cennych składników odżywczych, lecz także narażamy go na szkodliwe działanie niezdrowych substancji, wywołujących liczne dolegliwości ze strony układu pokarmowego.

Po zapoznaniu się z niektórymi opracowaniami naukowymi na temat dodatków do żywności miałam okazję przekonać się, że wiele tych substancji wykorzystuje się jako toksyny w doświadczeniach laboratoryjnych. Aby doprowadzić do uszkodzenia komórek w badaniach laboratoryjnych, naukowcy wykorzystują benzoesan sodu[186], glutaminian sodu (MSG)[187], aspartam[188; 189] azotan sodu, a także inne, powszechnie stosowane dodatki spożywcze. Nasze dzieci spożywają te toksyny wielokrotnie w ciągu każdego dnia. Nie twierdzę, że dawki stosowane w doświadczeniach są równe tym, które konsumują wraz z żywnością nasze dzieci, ani że skutki działania tych substancji na ich organizm będą podobne do tych, które zaobserwowano na przykład u myszy. Jednak związek chemiczny, który powoduje uszkodzenie komórek myszy, musi przecież równie skutecznie niszczyć komórki ludzkiego organizmu. Chociaż jest rzeczą oczywistą, że organizm myszy różni się pod wieloma względami od organizmu człowieka, to należy jednak pamiętać, że stres oksydacyjny oraz uszkodzenia mitochondriów na poziomie komórki wyglądają bardzo podobnie w obu przypadkach.

W licznych opracowaniach naukowych znalazłam przerażające dane dotyczące wpływu dodatków do żywności na organizm dziecka. Wyniki przełomowych badań z podwójnie ślepą próbą (pacjentów dzieli się losowo na dwie grupy, z których jedna otrzymuje placebo, a druga testowany specyfik, przy czym pacjenci nie są informowani, do której grupy należą, ponieważ personel medyczny także tego nie wie) opublikowane w renomowanym czasopiśmie „The Lancet" wykazały, że połączenie powszechnie używanych barwników spożywczych z konserwantami przyczyniło się do zwiększenia nadpobudliwości psychoruchowej zarówno u dzieci w wieku od dwóch do trzech lat, jak i u ośmiolatków[190]. Z kolei badania przeprowadzone na zwierzętach wykazały, że połączenie barwników z innymi dodatkami spożywczymi ograniczyły możliwości detoksykacyjne komórek, a także spowodowały uszkodzenia wątroby[191]. Barwniki żółte – tartrazyna (E102) i sunset yellow (E110) – należą do ksenoestrogenów, które zaburzają naturalną równowagę hormonalną w organizmie dziecka[192], a także mogą przyczynić się do rozwoju raka piersi oraz chorób wątroby. Z kolei tartrazyna (żółcień złocista nr 5, E110) wpływa niekorzystnie na proces uczenia się zachowań i umiejętności u myszy, i to nie tylko u jednego pokolenia, lecz u kilku następnych, co oznacza, że barwnik ten może mieć negatywny wpływ na nasz mózg oraz dziedziczność pozagenową[193]. Z badań przeprowadzonych na zwierzętach wynika także, że benzoesan sodu może przyczynić się do nasilenia stanów lękowych orz zaburzeń motoryki[194].

W obliczu takich zagrożeń nie powinno nikogo dziwić, że przepisy Unii Europejskiej nakazały od 20 lipca 2010 roku umieszczanie na opakowaniach produktów spożywczych zawierających sztuczne barwniki specjalnych ostrzeżeń o następującej treści: „Substancja... lub E... może mieć szkodliwy wpływ na aktywność i zdolność koncentracji u dzieci". W ostatecznym rachunku żywność przetworzona oraz sztuczne dodatki spożywcze nie przynoszą organizmowi żadnych korzyści. Na domiar złego mogą one spowodować mniejsze bądź większe szkody w naszym organizmie w związku z degradacją mitochondriów i innych składników komórek.

Pierwszym krokiem na drodze do podjęcia prawidłowego leczenia jest unikanie, a najlepiej całkowite wyeliminowanie z diety takich toksycznych dodatków. W kolejnych rozdziałach tej książki znajdziecie wiele dokładnych informacji, które pomogą wam w miarę łatwo i bezboleśnie osiągnąć ten cel. Najpierw zapoznajcie się jednak z charakterystyką wybranych produktów.

UWAŻAJ NA SZTUCZNE BARWNIKI!

Naszą uwagę przyciągają na ogół produkty o jaskrawych kolorach, ponieważ instynktownie kojarzymy je ze zdrowymi składnikami pochodzenia roślinnego. Wytwarzane przez rośliny związki chemiczne są niezbędne dla życia, zdrowia i prawidłowego funkcjonowania naszego organizmu, a także jego leczenia i regeneracji. Likopeny zawarte w czerwonych pomidorach, karotenoidy w dyni i marchwi, kwas elagowy oraz inne flawonoidy w winogronach i jagodach – to tylko niektóre przykłady organicznych związków chemicznych, które pod każdym względem wywierają niezwykle korzystny wpływ na nasze zdrowie. Związki fitochemiczne tworzą bowiem bogatą i zróżnicowaną florę bakteryjną jelit, pomagają oczyścić organizm z toksyn, poprawiają i regulują działanie układu immunologicznego, wzmacniają mitochondria, a nawet pozytywnie wpływają na naszą inteligencję poprzez przyczynienie się do zwiększenia plastyczności mózgu.

A czyją uwagę najbardziej przyciągają jaskrawe kolory produktów spożywczych? Oczywiście naszych dzieci! Układy w młodym organizmie szczególnie potrzebują solidnego wsparcia ze strony związków fitochemicznych, ponieważ znajdują się w fazie dynamicznego rozwoju fizycznego, psychicznego i emocjonalnego. Tymczasem do produkcji większości sztucznych barwników wykorzystuje się benzynę. Tak, benzynę – tę samą, którą tankujemy samochody i używamy w fabrykach (kiedyś barwniki produkowano na bazie toksycznej smoły węglowej). Przemysł spożywczy sprytnie wykorzystuje zamiłowanie dzieci do efektownie wyglądających, jaskrawych produktów żywnościowych, dostarczając na rynek artykuły spożywcze, które jedynie naśladują zdrowe pokarmy.

Jednak syntetyczne barwniki spożywcze skutecznie odwracają naszą uwagę od aspektów zdrowotnych. Zastanówcie się, czy naprawdę warto karmić dzieci składnikami, które przyczyniają się do osłabienia koncentracji, powodują lub zwiększają nadpobudliwość psychoruchową, obniżają sprawność motoryczną, wywołują alergię, a nawet zwiększają ryzyko rozwoju nowotworów[195].

Dodatkowym niebezpieczeństwem związanym z zastosowaniem sztucznych barwników jest wysoki wskaźnik ich zawartości w produktach. Według FDA (Agencji Żywności i Leków) **maksymalne dzienne spożycie sztucznych barwników nie powinno przekraczać 30 miligramów**. Jednak podczas niedawno przeprowadzonych badań zespół naukowców z Uniwersytetu Purdue zmierzył zawartość syntetycznych barwników w takich produktach, jak Skittles, M&Ms, Kraft Macaroni&Cheese, a także w płatkach śniadaniowych General Mills'Trix, i stwierdził, że jedna porcja większości z tych produktów zawierała ponad 30 miligramów sztucznych barwników[196]. Przyjrzyjmy się tylko tym oto wybranym popularnym produktom:

Płatki śniadaniowe Trix: 36,4 mg	Płatki Fruity Cheerios: 31 mg	Cap'n Crunch Oops! Ze wszystkimi owocami jagodowymi: 41 mg
Target Mini Green Cupcakes: 55,3 mg	Skittles: 33,3 mg	M&Ms: 29,5 mg
Craft Macaroni & Cheese: 17,6 mg	Keebler Cheese & Peanut Butter Sandwich Crackers: 14,4 mg	Kraft Creamy French Dressing: 5 mg

W diecie statystycznego mieszkańca Stanów Zjednoczonych napoje należą do najczęściej spożywanych źródeł sztucznych barwników spożywczych. Naukowcy z Uniwersytetu Purdue opublikowali także wyniki badań przeprowadzonych w roku 2013, które ujawniają zawartość sztucznych barwników w jednej porcji (236 ml) kilku bardzo popularnych napojów[197]:

Powerade Orange Sports Drink: 22,1 ml	Crush Orange: 33,6 ml	Sunny D Orange Strawberry: 41,5 mg
Kool-Aid Burst Cherry: 52,3 mg	Full Throttle Red Berry Energy Drink: 18,8 mg	

Liczby te pokazują, że organizm dziecka, które codziennie zjada przetworzoną żywność nawet w umiarkowanych ilościach, otrzymuje każdego dnia co najmniej 100 mg sztucznych barwników, chociaż przypuszczalnie liczba ta może być dwukrotnie większa. Podczas gdy przynajmniej niektórzy producenci wycofują syntetyczne barwniki ze swoich produktów (nie zastępując ich jednak żadnymi naturalnymi składnikami, które mogłyby poprawić wartość odżywczą produktów), są one nadal powszechnie stosowane do produkcji żywności przetworzonej.

Okazuje się zatem, że nawet produkty uznane przez Agencję Kontroli Żywności i Leków za bezpieczne, wcale nie muszą takie być w rzeczywistości. Przez długie lata kontrolerzy z FDA sporadycznie podejmowali działania wymierzone przeciwko stosowaniu w Stanach pewnych syntetycznych barwników spożywczych, które okazywały się szkodliwe dla zwierząt podczas przeprowadzanych co pewien czas badań. Tym sposobem zakazano używania barwnika zielonego nr 1 (ryzyko rozwoju raka wątroby), pomarańczowego nr 2 i 3 (uszkodzenia narządów), czerwonego nr 1 (rak wątroby) oraz barwnika Sudan nr 1 (toksyczny i kancerogenny).

Każdy z zakazanych barwników spożywczych został kiedyś uznany za „bezpieczny" i aż do wprowadzenia zakazu dodawano go do przypraw, słodyczy i wielu innych pakowanych artykułów. Wycofano je z użytku dopiero wtedy, gdy naukowcy udowodnili, jakie spustoszenie mogą wywołać w naszym organizmie, a także w wyniku ostrych protestów coraz bardziej świadomego społeczeństwa. Inne, nadal używane barwniki, stały się ostatnio przedmiotem intensywnych badań. Dlatego też, dopóki nie zostaną one wycofane z żywności, powinniśmy sami zadbać o to, by nie znalazły się w naszym codziennym jadłospisie.

Gdzie należy ich szukać? Z pozoru sprawa wydaje się prosta. Z pewnością znajdziemy je w słodyczach w kolorach tęczy, fluorescencyjnych napojach orzeźwiających i energetycznych oraz jaskrawo kolorowych płatkach śniadaniowych. Jednak producenci dodają barwniki także do mniej „podejrzanych" o to produktów, na przykład do jogurtów, zup, a nawet pieczywa.

Groźne kryptonimy: wszystkie składniki z kolorem w nazwie, na przykład czerwonym, żółtym, zielonym czy niebieskim.

Przedefiniowanie terminu „składniki"

Terminu „składniki" używa się zwykle w odniesieniu do produktów, które będą nam potrzebne do przygotowania potrawy według przepisu kulinarnego, na przykład jajek, masła, szpinaku, ryżu, pieprzu itp. W książkach kucharskich nie znajdziemy przecież na listach składników takich pozycji jak na przykład: dwie łyżki stołowe glutaminianu sodu, odrobina aspartamu, trochę butylowanego hydroksytoluenu (BHT) lub TBHQ. Dlatego też nie zgadzam się na to, aby producenci żywności nazywali takie dodatki „składnikami", ponieważ nie należą one do naturalnych komponentów danego produktu. Wprawdzie benzyna lub smoła węglowa należą do składników naturalnych, gdyż pochodzą z ziemi – ale na pewno nie są to substancje, którymi chcielibyśmy karmić nasze dzieci.

GLUTAMINIAN SODU: AROMATYCZNA TRUCIZNA

Po raz pierwszy zainteresowałam się glutaminianem sodu (MSG), kiedy zauważyłam, że u kilku moich pacjentów, którzy przez kilka kolejnych dni jedli chińskie lub japońskie dania na wynos, wystąpiły pierwsze napady padaczki. U innych pacjentów po spożyciu pokarmów bogatych w MSG pojawiło się nadmierne pobudzenie.

Przy pomocy glutaminianu sodu producenci próbują odtworzyć naturalny smak, zwany umami, który czasami nazywany jest też „piątym smakiem" (po słodkim, kwaśnym, słonym i gorzkim). Umami jest opisywany jako smak pikantny, smakowity, intensywny i mięsisty. W postaci naturalnej występuje on w miso, sosie sojowym tamari, umeboshi (japońskich morelach marynowanych w soli morskiej), wodorostach, grzybach, pomidorach, serze, rosole na kościach, a także w innych, na ogół długo gotowanych lub fermentowanych potrawach, które oczywiście obfitują w glutaminian sodu. Japoński koncern spożywczy Ajinomoto Company of Japan odkrył, że przyprawienie żywności syntetycznym umami jest o wiele tańsze i znacznie mniej pracochłonne. Przygotowanie tradycyjnego rosołu o bogatym, intensywnym i ziemistym smaku nie jest trudne, ale pochłania dużo czasu, ponieważ wiąże się z pieczeniem kości, gotowaniem ich z warzywami i dodatkami aromatycznymi na wolnym ogniu przez kilka godzin, odcedzaniem i ponownym gotowaniem. Efekt końcowy, jakim była wyśmienita i pożywna zupa, wynagradzał nam z nawiązką te czasochłonne przygotowania. Nagle jednak okazało się, że jedno małe opakowanie przyprawy naszpikowanej glutaminianem sodu pozwoli każdemu kucharzowi wyczarować ten wspaniały smak i aromat w zaledwie kilka minut – chociaż oczywiście odbędzie się to kosztem znacznego zmniejszenia wartości zdrowotnych przygotowywanej w ten sposób potrawy. Co więcej, kiedy stwierdzono, że ten „magiczny" składnik pobudza apetyt, producenci żywności zaczęli chętnie dodawać go niemal do wszystkiego, nawet do posiłków przeznaczonych dla szpitali i produktów dla niemowląt. Ich zapędy zostały nieco zahamowane w latach siedemdziesiątych XX wieku, kiedy to na skutek społecznego sprzeciwu glutaminian sodu został wycofany z żywności dla niemowląt. Nadal jednak dodaje się go do wielu przetworzonych produktów.

Kwestia dodawania glutaminianu sodu do żywności stała się przedmiotem wielu gorących dyskusji. Wyniki badań przeprowadzonych przez niektórych naukowców wykazują, że konsumpcja glutaminianu sodu jest całkowicie bezpieczna dla naszego organizmu. Trzeba jednak zdawać sobie sprawę z tego, że w większości przypadków takie badania przyprowadzono na zlecenie producentów żywności, głównie wielkich koncernów spożywczych. Problem tkwi w tym, że chociaż pod wieloma względami MSG nie różni się od glutaminianu sodu w naturalnej postaci, to jest jednak jeden wyjątek. Otóż izomery S, zawarte w sztucznie syntezowanym glutaminianie sodu, nie są dokładnie takie same jak izomery w jego naturalnej postaci. Dlatego też w naszym organizmie zachowują się one inaczej niż naturalne izomery L-glutaminy.

Glutamina jest aminokwasem i neuroprzekaźnikiem. Jej zadanie polega na „pobudzaniu" układu nerwowego. W mózgu znajduje się kilka rodzajów receptorów glutaminy, ponieważ poprawia ona zdolność uczenia się, pamięć i koncentrację. Jest ona tak ważna dla naszego organizmu, że bariera krew–mózg, będąca systemem obronnym stojącym na straży wnętrza mózgu i ośrodkowego układu nerwowego, której zadanie polega na utrudnianiu przedostania się szkodliwych substancji z krwi do mózgu, umożliwiała selektywny transport glutaminy z naczyń krwionośnych do płynu mózgowo-rdzeniowego, czasami nawet kosztem wykluczenia innych potrzebnych aminokwasów. Większość pokarmów zawiera nieznaczne ilości naturalnej glutaminy, będącej tylko jednym z wielu obecnych tam aminokwasów, które są bilansowane mikroelementami, na przykład magnezem, który przynosi nam ulgę i odprężenie, witaminami z grupy B, które pomagają nam przekształcić pobudzającą glutaminę w relaksujący kwas γ-aminomasłowy (GABA) oraz składnikami fitochemicznymi o działaniu neuroprotekcyjnym.

Podobnie jak gotowanie z użyciem przyprawy z MSG wzmacnia smak potraw, spożywanie ich wzbogaca nasz mózg i cały organizm w cząsteczki glutaminy. Uwolniony kwas glutaminowy pobudza aktywność neuronów, w wyniku czego dochodzi do nadprodukcji wolnych rodników. Chociaż część wolnych rodników uczestniczy w procesie metabolizmu, to ich nadmiar utrudnia przeciwutleniaczom ich usuwanie, co prowadzi do uszkodzenia komórek. W wyniku zaburzenia równowagi w organizmie, kiedy wolne rodniki zdobywają znaczną przewagę nad likwidującymi je przeciwutleniaczami, dochodzi do powstania stresu oksydacyjnego w mózgu dziecka, zwanego także zjawiskiem ekscytotoksyczności. Stan ten, którego oczywiście żaden rodzic nie życzyłby sobie, żeby przytrafił się jego dziecku, związany jest z uszkodzeniem bariery krew–mózg, polegającym na zwiększeniu jej przepuszczalności[198].

U osób bardziej narażonych na tego typu zaburzenia po spożyciu pokarmów zawierających znaczne ilości MSG mogą wystąpić bóle głowy, bóle w różnych częściach ciała, drażliwość, bezsenność, a nawet napady padaczki (u dzieci szczególnie wrażliwych i mało odpornych)[199]. Zdarza się, że rodziny dzieci z szerokim spektrum autystycznym obserwują niekorzystne reakcje zachodzące w ich organizmach nawet po spożyciu pokarmów będących bogatym źródłem naturalnej glutaminy oraz znaczne złagodzenie objawów w wyniku wprowadzenia diety nisko glutaminowej.

Jeżeli ryzyko uszkodzenia neuronów nie skłoni cię do rezygnacji z krakersów Cheez-It oraz makaronu instant ramen, to warto, żebyś wiedziała, że naukowcy wykorzystują sól sodową kwasu glutaminowego (MSG) do przyrostu wagi. Badania przeprowadzone na zwierzętach wykazały, że wzbogacenie ich codziennej diety w glutaminian sodu przyczyniło się do zwiększenia apetytu, powodując tym samym szybkie tycie oraz rozwój zaburzeń metabolicznych[200]. Badania na myszach w okresie neonatalnym wykazały, że MSG powoduje uszkodzenie podwzgórza, części mózgu, która odpowiada między innymi za regulację apetytu[201]. U myszy tych stwierdzono wywołaną przez MSG otyłość. Naukowcy badają działanie glutaminianu sodu u nowo narodzonych myszy, obierając sobie za cel mózg w okresie, kiedy jest on najbardziej narażony na wpływ różnych czynników. Czy my także chcemy dodawać ten składnik do pokarmu naszych dzieci w czasie, kiedy ich mózgi są wyjątkowo delikatne, ponieważ jeszcze w pełni się nie ukształtowały?

Gdzie znajdziemy MSG: glutaminian sodu jest obecny przede wszystkim w produktach o wytrawnym, słonym lub pikantnym smaku. Właściwie każdy produkt, do którego dołączona jest torebka z przyprawami, powinien wzbudzać nasz niepokój (mieszanki z ryżem, zupy typu instant), a także rozmaite przekąski serowe (krakersy Cheez-It i Goldfish, makarony z serem) oraz produkty o mocnym intensywnym aromacie (chipsy śmietankowo-cebulowe, sos ranczerski, sos buffalo).

Kryptonimy (różne nazwy składników, które zawsze zawierają przetworzony wolny kwas glutaminowy): MSG występuje pod wieloma nazwami. Ponieważ nikomu naprawdę nie zależy na tym, żeby jeść glutaminian sodu, producenci stosują różne sztuczki, aby nas wprost nie poinformować o jego obecności w kupowanych przez nas artykułach spożywczych. Kiedy zatem zapoznajesz się ze składem produktu zamieszczonym na jego etykiecie, zwracaj szczególną uwagę na te oto nazwy. Okazuje się, że na etykietach niektórych produktów MSG może pojawić się trzykrotnie, a nawet czterokrotnie, jednak za każdym razem kryje się pod inną nazwą.

- Ajinomoto
- Wszystkie tzw. hydrolizaty (hydrolizowane białka)
- Wszystkie „zmodyfikowane enzymy"
- Wszystkie składniki „hydrolizowane" i „autolizowane", na przykład soja, warzywa, pszenica, białko drożdży
- Wszystkie tzw. białka wzmocnione
- Kazeinian wapnia i kazeinian sodu
- Żelatyna
- Glutaminian (E620)
- Kwas glutaminowy (E620)

- Diglutaminian magnezu (E625)
- Glutaminian monoamonowy (E624)
- Sól sodowa kwasu glutaminowego (E621), glutaminian potasu (E622) lub diglutaminian wapnia (E623)
- Natrium glutamate
- Białko sojowe, koncentrat białka sojowego, izolat białka sojowego
- Sos sojowy, ekstrakt sosu sojowego
- Białko teksturowane
- Umami[202]
- Vetsin (sól kwasu glutaminowego)
- Białko serwatki, koncentrat białka serwatki, izolat białka serwatki
- Ekstrakt drożdżowy, drożdże torula, drożdże spożywcze, drożdże odżywcze

Nazwy składników, które często zawierają pochodne kwasu glutaminowego lub mogą wydzielać wolny kwas glutaminowy podczas rozkładu:

- Wszystkie „dodatki smakowe" oraz „substancje aromatyzujące"
- Wszystkie składniki UHT
- Ekstrakt słodowy jęczmienia, jęczmień słodowany
- Drożdże piwowarskie
- Karogen (E407)
- Kwas cytrynowy, kwasek cytrynowy (E330)
- Ekstrakt słodowy
- Maltodekstryna i oligosacharydy
- Aromaty naturalne
- Pektyna (E440)
- Przyprawy[203]

Rzut oka na śmieciowe jedzenie

- Kiedy producenci żywności finansują badania naukowe, można bez trudu przewidzieć, że ich wyniki zminimalizują negatywny wpływ badanych produktów na nasze zdrowie. Na podstawie analizy przeglądu setek badań przeprowadzonych nad wpływem mleka, soków i napojów gazowanych na nasze zdrowie, zamieszczonego w prestiżowym tygodniku „YAMA" („Journal of the American Medical Association"), wydawanym przez Amerykańskie Towarzystwo Medyczne, można od razu zauważyć, że wyniki korzystne dla przemysłu występowały nawet kilkakrotnie częściej w przypadku badań sponsorowanych przez producentów, w porównaniu z wynikami badań, które przeprowadzono bez ich finansowego wsparcia. „Badania sponsorowane przez przemysł mają więcej wspólnego z reklamą niż z nauką" – powiedział jeden z recenzentów.
- Koncerny spożywcze zarabiają ogromne pieniądze (pochodzące z naszych podatków), przetwarzając pszenicę, kukurydzę i soję – pochodzące z upraw dotowanych przez rząd – na fast foody, przekąski i napoje. Produkcja żywności przetworzonej z subwencjonowanego zboża jest niezwykle opłacalna, natomiast produkty takie charakteryzują się wyjątkowo wysoką kalorycznością i znikomą wartością odżywczą.
- Mniej przetworzone produkty są na ogół bardziej sycące niż ich mocno przetworzone odpowiedniki. Świeże jabłka zawierają więcej błonnika pokarmowego oraz innych składników odżywczych niż mus jabłkowy. Dodanie znacznych ilości substancji słodzących do musu jabłkowego zwiększa jego kaloryczność, ale nie powoduje, że jest on bardziej sycący. Natomiast zawartość błonnika i innych składników odżywczych w soku jabłkowym jest bliska zeru. Przetwarzanie i pakowanie żywności pozbawia ją zatem wielu cennych składników odżywczych, znacznie ograniczając płynące z niej korzyści dla naszego zdrowia.

KONSERWANTY I INNE DODATKI DO ŻYWNOŚCI

Przez wiele pokoleń wiejskie rodziny wędziły, suszyły, konserwowały, kisiły, marynowały i fermentowały żywność według tradycyjnej receptury, używając do tego celu cukru, soli lub octu. **Konserwowanie najświeższych warzyw i owoców zapewniało zachowanie ich wartości odżywczej oraz tworzenie się szczepów bakterii korzystnie wpływających na nasz organizm.** Żywność taka przyczyniała się zatem do budowy zdrowej flory bakteryjnej jelit i wzmacniała nasz układ odpornościowy podczas każdej surowej zimy.

Kiedy żywność stała się towarem, przemysł spożywczy zaczął wykorzystywać sprzęt oraz wiedzę w zakresie puszkowania produktów dla amerykańskich żołnierzy, dzięki czemu zaczął nam dostarczać artykuły o długim terminie przydatności, znacznie przy tym zmniejszając ryzyko poniesienia strat i maksymalizując swoje zyski. Aby zaspokoić popyt, producenci wręcz prześcigali się w stosowaniu najrozmaitszych trujących konserwantów, takich jak chociażby aldehyd mrówkowy, boraks i benzoesan sodu (pochodne smoły węglowej), faszerując nimi swoje produkty w niekontrolowanych ilościach. **Krótko mówiąc, przestawiliśmy się z konserwowania żywności zdrowymi bakteriami na balsamowanie jej środkami chemicznymi.**

W początkowej fazie produkcji żywności na skalę masową panował prawdziwie „Dziki Zachód", co oznacza, że z pewnością nie brakowało w niej toksycznych dodatków. Początkowo do produkcji lutowanych konserw wykorzystywano ołów, miedź i cynk – materiały, które przenikały do zawartości puszek i przyczyniały się do tego, że po zjedzeniu takich produktów często chorowały nawet całe rodziny na skutek zatrucia organizmu metalami ciężkimi. Kiedy zaczęto stosować rozcieńczacze i inne podejrzane domieszki, aby „poprawić" konsystencję produktów – na przykład przez dodanie kredy do mąki lub plew z siana do dżemu – żywność przemysłowo puszkowana i konserwowana znacznie straciła na atrakcyjności, a jej smak zdecydowanie się zmienił. Wobec powyższego, producenci coraz częściej sięgali po wybielacze, które dodawali na przykład do kukurydzy w puszkach, aby była perłowobiała, lub po smołę węglową, żeby przywrócić naturalny kolor owocom jagodowym, a także po wiele innych szkodliwych dodatków. **Jak na ironię, im więcej wysiłku wkładano w to, aby upodobnić takie produkty do naturalnej żywności, tym mniej naturalne stawały się efekty tych starań.**

W latach osiemdziesiątych i dziewięćdziesiątych XIX wieku urzędników służby zdrowia zaczął coraz bardziej niepokoić szkodliwy wpływ dodatków spożywczych na ludzkie zdrowie. W roku 1902 doktor Harvey Wiley z Amerykańskiego Biura ds. Substancji Chemicznych (the U.S. Bureau of Chemistry) rozpoczął badania nad działaniem tych składników na organizm człowieka. Stawiając sobie za punkt honoru walkę o czystość jedzenia dopuszczonego do sprzedaży, ten wybitny uczony utworzył grupę wolontariuszy o nazwie „Poison Squad" (Zatruta Drużyna), składającą się z samych młodych i zdrowych mężczyzn, którzy przez rok testowali na własnej skórze dodawane do dań konserwanty. Badanie to zostało okupione wieloma chorobami, zaburzeniami, nie mówiąc już o drobniejszych dolegliwościach, które dokuczały mężczyznom. Wraz ze wzrostem zawartości konserwantów w spożywanych posiłkach ochotnicy zaczęli skarżyć się na pieczenie w gardle, bóle żołądka oraz zawroty głowy. Nic więc dziwnego, że kiedy upubliczniono wyniki przeprowadzonego badania, ludzie stanowczo zażądali wprowadzenia zmian w zakresie produkcji żywności. Gospodynie domowe i farmerzy połączyli swoje siły, aby wspólnie stanąć do walki o nieskażone jedzenie, domagając się jednocześnie uchwalenia Ustawy o czystości żywności i leków (the Pure Food and Drug Act). Project ustawy przeszedł dwukrotnie w Izbie, ale został odrzucony przez Senat pod naciskiem wpływowych producentów żywności, którzy nie chcieli umieszczać nazw trujących dodatków spożywczych na etykietach swoich produktów. (Skąd my to znamy?). Jednak ogromna popularność, jaką zdobyła wydana wówczas, a obecnie uznana za klasykę, skandalizująca powieść pt. *Grzęzawisko* (*The Jungle*), w której autor, Upton Sinclair, w realistyczny sposób opisuje przerażające warunki panujące w zakładach przetwórstwa mięsnego w Chicago, ostatecznie przyczyniła się do uchwalenia ustawy w roku 1906. Tuż po uchwaleniu Ustawy o czystości żywności i leków Harvey Washington Wiley utworzył istniejącą do dziś Agencję Kontroli Żywności i Leków (U.S. Food and Drug Administration).

Niestety, chociaż od czasów, kiedy sztucznie rozjaśniano warzywa, a do mąki dodawano kredę, upłynęło już ponad sto lat, nie poczyniliśmy w tej dziedzinie zbyt dużych postępów. W dalszym ciągu bowiem konsumujemy pokaźne ilości chemicznych dodatków do żywności, które budzą przerażenie i wywołują wstręt. Toksyczny i trudnopalny bromowany olej roślinny, początkowo używany jedynie przy produkcji wyrobów plastikowych, aby ograniczyć ich palność, od pewnego czasu stosowany jest jako emulgator spożywczy w niektórych napojach. Jako stabilizator jednolitości smaku utrudnia on bowiem oddzielanie się chemicznych substancji smakowo-zapachowych od płynu. Bromowany olej roślinny może być przyczyną powstania zmian chorobowych na skórze, utraty pamięci oraz zaburzeń na tle nerwowym[204]. Od kilkudziesięciu lat producenci żywności dodają ten olej do napojów gazowanych, soków oraz napojów energetycznych, między innymi do Mountain Dew, oranżady oraz napojów izotonicznych Powerade o niektórych smakach. (Na szczęście niektóre wielkie koncerny, a nawet liderzy w produkcji napojów, ostatnio zapowiedziały wycofanie tego niebezpiecznego dla zdrowia składnika ze swoich produktów). Dwutlenek tytanu, popularny środek wybielający, który bywa często zanieczyszczony ołowiem, znajduje zastosowanie nie tylko w produkcji farb oraz jako filtr przeciwsłoneczny, ale także jako substancja rozjaśniająca i wybielająca wiele produktów przetworzonych, takich jak sosy do sałatek, zabielacze do kawy, lukry i polewy do ciasta oraz setki innych artykułów spożywczych. L-cysteina pełni funkcję stabilizatora, który dodaje się do mąki przeznaczonej do wypieku chleba oraz wielu innych gatunków pieczywa. Szczególną odrazę może budzić fakt, że składnik ten można pozyskiwać z ludzkich włosów oraz piór kaczek, które mogą być skażone metalami ciężkimi. I wreszcie nadeszła kolej na kastoreum, wydzielinę gruczołów potowych odbytu bobra, którą dodaje się do sztucznych aromatów waniliowych i malinowych. Cóż za szlachetna proweniencja… Tylko palce lizać!

Gdzie można na to natrafić: prawie każdy produkt przetworzony zawiera co najmniej jeden sztuczny dodatek poprawiający jego kolor, smak, aromat lub konsystencję albo zapobiegający psuciu się żywności.

Kryptonimy: wszystkie szkodliwe dodatki do żywności wymieniane są pod nazwami związków chemicznych, z którymi spotykamy się podczas przeprowadzania doświadczeń laboratoryjnych.

CZY TO PRAWDA, ŻE WSZYSTKO, CO MOŻNA KUPIĆ, JEST DLA NAS BEZPIECZNE?

Przecież nasze agencje rządowe muszą nas chronić przed szkodliwą i toksyczną żywnością. Ale czy na pewno to robią? Niezupełnie. Na pewien czas po uchwaleniu Ustawy o czystości żywności i leków przemysł spożywczy udało się do pewnego stopnia objąć nadzorem. Jednak producenci żywności zaczęli lobbować na rzecz swoich interesów i domagać się większego wpływu na decyzje polityczne. I trzeba przyznać, że cel ten wkrótce udało się im osiągnąć. Od tamtej pory silne lobby i ciągłe manipulacje przemysłu spożywczego stanowią poważne zagrożenie dla zdrowia naszych dzieci. Tymczasem Agencja Kontroli Żywności i Leków uparcie przekonuje nas, że sztuczne dodatki do żywności nie są szkodliwe dla naszego zdrowia.

Nawet nie wgłębiając się zbytnio w treść strony internetowej Agencji Kontroli Żywności i Leków, z pewnością dowiemy się z niej, że: „Barwniki spożywcze są całkowicie bezpieczne pod warunkiem, że zostaną odpowiednio wykorzystane". Przytaczając ten zapis, Linda Katz, dyrektor Działu Oceny Kosmetyków i Barwników Centrum Bezpieczeństwa Zdrowotnego Żywności i Żywienia (CFSAN) podlegającemu Agencji Żywności i Leków, stwierdza: „Nie istnieje taka substancja, o której można powiedzieć, że jest całkowicie bezpieczna. W przypadku nowego barwnika FDA jedynie określa, czy istnieją wystarczające podstawy, aby uznać, że nowo wprowadzony barwnik jest bezpieczny, jeśli używa się go według zaleceń"[205].

Kiedy zaczęłam drążyć ten temat, korzystając wyłącznie z upublicznionych i ogólnie dostępnych informacji, natrafiłam na dokument zawierający analizę wyników wielu przeprowadzonych badań nad szkodliwym wpływem dodatków do żywności na zachowanie dzieci. Podczas jednego z badań naukowcy odkryli, że „spożywanie takich składników przez dzieci może wywołać u nich zmiany behawioralne, związane przede wszystkim z rozdrażnieniem, nadmierną ruchliwością oraz z zakłóceniem snu... Nietolerancja pokarmowa może także uruchomić proces immunologiczny polegający na reakcjach antygenu z przeciwciałami IgE..."[206]. Inne badanie, którego wyniki poddano analizie w wyżej wymienionym dokumencie, wykazało, że organizmy dzieci z nadmierną pobudliwością silniej reagowały na barwniki spożywcze niż organizmy dzieci, które nie wykazywały żadnych nieprawidłowości. Zdaniem naukowców nie można także wykluczyć predyspozycji genetycznych do wystąpienia nadpobudliwości oraz nadwrażliwości na barwniki pokarmowe[207].

W dokumentach Agencji Żywności i Leków czytamy:

> *Spożywanie produktów oraz składników zawierających sztuczne barwniki oraz konserwanty może spowodować zmiany w zachowaniu, niekoniecznie związane z nadpobudliwością, u niektórych szczególnie podatnych dzieci z ADHD i innymi zaburzeniami behawioralnymi, a także u innych dzieci z nadmierną wrażliwością organizmu*[208].

Tłumacząc to na język prosty i zrozumiały, zdaniem FDA u niektórych bardziej wrażliwych dzieci – niezależnie od tego, czy z ADHD, zaburzeniami behawioralnymi, czy też jedynie ze zwiększoną wrażliwością na pewne pokarmy – mogą wystąpić zmiany zachowania po spożyciu sztucznych barwników spożywczych i konserwantów. Oznacza to, że sztuczne dodatki do żywności nie są tak naprawdę całkowicie bezpieczne dla organizmu człowieka – a już na pewno nie dla pewnej grupy dzieci[209].

Jednak Agencja Kontroli Żywności i Leków uznała, że etykiety produktów zawierających sztuczne barwniki nie muszą zawierać dodatkowych ostrzeżeń, ponieważ u większości społeczeństwa nie stwierdzono negatywnego wpływu tych składników na zdrowie. Jesteście zdezorientowani? Nic dziwnego! Te rozbieżności pomiędzy oficjalnym stanowiskiem Agencji Kontroli Żywności i Leków a wynikami przeprowadzonych przez nią wewnętrznych badań nad bezpieczeństwem sztucznych barwników dla zdrowia dziecka są dowodem na to, że nawet ich eksperci bywają „zdezorientowani".

Jednak w Unii Europejskiej problem ten potraktowano z większą powagą, w wyniku czego wprowadzono zakaz dodawania wszelkich syntetycznych barwników do produktów przeznaczonych dla niemowląt i małych dzieci. W Anglii rząd zwrócił się z prośbą do producentów żywności, aby do końca roku 2009 dobrowolnie zrezygnowali ze stosowania sztucznych barwników w wyrobach przeznaczonych dla dzieci. Na apel ten zareagowali pozytywnie wszyscy producenci, włącznie z firmami pochodzącymi ze Stanów Zjednoczonych. **W roku 2011, w wyniku silnej presji konsumentów i rekomendacji rządu, działające na terenie Zjednoczonego Królestwa filie koncernów Walmart, Kraft, Coca-Cola oraz Mars wycofały ze swoich produktów benzoesan sodu oraz aspartam.** Ale uwaga! Ta sama firma, która produkuje wolne od sztucznych barwników płatki śniadaniowe na potrzeby rynku europejskiego, oferuje dzieciom w Stanach dokładnie taki sam produkt, ale wzbogacony o szkodliwe barwniki. Jestem bardzo ciekawa, czy firma ta postępuje w ten sposób dlatego, że w jej odczuciu my, Amerykanie, uparliśmy się, aby wzbogacać posiłki naszych dzieci o dodatkowe porcje toksycznych składników.

Takie praktyki są doprawdy szokujące.

Unia Europejska, kierując się zasadą przezorności, nakazuje podjęcie natychmiastowych działań już z chwilą, gdy pojawi się udokumentowane ryzyko, jakie może mieć dla naszego zdrowia spożywanie pewnych produktów, nie czekając, aż badania potwierdzą ich szkodliwość. W przeciwieństwie do Europejskiego Urzędu ds. Bezpieczeństwa Żywności nasza Agencja Kontroli Żywności i Leków nie nakłada na producentów obowiązku wycofania danego produktu tylko dlatego, że wzbudza on pewne wątpliwości, nie nakazuje im umieszczać odpowiednich ostrzeżeń na etykietach takich artykułów ani też nie sponsoruje dalszych, bardziej wnikliwych badań, które mogłyby potwierdzić lub wykluczyć ich szkodliwość dla zdrowia. Nawet w obliczu pewnych obaw wywołanych własną oceną bezpieczeństwa niektórych składników spożywczych Agencja Kontroli Żywności i Leków odrzuciła petycje, złożone niedawno przez Centrum Nauki w Interesie Publicznym (The Center Science in the Public Interest), w których domagano się wprowadzenia zakazu stosowania ośmiu spośród dziewięciu obecnie dozwolonych syntetycznych barwników spożywczych. Dlaczego zatem Agencja Kontroli Żywności i Leków nie zważa na bardzo niepokojące przesłanki naukowe, których musi przecież być świadoma? Dlaczego FDA nie dokonuje podsumowania wyników oceny bezpieczeństwa tych składników, którą zresztą sama przeprowadziła, aby wszyscy rodzice mogli zapoznać się ze szczegółami i wyciągnąć na ich podstawie odpowiednie wnioski? Czy Agencja Kontroli Żywności i Leków dba o dobro naszych dzieci, czy też raczej o interesy producentów żywności?

Czy to Was nie oburza?

Obecnie w ramach specjalistycznej opieki medycznej u wielu dzieci stosuje się różnorodne terapie, działania medyczne oraz najrozmaitsze leki, aby złagodzić objawy zaburzeń zachowania, kłopoty ze skupieniem uwagi oraz trudności w uczeniu się. Właśnie takie objawy mogą ulec nasileniu, ponieważ Agencja Kontroli Żywności i Leków, którą powołano dla ochrony naszego zdrowia, nie zapewnia naszym dzieciom solidnej ochrony przed dobrze jej znanymi prowokatorami. W obliczu takiego podejścia FDA my – rodzice, opiekunowie, nauczyciele, dyrektorzy szkół i lekarze – musimy wziąć sprawy w swoje ręce. Trzeba jednak z przykrością stwierdzić, że coraz częściej to właśnie szkoły stają się głównymi winowajcami, ponieważ pozwalają nauczycielom rozprowadzać śmieciowe jedzenie w klasie, a właścicielom szkolnych sklepików sprzedawać produkty nafaszerowane szkodliwymi dodatkami. Wielu behawiorystów nawet zaleca podawanie dzieciom z autyzmem mocno przetworzonych „smakołyków" w celu wzmocnienia pożądanych zachowań. Tymczasem to właśnie dzieci autystyczne są bardziej uczulone na sztuczne dodatki do pokarmów niż ich zdrowi rówieśnicy. Często zdarza się, że takie „smakołyki" wywołują efekty zupełnie odwrotne od oczekiwanych, sprawiając, że po ich spożyciu dzieci stają się jeszcze bardziej niespokojne, nadpobudliwe i rozdrażnione.

Być może to, co teraz powiem, wyda ci się na początku trudne do zaakceptowania. Czym innym jest pragnąć, aby twoje dziecko było zdrowe, a zupełnie czym innym być zmuszonym walczyć w pojedynkę z chorobą dziecka, szkołą oraz przemysłem spożywczym. Doskonale rozumiem, że jak każdy rodzic, możesz się obawiać, że zabraniając dziecku spożywania takich produktów, sprawisz, że będzie czuło się pokrzywdzone i „inne" od swoich rówieśników, że odmówi spożywania zdrowej żywności lub też że zacznie głośno protestować, a nawet wpadać w histerię. Samo wykluczenie z diety szkodliwych produktów lub składników nie rozwiąże do końca problemu. Ale możesz spróbować zastąpić to, co dziecko jadło, zdrowszymi odpowiednikami. Zapewniam cię, że znalezienie na rynku prawdziwej i smacznej żywności bez dodatków chemicznych jest łatwiejsze, niż myślisz.

Za chwilę zweryfikujemy wszystkie informacje, które mogą ci się przydać przy dokonywaniu najlepszych wyborów dla całej rodziny podczas zakupu żywności. Zacznijmy od zapoznania się z treścią etykiety, co pomoże ci ustalić (do pewnego stopnia), jaka jest zawartość danego produktu. Wiedząc, jakie składniki kryją się w danym artykule spożywczym, bez trudu zadecydujesz, czy chcesz je jeść, czy raczej wolisz trzymać się od nich z daleka.

JAK POLUBIĆ CZYTANIE ETYKIET NA OPAKOWANIACH ŻYWNOŚCI?

Zapoznanie się z treścią etykiety umieszczonej na szczelnym opakowaniu produktu jest jedynym sposobem na to, żeby dowiedzieć się, jakie składniki znajdują się w środku. Najczęściej po przeczytaniu etykiety niemal odruchowo wrzucamy towar do wózka, ponieważ i tak nie mogliśmy rozszyfrować wielu tajemniczych wyrazów i skrótów. Okazuje się zresztą, że przy zakupie żywności większość z nas bardziej polega na obietnicach zamieszczonych w najlepiej widocznym miejscu opakowania niż na liście składników (chociaż to właśnie one wkrótce trafią do organizmu i mózgu naszego dziecka).

Od początku XX wieku, kiedy gotowa żywność zaczęła zmieniać codzienny jadłospis mieszkańców miast, producenci artykułów spożywczych musieli wkładać wiele wysiłku, żeby przekonać ludzi do zjedzenia tego, czego nie mogli zobaczyć. W tamtych czasach konsumenci byli bowiem przyzwyczajeni do robienia zakupów na rynkach i placach targowych, gdzie trzymając towar w rękach, mogli mu się dokładnie przyjrzeć, a przy okazji zadać sprzedawcy kilka pytań na temat jego pochodzenia. Natomiast otwieranie puszek w celu zjedzenia bliżej nieokreślonej zawartości było dla nich nowym i zupełnie odmiennym wyzwaniem. Co więcej, na początku ludzie byli raczej nieufni wobec posiłków z kilkumiesięczną datą przydatności do spożycia.

Aby zatem zdobyć zaufanie konsumentów i zwiększyć apetyt potencjalnego nabywcy, producenci zaczęli zamieszczać na opakowaniach swoich wyrobów „wierną" ilustrację tego, co można znaleźć w środku, chociaż nie zawsze odzwierciedlała ona w pełni wygląd produktu. Na początku ilustracje umieszczone na etykietach odwoływały się do tego, co wszystkim konsumentom jest dobrze znane, czyli sposobów przetwarzania żywności lub jej pochodzenia. I tak na przykład na opakowaniu smalcu można było rozpoznać rolnika dzierżącego nóż na tle zadowolonych świń. Producenci konserw rybnych przedstawiali na etykietach malownicze jeziora, rzekomo pełne proponowanych ryb, natomiast na opakowaniu płatków śniadaniowych widniały wysokie łodygi zboża, z którego one pochodziły. Jednak już wtedy kuszące ilustracje dawały potencjalnym konsumentom przeważnie mylne wyobrażenie o zawartości opakowania, czyli o smole węglowej, wybielaczach i wypełniaczach, po spożyciu których można było łatwo się rozchorować.

Etykieta służy producentowi żywności oraz konsumentowi do zupełnie różnych celów. Celem przemysłu spożywczego jest wzbudzenie naszego apetytu i pragnienia. Wyniki sondaży konsumenckich wykazały, że trzech na czterech klientów sklepów spożywczych przed zakupem danego produktu czyta lub uwzględnia informacje dotyczące jego wartości odżywczych umieszczone na opakowaniu, a co najmniej połowa z nich przyznaje, że analizuje listę składników, aby uniknąć niechcianych dodatków w postaci soli, tłuszczu, cukru, sztucznych barwników itp. Wyniki tego samego sondażu pokazują, że troska o zdrowie jest najważniejszym kryterium zakupu żywności. **Jednak od momentu pojawienia się na rynku żywności przetworzonej przemysł spożywczy wykorzystuje etykiety do ukrycia pełnej prawdy o produktach, zamiast do jej ujawnienia.**

Przyjrzyjmy się liście składników umieszczonej na opakowaniu bardzo popularnych płatków śniadaniowych, które ich producent określił jako „zdrowe":

> Kukurydza, pszenica pełnoziarnista, cukier, zlepki owsiane (cukier, prażone ziarna owsa [cukier, płatki owsiane, syrop glukozowo-fruktozowy, częściowo utwardzony olej sojowy, syrop z melasy, miód], płatki pszenne, chrupki ryżowe [ryż, cukier, słód, sól], syrop kukurydziany, polidekstroza, miód, cynamon, butylohydroksytoleum BHT [konserwant], sztuczny aromat waniliowy), wysokofruktozowy syrop kukurydziany, sól, miód, ekstrakt słodowy, oktan alfa-tokoferylu (ester kwasu octowego i witaminy E), niacynamid, tlenek cynku, żelazo zredukowane, askorbinian sodu i kwas askorbinowy (witamina C), pantotenian wapnia, barwnik żółty 5, chlorowodorek pirydoksyny (witamina B_6), chlorowodorek tiaminy (witamina B_1), BHT (konserwant), kwas palmitynowy (witamina A), kwas foliowy, beta-karoten (źródło witaminy A), witamina B_{12} oraz witamina D.

Takie „unaukowienie" listy składników służy jedynie temu, aby szybko zmęczyć nasze oczy. Producenci doskonale wiedzą, że im trudniej jest odczytać skład ich wyrobu (albo za sprawą trudnych do odczytania, skomplikowanych nazw składników, albo z powodu wydrukowania ich zbyt drobną czcionką), tym mniejszą uwagę zwróci konsument na to, co naprawdę znajduje się w danym produkcie. Jednak taka lista składników jest pełna niezwykle istotnych informacji, które powinny nas ostrzec, że produkt jest bogatym źródłem **cukru**, PRZETWORZONYCH TŁUSZCZÓW, dodatków spożywczych oraz *syntetycznych witamin.* (Pamiętaj, że wzbogacenie jakiegokolwiek produktu witaminami oznacza, że w procesie przetwarzania doszło do utraty tych niezbędnych składników!).

> Kukurydza, pszenica pełnoziarnista, **cukier**, zlepki owsiane (**cukier**, prażone ziarna owsa [**cukier**, płatki owsiane, **syrop glukozowo-fruktozowy**, CZĘŚCIOWO UTWARDZONY OLEJ SOJOWY, **syrop z melasy, miód**], płatki pszenne, chrupki ryżowe [ryż, **cukier**, **słód**, sól], **syrop kukurydziany**, **polidekstroza**, **miód**, cynamon, butylohydroksytoleum BHT [konserwant], sztuczny aromat waniliowy), **wysokofruktozowy syrop kukurydziany**, sól, **miód**, **ekstrakt słodowy**, *oktan alfa-tokoferylu (ester kwasu octowego i witaminy E), niacynamid, tlenek cynku, żelazo zredukowane, askorbinian sodu i kwas askorbinowy (witamina C), pantotenian wapnia,* barwnik żółty 5, *chlorowodorek pirydoksyny (witamina* B_6*), chlorowodorek tiaminy (witamina B1),* BHT (konserwant), *kwas palmitynowy (witamina A), kwas foliowy, betakaroten (źródło witaminy A), witamina* B_{12} *oraz witamina D.*

I pomyśleć tylko, że takie płatki reklamowane są jako „zdrowe". Zwróćmy uwagę na oświadczenia zdrowotne napisane dużymi, łatwo rzucającymi się w oczy literami na przedniej stronie opakowań płatków śniadaniowych: „Mniej cukru", „Więcej błonnika", „Bez zbędnych dodatków", „Naturalne" itp. Producenci mają nadzieję, że nie będziesz zadawał więcej pytań (Mniej cukru lub więcej błonnika, ale w porównaniu z czym? Co właściwie oznaczają określenia „bez zbędnych dodatków" i „naturalne"?). Dopiero kiedy spojrzymy na listę składników umieszczoną standardowo na tylnej części pudełka i napisaną drobnym drukiem, odkryjemy całą prawdę o zawartości produktu, przedstawioną w postaci długich i obco brzmiących wyrazów pochodzących z podręcznika do chemii. Dokonanie właściwej interpretacji wykazu składników i rozszyfrowanie skomplikowanych nazw najczęściej jest tak trudnym wyzwaniem, że pozostaje nam tylko rozłożyć bezradnie ręce i kupić pierwszy lepszy produkt.

Złe etykiety nigdy nie świadczą o pomyłce producenta, bowiem on celowo wprowadza nas w błąd. Przemysł spożywczy czyni ogromne starania, aby mieć wpływ na kształt przepisów prawnych i rozporządzeń dotyczących tego, co musi, czego nie musi, a także co mu wolno umieszczać na etykietach swoich produktów. Producentom żywności najczęściej zależy na tym, żeby:

1. przekonać cię, że produkt posiada pewne cechy, których w rzeczywistości mu brakuje;
2. przekonać cię, że produkt nie posiada cech, które w rzeczywistości go charakteryzują;
3. ukryć niepożądane właściwości poszczególnych składników.

Pozwolę sobie zaprezentować kilka przykładów.

Mus jabłkowy „naturalny w 100%". Na pierwszy rzut oka taka deklaracja brzmi zachęcająco. Przed moimi oczami roztacza się skąpany w słońcu sad jabłoniowy z dorodnymi owocami na drzewach, gdzie sadownicy ręcznie zrywają dojrzałe okazy i delikatnie przekładają je do koszy. Skoro jabłka mają być naturalne, zakładam oczywiście, że nie dodaje się do nich żadnych środków chemicznych.

Niestety, bardzo się mylę. W świecie żywności znaczenie słowa „naturalny" nie doczekało się ujednolicenia, więc można je w zasadzie dowolnie interpretować. To samo odnosi się do takich określeń jak „bez zbędnych dodatków", „prosto z farmy" i wielu podobnych deklaracji. Dlatego też uprawa wyżej wspomnianych jabłek może odbywać się przy zastosowaniu chemicznych środków ochrony roślin oraz antybiotyków. Owoce takie pokrywane są na ogół warstwą wosku pochodzenia zwierzęcego, zalewane syropem glukozowo-fruktozowym, zwanym także syropem kukurydzianym, a następnie wzbogacane konserwantami, sztucznymi barwnikami oraz substancjami aromatyzującymi. Jednak wielu konsumenów błędnie zakłada, że pod pojęciem „całkowicie naturalny" kryje się zdrowy produkt, i wciąż wyżej sobie ceni tego typu deklaracje niż certyfikat wydany przez Departament Rolnictwa Stanów Zjednoczonych (USDA) poświadczający, że dany wyrób spełnia wymogi produkcji ekologicznej. Przyznanie certyfikatu przez USDA wiąże się z częstą kontrolą jakości takich produktów, a także zobowiązuje producentów do przestrzegania wysokich standardów.

A co się dzieje, kiedy przemysł spożywczy próbuje przekonać cię, że produkt nie posiada cech, które w rzeczywistości go charakteryzują? Przyjrzyjmy się na przykład deklaracji „bez dodatku cukru". Wzdrygam się za każdym razem, kiedy słyszę, jak rodzice moich pacjentów mówią: „Przecież zawsze kupujemy sok/dżem itp. bez zawartości cukru". Rodziny te bowiem wpadły w pułapkę. Z następnego rozdziału dowiecie się, że cukier jest najbardziej niezawodnie uzależniającym składnikiem produktów przetworzonych. Jednak od kilkudziesięciu lat, czyli od czasu, kiedy zaczęto go demonizować, producenci skrupulatnie ukrywają cukier na etykietach, maskując go oryginalnymi i tajemniczymi nazwami. Jednym ze sposobów na przemycanie substancji słodzących do przetworzonej żywności jest fruktoza krystaliczna, czyli przetworzony cukier pochodzący z owoców, który dodaje się głównie do soków, dżemów oraz lodów owocowych. **Producentom zezwala się na zakwalifikowanie fruktozy jako owocu, w związku z czym nie są oni zobowiązani do umieszczania tej substancji słodzącej na liście składników.** Warto także zauważyć, że przepisy nie wymagają od producentów, aby oprócz całkowitej zawartości cukru informowali nas osobno o zawartości cukru dodanego. W rezultacie zdezorientowany konsument, który zapoznaje się z wykazem składników umieszczonym na etykiecie, może mieć błędne przekonanie, że znaczne ilości cukru obecne w wybranym soku występują wyłącznie naturalnie w owocach. Kiedy Michelle Obama zaproponowała wprowadzenie pewnych zmian w tej kwestii, producenci żywności wyrazili ostry sprzeciw[210].

Informacje umieszczone na etykietach powinny być proste, zrozumiałe i uczciwe. Im więcej dowiemy się o produkcie z jego etykiety, tym większe będą szanse na to, że nasze dzieci szybciej powrócą do zdrowia.

PRZYGOTUJ PLAN, KTÓRY UŁATWI CI OSIĄGNIĘCIE CELU

Zacznij stopniowo. Dla większości z nas rytuały kulinarne są źródłem niezwykle przyjemnych doznań i dobrego samopoczucia. U niektórych rodzin szybkie i radykalne działania czasami przynoszą nawet oczekiwane skutki, ale u innych mogą wywołać prawdziwy bunt. Dlatego najlepiej będzie, jeśli zaczniesz wprowadzać w życie moje zalecenia krok po kroku. Poniżej opisuję każdy z trzech kroków, aby ułatwić ci wprowadzenie zmian w sposób wygodny i bezbolesny, zamiast wywoływać w domu Trzecią Wojnę Światową na tle jedzenia.

Krok pierwszy: Zapoznaj się z treścią etykiety

Zrób sobie krótki spacer po kuchni i zapoznaj się z treścią etykiet produktów żywnościowych, na które natrafisz. Czy rozpoznajesz wszystkie wymienione składniki, czy też może brzmią one na tyle „naukowo", że zamiast znaleźć się w waszym śniadaniu, powinny raczej trafić do laboratorium? Czy zauważyłaś jakieś produkty z zawartością glutaminianu sodu (MSG)? Czy na listach składników dostrzegłaś jakieś dodatkowe substancje? A może sztuczne barwniki? Ostrzegam, że będziesz musiała zmrużyć oczy i mocno wysilić wzrok, aby odczytać wszystkie informacje zapisane celowo drobnym drukiem. Postaraj się jednak przeczytać wszystko do końca.

Krok drugi: Wprowadź proste zmiany

Sięgnij po proste zamienniki. Na przykład jeśli do tej pory kupowałaś gotowe aromatyzowane mieszanki ryżowe, tym razem kup po prostu biały, czerwony i brązowy ryż, a następnie sama ugotuj mieszankę z oliwą z oliwek, rosołem i przyprawami. Zamiast płatków śniadaniowych z licznymi dodatkami kup podobny produkt, ale tym razem pozbawiony jakichkolwiek dodatków. Możesz także zastąpić płatki jajecznicą na boczku bez azotanów lub niearomatyzowanymi płatkami z odrobiną miodu.

Krok trzeci: Wprowadź do jadłospisu nowe produkty

Na tym etapie zdążyłaś już zapewne pozbyć się wszystkich wymienionych w tym rozdziale szkodników ze swojej spiżarni. W znacznym stopniu udało ci się także przestawić na pełnowartościowe i nieprzetworzone zamienniki szkodliwych produktów. Zaczęłaś kupować artykuły spożywcze w szklanych opakowaniach, zamiast – jak dotychczas – w plastikowych. Nadszedł zatem czas, aby przetestować całą gamę przepysznych produktów o wielu korzyściach zdrowotnych, o których powiemy sobie więcej w następnych rozdziałach.

ROZDZIAŁ 7

Słodkie do przesady. Słodziki i inne substancje słodzące

Cukier. Jest on przedmiotem licznych kontrowersji, a każdy z nas ma inne zdanie na jego temat: „Kto by się przejmował cukrem? Prawdziwym problemem jest tłuszcz". „W umiarkowanych ilościach cukier nikomu nie zaszkodzi". „Cukier jest naszym największym wrogiem". Jedno jest pewne: cukier jest produktem, za którym najbardziej przepadają nasze dzieci. Chociaż sporadycznie zdarza mi się spotkać dziecko, dla którego słodki deser nie jest najważniejszym celem jego życia, większość naszych pociech zrobi wszystko, żeby tylko otrzymać swój wymarzony słodki przysmak. Cukier stał się wszechobecnym składnikiem żywności przeznaczonej dla dzieci, ponieważ przemysł spożywczy wykorzystuje ich ogromne zamiłowanie do spożywania słodyczy.

Najwyższy czas, aby zapoznać się z całą prawdą o cukrze. Zacznijmy od kilku faktów. Spożycie cukru oraz innych substancji słodzących gwałtownie wzrosło w poprzednim dziesięcioleciu.

W tym czasie u ponad połowy dorosłych Amerykanów stwierdzono nadwagę, a u jednej czwartej – otyłość[211]. Lwia część całkowitego spożycia cukru w Ameryce przypada na dzieci, a w szczególności nastolatki, u których cukier zaspokaja aż ponad 40 procent dziennego zapotrzebowania na kalorie. Dlatego też współczesne dzieci coraz częściej cierpią na choroby i zaburzenia, które dawniej dotykały tylko dorosłych. Trójglicerydy, związki krążące w naszej krwi, mają ścisły związek z konsumpcją. Na skutek gwałtownego wzrostu konsumpcji cukrów i węglowodanów u coraz większej liczby dzieci dochodzi do podwyższenia stężenia glicerydów (organicznych związków chemicznych) we krwi[212]. Jeszcze kilkanaście lat temu cukrzyca typu 2 u dzieci należała do rzadkości. Tymczasem tylko w latach 2001–2009 zachorowalność na cukrzycę typu 2 wzrosła w tej grupie wiekowej aż o 30 procent[213]. Ogromne ilości spożywanego cukru i wysoko przetworzonych węglowodanów coraz częściej także prowadzą do stłuszczenia wątroby u dzieci (nasuwa się tu skojarzenie z *foie gras* – stłuszczonymi wątróbkami gęsimi), które stwierdzono u 10 procent nastolatków[214]. Ta niegdyś rzadka dolegliwość, obecnie należy do najczęstszych przyczyn przeszczepu wątroby[215, 216].

Czemu zatem zawdzięczamy epidemie tych chorób? Jeszcze sto lat temu ludzie potrzebowali aż pięciu dni, aby skonsumować ilość cukru, która obecnie znajduje się w jednej puszce napoju gazowanego. Często zdarza się, że dokładnie taką dawkę cukru spożywamy średnio co siedem godzin. Po zsumowaniu tych porcji okazuje się, że nasze dzienne spożycie cukru na jedną osobę może przekroczyć nawet dwadzieścia dwie łyżeczki. Na domiar złego, na przestrzeni poprzednich trzech dekad[217] konsumpcja napojów, głównie gazowanych, izotonicznych, energetycznych, herbat oraz witaminizowanych wód smakowych, wzrosła o ponad 30 procent, a w tym dziesięcioleciu podwoiła się i ukształtowała na poziomie około 53 litrów rocznie w przeliczeniu na jednego mieszkańca.

Dieta bogata w słodkie przekąski i fast foody może nie tylko przyczynić się do stłuszczenia wątroby i rozwoju cukrzycy typu 2, lecz także zwiększyć ryzyko wystąpienia objawów ADHD, zaburzeń zachowania, niepokoju oraz problemów ze snem[218].

Na przykład u pewnego sześcioletniego chłopca, Garetha, zdiagnozowano zaburzenia o charakterze dwubiegunowym i ADHD. U chłopca tego, którego nazywano zresztą „Diabłem Tasmańskim", nietrudno było zauważyć stan ciągłego napięcia i rozdrażnienia. Podczas pobytu w moim gabinecie Gareth zaczął rzucać wszystkim co popadnie, strącił przedmioty z biurka mojej asystentki na podłogę, po czym próbował trafić we mnie jednym z nich, a w dodatku uszczypnął swoją mamę, przy czym przez cały czas niemiłosiernie wrzeszczał. Reakcje chłopca były nie do opanowania. Podczas jednej z kolejnych wizyt zauważyłam, że Gareth był początkowo nad wyraz spokojny – aż do czasu, gdy zjadł jakąś przekąskę (coś słodkiego lub pokrojone owoce). Po jej spożyciu u chłopca wystąpiły wszystkie objawy, które wcześniej opisałam. Podczas następnych spotkań przez większość czasu matka próbowała powstrzymać syna przed takim zachowaniem przy pomocy uścisku terapeutycznego. Po wykluczeniu na pewien czas cukru, a nawet owoców z codziennego jadłospisu dziecka, Gareth zrobił się nadzwyczaj spokojny i zrównoważony. Chociaż liczyłam się z tym, że w każdej chwili może nastąpić wybuch złości, chłopiec do końca naszego spotkania spokojnie kolorował sobie obrazki, przeczytał jakąś historyjkę, a nawet wyciął dwa papierowe serca – jedno dla swojej mamy, a drugie dla mnie. Kiedy udało się nam znaleźć sposób na część problemów i skutecznie je pokonać, nadszedł czas, aby zająć się przewodem pokarmowym dziecka i wspomóc regulację poziomu cukru w jego krwi. Zależało nam także na stworzeniu warunków umożliwiających ponowne wprowadzenie owoców do jego diety, a nawet umiarkowane ilości słodyczy.

Nasz organizm jest zaprogramowany na czerpanie energii z cukru. Jeżeli kiedykolwiek próbowałaś wykluczyć go ze swojej diety, to na pewno wiesz, co mam na myśli. Już od pierwszego łyku mleka z matczynej piersi, które jest bogatym źródłem laktozy, czyli cukru mlecznego, człowiek uczy się domagać słodyczy. Nie chodzi tu zresztą tylko o przyjemne doznania smakowe. Nasz organizm wydziela endorfiny, które wprowadzają nas w stan euforii i zmniejszają odczucie bólu. Dlatego właśnie cukier określany jest często mianem „comfort foodu", czyli jedzeniem na pocieszenie.

SŁODYCZOWY NAŁÓG: KOKAINA I HEROINA NA RÓWNI Z CUKREM?

Każde kolejne badanie nad wpływem cukru na nasz organizm potwierdza, że jest on składnikiem, który uzależnia bardziej niż kokaina. Wyobraź sobie, że aż 94 procent badanych szczurów, mając do wyboru posłodzoną wodę oraz wodę z dodatkiem kokainy, wybrało rozpuszczony cukier![219] Nawet szczury już uzależnione od kokainy szybko przestawiły się na cukier, jak tylko umożliwiono im dokonanie takiego wyboru. Niektórzy naukowcy przypuszczają, że receptory „słodyczy" w naszym organizmie, które ewoluowały w czasach, gdy dieta naszych przodków była bardzo uboga w cukier, nie zdążyły się jeszcze w pełni przystosować do współczesnej konsumpcji produktów, niezmiernie bogatych w ten składnik. Nadmierne pobudzanie tych receptorów za sprawą diety bogatej w cukier emituje sygnały nagrody w mózgu, które mogą stać się silniejsze od mechanizmów samokontroli i doprowadzić do uzależnienia. Badania wykazały zależność krzyżową oraz tolerancję krzyżową pomiędzy cukrami a narkotykami. Na przykład u zwierząt spożywających od dłuższego czasu znaczne ilości cukru nastąpił wzrost tolerancji (osłabienie reakcji) na morfinę, powszechnie znaną z silnego działania przeciwbólowego.

Poniżej prezentuję kilka wniosków z innych badań potwierdzających właściwości uzależniające cukru[220, 221].

- Podobnie jak inne substancje uzależniające, cukier pobudza ośrodki nagrody w mózgu za sprawą dopaminy, która jest neuroprzekaźnikiem[222].
- Badanie pracy mózgu metodą obrazowania przy zastosowaniu skanera PET (pozytonowej tomografii emisyjnej) pokazuje, że produkty o dużej zawartości cukru i tłuszczów, a także heroina, opium i morfina, wywołują podobne reakcje w mózgu, pobudzając wydzielanie opioidów (podobnych pod względem właściwości do morfiny).
- U ludzi (i szczurów) może wystąpić zwiększona tolerancja na cukier, co oznacza, że dla osiągnięcia pełnego zadowolenia potrzebują go w coraz większych ilościach. Podobna prawidłowość występuje u osób uzależnionych od alkoholu lub heroiny.
- Naltrekson jest lekiem, który blokuje receptory opioidowe w mózgu, uniemożliwiając działanie heroiny i morfiny, a także znacznie ogranicza spożycie cukru, ponieważ zmniejsza nasz apetyt na słodycze. Ponadto lek ten wpływa na ograniczenie spożycia produktów o wysokiej zawartości tłuszczu, zarówno u osób o normalnej wadze, jak i u tych otyłych, z niepohamowanym apetytem.

- Wiele osób otyłych, nie zważając na dotkliwe skutki społeczne i osobiste, nadal pochłania ogromne ilości niezdrowego jedzenia. Podobną tendencję można zaobserwować o osób uzależnionych.
- Zarówno u zwierząt, jak i u człowieka występuje tzw. zespół abstynencyjny, czyli objawy wynikające z nagłego odstawienia substancji uzależniających. Są one dokuczliwe nie tylko dla narkomanów przechodzących detoksykację, lecz także dla osób, które nagle wykluczyły cukier ze swojej diety[223].

Cukier uaktywnia w naszym organizmie „wewnętrzny system narkotykowy". Dlatego właśnie w ośrodkach intensywnej terapii noworodków i żłobkach płaczącym maluchom często podaje się roztwory cukru, aby je uspokoić i ukoić dokuczliwy ból. Badania wykazały, że podawanie roztworu sacharozy jako środka przeciwbólowego zarówno cierpiącym wcześniakom, jak i noworodkom narodzonym w terminie przynosi im ulgę i ukojenie, jednocześnie skracając czas intensywnego płaczu[224]. (Jednak, co ciekawe, ostatnie badania wykazały, że częste podawanie takiego roztworu może w późniejszym czasie wywołać zmiany o charakterze neurobehawioralnym)[225]. Rodzice noworodków zapewne zauważyli, że po spożyciu obfitej porcji bogatego w laktozę pokarmu z piersi lub mleka modyfikowanego dziecko często zachowuje się tak, jakby zostało upojone alkoholem. Dzieje się to za sprawą aktywizacji układu endokannabinoidowego, co powoduje, że w organizmie dziecka powstają reakcje charakterystyczne dla osób uzależnionych od narkotyków.

Nasz organizm posiada specjalne receptory wykrywające obecność cukru w jamie ustnej, żołądku oraz w trzustce. Receptory te, które rozmieszczone są wzdłuż przewodu pokarmowego, począwszy od przełyku, poprzez żołądek, aż do trzustki wysyłają informacje ze swoich przyczółków znajdujących się w różnych miejscach przewodu pokarmowego do mózgu za pośrednictwem układu nerwowego, pobudzając nasze ośrodki apetytu, pragnienia i nagrody. Produkty zawierające przetworzony cukier i tłuszcz uzależniają nasz organizm o wiele szybciej i skuteczniej niż ich nieprzetworzone odpowiedniki[226]. Można to sensownie wyjaśnić. Otóż największą przyjemność, jaką czerpiemy ze spożywania słodyczy, odczuwamy na samym początku – w momencie, gdy cukier dociera do tych receptorów. Im mniej wysiłku musi włożyć nasz organizm w przetworzenie węglowodanów na glukozę, tym szybciej ośrodek nagrody sprawia, że czujemy się usatysfakcjonowani. Przetworzone węglowodany proste działają szybciej i silniej na nasz organizm niż cukry złożone, zawarte na przykład w owocach.

Spożywanie słodkich produktów sprawia, że nasz organizm domaga się coraz większych ilości cukru. Innymi słowy, karmiąc dzieci słodyczami, zwiększamy ich apetyt na kolejne słodkie przysmaki. I nie chodzi tu jedynie o sporadyczne zachcianki wyrażone słowami: „Zjadłbym coś słodkiego", lecz o wzmożony i często niekontrolowany apetyt na produkty bogate w cukier. Badanie przeprowadzone w latach sześćdziesiątych XX wieku wykazało, że szczury, które instynktownie chowają się w rogu lub przy samej ścianie klatki, potrafią szybko przenieść się na sam środek, jak tylko zostanie tam położona słodka przekąska. Następnie zwierzęta te bez opamiętania objadają się słodkościami, aż do wystąpienia dotkliwych fizjologicznych objawów przejedzenia[227].

Jesteś zdziwiona? Być może słyszysz o tym po raz pierwszy w życiu, ale bądź pewna, że producenci żywności znają ten problem od podszewki.

Wykorzystywanie naszych słabości

Ogromne zamiłowanie naszych dzieci do słodyczy jest dobrze znane producentom żywności. Badania przeprowadzone w latach siedemdziesiątych XX wieku wykazały, że większość dzieci domaga się produktów, które są słodkie lub słone[228]. Kolejne badanie, tym razem nad „punktem rozkoszy" (punkt, w którym odczuwamy największą przyjemność ze spożywania produktu, do którego dodano już optymalną ilość cukru), wykazało, że w porównaniu z osobami dorosłymi dzieci w wieku od pięciu do dziesięciu lat wybierają produkty, które są dwukrotnie, a często nawet trzykrotnie słodsze. Takie wyniki badań spełniają oczekiwania przemysłu spożywczego, który coraz bardziej słodzi swoje produkty.

Osoby, które często lub regularnie spożywają dany produkt, zostały nazwane przez przemysł spożywczy „heavy users" (konsumentami, którzy kupują dany produkt w dużych ilościach lub stałymi klientami). Były dyrektor generalny The Coca-Cola Company powiedział: „Konsumenci silnie przywiązani do marki są przyszłością biznesu". Dla wielu koncernów spożywczych dzieci stają się docelową grupą konsumentów. Agresywna promocja wyrobów skierowanych do dzieci ma uzależnić społeczeństwo od danej marki lub konkretnych produktów już od najmłodszych lat. Dokładnie z tego powodu firma tytoniowa Philip Morris, produkująca kiedyś słodycze dla dzieci w kształcie papierosów, obecnie jako właściciel koncernów Kraft i General Foods, promuje słodycze w przyjaznych dzieciom opakowaniach, dołączając do nich rozmaite maskotki i przytulanki, a także niezgodne z prawdą zapewnienia, że wszystko jest „całkowicie naturalne" (twierdzenie pozbawione sensu) oraz „wzbogacone" (ponieważ produkty pozbawione są składników odżywczych, wzbogaca się je suplementami).

Producenci żywności przekazują ogromne pieniądze na badania naukowe, aby dowiedzieć się, jakie warunki musi spełniać produkt, aby optymalnie aktywizował ośrodek przyjemności w naszym mózgu, wzmagając apetyt na kolejne, coraz większe porcje niezdrowej żywności. W taki oto sposób naukowcy zajmujący się żywnością stali się przede wszystkim specjalistami w zakresie uzależnień. Szczytem hipokryzji była reakcja prezesów koncernu Gerber na prośbę o skomentowanie decyzji o wycofaniu dwóch przesłodzonych wyrobów z linii produktów dla nie-

WSKAZÓWKA

Podaj dziecku na uspokojenie organiczną herbatę

Niepohamowany apetyt na słodycze u dzieci może mieć związek z niepokojem i stresem. W stanie stresu, lęku lub depresji w naszym organizmie uwalnia się hormon zwany kortyzolem, który jest następnie wypompowywany przez nadnercza, co zwiększa nasze zapotrzebowanie na cukier (i sól). Dlatego w takich sytuacjach zalecam podawanie dziecku organicznych herbat o działaniu uspokajającym, takich jak na przykład wyciąg z kwiatów męczennicy, napar z lipy, melisę, lub rumianek, a także redukujące stres i przywracające równowagę zioła adaptogenne, w szczególności bazylię azjatycką (zwaną także „bazylią świętą” lub „tulsi”) oraz traganek. By wzbogacić napar w potężną dawkę witaminy C, dodaj trochę owoców dzikiej róży lub hibiskusa. Stres wzmaga bowiem zapotrzebowanie na witaminę C. Po spożyciu przygotowanego naparu objawy niepokoju u dziecka ustąpią a jego apetyt na słodycze zmaleje.

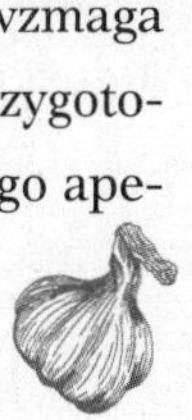

mowląt, spowodowanej protestami oburzonych konsumentów. Producenci odpowiedzieli z rozbrajającą szczerością: „Nigdy nie twierdziliśmy, że te produkty posiadają jakąś wyjątkową wartość odżywczą. Zadeklarowaliśmy tylko, że są smaczne[229]".

Podstępny cukier – ukryty w jedzeniu i napojach

Czytając ten rozdział, możesz sobie pomyśleć: Ale przecież moje dziecko wcale nie spożywa aż tyle cukru. Ono nawet nie pije napojów gazowanych. Wspaniale. Ale gdybym zamiast napojów gazowanych wymieniła soki? Przetworzony sok pod wieloma względami nie różni się od napoju gazowanego. Każdy z tych napojów zawiera bowiem puste kalorie. Poza tym **w olbrzymiej większości soki już dawno przestano produkować z owoców.**

Przemysł spożywczy doskonale zdaje sobie sprawę z tego, jak bardzo rodzice troszczą się o zdrowie swoich dzieci. Dlatego producenci żywności wiedzą, że **aby ich wyroby odniosły sukces na rynku, muszą sprawiać wrażenie zdrowych.** Próbując przekonać rodziców, że opłaca im się kupować ich produkty dla swoich dzieci, producenci stworzyli tak zwane „soki" – najpierw Kool-Aid, a następnie Tang – które zostały wyprodukowane niemal wyłącznie ze sztucznych barwników, dodatków aromatyzujących i oczywiście cukru. Warto też zauważyć, że na każdą butelkę takiego płynu przypada pół łyżeczki prawdziwego soku owocowego. Dodatkowo produkt został wzbogacony w witaminę C, aby mógł uchodzić na rynku za „zdrowy". Pomysłodawcy tych „wynalazków" stworzyli najpierw całą gamę sztucznych smaków i aromatów owocowych, a na opakowaniach umieścili kolorowe zdjęcia prawdziwych owoców. Rodzice mogli błędnie przypuszczać, że w trosce o zdrowie ich dzieci producenci zechcą przemycić kilka składników odżywczych do swoich „soków owocowych". Wkrótce produkt ten nabrał nawet znamion „prawdziwego" soku, ponieważ jak tylko producenci uznali, że naturalna słodycz jabłek i winogron nie wystarczy, aby osiągnąć wspomniany wcześniej „punkt rozkoszy", postanowiono dodać do napoju „cukier owocowy", czyli fruktozę, pomijając ją na liście składników. Warto też pamiętać, że napój owocowy, który nie zepsuje się, stojąc na sklepowych półkach przez wiele tygodni, miesięcy, a nawet kilka lat, nie może zachować wielu wartości odżywczych, nawet jeśli dodano do niego prawdziwe owoce.

Wyniki końcowe: dostępne na rynku soki Gatorade i Powerade są niewiele zdrowsze od napojów gazowanych. Nie zapominajmy także o Wodzie Witaminizowanej, czyli kolejnym pomyśle przebiegłych producentów na oszukanie rodziców, którzy troszczą się o zdrowie swoich dzieci. „Specyfik" ten zawiera właściwie tylko cukier i porcję witamin syntetycznych.

Deser na śniadanie?

Wynalazcą popularnych kukurydzianych płatków śniadaniowych był John Harvey Kellogg, lekarz pełen zapału i wzniosłych idei, który zarządzał sanatorium w Detroit, gdzie pomagał osobom z kłopotami trawiennymi. W roku 1894 dyrektor sanatorium z myślą o swoich pacjentach stworzył płatki na bazie pszenicy, a następnie opracował przepis na wersję takich płatków z mąki kukurydzianej. Warto zauważyć, że płatki podawane kuracjuszom nie zawierały cukru, ponieważ już wtedy lekarz wiedział, że jest on poważnym zagrożeniem dla stanu zdrowia społeczeństwa. Jednak w roku 1908 brat Kellogga, który wykradł przepis, dodał do płatków znaczne ilości cukru i wprowadził je na rynek pod nazwą Kellogg's Toasted Corn Flakes (prażone płatki kukurydziane). Ostatecznie przyłączył się do niego C.W. Post (jeden z byłych pacjentów sanatorium), który zaczął produkować Grape Nuts (płatki zbożowe z rodzynkami i orzechami). Na odpowiedź General Mills nie trzeba było długo czekać. Wkrótce firma wprowadziła na rynek płatki śniadaniowe o nazwie Sugar Crisps, obficie posypane cukrem. Aby nie pozostać w tyle, inni producenci żywności zaczęli wprowadzać na rynek kolejno takie wyroby, jak Sugar Corn Pops, Sugar Frosted Flakes, Sugar Smacks, Sugar Jets, a także wiele innych. Po dodaniu cukru płatki nabierają lepszego smaku oraz złocistobrązowego koloru, a po zalaniu mlekiem są nadal chrupiące.

W latach siedemdziesiątych XX wieku rynek płatków śniadaniowych gotowych do spożycia zaczął się gwałtownie rozrastać, ponieważ kobiety, które coraz częściej pracowały poza domem, musiały przed wyjściem do pracy w miarę szybko przygotować śniadanie dla swoich dzieci. Do początku latach osiemdziesiątych XX wieku rynek płatków śniadaniowych osiągnął wartość równą 4,4 miliardów dolarów. Jednocześnie cukier, który stał się najważniejszym składnikiem większości produktów, znalazł się pod wnikliwą kontrolą, ponieważ udowodniono, że odpowiada on za wiele chorób, w szczególności za cukrzycę i choroby serca. Jednak Agencja Kontroli Żywności i Leków odmówiła wszelkich komentarzy na temat cukru jako zagrożenia dla zdrowia społeczeństwa ani też nie zobowiązała producentów do ujawniania prawdziwej zawartości cukru na opakowaniach swoich wyrobów.

Jednak jeszcze większy niepokój mogą budzić badania przeprowadzone przez organizacje działające na rzecz ochrony zdrowia społeczeństwa, które wykazały, że płatki zbożowe o najwyższej zawartości cukru, która sięga nawet 70,8 procent, były kierowane właśnie do dzieci, a nawet reklamowane w telewizji podczas wyświetlania kreskówek w sobotnie poranki. W ciągu zaledwie pół godziny mocno przesłodzone płatki śniadaniowe były reklamowane aż czterokrotnie w każdej stacji TV. Częste nadawanie reklam przyczyniło się do wzrostu konsumpcji tych produktów u dzieci, ale także sprowokowało aktywistów do stanowczych protestów. Jednym z nich był Jean Mayer, dietetyk z Harvardu, który domagał się, aby każde płatki śniadaniowe zawierające ponad 50 procent cukru były sprzedawane pod nazwą „wyrób o smaku płatków" lub „cukierki o smaku płatków śniadaniowych". Co więcej, zdaniem dietetyka sprzedaż takich wyrobów w supermarketach powinna odbywać się w dziale „Słodycze", a nie, jak dotychczas, w dziale „Płatki śniadaniowe". W rezultacie cały kraj obiegły nagłówki: „Czy to jeszcze płatki zbożowe, czy już cukierki?". Czy wiecie, jaka była reakcja? Otóż producenci wycofali cukier z… nazw swoich produktów, ale nie zmniejszyli w nich jego zawartości. I tak na przykład nazwę „Sugar Frosted Flakes" zmieniono na „Frosted Flakes" (Płatki lukrowane), a „Super Sugar Crisp Cereal" pojawiły się wkrótce pod nazwą „Super Golden Crisps" (Chrupkie złociste płatki śniadaniowe).

Na tym jednak nie koniec. Po dodaniu pianek cynamonowych Marshmallows do płatków Apple Jacks, Kellogg's przygotował spot reklamowy przedstawiający laski słodkiego cynamonu, którym udaje się ochronić wspaniały smak płatków przed najwyraźniej czarnym charakterem, nazwanym „Niedobrym Jabłkiem"[230]. Aby jeszcze skuteczniej wypromować produkt, Kellogg's powołał się w swojej reklamie na wyniki badań naukowych, które rzekomo wykazały, że jedzenie na śniadanie płatków Frosted Mini-

-Wheats zwiększa koncentrację u dzieci o 20 procent. „Niech będą syte, niech będą skupione" – głosiła reklama. Wkrótce wyszło na jaw, że badanie zostało przeprowadzone na zlecenie koncernu Kellogg's, a jego prawdziwe wyniki „nieco" odbiegały od tych, które dumnie ogłoszono w reklamie. W rzeczywistości bowiem tylko u co dziewiątego badanego dziecka stwierdzono dwudziestoprocentowy wzrost koncentracji. W dodatku różnica taka powstała na skutek porównania poziomu koncentracji u dzieci, które jadły wyżej wymienione płatki, z wynikami osiągniętymi przez dzieci, które w ogóle nie jadły przedtem śniadania. Za powoływanie się na fałszywe dane w reklamie płatków rozgniewani rodzice postanowili przywołać koncern Kellogg's do porządku. Federalna Komisja Handlu (Federal Trade Commission) złożyła oficjalną skargę na firmę[231], a Kellogg's zobowiązał się w ramach ugody przeznaczyć 4 miliony dolarów na zrefundowanie kosztów poniesionych na zakup tych produktów. Wprawdzie koncern nie przyznał się do popełnienia wykroczenia, ale przynajmniej zgodził się nieco pomniejszyć „walory" swoich produktów w następnych reklamach, tym razem deklarując, że: „Badania kliniczne wykazały, że u dzieci zjadających pożywne śniadanie, na przykład Frosted Mini-Wheats, stwierdzono wzrost koncentracji w szkole o 11 procent, w porównaniu z wynikami osiągniętymi przez dzieci, które nie jedzą śniadania"[232].

Zacięta wojna z cukrem jeszcze się nie skończyła. Obecnie nawet w płatkach śniadaniowych o stosunkowo niskiej zawartości cukru, na przykład Cheerios, próbuje się jeszcze bardziej ograniczyć jego udział. Dotyczy to zwłaszcza produktów Dulce de Leche Cheerios, Cinnamon Burst Cheerios i Fruity Cheerios. Jednak do dziś zawartość cukru w większości płatków śniadaniowych przekracza 50 procent.

Niesłodki cukier?

Obecnie cukier można znaleźć w licznych produktach, które w powszechnym odczuciu nie uchodzą za „słodkie", na przykład w chlebie, ketchupie, dressingach do sałatek czy też w sosie pomidorowym. Tymczasem cukier jest na ogół drugim w kolejności, najczęściej stosowanym składnikiem do wyrobu tych produktów. Na przykład jogurt może zawierać tyle samo cukru, a nawet więcej niż jedna puszka napoju gazowanego. Producenci żywności uwielbiają dodawać cukier do swoich wyrobów, ponieważ wiedzą, że my go uwielbiamy, a nasz organizm domaga się jego obecności w prawie każdym artykule spożywczym. Doskonale też wiedzą, że kupimy wszystko, czemu nie możemy się oprzeć, zwłaszcza jeśli będzie to dostępne na każdą kieszeń (chociaż i to nie zawsze jest warunkiem). Ponadto w przemyśle spożywczym cukier jest niezwykle wysoko cenionym składnikiem, ponieważ dzięki niemu produkcja większości wyrobów jest opłacalna lub w ogóle możliwa. To przede wszystkim dzięki niemu pieczywo szybko nie czerstwieje, płatki śniadaniowe mają złocisty kolor i zachowują kruchość nawet po zalaniu ich mlekiem, a pączki robią się delikatniejsze i bardziej puszyste. Możemy się pocieszyć jedynie tym, że producenci żywności są nie mniej uzależnieni od cukru niż my.

Słodki marketing, czyli ukryty cukier

To, ile cukru zjadamy, w znacznej mierze zależy od skuteczności promocji produktów z jego udziałem[233].

W sprawozdaniu „Gorzka prawda o cukrze: Jak przemysł spożywczy wprowadza w błąd konsumentów" Związek Zatroskanych Naukowców (The Union of Concerned Scientists [UCS]) ostrzega nas przed[234]:

1. Przesłodzonymi produktami z oświadczeniami zdrowotnymi na etykiecie. Coca-Cola niedawno reklamowała swoją mocno przesłodzoną wodę witaminizowaną, używając modnych, ale niewiele znaczących słów, takich jak „ochrona", „energia", „wzbogacony" itp. Z kolei koncern General Lills deklarował, że ich Fruit Roll-Ups (owocowe ruloniki) wyprodukowano z prawdziwych owoców (chociaż faktycznie nie zawierały ani jednego). Badania wykazują również, że wiele produktów spożywczych, reklamowanych jako „pełnoziarniste" , „bogate w białka" lub inne wartościowe składniki odżywcze często zawiera więcej cukru niż wyroby, na których opakowaniach nie widnieją tego typu deklaracje.
2. Językiem, który ma na celu wprowadzenie konsumenta w błąd, poprzez używanie takich określeń jak „naturalny" czy „naturalnie słodzony". Wprawdzie niektórzy producenci wyeliminowali ze swoich wyrobów mocno przetworzone substancje słodzące, takie jak na przykład syrop kukurydziany o wysokiej zawartości fruktozy, ale zastąpili je odpowiednią ilością innego, nie mniej przetworzonego środka słodzącego.
3. Wykorzystaniem rozpoznawalności marki do promowania mniej zdrowych lub niezdrowych produktów. Jedna porcja Cheerios zawiera tylko 1 g cukru, ale na pewno widzieliście więcej reklam o wiele słodszych wersji tego produktu, na przykład Honey Nut (9 g cukru w jednej porcji) lub Apple Cinnamon Cheerios (10 g). Pod znaną i renomowaną marką, często utożsamianą z jakimś stosunkowo zdrowym produktem, o wiele łatwiej jest wypromować jego bardziej szkodliwą i przesłodzoną wersję.
4. Stosowaniem *cause related marketing*, czyli marketingu społecznie zaangażowanego (połączenie celów ekonomicznych przedsiębiorstwa z celami społecznymi w ramach danego przedsięwzięcia). Według strony internetowej grupy Yoplait, dzięki kampanii „Save Lids to Save Lives" (Zbieraj wieczka po jogurcie, aby ratować życie) udało się zebrać 34 miliony dolarów na profilaktykę i wczesną wykrywalność raka piersi. Tymczasem zaledwie jedna szklanka jogurtu Yoplait zawiera średnio 26 g cukru – wię-

cej, niż powinno wynosić jego dzienne spożycie u kobiet rekomendowane przez Amerykańskie Stowarzyszenie Kardiologiczne (American Heart Association).

Gdzie są rozporządzenia?

Już od ponad trzydziestu lat władze federalne nie podejmują żadnych wysiłków zmierzających do ustalenia maksymalnej dziennej dawki cukru, gdy tymczasem już dawno określono dopuszczalne spożycie soli i tłuszczu, chociaż dane dotyczące skutków ich spożycia nie wydają się aż tak zatrważające. Producentów żywności zobowiązuje się do informowania konsumentów o całkowitej zawartości cukru w danym produkcie, natomiast nie muszą oni podawać dodatkowo, ile wynosi naturalna zawartość tłuszczu. W roku 2009 Amerykańskie Stowarzyszenie Kardiologiczne (American Heart Association [AHA]) wreszcie zajęło w tej kwestii stanowisko, rekomendując maksymalne dzienne spożycie cukru u osoby dorosłej na poziomie od pięciu do dziewięciu łyżeczek, co odpowiada jego zawartości w połowie puszki Coca-Coli o pojemności 0,33 litra, w połowie pudełka ciastek Fig Newtons lub połowie porcji galaretki Jell-O. Ogłoszenie tego zalecenia miało skłonić producentów do zmniejszenia zawartości cukru w tych produktach. Tak więc pięć łyżeczek to jedynie kropla w morzu w porównaniu z ilością cukru, którą raczą nas bez opamiętania producenci żywności. Na przykład tylko pół szklanki sosu pomidorowego Prego zawiera aż dwie łyżeczki cukru, tyle samo, co tubka jogurtu Go-Gurt lub dwa ciasteczka Oreo. Przemysł spożywczy nawet nie próbował ułatwić konsumentom przestrzegania bezpiecznej dziennej dawki cukru poprzez ograniczenie jego zawartości w wyrobach, lecz natychmiast stanął do walki z zaleceniami Amerykańskiego Stowarzyszenia Kardiologicznego. W rezultacie takiej postawy producentów do tej pory nie wprowadzono żadnych istotnych zmian na lepsze.

Co zatem należy zrobić?

Chociaż trudno odmówić racji lekarzom i dietetykom, którzy biją na alarm w związku z niekontrolowanym spożyciem cukru, nieporozumieniem jest demonizowanie wszystkich substancji słodzących. Problem nie leży w samym cukrze, tylko w tym, w jaki sposób jest on przetwarzany. Spożywanie niewielkich ilości syropu klonowego, miodu, a nawet soku wyciskanego ze świeżych pędów trzciny cukrowej może okazać się wręcz korzystne dla naszego zdrowia. W rozdziale 15 przyjrzymy się dokładniej korzyściom zdrowotnym takich substancji słodzących.

Pod jakimi nazwami ukrywa się cukier na liście składników?

Dzięki zastosowaniu tej prostej sztuczki dowiesz się, pod którymi nazwami wymienionymi na liście składników producenci ukrywają cukier. Dotyczy to niemal wszystkich wyrazów z końcówką „-oza" , a także nazw, których częścią są wyrazy „syrop", „koncentrat", „nektar", „słód" lub oczywiście „cukier". Oto wybrane przykłady nazw składników, pod którymi ukrywa się cukier:

Syrop z agawy
Słód jęczmienny
Cukier buraczany
Syrop z brązowego ryżu
Cukier brązowy
Krem z masła i cukru
Skrystalizowany cukier trzcinowy
Sok trzcinowy

Cukier trzcinowy
Karmel
Syrop karobowy
Cukier puder
Cukier z palmy kokosowej
Cukier kukurydziany
Słodzik kukurydziany
Syrop kukurydziany
Syrop kukurydziany w postaci stałej
Fruktoza krystaliczna
Cukier daktylowy
Dekstroza
Skondensowany sok trzcinowy
Fruktoza
Koncentrat soku owocowego
Glukoza
Wysokofruktozowy syrop kukurydziany
Miód
Cukier inwertowany
Laktoza
Maltoza
Syrop słodowy
Melasa
Muscovado (nierafinowany cukier z trzciny cukrowej)
Cukier naturalny
Syrop z otrębów ryżowych
Syrop ryżowy
Sorgo
Syrop z sorgo
Sacharoza
Syrop
Cukier turbinado (częściowo rafinowany cukier trzcinowy)

ŚCIĄGA, KTÓRA POMOŻE CI ZDEMASKOWAĆ CUKIER

Oto lista produktów, w których najczęściej ukrywany jest cukier[235]:

- Koncentraty i sosy, na przykład ketchup, sos barbecue, sos teriyaki, sos śliwkowy oraz inne sosy azjatyckie
- Niskotłuszczowe lub beztłuszczowe dressingi do sałatek oraz marynaty

- Dipy i pasty
- Przystawki sprzedawane w supermarketach w dziale delikatesowym (np. makarony, sałatka ziemniaczana lub coleslaw)
- Herbatniki w puszce, gotowe ciasto na pizzę
- Dania na wynos, szczególnie pizza i chińszczyzna

Cukier ukryty w produktach z lodówki lub zamrażarki

- Mrożone dania główne (także niskokaloryczne)
- Przetworzone mięso (kiełbasa, parówki)
- Mrożone warzywa z sosem
- Kanapki śniadaniowe
- Minipizze, roladki z pizzy (pizza rolls) i kieszonki
- Mrożony chleb i bułki
- Zapiekanki mięsno-warzywne w cieście

Cukier ukryty w spiżarni

- Sosy do makaronów
- Miksy ryżowe
- Płatki owsiane błyskawiczne lub o różnych smakach
- Granola i batoniki zbożowo-owocowe (także pełnoziarniste)
- Batony z płatków zbożowych
- Miks na chleb kukurydziany na słodko
- Pełnoziarniste płatki śniadaniowe do podawania na zimno
- Chlebki pita z mąki pszennej (także pełnoziarnistej)
- Fasola w sosie pomidorowym (fasolka po bretońsku)
- Mieszanka studencka
- Krakersy pełnoziarniste
- Muffiny angielskie
- Placki tortilli

- Placki kukurydziane do tacos
- Jogurty owocowe i smakowe

CISI POMOCNICY CUKRU: WYSOKOFRUKTOZOWY SYROP KUKURYDZIANY ORAZ ASPARTAM

Przemysł spożywczy ciągle poszukuje „magicznych" i jednocześnie niedrogich składników, które mogłyby zdziałać cuda. Wysokofruktozowy syrop kukurydziany, zwany także syropem glukozowo-fruktozowym, oraz aspartam tworzą taką właśnie królewską parę. Syrop kukurydziany jest tanim i niezwykle skutecznym środkiem słodzącym, podczas gdy aspartam pozwala na delektowanie się słodkim smakiem produktu bez zbędnej obawy o kalorie. Obie substancje wykorzystują naszą zaprogramowaną miłość do słodyczy i potrafią przechytrzyć nawet najrozsądniejszych konsumentów.

Syrop kukurydziany o wysokiej zawartości fruktozy

Syrop glukozowo-fruktozowy, czyli właściwie płynna postać cukru, jest tanią i łatwą w użyciu substancją słodzącą, którą dodaje się do niemal wszystkich słodkich produktów (i nie tylko!). Z tego popularnego i dostępnego dosłownie za grosze zamiennika cukru szczególnie chętnie korzystają producenci żywności przetworzonej, którzy dodają go w ogromnych ilościach do płatków i batonów śniadaniowych, pieczywa, wędlin, jogurtów, zup, koncentratów, sosów, a także wielu innych wyrobów. Nadmiar syropu kukurydzianego w większości produktów ma katastrofalne skutki dla naszego organizmu.

Podczas gdy przyprawa MSG atakuje nasz organizm uwolnionym glutaminianem sodu, HFCS (wysokofruktozowy syrop kukurydziany) niszczy go za sprawą niezwiązanych cząsteczek fruktozy i glukozy, które są natychmiast wchłaniane przez wątrobę. Glukoza powoduje gwałtowny skok poziomu insuliny we krwi, która jest najważniejszym hormonem regulującym poziom cukru we krwi oraz produkcję i zużycie tłuszczu. Nadmiar glukozy w krwiobiegu prowadzi do powstawania substancji wywołujących stany zapalne, co powoduje tycie i znacznie zwiększa ryzyko wystąpienia wielu schorzeń, takich jak cukrzyca, choroby serca, nowotwory, demencja oraz stłuszczenie wątroby. W normalnych warunkach insulina, pomimo podwyższonego stężenia, normalizuje ilość pobieranego pożywienia, wydzielając hormon zwany leptyną, który hamuje nasz apetyt[236, 237, 238, 239, 240]. Jednak posiłki, które zawierają znaczne ilości syropu glukozowo-fruktozowego, nie stymulują wydzielania insuliny ani leptyny, w związku z czym zmniejsza się poziom stężenia tych hormonów we krwi[241], co powoduje wzrost apetytu i tycie. Duże dawki fruktozy nie są w stanie zaspokoić poczucia głodu, co udaje się osiągnąć posiłkom o porównywalnej wartości energetycznej zawierających glukozę lub sacharozę.

W odróżnieniu od fruktozy naturalnie występującej w owocach fruktoza uwolniona z syropu kukurydzianego będzie wymagać od nas dużo energii, aby mogła zostać wchłonięta przez jelita, zmniejszając zapasy adenozynotrójfosforanów (ATP), które stanowią główne źródło energii potrzebnej do reakcji chemicznych zachodzących w organizmie. W wyniku powstałego niedoboru ATP znajdujące się pod ogromną presją mitochondria muszą szybko i skutecznie wyprodukować energię niezbędną do zachowania integralności ścian jelit. Normalnie każda błona komórkowa jelita jest zespolona z sąsiadami szczelnym złączem, które zapobiega przenikaniu jedzenia, toksyn, bakterii itp. przez nabłonek jelit, co mogłoby spowodować stan zapalny całego organizmu. Jednak duże dawki uwolnionej fruktozy mogą doprowadzić do przedziurawienia błony jelita, a w konsekwencji do przedostania się niepożądanych substancji do krwiobiegu[242]. To właśnie taka sytuacja po części wywołuje reakcje zapalne organizmu, które sprzyjają rozwojowi astmy, napadów padaczkowych, objawów autystycznych, ADHD, otyłości, cukrzycy i nowotworów.

Syrop kukurydziany o wysokiej zawartości fruktozy zawiera także śladowe ilości rtęci, której obecność jest efektem zanieczyszczeń powstałych podczas procesu przetwarzania. W roku 2009 w blisko połowie testowanych próbek dostępnego na rynku syropu kukurydzianego wykryto obecność rtęci. Na domiar złego zawartość rtęci ujawniono także w prawie jednej trzeciej popularnych produktów żywnościowych i napojów, w których syrop glukozowo-fruktozowy jest najważniejszym lub drugim składnikiem wymienionym na etykietach[243]. Szczególnie bulwersujące jest to, że nasz rząd wiedział o zanieczyszczeniu tych produktów metalami ciężkimi, lecz starał się nie nadawać sprawie rozgłosu.

W roku 2004 Renee Dufault, naukowiec prowadząca badania w zakresie zdrowia środowiskowego w Agencji Kontroli Żywności i Leków, natknęła się na tajemniczy raport Agencji Ochrony Środowiska (Environmental Protection Agency) dotyczący emisji rtęci przez zakłady chemiczne. Z raportu tego Renee dowiedziała się, że niektóre firmy chemiczne produkujące sodę kaustyczną przepompowują sól przez ogromne kadzie z rtęcią. Ponieważ soda kaustyczna jest ważnym składnikiem syropu kukurydzianego (pomaga oddzielić skrobię od reszty ziarna), Dufault zastanawiała się, czy istnieje ryzyko, że rtęć zanieczyści ten środek słodzący, z którego pochodzi co dziesiąta kaloria w diecie Amerykanów. Renee wysłała próbki syropu kukurydzianego pochodzące od trzech producentów, którzy stosowali sodę kaustyczną, do laboratoriów Uniwersytetu Kalifornijskiego w Davis (University of California-Davis) oraz Narodowego Instytutu Standaryzacji i Technologii (National Institute of Standards and Technology). Wyniki badań laboratoryjnych wykazały obecność rtęci w większości próbek. Na domiar złego naukowcy z Uniwersytetu Kalifornijskiego przypuszczali, że jest to rtęć organiczna, najbardziej neurotoksyczna.

We wrześniu 2005 roku Dufault przedstawiła wyniki badań w Centrum Bezpieczeństwa Żywności (Center for Food Safety) przy Agencji Kontroli Żywności i Leków, i była zbulwersowana tym, co nastąpiło. „Kazano mi powstrzymać się od prowadzenia w tej sprawie dalszych badań" – wspomina. Agencja Kontroli Żywności i Leków uzasadniła swoją decyzję co do zaniechania badań tym, że „nie ma wystarczających dowodów wskazujących na istnienie ryzyka[244]". W rezultacie Default została odsunięta od prowadzenia dalszych prac badawczych. Czy można mówić o braku zagrożenia, skoro nasza tygodniowa dieta może zawierać nawet 200 mikrogramów neurotoksyn – trzy razy więcej niż wynosi dawka uznana przez Agencję Kontroli Żywności i Leków za bezpieczną dla dzieci, kobiet planujących zajść w ciążę i młodych matek? Co było do przewidzenia, Stowarzyszenie Przetwórców Kukurydzy (Corn Refiners Association) podważyło wyniki dotychczas przeprowadzonych badań, twierdząc, że producenci już od lat stosują kwas chlorowodorowy oraz sodę kaustyczną w wersjach, które nie zawierają rtęci. Następnie stowarzyszenie to zwróciło się o pomoc do instytucji badawczej ChemRisk (znanej z filmu *Erin Brockovich* firmy konsultingowej, prowadzącej badania w imieniu producentów, którym wytoczono proces sądowy o zanieczyszczanie wyrobów szkodliwymi substancjami), oczekując, że pracujący tam naukowcy ostro zaatakują raport przygotowany przez Default. Tak też się stało.

Możemy nigdy się nie dowiedzieć, dlaczego poddane wzajemnej weryfikacji wyniki badań wykazały obecność rtęci w próbkach, ponieważ proces produkcyjny jest ściśle tajny. Wiadomo jednak, że co najmniej cztery fabryki w Stanach Zjednoczonych oraz setki zakładów w innych krajach w dalszym ciągu wykorzystują rtęć w procesie chloro-alkalicznym, a przemysł spożywczy nadal chętnie dodaje wysokofruktozowy syrop kukurydziany do swoich wyrobów, nie musząc przy tym ujawniać, w jaki sposób został on wyprodukowany.

Syrop glukozowo-fruktozowy nie tylko sieje spustoszenie w naszym organizmie, lecz także przyczynia się do degradacji środowiska naturalnego. Jest on bowiem pozyskiwany z uprawianej na skalę przemysłową kukurydzy, co wiąże się z niszczeniem gleby, stosowaniem pestycydów i spalaniem paliw kopalnych w czasie transportu kukurydzy do przetwórni. W dodatku to ty za to płacisz. Na mocy Ustawy o gospodarstwach rolnych Stany Zjednoczone przeznaczają znaczne środki na dofinansowanie coraz większych upraw kukurydzy, pszenicy i soi. Z pieniędzy pochodzących z twoich podatków subwencjonuje się tanią, często zmodyfikowaną genetycznie kukurydzę, która zostanie przerobiona na cukier, który z kolei w ostatecznym rozrachunku zniszczy zdrowie członków twojej rodziny. Tak długo, jak rząd będzie zachęcał przemysł spożywczy do takich praktyk, ponosząc jedynie koszty takich działań, a nie zadając żadnych pytań, tak długo producenci będą zapełniać sklepowe półki wyrobami przesłodzonymi tą niezwykle szkodliwą substancją.

Moja rada brzmi: **Czytaj etykiety produktów i unikaj syropu kukurydzianego.**

Aspartam, znany także jako NutraSweet – słodzik produkowany niegdyś przez koncern Monsanto – dodawany jest do ponad 6 tys. produktów, na przykład do napojów gazowanych, gumy do żucia, cukierków, deserów i jogurtów, a także do ponad pięciuset produktów farmaceutycznych, w tym syropów i antybiotyków dla dzieci.

Asparaginian, czyli kwas asparaginowy, najważniejszy składnik aspartamu, podobnie jak glutaminian sodu działa na nasz organizm jak toksyna pobudzająca. Badania przeprowadzone na zwierzętach wykazały, że asparagina pokonuje barierę krew–mózg i przenika do płynu mózgowo-rdzeniowego, mogąc nawet doprowadzić do poważnego zakłócenia funkcjonowania płatów czołowych[245]. Oprócz kwasu asparaginowego w skład aspartamu wchodzi fenyloalanina, ester metylowy oraz dwuketopiperazyna – karcynogen, który przekształca się w komórkach w neurotoksyczny formaldehyd[246]. Podobnie jak glutaminian sodu, fenyloalanina rywalizuje z wieloma potrzebnymi aminokwasami o dostęp do ośrodkowego układu nerwowego, utrudniając kontakt pomiędzy neuronami i innymi komórkami[247]. U szczurów karmionych przez zaledwie dwie godziny pożywieniem zawierającym 5 procent aspartamu stwierdzono znaczne obniżenie poziomu serotoniny w mózgu, co zwykle prowadzi do pogorszenia nastroju, wzrostu niepokoju oraz problemów ze snem[248]. Zarówno fenyloalanina, jak i kwas asparaginowy zwiększają ryzyko rozwoju nowotworów[249], podobnie jak w przypadku dziecka narażonego na działanie aspartamu w okresie prenatalnym[250].

Badania przeprowadzone na ludziach również wskazują na problemy zdrowotne wywołane obecnością aspartamu w ich diecie. Trudno zachować szczupłą sylwetkę, pijąc sztuczny cukier. Podobnie jak cukier, „pozbawione wartości odżywczych substancje słodzące", takie jak aspartam, prowadzą do wystąpienia ataków głodu oraz zachowań typowych dla uzależnień[251], a także przyczyniają się do tycia. Wyniki dwuletnich badań, którymi objęto 166 uczniów, wykazały że wraz ze wzrostem konsumpcji słodkich napojów gazowanych dzieci coraz szybciej przybierały na wadze[252]. Długofalowe badanie The Growing Up Today Study, którym objęto 11 654 dzieci w wieku od 9 do 14 lat, wykazało, że u chłopców pijących dietetyczne napoje gazowane również nastąpił wyraźny wzrost wagi, a każda codzienna porcja dietetycznego napoju podwyższała wartość BMI (wskaźnik masy ciała)[253]. Kolejne badanie, obejmujące tym razem ponad tysiąc dzieci, wykazało u młodych uczestników spożywających napoje dietetyczne znacznie podwyższony wskaźnik masy ciała oraz powiększony obwód w talii[254]. Na domiar złego badania przeprowadzone w roku 2014 nad sztucznymi substancjami słodzącymi, wśród których znalazł się aspartam, a także sukraloza i sacharyna, wykazały, że wszystkie te środki wywołują nietolerancję glukozy, zmieniając mikrobiom jelitowy[255]. Tymczasem zła flora bakteryjna jelit zwiastuje cukrzycę[256]. Jednak nie przeszkadza to, aby nadal często zalecać dzieciom chorym na cukrzycę spożywanie napojów gazowanych oraz produktów zawierających aspartam jako dobrych zamienników wyrobów słodzonych cukrem – zupełnie nie bacząc na to, że ich konsumpcja może przyczynić się do nasilenia objawów.

Analiza danych pochodzących z szeregu badań klinicznych wykazała, że konsumpcja aspartamu może przyczynić się do zakłócenia reakcji elektryczno-chemicznych umożliwiających pracę mózgu, a także do rozwoju innych dolegliwości i chorób, począwszy od bólu głowy, a skończywszy na różnych rodzajach nowotworów, nie wyłączając raka mózgu[257, 258, 259]. W badaniu omówionym w czasopiśmie naukowym „Neurology" u dziesięciorga dzieci z niedawno zdiagnozowaną padaczką po podaniu dawki aspartamu stwierdzono, że wierzchołkowe fale ostre w zapisie EEG wystąpiły o 40 procent częściej niż u dzieci, którym podano sacharozę[260]. Niektóre badania przeprowadzone na dorosłych także potwierdziły tę prawidłowość[261, 262, 263]. U osób szczególnie podatnych i narażonych na wszelkie problemy zdrowotne spożywanie aspartamu wywołuje częste migreny[264, 265, 266, 267].

Jakby tego było mało, problemy nie kończą się z chwilą, gdy NutraSweet zostanie wydalony z organizmu i znajdzie się w toalecie. Okazało się bowiem, że oczyszczalnie ścieków nie mają skutecznych metod na usuwanie chemicznych substancji słodzących z nieczystości, co oznacza, że teraz będą one zanieczyszczać także nasze drogi wodne.

Moja rada: **Unikaj sztucznych słodzików,** a najlepiej już nigdy po nie nie sięgaj[268].

Warto zapamiętać

1. Dzieci zjadają ogromne ilości cukru pod najróżniejszymi postaciami – począwszy od ulubionych smakołyków i słodkich przekąsek, a skończywszy na „zdrowych" produktach, takich jak pieczywo, jogurty i sosy.
2. Na etykietach przetworzonych produktów cukier może ukrywać się pod wieloma nazwami lub w ogóle zostać pominięty na liście składników. Innymi słowy, może on pozostać niewidoczny dla mniej zorientowanego konsumenta. Stanowczo unikaj wysokofruktozowego syropu kukurydzianego, zwanego także syropem glokozowo-fruktozowym, oraz innych substancji słodzących wyprodukowanych na bazie kukurydzy.
3. Wystrzegaj się przesłodzonych produktów, które udają zdrową żywność, na przykład batonów z płatków śniadaniowych oraz batonów energetycznych i proteinowych, które należą do wyjątkowo szkodliwych przekąsek, a także „zdrowych" napojów w rodzaju Wody Witaminizowanej i Snapple. Nie wierz w slogany takie jak „bez dodatku cukru", ponieważ są to jedynie obietnice bez pokrycia.
4. Przed zakupem przetworzonej żywności porównaj zawartość węglowodanów i cukru w kilku wybranych produktach – na przykład w przecierach pomidorowych, pieczywie, jogurtach, a nawet w lodach, aby mieć lepsze rozeznanie. Produkty organiczne mogą zawierać zarówno mniej, jak i więcej cukru.

5. Samodzielne gotowanie na bazie podstawowych składników pozwala ci stosunkowo najlepiej kontrolować zawartość przygotowywanych potraw. Nie oznacza to od razu, że musisz na przykład sama konserwować pomidory. Wystarczy kupić je w wolnym od bisfenolu (BPA) opakowaniu szklanym, dodać oliwę z oliwek, czosnek i przyprawy, a następnie ugotować sos na wolnym ogniu, przygotowując w tym czasie resztę posiłku.
6. Wbrew pozorom dietetyczne substancje słodzące wcale nie są lepszym rozwiązaniem, a wręcz odwrotnie. Dlatego warto ograniczyć ich spożycie do minimum, szczególnie w napojach.
7. Należy także unikać nawet zwykłego białego cukru. Na pewno nie znajdziecie go w moim kredensie. Chcąc posłodzić przygotowaną potrawę, sięgam po naturalne źródła cukru, takie jak miód niepasteryzowany, naturalny syrop klonowy, cukier daktylowy, liście stewii lub końcowy melas z trzciny cukrowej. Naprawdę warto spróbować dla dobra waszego organizmu!
8. Jeśli twoje dziecko zbyt często domaga się słodyczy, to aby wyeliminować u niego nagłe napady apetytu na słodkie przekąski i ułatwić mu przejście na dietę bezcukrową, zadbaj o to, żeby jego organizm był dobrze odżywiony i wypoczęty. Podawaj mu zioła uspokajające oraz produkty, które są bogatym źródłem witaminy C. Ponadto dziecku należy zapewnić więcej snu oraz zajęć, które je odprężą i dostarczą mu wiele radości.

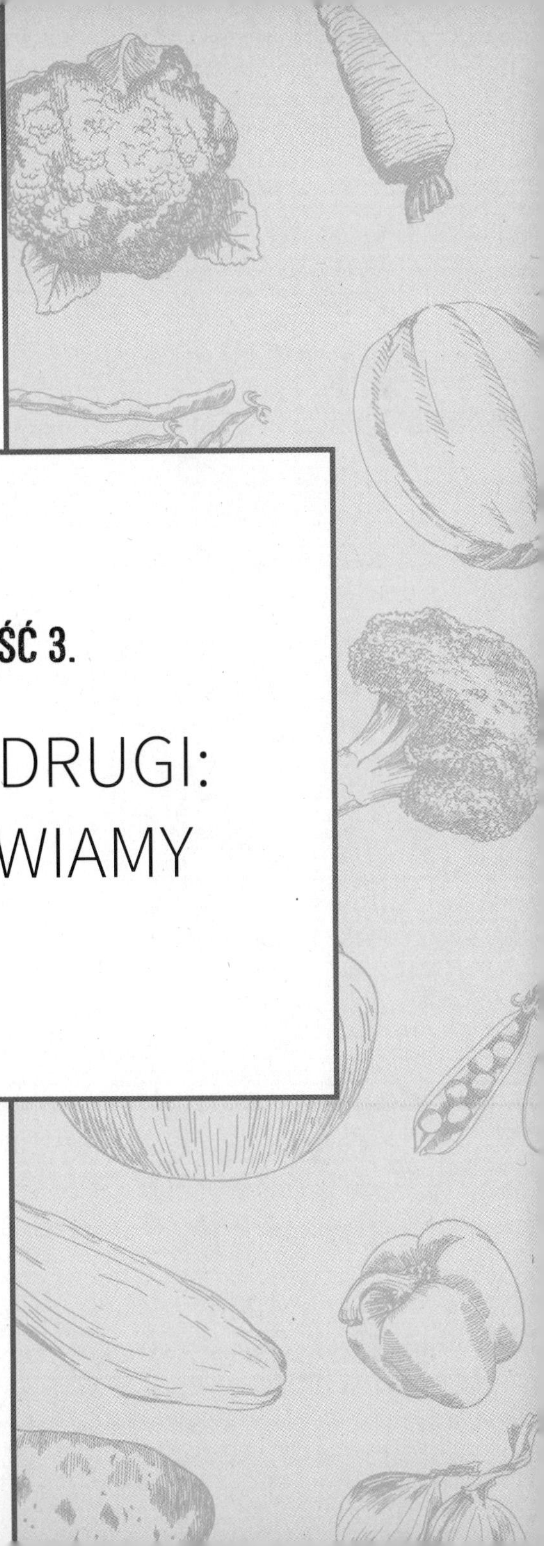

CZĘŚĆ 3.

KROK DRUGI: ODŻYWIAMY

W życiu czasami warto zboczyć z utartych szlaków
i podążać dalej w otoczeniu nieskażonej natury.
– JOHN MUIR

Jeszcze kilka pokoleń wstecz nasza codzienna dieta, której skład zależał od pory roku i lokalnych zasobów środowiska, była urozmaicona sezonowymi warzywami i owocami, a wszystkie spożywane posiłki były własnoręcznie przygotowywane. Nie znano takich pojęć jak proteiny, węglowodany czy tłuszcze, a multiwitaminy nie istniały ani w naszej świadomości, ani w praktyce. Słowo „witamina" pojawiło się dopiero w roku 1912, wraz z odkryciem pierwszej z nich. Przez następne trzydzieści lat chemicy wyodrębniali i poznawali kolejne organiczne substancje odżywcze, a przemysł farmaceutyczny wkrótce mógł rozpocząć ich masową produkcję.

JEDZCIE ZDROWĄ ŻYWNOŚĆ PROSTO Z NATURY

Nasze naukowe podejście do składników odżywczych każe nam traktować żywność jako źródło związków chemicznych, które mają przede wszystkim przynosić korzyści zdrowotne naszemu organizmowi. **Jednak jedzenie jest tworem złożonym, pochodzącym z żywych organizmów, które istnieją nie tylko dla nas.** I właśnie dzięki tej złożoności możemy czerpać z naszego pożywienia tyle korzyści. Odżywianie to coś więcej niż tylko białka, węglowodany i tłuszcze; więcej niż witaminy i minerały, a nawet składniki fitochemiczne (dobroczynne dla naszego zdrowia związki organiczne, które nadają roślinom kolor, smak i zapach). O zdrowym odżywianiu możemy mówić wtedy, gdy pokarmy zawarte w naszej diecie cechują witalność i złożoność, a każdy ich składnik dobrze służy naszemu zdrowiu.

Jedzenie jest dynamiczną siłą, która odżywia nas na poziomie fizycznym, emocjonalnym i duchowym. Jest czynnikiem warunkującym i utrzymującym zdrowie twojego otoczenia. Woda, minerały i inne owoce natury zatrzymują się w naszym organizmie jedynie na pewien czas, aby wykonać swoje zadanie, po czym znowu powracają na łono przyrody. Żywność nie jest dla nas wyłącznie paliwem ani też tylko lekarstwem. Jedzenie w zgodzie z naturą jest naszym sprzymierzeńcem, który wzmacnia i uodparnia nasz organizm.

Codzienne spożywanie i trawienie pokarmów jest w gruncie rzeczy naszą niezwykle intymną rozmową, jaką prowadzimy z otaczającą nas przyrodą. Żywność – prawdziwa żywność – jest uosobieniem wszystkich właściwości leczniczych: żyzna i bogata gleba, ciepłe promienie słońca, świeże powietrze, żywa woda i różnorodna flora mikroorganizmów. Prawdziwa żywność łączy nasz świat wewnętrzny z otoczeniem, dzięki czemu możemy zacieśnić naszą więź z naturą. W rezultacie nasz organizm stanie się zdrowszy, silniejszy i odporniejszy.

Po wyeliminowaniu pokarmów i substancji, które brały aktywny udział w zatruwaniu organizmu, następnym krokiem w procesie leczenia twojego dziecka będzie zastąpienie tych szkodliwych składników produktami, które zapewnią mu optymalne odżywienie. W poszukiwaniu takich składników musisz zacząć od gleby. Tak, właśnie od gleby, czyli zdrowego brudu.

Korzyści zdrowotne owoców, warzyw, ziaren zbóż, wysokiej jakości mięsa, mleka i jajek zawdzięczamy przede wszystkim obecnym w nich witaminom, minerałom, błonnikowi pokarmowemu oraz składnikom fitochemicznym... Jednak wszystko, co jemy, zawdzięcza swoje zalety odżywcze interakcji z glebą i jej komponentami. Zdrowy brud jest czymś znacznie więcej niż zanieczyszczeniami, których pozbywamy się, myjąc produkty. Żyzna gleba jest przechowalnią mikroorganizmów, które są niezbędne w tworzeniu i zachowaniu równowagi flory bakteryjnej jelit w organizmie dziecka. Ponadto wzmacniają one układ odpornościowy młodego organizmu, wspomagają prawidłowe funkcjonowanie mózgu, a nawet – o czym wkrótce się przekonasz – wpływają na stan emocjonalny. Kiedy sadzimy, uprawiamy i zbieramy nasze pożywienie, śladowe ilości gleby wraz z cennymi składnikami odżywczymi przenikają do naszego organizmu przez skórę, usta i nozdrza. Drobinki ziemi przenoszą ze sobą do naszego ustroju różnorodną florę bakteryjną, co wywołuje reakcje chemiczne, w wyniku których wydzielają się serotonina i endorfiny. A to z kolei ma niezwykle korzystny wpływ na nasze zdrowie fizyczne i psychiczne. Zdrowa gleba, poprzez korzystny wpływ, jaki wywiera na żywność, decyduje o zdrowiu twojego dziecka.

Rośliny pobierają składniki odżywcze z gleby. Człowiek zjada rośliny, które stanowią także źródło pożywienia dla zwierząt. **Jesteśmy tym, co jemy.** Gleba jest podstawą aktywnego odżywiania ludzkiego organizmu, w którym następuje integracja jej składników odżywczych. Zdrowa gleba to ta o wysokiej wartości użytkowej, dobrze natleniona, utrzymująca odpowiednią wilgotność i optymalną konsystencję. Jest ona bogatym źródłem składników odżywczych, bakterii i mikroorganizmów, które potrzebne są także naszemu organizmowi do zachowania równowagi i zdrowego funkcjonowania. I na odwrót, gleba słabej jakości oznacza wątłe i chore rośliny oraz zwierzęta. Aby zatem zapewnić naszemu organizmowi najlepszą dietę, musimy najpierw zadbać o prawidłowe odżywianie naszych przyszłych pokarmów.

Wraz z powietrzem, wodą i słońcem gleba tworzy środowisko życia dla roślin, zwierząt i ludzi, a także mikrobiom, czyli praktycznie wszystko, co żyje w nas i na nas. Aż 90 procent organizmów mieszka w ziemi. Oprócz bakterii i grzybów glebę zamieszkują pierwotniaki, nicienie, roztocza oraz mikrostawonogi. W jednej niecałej łyżeczce gleby można doliczyć się od dziesięciu do 50 tys. gatunków takich organizmów, co oznacza, że **w tej samej łyżeczce zmieści się w sumie więcej mikroorganizmów niż wynosi liczba mieszkańców Ziemi.**

Zdrowa gleba obfituje w bakterie i grzyby. Składniki pokarmowe gleby oraz obecne w niej mikroorganizmy odżywiają i chronią rośliny, a także zapewniają im dawkę „zdrowego brudu", który pomoże im przetrwać w razie suszy, powodzi lub bardzo zmiennych warunków atmosferycznych. Spełniają one również funkcje „jelit" roślin, ponieważ tworzą symbiotyczny związek z ich korzeniami, aby umożliwić im wchłanianie potrzebnych składników odżywczych.

Za jeden z przykładów takich symbiotycznych związków polegających na współżyciu korzeni z grzybami może posłużyć mikoryza. Strzępki grzybów znajdujące się w pobliżu korzenia roślin pobierają z podłoża związki azotu i udostępniają je roślinie, która w przeciwnym razie nie miałaby do nich dostępu[269]. Grzyby mikoryzowe umożliwiają zatem lub znacznie ułatwiają roślinie dostęp do soli mineralnych oraz cennych wartości odżywczych znajdujących się głęboko pod powierzchnią ziemi, a zasięg strzępków grzybni jest ponad stukrotnie większy niż korzeni rośliny. Tak więc grzyby mikoryzowe przekazują roślinom potrzebne składniki pokarmowe, pozwalają im komunikować się i tworzyć systemy obronne. Zdrowe rośliny są mocniejsze i bogatsze w składniki odżywcze, co z kolei ma istotne znaczenie dla naszego organizmu.

Podobnie jak nasz mikrobiom, mikoryza wspomaga „trawienie" u roślin, ale także reguluje pracę ich układu odpornościowego. Kiedy roślina z rodziny bobowatych zostanie zaatakowana przez mszyce, wysyła sygnał za pośrednictwem strzępków grzybni do innych zdrowych roślin strączkowych rosnących w pobliżu, dzięki czemu mogą one w porę wytworzyć obronne związki chemiczne, które odstraszą mszyce, jednocześnie przyciągając polujące na nie osy. Chore pomidory gruntowe także wykorzystują podziemną sieć komunikacyjną w celu wysłania sygnału ostrzegawczego do swoich zdrowych przyjaciół, aby zdążyli uaktywnić swój system obronny przed spodziewanym atakiem. Naturalnymi związkami chemicznymi, które posłużą roślinie do odparcia ataku, są substancje fitochemiczne, znane ze swojej obecności w superpokarmach. Wytwarzane przez rośliny w celu ich ochrony przed stresem i uszkodzeniami i przekazywane nam w pożywieniu, związki fitochemiczne regulują metabolizm, wspomagają prawidłowe funkcjonowanie układu odpornościowego i nerwowego, poprawiają pracę mitochondriów oraz uczestniczą w naprawie uszkodzonego DNA, wzmacniając i uodparniając nasz organizm.

W dodatku grzyby mikoryzowe są doskonałym środkiem czyszczącym dla naszej gleby i roślin, z których usuwają wszelkie zanieczyszczenia. Jakby tego było mało, „zjadają" toksyny, co oznacza, że my nie jesteśmy już na nie narażeni! Te supermikroorganizmy są także niezwykle pożyteczne dla Ziemi, ponieważ już od setek milionów lat uczestniczą w procesie sekwestracji i magazynowania węgla. Mikoryza jest tylko jednym z przykładów symbiotycznego współżycia opartego na współzależności między glebą, mikroorganizmami i roślinami oraz wzajemnych korzyściach. Na takiej wzorowej współpracy korzysta nie tylko każdy z partnerów, lecz także nasz organizm.

Rolnicy wiedzą, że wartość użytkowa gleby oraz jej żyzność mają kluczowe znaczenie. Często zdarza się, że farmerzy sprawdzają smak gleby, aby ocenić równowagę jej składników pokarmowych. Z kolei wielu szefów kuchni bardzo ceni sobie zapach ziemi, określany mianem „Geosmina", który najczęściej wyczuwalny jest w marchwi i burakach. Zdrowa i urodzajna gleba przekłada się na wysoką jakość naszej żywności, która z kolei zapewnia nam doskonały stan zdrowia. Wiemy, że białka, witaminy i minerały należą do składników odżywczych. A gleba? Czyż nie powinna znaleźć się obok nich? Jest przecież składnikiem odżywczym w dosłownym tego słowa znaczeniu.

Różnorodność składników odżywczych zawartych w zdrowej glebie ułatwia wyzwalanie w naszym organizmie szerokiej gamy reakcji niezbędnych dla zdrowia. Już sama różnorodność mikroorganizmów wspomaga prawidłowe funkcjonowanie układu odpornościowego, zapobiega tyciu, a także zmniejsza ryzyko wystąpienia alergii oraz chorób autoimmunologicznych. Nowe probiotyki – bo tak nazywamy celowo spożywane szczepy bakterii o udowodnionych właściwościach zdrowotnych – zawierają pożyteczne mikroorganizmy pochodzące z gleby. Tym samym jemy świadomie to, co w powszechnym odczuciu kojarzone jest z brudem, a o właściwościach zdrowotnych takich składników informują nas coraz częściej wydawnictwa naukowe. Badania wykazały, że powszechnie występujące w glebie bakterie *Clostridium sporogenes* zabijają komórki nowotworowe, chroniąc jednocześnie zdrowe komórki podczas chemioterapii[270]. Z kolei inne bakterie naturalnie występujące w glebie, *Mycobacterium vaccae*, mogą przedłużyć życie i złagodzić objawy u pacjentów cierpiących na czerniaka złośliwego[271, 272]. Ponadto bakterie glebowe mają korzystny wpływ na nasz nastrój, a także wspierają procesy poznawcze i przyswajanie wiedzy. Badanie przeprowadzone na myszach potwierdziło, że po spożyciu *Mycobacterium vacaee* u zwierząt nastąpiło zwiększenie poziomu serotoniny, porównywalne do tego, jakie można uzyskać po zażyciu antydepresantów, a także znaczna poprawa samopoczucia[273]. W rezultacie stany lękowe u myszy ustąpiły, a procesy poznawcze uległy znacznej poprawie[274]. Badacze odkryli także, że wdychanie pyłów rolniczych może spowodować łagodniejszą reakcję ścian dróg oddechowych na obecność alergenów za sprawą białka zwanego A20, które wytwarza nasz organizm podczas kontaktu z takimi pyłami. To właśnie A20 zmniejsza ryzyko rozwoju astmy. A wszystko to możemy zawdzięczać obecności zdrowego brudu w naszym najbliższym otoczeniu[275]!

Jesteśmy integralną częścią naszego środowiska glebowego, wraz ze wszystkimi żyjącymi w nim organizmami. Jednak przestaliśmy aktywnie działać na rzecz utrzymania tych niezmiernie korzystnych dla nas naturalnych relacji, zdając się całkowicie na przemysł, któremu powierzyliśmy uprawę naszej ziemi, nie bacząc na to, że nie będzie on zainteresowany ani naszym wewnętrznym, ani otaczającym nam środowiskiem. W rezultacie gleba przeznaczona pod uprawy komercyjne została zaniedbana i osłabiona. Najpierw nieświadomie zniszczyliśmy niezbędne dla zdrowia mikroorganizmy w naszych jelitach, poprzez nadużywanie leków, w szczególności antybiotyków, oraz spożywanie wysoko przetworzonej żywności, a następnie zrujnowaliśmy mikrobiotę glebową, stosując w nadmiarze nawozy sztuczne, chemiczne fungicydy, herbicydy oraz inne środki do zwalczania niepożądnych organizmów. Szczególnym zagrożeniem dla mikroorganizmów występujących w glebie okazało się wprowadzenie i rozpowszechnienie rolnictwa intensywnego oraz monokulturowego, polegającego na wieloletnim uprawianiu jednego gatunku roślin na ogromnych plantacjach. Brak rotacji upraw i bioróżnorodności przyczynił się do zmniejszenia aktywności mikroorganizmów. W rezultacie straciły one zdolność do wykonywania czynności, którymi zajmowały się od milionów lat, czyli pozyskiwaniem z podłoża substancji odżywczych i wody, aby przekazać je roślinom, usuwaniem toksyn ze skażonej ziemi oraz wpływaniem na klimat. W taki oto sposób, poprzez sukcesywne wyniszczanie pożytecznych dla zdrowia mikroorganizmów i roślin, przyczyniliśmy się do znacznego osłabienia ogromnej bioróżnorodności glebowej.

Możemy jednak uchronić naszą glebę przed dalszą utratą bioróżnorodności i poprawić jej zdrowotność, zarówno metodą małych, jak i wielkich odważnych kroków. Na początku musimy sobie uświadomić, jak ważne jest dla nas zdrowe środowisko glebowe. Kupujmy żywność, której uprawa i zbiory prowadzone są w sposób odpowiedzialny, albo nawet sami zajmijmy się jej uprawą na własne potrzeby. Kompostujmy resztki żywności i odpady ogrodowe, aby nakarmić nimi naszą glebę.

Stojąc na straży ekologii, dbasz także o ekologię własnego ciała oraz organizmu swojego dziecka. Ekologiczny sposób odżywiania, zgodny z funkcjonowaniem twojego organizmu, przełoży się na zdrowie i odporność. **To, co robimy dla naszej gleby, robimy dla nas samych.**

ROZDZIAŁ 8

Potęga gleby: organiczne owoce, warzywa i inne rośliny

Człowiek ewoluował wraz z roślinami. Dlatego też nasz organizm dobrze je rozpoznaje. Jeszcze niespełna sto lat temu rośliny stanowiły najważniejsze składniki leków. Obecnie wciąż pozostają one źródłem inspiracji i informacji dla przemysłu farmaceutycznego. Jednak w odróżnieniu od leków, rośliny są organizmami złożonymi, zawierającymi niezliczone związki, które nawiązują kontakt i prowadzą nieustanną rozmowę z komórkami naszego organizmu. Charakteryzujące się bogatym smakiem, aromatem i żywymi intensywnymi kolorami, rośliny za pośrednictwem przeciwutleniaczy, enzymów, feromonów, komórek macierzystych oraz składników fitochemicznych wślizgują się do każdego zakamarka i każdej szczeliny naszego organizmu, aby go wzmocnić i uodpornić.

Warzywa i owoce są czymś znacznie ważniejszym niż tylko samochodem dostawczym, który dowozi do naszego organizmu kolejne zapasy witamin, minerałów i błonnika pokarmowego. Coraz więcej badań, których wyniki są doprawdy zaskakujące, potwierdza wszechstronne właściwości lecznicze roślin. Ilościowa synteza wyników pochodzących z 34 niezależnych badań wykazała, że wysokie spożycie owoców i warzyw znacznie łagodzi objawy astmy u dzieci i dorosłych[276]. Wyniki pierwszej fazy badań klinicznych, przeprowadzonych w roku 2011 przez naukowców z Uniwersytety Stanowego Ohio, wykazały, że codzienne spożywanie 60 g czarnej maliny w proszku (odmiana maliny, która jest wyjątkowo bogatym źródłem składników fitochemicznych) opóźnia o dwa do czterech tygodni tempo rozwoju komórek nowotworowych i zaopatrujących je naczyń krwionośnych u pacjentów cierpiących na raka jelita grubego[277]. Ponadto czarne maliny skutecznie chronią tkankę jelita grubego podczas stanów zapalnych[278]. Z kolei kapsaicyna, obecna w papryczkach chili, w połączeniu z dindolylmetanem (DIM) – związkiem roślinnym uzyskiwanym z jarmużu lub innych roślin kapustnych – wykazuje silne właściwości przeciwnowotworowe[279].

Podczas mojej praktyki nie raz miałam okazję przekonać się na własne oczy, jak bardzo korzystny wpływ mogą wywierać rośliny na stan zdrowia moich pacjentów. Na przykład żurawina, najlepiej niesłodzona, znacznie wspomaga skuteczność leczenia *Helicobacter pylori*, zapobiega infekcjom dróg moczowych, utrudniając przywieranie bakterii do wewnętrznej ścianki pęcherza moczowego oraz ścian jelita[280], a także – równie skutecznie jak antybiotyk – oddala ryzyko pojawienia się kolejnej infekcji. Dzieci cierpiące na chroniczne zapalenie dróg moczowych – w tym także przewlekle chore i wymagające cewnikowania – którym podawałam sok żurawinowy lub jego ekstrakt w pigułkach, nie musiały przyjmować serii antybiotyków[281], ani w ramach profilaktyki, ani podczas leczenia. Po przeczytaniu frapującej pracy badawczej, z której wynikało, że sok z buraków wpływa na poprawę wydolności fizycznej organizmu[282], zaczęłam zalecać nastolatkom, których organizm był wymęczony walką z poważnymi chorobami, aby codziennie wypijali od jednej do dwóch szklanek świeżo wyciśniętego soku z buraków. Muszę przyznać, że nie tylko sami pacjenci, lecz także ich rodziny i nauczyciele zauważyli wiele korzystnych zmian. Uczniowie poprawili frekwencję, lepiej wywiązywali się z zadań domowych i zaczęli ponownie uprawiać sport.

Czosnek jest od dawna stosowany jako środek przeciwbakteryjny w leczeniu wielu chorób i dolegliwości, takich jak liszajec, gronkowiec, zakażenie bakterią *Clostridium difficile*, zakażenie pałeczką ropy błękitnej (*Pseudomonas aeruginosa*) oraz innych łagodnych i przewlekłych infekcji. Pomaga on rozpuścić błonę biologiczną – śluzowatą substancję wydzielaną przez bakterie – wspomagając tym samym pracę układu odpornościowego. Ze względu na silny wpływ na nasz organizm czosnek może być stosowany samodzielnie lub jako środek wspomagający działanie antybiotyków[283]. Naukowcy nie mogli ukryć zdumienia, kiedy okazało się, że mikstura o nazwie „Eye Salve", sporządzona na bazie czosnku, cebuli lub pora oraz wina według receptury opracowanej ponad tysiąc lat temu przez anglosaskich medyków, zdziesiątkowała MRSA – niezwykle groźne superbakterie, odporne na działanie nawet najsilniejszych antybiotyków[284]. Solidna porcja świeżo posiekanego czosnku, wymieszana z masłem od krów wypasanych na pastwiskach, masłem klarowanym ghee lub oliwą z oliwek, nałożona na kromkę chleba na zakwasie lub dodana do warzyw gotowanych na parze jest niezwykle skutecznym lekiem na ostre bóle gardła. Nawet wybredne dzieci szybko przekonują się, że taka przekąska znacznie łagodzi dokuczliwe objawy.

Jagody dzikiego bzu zapobiegają rozprzestrzenianiu się różnych szczepów wirusa grypy[285]. Podczas każdego sezonu grypowego słyszę od rodziców moich pacjentów, którzy regularnie podawali swoim dzieciom dziki bez, że ich pociechom – jako jedynym członkom rodziny – udało się szczęśliwie uniknąć zachorowania na grypę. Dotyczy to również mojej rodziny. Krzewy dzikiej róży, które kiedyś posadziliśmy, aby mieć w zasięgu ręki „dary lasu", dostarczają mi każdego lata mnóstwo owoców, z których przygotowuję domowy syrop. Odkąd moje dzieci wypijają codziennie po jednej łyżeczce tego syropu (lub częściej, jeśli pojawią się pierwsze niepokojące sygnały), udaje im się przetrwać całą zimę bez chorób, które dotykają prawie wszystkich ich rówieśników. Dzieci często proszą mnie o domowy syrop z dzikiej róży z dodatkiem anyżu gwiaździstego i cynamonu, ponieważ jest on po prostu wyśmienity, a w dodatku po jego wypiciu czują się znacznie lepiej. Zdarza się także, że syrop z dzikiej róży potrafi zdezaktywować wirusy odpowiedzialne za zapalenie oskrzeli, a nawet skutecznie zwalczyć szczep gronkowca złocistego (MRDA) odpornego na metycylinę[286]. Ponadto owoce dzikiej róży łagodzą objawy wirusowego zapalenia mózgu[287] i poprawiają samopoczucie[288].

Kiedy chorujesz, owoce i warzywa są dla ciebie czymś więcej niż tylko lekarstwem. Rośliny pomagają utrzymać równowagę w organizmie, przynosząc mu wiele bieżących i trwałych korzyści. Regularne spożywanie roślin wspomaga prawidłową pracę i równowagę układu pokarmowego, wewnątrzwydzielniczego, odpornościowego i nerwowego, oddalając ryzyko rozwoju poważnych i przewlekłych chorób. Zawarte w roślinach związki fitochemiczne oraz inne pożyteczne składniki wzmacniają odporność organizmu, wychwytują i neutralizują wolne rodniki, które powstają w wyniku osłabienia układu immunologicznego, tym samym łagodząc przewlekłe stany zapalne.

Chociaż większość z nas sporadycznie wytwarza komórki nowotworowe, zdrowy układ odpornościowy skutecznie je eliminuje, zanim zaczną się rozprzestrzeniać. Badania wykazały, że warzywa cebulowe, takie jak czosnek, cebula i por[289], a także warzywa krzyżowe (np. kapusta i jarmuż)[290] i owoce jagodowe[291, 292] – by wymienić tylko kilka przykładów – zmniejszają ryzyko rozwoju wielu poważnych zaburzeń i chorób, w tym nawet nowotworów. Często nie udaje nam się wykryć, dlaczego u naszego dziecka szwankuje układ odpornościowy i detoksykacyjny, ponieważ funkcjonowanie tych układów zależy zarówno od uwarunkowań genetycznych, jak i wielu innych, często niedostrzegalnych czynników. Jednak bez względu na przyczyny zaburzeń układu odpornościowego możemy go wzmocnić, wzbogacając codzienną dietę dziecka o różnorodne sezonowe warzywa i owoce. Tym sposobem zmniejszymy podatność organizmu naszego dziecka na ostre infekcje, przewlekłe stany zapalne oraz rozprzestrzenianie się komórek nowotworowych.

Potraktuj jedzenie różnorodnych owoców i warzyw jako panaceum. Jeśli już podjęłaś się tej ogromnie ważnej misji, postaraj się zadbać o to, aby rośliny miały największy udział w każdym posiłku twojego dziecka. Zacznij już od dziś! I pamiętaj, że lepiej płacić rolnikom niż lekarzom.

SKŁADNIKI FITOCHEMICZNE

Podobnie jak nam, czynniki stresogenne przynoszą pewne korzyści także roślinom. Związki fitochemiczne, które stanowią układ odpornościowy roślin, zwiększają ich zdolność do przetrwania w obliczu takich przeciwności losu i zagrożeń jak insekty, mikroorganizmy, promieniowanie UV, susze i niedobór składników pokarmowych. Czy kiedyś zastanawiałaś się, dlaczego najjaśniejsze i najdorodniejsze jabłka rosną przy samym wierzchołku jabłoni? Otóż ze strachu przed promieniowaniem UV oraz drapieżnikami wytwarzają one znacznie więcej związków fitochemicznych, aby odreagować stres. Składniki fitochemiczne nadają roślinom charakterystyczny smak (np. cebula), zapach (owoce cytrusowe) oraz żywy kolor (owoce jagodowe). Aby przyciągnąć zapylaczy (w tym także ludzi), rośliny starają się zaprezentować w pełnej krasie i przy pomocy fitoskładników maksymalnie uatrakcyjnić swój kolor, zapach i smak. Składniki fitochemiczne pomagają także roślinie odstraszyć drapieżniki, nadając im gorzki smak i zjełczały zapach, a nawet wydzielając nieprzyjemne dla agresora feromony. **Pamiętaj, że każdy kontakt ze zdrową rośliną wzmacnia twój organizm.**

Przyjrzyjmy się na przykład brukselce. Okazuje się, że twoja babcia miała rację, kiedy kazała ci jeść te malutkie zielone główki kapusty. Wszystkie bowiem warzywa z rodziny kapustowatych, takie jak brukselka, kapusta, jarmuż, kapusta pastewna, kalafior, brokuł i rzeżucha – by wymienić tylko kilka przykładów – zawierają sulforafan, silny związek fitochemiczny, biorący udział w intensyfikacji czynników transkrypcyjnych Nrf2, które kontrolują ekspresję genów kodujących enzymy II etapu metabolizmu. Białko Nrf2 chroni nasze komórki przed stresem oksydacyjnym, zmniejszając ryzyko rozwoju nowotworów mózgu, piersi, jajnika oraz jądra[293, 294, 295, 296]. Ponadto poprawia zdolność uczenia się i pamięć[297], przyspiesza leczenie po doznanym wstrząsie mózgu lub jego innych urazach[298, 299], łagodzi stany zapalne i zmniejsza częstotliwość ich występowania[300, 301, 302, 303], ułatwia detoksykację, a także dba o zapewnienie zrównoważonego składu mikroflory jelitowej. Badania przeprowadzone w roku 2012 wykazały, że codzienne spożywanie zaledwie kilku gramów brokułów może przyczynić się do zmniejszenia poziomu insuliny oraz odporności organizmu na insulinę już w ciągu czterech tygodni[304]. Sulforafan może powstrzymać reakcje zapalne układu nerwowego[305], które z kolei mogą wywołać stan zapalny tkanki nerwowej, a także uaktywnienie małych komórek glejowych (mikrogleje), które są przyczyną wielu zaburzeń o podłożu neurologicznym, takich jak na przykład padaczka, migreny, tiki nerwowe oraz ADHD.

Okazało się, że brokuły mają jeszcze jedną ogromną zaletę. Badania przeprowadzone w roku 2014 na Harvardzie wykazały, że sulforafanem można skutecznie leczyć liczne zaburzenia fizjologiczne u dzieci z autyzmem[306]. Wszystkie warzywa i owoce zawierają związki fitochemiczne, które przynoszą naszemu organizmowi nie tylko jedną, lecz wiele korzyści jednocześnie. **Dzieci jedzące owoce i warzywa otrzymują wartościowy pokarm dla ciała i mózgu, który pozwoli im cieszyć się dobrym zdrowiem i samopoczuciem przez długie lata.**

Czy mój produkt jest naprawdę świeży?

Jeśli kiedykolwiek jedliście świeżo zebrane warzywa lub owoce, mogliście się przekonać, że smakują one zupełnie inaczej niż te, które kupujecie w sklepie. Smak oraz konsystencja takich warzyw i owoców odzwierciedlają wysoką zawartość związków fitochemicznych i przeciwutleniaczy, które w sposób naturalny zachowują świeżość roślin, ale z chwilą ich zerwania ich działanie zaczyna słabnąć. Owoce i warzywa, które nabywasz w sklepie, w większości przypadków zostały zerwane dawno temu, po czym przebyły długą drogę z plantacji do magazynu, gdzie być może znowu przeleżały długi czas, zanim w końcu trafiły na sklepowe półki. Większość roślin uprawia się z myślą o tym, żeby jak najdłużej zachowały atrakcyjny i świeży wygląd, natomiast nikt nie przejmuje się ich smakiem i zapachem.

Aby zapewnić organizmowi jak najwięcej związków fitochemicznych, kupuj świeże marchewki i rzodkiewki wraz z liśćmi (zielenina psuje się znacznie szybciej niż korzeń, który może przetrwać nawet przez kilka miesięcy), kalafiory bez brązowych plam, a czereśnie i jabłka tylko z ogonkami. Warzywa i owoce kupowane bezpośrednio od okolicznych rolników i sadowników (lub pochodzące z własnej uprawy) przeniosą cię w krainę prawdziwego smaku i zdrowia.

Dlaczego gorzkie jest lepsze?

Większość z nas polubiła, a nawet pokochała słodki smak produktów. Słodycz zawarta w danym pokarmie informuje nasz mózg, że „skoro produkt ten posiada wysoką wartość kaloryczną, musisz się nim najeść do syta, aby starczyło ci energii na kolejny dzień”. Z drugiej strony, gorzki smak żywności może nam sugerować, że w produkcie znajduje się jakaś trucizna. Tymczasem to właśnie gorzkie potrawy często przynoszą naszemu organizmowi największe korzyści zdrowotne.

Receptory gorzkiego smaku są obecne nie tylko w jamie ustnej, w postaci kubków smakowych na języku. W rzeczywistości docierają one o wiele dalej, obejmując swoim zasięgiem znaczną część przewodu pokarmowego – przełyk, żołądek, jelita, wątrobę, trzustkę oraz pęcherzyk żółciowy – a także jamę nosową i górne drogi oddechowe. Po wychwyceniu gorzkich substancji receptory te uaktywniają się, chroniąc nasz układ odpornościowy przed infekcjami (receptory cukru działają na odwrotnej zasadzie). Ostatnio odkryto obecność czujników gorzkiego smaku nawet w klatce piersiowej, jądrach i tkance mózgowej.

Rośliny przynoszą także korzyści naszemu organizmowi, narażając go na stres. Gorzki smak substancji fitochemicznych jest interpretowany przez nasze komórki jako potencjalne zagrożenie środkami trującymi, w związku z czym przystępują one (w szczególności komórki układu odpornościowego oraz biorące udział w detoksykacji wątroby) do natychmiastowego działania. Zjawisko to, znane pod nazwą hormezy, polega na tym, że czynnik występujący w przyrodzie, szkodliwy dla organizmu w większych dawkach, w małych dawkach działa na niego korzystnie. Jak już wspomniano, nasze komórki reagują na każde najdrobniejsze wyzwanie – w tym wypadku na gorzkie czynniki będące jednocześnie obfitym źródłem antyoksydantów i składników odżywczych – dzięki czemu nasz organizm lepiej sobie radzi z wieloma substancjami toksycznymi, na które jest nieuchronnie narażony. Pomyślmy o hormezie w kategoriach wojskowego drylu. Spożywanie większości gorzkich roślin zmusza naszą wątrobę i inne komórki, w szczególności mitochondria, do działania, w przypadku poczucia jakiegokolwiek zagrożenia. W rezultacie komórki te są nakierowane na to, aby nie dopuścić do gromadzenia się substancji, które uważają za trujące. Tymczasem tuż obok pojawiają się naprawdę niebezpieczne toksyny w postaci metali ciężkich, pestycydów, plastiku oraz przemysłowych związków chemicznych, które przy okazji są również neutralizowane. **Tak więc spożywanie gorzkich produktów przynosi nam ogromne korzyści, ponieważ przyspiesza eliminację toksyn, zapewnia zachowanie ogólnej równowagi organizmu, jednocześnie odżywiając go wieloma zdrowymi składnikami.**

Producenci żywności, będący pod ostrzałem krytyki z powodu narażania naszych organizmów na toksyczną żywność, próbują rozpaczliwie uratować swój honor, powołując się na hormezę: Nie trujemy waszych dzieci ołowiem. My im pomagamy! Nie dajmy się na to nabrać. Granica pomiędzy hormezą a ryzykiem zatrucia różni się w zależności od organizmu, a każdy doskonale wie, że metale ciężkie i odpady przemysłowe są toksyczne.

Produkty o gorzkim smaku cenione są od tysięcy lat w tradycyjnej medycynie chińskiej oraz w ajurwedzie. Gorycz pobudza receptor T2R, który z kolei ma wpływ na każdy narząd zmysłu. Jak zwykle, wszystko zaczyna się w przewodzie pokarmowym. Gorzkie składniki sprzyjają zachowaniu w nim równowagi, począwszy od pobudzania perystaltyki (aktywności motorycznej), poprzez wpływ na prawidłowy metabolizm jelit, lepsze przyswajanie składników odżywczych, aż po wzmocnienie funkcji odpornościowych.

W skórkach owoców i warzyw występuje największe zagęszczenie gorzkich elementów, w związku z czym najczęściej je wyrzucamy, niestety wraz z ogromnym bogactwem składników fitochemicznych! Tymczasem na przykład gorycz zawarta w suchej skórce pomarańczy reguluje apetyt[307], poprawia przyswajalność składników odżywczych i przyspiesza metabolizm[308]. Ponadto ogranicza gazy i wzdęcia, zgagę i odbijanie się, łagodzi nudności, a także wspomaga prawidłową pracę wątroby. Spożywanie produktów o gorzkim smaku stabilizuje apetyt, zarówno u osób, które jedzą za dużo, jak i za mało.

Gorzkie składniki wykazują silne działanie w procesie trawienia, zapobiegają nadmiernemu gromadzeniu się tłuszczu w organizmie[309], regulują wydzielanie insuliny i poziom cukru we krwi[310], a także ułatwiają gojenie się ran, również u osób z cukrzycą[311]. Podczas mojej praktyki wielokrotnie zalecałam dzieciom z objawami cukrzycy typu 1 i 2 spożywanie gorzkiego melona jako środka wspomagającego leczenie. Z jakim skutkiem? U pacjentów, którzy zastosowali się do moich zaleceń, nastąpił znaczny spadek poziomu glukozy i zapotrzebowania na insulinę[312].

Spożywanie produktów o gorzkim smaku znacznie poprawia mechanizm odpowiedzi odpornościowej nieswoistej, co skutecznie chroni przewód pokarmowy przed infekcjami[313]. Zakres działań ochronnych wykracza nawet poza przewód pokarmowy. Płyny nosowe, które zawierają gorzkie składniki, chronią nasze zatoki przed infekcją, podczas gdy płyny z dużą zawartością cukru (jak u chorych na cukrzycę) w rzeczywistości tłumią odpowiedź immunologiczną uszu, nosa i gardła, co znacznie zwiększa ryzyko przeziębień, kaszlu i bólu gardła. Receptory gorzkiego smaku, które znajdują się w przewodzie nosowym i drogach oddechowych, silnie pobudzają układ odpornościowy, który rozpuszcza flegmę, ogranicza kaszel i łagodzi objawy astmy[314]. W czasie mojej praktyki często miałam do czynienia z dziećmi z objawami astmy, której nie udało się zlikwidować przy pomocy samych leków. Dopiero po dołączeniu gorzkich składników (zarówno spożywczych, jak i farmaceutycznych) do ich codziennej diety nastąpiła widoczna poprawa. Spożywanie gorzkich pokarmów oznacza zabezpieczenie całej rodziny przed rozwojem infekcji.

W trosce o zapewnienie lepszego metabolizmu, skutecznej detoksykacji oraz prawidłowego funkcjonowania układu odpornościowego u wszystkich członków rodziny unikaj nadmiaru cukru, a także wzbogać codzienny jadłospis o kilka gorzkich składników. Można nawet przyjąć, że już jedna łyżka stołowa gorzkiego pokarmu pomaga zmniejszyć ilość cukru, jaka przedostaje się do krwi.

Wprowadzając gorzkie pokarmy do diety swojego dziecka, przy jednoczesnym ograniczeniu potraw słodzonych, możesz liczyć się z efektami takimi jak:

1. zdrowy i unormowany apetyt,
2. lepszy metabolizm (w tym złagodzenie refluksu, mniej gazów, rzadsze odbijanie się oraz mniejsza częstotliwość wzdęć za sprawą przyspieszenia perystaltyki jelit, co ułatwia regularne wypróżnianie się),
3. szybsze i bardziej zdecydowane odpowiedzi immunologiczne,
4. lepsza przyswajalność składników odżywczych, spowodowana zwiększonym wydzielaniem soku żołądkowego i żółci, co znacznie usprawnia przemianę materii, w szczególności rozkład białka i zdrowych tłuszczów,
5. zmniejszenie ryzyka wystąpienia alergii pokarmowych dzięki szybszemu rozkładowi białka w soku żołądkowym,
6. bardziej ustabilizowany poziom cukru dzięki regulacji wydzielania insuliny, ograniczenie rozwoju stanów zapalnych i tycia, a także
7. skuteczne oczyszczanie organizmu z toksyn.

A to dopiero początek, ponieważ na razie wiemy zaledwie tyle na temat działania składników roślinnych w tej jednej kategorii! Czyż nie mówiliśmy już wcześniej, że rośliny są magicznym panaceum?

Mimo wszystko możesz mieć nadal poważne wątpliwości: „Gorzkie składniki? Wykluczone!”. Pozwól zatem, że powołam się na dwa niezwykle popularne gorzkie napoje z roślin, które wysoko sobie cenią ogromne rzesze dorosłych konsumentów na całym świecie (a może nawet większość mieszkańców naszej planety), a mianowicie piwo i kawę. Gorzkie składniki kawy wykazują zdumiewające korzyści zdrowotne, ograniczając na przykład ryzyko rozwoju choroby Parkinsona i cukrzycy typu 2[315, 316]. Nie, nie musisz się obawiać, że zacznę zalecać twojemu dziecku picie kawy, chociaż na przykład herbata z prażonego korzenia mniszka lekarskiego EKO bardzo przypomina w smaku kawę, a w dodatku jest doskonała dla dzieci. Warto przy okazji pamiętać, że gorycz jest smakiem nabytym. Nawet pieczywo pełnoziarniste ma lekko gorzki smak (aby go zatuszować, producenci żywności dodają do takiego pieczywa syrop kukurydziany o wysokiej zawartości fruktozy), nie mówiąc już o skórce z marchwi czy jabłek. Jednak u dzieci, które mają delikatne podniebienia, nawet niewielka porcja goryczy może okazać się zbyt duża. Warto więc wiedzieć, że dzieci potrzebują mniej składników o gorzkim smaku niż osoby dorosłe, aby osiągnąć dokładnie takie same korzyści fizjologiczne. Oswajanie członków rodziny z gorzkimi roślinami nie jest chyba trudniejsze niż gotowanie warzyw z tłuszczem, solą i przyprawą umami. Więcej informacji na ten temat znajdziesz w rozdziale 15.

JEŚĆ MNIEJ CZY WIĘCEJ OWOCÓW? A MOŻE NIE JEŚĆ ICH WCALE?

Większość ludzi z góry zakłada, że owoce są zdrowe, i na ogół mają rację. Dla zdrowego dziecka obecność ekologicznych owoców w codziennym jadłospisie jest jak najbardziej wskazana. Owoce, które są mniejsze i posiadają mniej naturalnej słodyczy (np. owoce dzikiej jabłoni i porzeczki), przeważnie zawierają więcej składników fitochemicznych, ponieważ roślina, która przeznacza więcej energii na tworzenie węglowodanów, ma jej automatycznie mniej na tworzenie związków fitochemicznych. Dzikie owoce są z natury bogatszym źródłem fitoskładników niż ich odpowiedniki leżące na półkach supermarketów. Dzieje się tak dlatego, że nikt o nie nie dba, nie usuwa z nich robaków, nie opryskuje ich herbicydami i pestycydami ani też nie zabezpiecza upraw przed sarnami, jeleniami i danielami.

Nie dawaj swoim dzieciom produktów o smaku owocowym, ponieważ zawierają one zwykle dużo cukru, a nie mają żadnych korzyści, które czerpiemy z prawdziwych roślin. Przemysł spożywczy zakłada, że wielu rodzicom słowo „owoc" kojarzy się z czymś zdrowym, i dlatego chętnie wymyśla nazwy, takie jak na przykład „wzbogacony sok owocowy", „słodzony mus jabłkowy", „purée z suszonych owoców" lub „ruloniki owocowe", aby faktycznie uraczyć nas syropem kukurydzianym o wysokiej zawartości fruktozy, porcją sztucznych barwników i całą gamą chemicznych dodatków smakowych.

Zdarza się, że ze względu na dietetyczną wojnę z cukrem demonizuje się także owoce, postrzegając je jako bogate źródło cukru, z którego powinniśmy zrezygnować. Z drugiej strony, postawienie znaku równości pomiędzy porcją świeżych owoców a wysokofruktozowym syropem kukurydzianym lub przetworzonym cukrem jest całkowitym absurdem. Chociaż wyodrębnione substancje chemiczne mogą rzeczywiście być podobne, to przecież ani owoce, ani dzieci nie są jedynie zbiorem wyodrębnionych struktur chemicznych! Owoce zawierają witaminy, minerały oraz błonnik, który stabilizuje poziom insuliny, a także silne związki fitochemiczne, natomiast w pozyskanej z owoców fruktozie nie znajdziemy tych niezwykle wartościowych dla zdrowia składników odżywczych. Jednak patrząc na to z drugiej strony, nadmierna konsumpcja owoców, przy jednoczesnym unikaniu warzyw i innych produktów, może okazać się problemem u dzieci, które traktują owoce wyłącznie jako sposób na zaspokojenie ogromnego apetytu na słodycze. Stosowanie takiej diety jest niebezpieczne dla młodego organizmu, ponieważ może ono doprowadzić do zaburzenia równowagi składu flory bakteryjnej jelit.

UWAGA: U niektórych dzieci uczulonych na fenole występuje związany z siarką polimorfizm, który wywołuje reakcje organizmu na kolorowe związki fitochemiczne. Pamiętaj, że fitoskładniki mogą wtedy działać na ustrój dziecka jak mikroskopijne dawki trucizny, przy czym organizm bywa zbyt słaby i mało odporny, aby skutecznie na nie zareagować. Typowe objawy, które mogą wystąpić natychmiast po zjedzeniu pewnych owoców, obejmują: częste zaczerwienienie uszu i policzków, wzmożona aktywność, napady złości, wzdęcia żołądka i luźne stolce, pojawianie się ciemnych kręgów pod oczami, bóle głowy, problemy z zaśnięciem i snem w ciągu nocy. Dotyczy to przede wszystkim, ale nie tylko, owoców czerwonych i purpurowych, w szczególności pomidorów. Jeżeli zauważysz któryś z tych objawów u swojego dziecka, to przez miesiąc ogranicz podawane mu owoce do gruszek, mango, papai i ananasów, aby sprawdzić, czy nastąpi poprawa.

Sok nie jest owocem

Szklanka świeżego soku to potężna dawka składników odżywczych i najszybsza metoda na dobre zdrowie. Słowo „świeży" oznacza dla mnie sok wyciśnięty w sokowirówce z całych owoców lub warzyw i wypity od razu po przygotowaniu albo w ciągu najbliższych 24 godzin, o ile będzie przechowywany w lodówce w szczelnie zamkniętym naczyniu. Najczęściej jednak nie pijemy soków, które są rzeczywiście świeże. Jeżeli sok poddano procesowi pasteryzacji i stabilizacji, żeby mógł stać latami na sklepowej półce i nie zepsuć się nawet w temperaturze pokojowej, to możemy być pewni, że pozbawiono go wielu cennych składników, znacznie przy tym obniżając jego wartość odżywczą.

Prawie każdy tzw. świeżo wyciśnięty sok pomarańczowy przeszedł proces liofilizacji, aby „zachował świeżość". Musisz liczyć się z tym, że zanim kupiłaś twój „świeży sok pomarańczowy", mógł on przeleżeć na sklepowej półce nawet ponad rok (tracąc po drodze niezbędne składniki odżywcze, w szczególności witaminę C)! Aby przywrócić mu naturalny smak i zapach oraz poprawić jego wygląd, producenci dodają do niego przeładowany pestycydami ekstrakt ze skórki pomarańczowej, „naturalne dodatki smakowe" oraz enzymy uzyskane z genetycznie modyfikowanych mikroorganizmów, które przyspieszają rozkład bogatej w składniki odżywcze miazgi owocowej. Mrożony koncentrat soków owocowych, niezwykle popularny w latach siedemdziesiątych XX wieku, faktycznie zawierał więcej związków fitochemicznych niż dostępny obecnie na rynku tzw. świeżo wyciśnięty sok pomarańczowy. Jeśli natomiast masz ochotę „napić się" zdrowych prawdziwych jabłek, to pamiętaj, że mętny nieklarowany sok zawiera aż czterokrotnie więcej składników odżywczych niż szeroko dostępny produkt o nazwie „sok jabłkowy". Dlatego pij tylko naturalne soki z jabłek organicznych.

Przy okazji nie zapomnij o tym, że soki „bez dodatku cukru" mogą zawierać dodatkowe substancje słodzące pozyskane z owoców, o czym nie wspomina się na etykiecie. Jednak nawet jeśli sama wyciskasz sok z jabłek, będziesz potrzebowała od czterech do pięciu owoców, aby pozyskać jedną szklankę płynu, co oznacza, że biorąc pod uwagę wysoką zawartość cukrów naturalnych w jabłkach, lepiej potraktuj ten sok jako okazjonalny smakołyk, a nie jako napój spożywany kilka razy w ciągu jednego dnia.

Najlepiej więc UNIKAJ tych wszystkich soków, których sama nie robiłaś, nie widziałaś, w jaki sposób zostały zrobione, a także tych, które nie wiesz, kto robił.

I tym sposobem doszłam do moich… „sposobów na warzywa i owoce". Ten prosty i przystępny poradnik podpowie, jak cieszyć się smakiem warzyw i owoców, a jednocześnie optymalnie wykorzystać ich wartości odżywcze.

1. **Wykorzystuj wszystkie części rośliny; począwszy od korzenia, poprzez liście, kwiaty i miąższ, a skończywszy na nasionach.**

Każda część rośliny zapewnia nam optymalne wartości odżywcze w różnych momentach sezonu wegetacyjnego. Na początku sezonu źródłem najcenniejszych składników odżywczych są kiełki nasion. Nawet najmniejsza torebka kiełków jest prawdziwą kopalnią wartości odżywczych. Liście i łodygi mają najsilniejsze właściwości lecznicze i odżywcze wiosną, zanim roślina zakwitnie. Podczas kwitnienia roślina skupia całą swoją uwagę na tworzeniu wspaniałego kwiatostanu. Dlatego właśnie na tym etapie kwiaty mają nam najwięcej do zaoferowania pod względem składników odżywczych. Na przykład kwiaty rukoli mają wspaniały pikantny smak z odrobiną goryczy. Można tu także wymienić wiele innych roślin, których kwiaty w twoim odczuciu mogłyby uchodzić za niejadalne, takich jak na przykład brokuły, mięta oraz imbir. U szczytu sezonu najzdrowsze są oczywiście dojrzałe owoce i warzywa, po których przychodzi kolej na wyjątkowo pożywne jadalne nasiona (np. pestki słonecznika, dyni i kabaczka). Jadalne korzenie, czyli na przykład ziemniaki, marchew, pasternak i buraki, posiadają najwięcej walorów odżywczych jesienią i na początku zimy, kiedy rośliny te gromadzą składniki pokarmowe, aby przetrwać mrozy.

2. **Jedz owoce ze skórką.**

Skórka jest najpożywniejszą i najwartościowszą dla naszego zdrowia częścią owocu. Jabłka są różowoczerwone lub złociste, nektarynki jasnoróżowe, a winogrona głęboko purpurowe lub intensywnie zielone. Kolor owoców jest pochodną działania promieni ultrafioletowych emitowanych przez słońce. W obronie przed działaniem tych promieni zaniepokojone rośliny produkują cały arsenał związków fitochemicznych, które nie tylko chronią je przed szkodliwym promieniowaniem, lecz także nadają im kolor. Ptaki wiedzą, że owoce przy wierzchołku drzewa są o wiele bogatsze w składniki odżywcze niż te, które rosną w jego niższych partiach. Gorzkawy smak skórki oznacza, że jest ona bardzo pożyteczna dla twojego organizmu, a pod wieloma względami przynosi mu nawet więcej korzyści niż miąższ owocu. Obierając marchewkę, zawsze pozostawiam na niej paski skórki. Do warzyw, potraw z owocami, zup, koktajli i deserów możesz dodać trochę soku z organicznej cytryny lub świeżo startej skórki z pomarańczy, aby wzmocnić ich smak i zwiększyć wartość odżywczą.

3. **Większe owoce nie zawsze są lepsze.**

Dzięki hybrydyzacji owoce są wprawdzie większe, ale za to uboższe w związki fitochemiczne. Prawie każdy zjadany dzisiaj owoc został zaprojektowany przez matkę naturę jako mniejszy, ale zarazem o wiele bogatszy w fitoskładniki. Ma to oczywiście swój sens, jeżeli uwzględnimy fakt, że zasoby energii, jakie posiada roślina, są przecież ograniczone. Rośliny, które zużywały mniej energii, żeby rosnąć, miały jej więcej na wytwarzanie składników fitochemicznych. Morele zawierają więcej fitoskładników niż brzoskwinie i nektarynki. Owoce dzikiej jabłoni są o wiele bogatsze w składniki odżywcze niż inne gatunki jabłek, a porzeczki mają ich więcej niż rodzynki. Mniejsze czereśnie i winogrona przewyższają pod względem wartości odżywczych swoich większych i dorodniejszych przyjaciół, co przekłada się na ich intensywniejszy smak.

4. **Wybieraj różne warzywa i owoce, także te „brzydkie".**

Sięgaj po najróżniejsze warzywa i owoce, kierując się przede wszystkim ich zapachem, intensywnością kolorów i świeżością. Twój nos szybciej „wywącha" hybrydowe rośliny niż zauważą to oczy. Często bowiem zdarza się, że warzywa i owoce kuszą nas swoim pięknym wyglądem, ale pozbawione są charakterystycznego smaku i aromatu. Daj także szansę „brzydszym" roślinom, szczególnie tym dojrzałym, o wyrazistym aromacie. Stare i wypróbowane odmiany owoców, które nie przyciągają naszego wzroku z uwagi na szorstką, zieloną lub nawet brązową skórkę, często okazują się o wiele smaczniejsze niż powszechnie dostępne nowe i ulepszone gatunki. Nie szukaj wyłącznie doskonałych okazów. Chociaż przywiędły wygląd i brak jędrności słusznie kojarzą nam się z tym, że roślina się psuje, to już dalekie od doskonałości, lekko obtłuczone jabłko z niewielką dziurką wydrążoną przez robaka mogło w obronie przed szkodnikiem wytworzyć więcej związków fitochemicznych, które wzbogaciły smak owocu i zwiększyły jego wartość odżywczą. Wybierając różnorodne owoce i warzywa, dostarczasz swojemu organizmowi dziesiątki tysięcy różnorodnych biologicznie składników fitochemicznych.

5. **Warto oszaleć na punkcie dziko rosnących roślin.**

Dzikie rośliny odznaczają się większą odwagą i twardym charakterem. Muszą bowiem same o siebie zadbać i zorganizować swój własny system obronny. Niezależnie od tego, czy jest to dziko rosnący mniszek, jabłoń, grusza czy śliwka, każda mniej zhybrydyzowana roślina jest prawdziwą skarbnicą smaków i składników odżywczych. Wiele dzikich roślin regeneruje i wzmacnia komórki wątroby, a także znacznie ułatwia oczyszczanie organizmu dziecka z licznych toksyn, włącznie z takimi pestycydami jak Roundup i atrazyna, związkami chemicznymi do produkcji plastiku (takie jak bisfenol BPA), które zaburzają gospodarkę hormonalną, a także truciznami przemysłowymi, na przykład czterochlorkiem węgla[317]. Dziko rosnące rośliny można zbierać samemu, tym bardziej że większość dzieci uwielbia to zajęcie. Należy tylko uważać, żeby obszar, na którym zbiera się te naturalne dary przyrody, nie był narażony na działanie chemicznych środków ochrony roślin. Dlatego unikaj terenów położonych w pobliżu upraw konwencjonalnych oraz pól golfowych. Dziko rosnące świeże warzywa i owoce możesz też kupić na targowisku, bezpośrednio od rolnika. Na naszym targu w Nowym Jorku zaopatrujemy się w młode pędy paproci, smardze i kurki, dziki czosnek oraz soplówki jeżowate. Tylko palce lizać!

Jedząc takie rośliny jak mniszek, łopian, szczaw kędzierzawy, nawłoć, dziki bez, berberys, a nawet dzika rzodkiewka, otrzymujemy nie tylko składniki odżywcze, lecz także fizjologiczną ochronę. Warto pamiętać, że „dzika żywność” wcale nie musi być egzotyczna. Na przykład filiżanka herbaty z igieł lub kory sosny jest wyjątkowo bogatym źródłem witaminy C (zawiera jej pięciokrotnie więcej niż szklanka soku wyciśniętego z cytryn, a dziesięciokrotnie więcej niż ta sama ilość soku pomarańczowego), witaminy A oraz wielu innych składników fitochemicznych, które wzmacniają nasz system odpornościowy i chronią nasz organizm przed chorobami. Igły sosny białej zawierają kwas szikimowy – organiczny związek chemiczny, z którego produkuje się lek o nazwie Tamiflu, powszechnie stosowany w leczeniu grypy. Natomiast igły cisa pospolitego, araukarii wyniosłej (drzewo pochodzące z wyspy Norfolk) oraz sosny żółtej nie nadają się do spożycia, ponieważ mogą zawierać toksyny. Badania wykazały, że spożywanie czarnych jagód (także w postaci stuprocentowego soku) znacznie wspomaga procesy poznawcze, poprawia pamięć i przyczynia się do ogólnej poprawy stanu zdrowia i samopoczucia. Przy pomocy naturalnych substancji słodzących warto zrobić sobie z tych owoców zapas dżemów, syropu, konfitur i innych przetworów, aby mieć dostęp do skoncentrowanych składników fitochemicznych i cieszyć się ich walorami smakowymi i zdrowotnymi przez cały rok.

6. **Jadaj sezonowe warzywa i owoce z korzyścią dla zdrowia.** Wykorzystuj każdą nadarzającą się okazję, aby kupować lub zbierać warzywa i owoce, kiedy jest na nie sezon. Po sezonie najdłużej zachowują wartości odżywcze warzywa korzeniowe, zimowe odmiany dyni, jabłka i gruszki. Można je przechowywać w chłodnej piwnicy, na strychu, w garażu lub w lodówce. Trudniejsze do przechowania owoce i warzywa warto liofilizować lub zamrozić. Możesz je również zakisić, zakonserwować, a także zrobić z nich dżemy lub sosy.

ŻYWNOŚĆ ORGANICZNA ŹRÓDŁEM NATURALNEGO BRUDU

Certyfikat USDA Organic, wydawany przez Departament Rolnictwa Stanów Zjednoczonych, jest najbardziej uzna-

nym dokumentem zaświadczającym, że dany produkt spełnia normy i kryteria stanowiące podstawę do nadania mu symbolu ekologicznego. Został on wprowadzony dlatego, że wielu z nas nie chce narażać swojego zdrowia ani organizmu swoich dzieci na kontakt z syntetycznymi pestycydami i innymi środkami chemicznymi. Dynamicznie rozwijający się układ nerwowy u dzieci jest szczególnie narażony na szkodliwe działanie takich czynników. Badanie przeprowadzone na ponad tysiącu dzieci w Ameryce wykazało, że uczestnicy z dużym stężeniem fosforanów organicznych w moczu są dwa razy bardziej narażeni na rozwój objawów ADHD niż dzieci, u których stwierdzono mniejsze stężenie kwasu fosforowego lub jego pochodnych[318]. Analiza kilku niezależnie przeprowadzonych badań wykazała, że narażenie organizmu dziecka na działanie pestycydów w okresie okołoporodowym może być przyczyną zakłócenia pracy tarczycy oraz neuroprzekaźników, co ma związek z ADHD, a także spektrum zaburzeń autystycznych[319]. Wiele pestycydów jest także w stanie zaburzyć równowagę hormonalną organizmu, co może wywołać objawy przedwczesnego dojrzewania płciowego, zespół policystycznych (wielotorbielowatych) jajników, poronienia, bezpłodność, niedoczynność lub nadczynność tarczycy, otyłość, opóźnienie wzrostu oraz zaburzenia rozwoju układu nerwowego[320].

Narażenie organizmu na działanie pestycydów może przyczynić się do „cichej pandemii" rozwojowej neurotoksyczności[321], spowodowanej uszkodzeniem mitochondriów i ograniczeniem aktywności enzymów wątrobowych, które biorą udział w oczyszczaniu organizmu z toksyn[322]. Pestycydy działają na każdego w inny sposób, w zależności od genów, epigenetyki oraz wcześniejszej ekspozycji na te związki chemiczne. Największy problem tkwi w tym, że nie wiemy, jaka jest wrażliwość naszego dziecka na pestycydy, w związku z czym nie możemy ustalić dawki, której nie wolno mu przekroczyć.

Coraz więcej badań wykazuje, że styczność organizmu dziecka z pestycydami jeszcze przed porodem może niekorzystnie wpłynąć na jego dalszy rozwój. Badania przeprowadzone na ośmiuset kobietach, które w okresie prenatalnym były narażone na styczność z pestycydami chloroorganicznymi, takimi jak na przykład polichlorowane bifenole (PCB) oraz środek owadobójczy DDE lub PCB, wykazały, że u dzieci tych kobiet, w wieku od narodzin do ośmiu lat, nastąpił znaczny wzrost wystąpienia objawów ADHD, w zależności od częstotliwości ekspozycji na pestycydy oraz dawki przyswojonej przez organizm[323]. Narażenie organizmu dziecka na styczność z pestycydami w okresie prenatalnym zwiększa ryzyko wystąpienia powikłań neurologicznych, w tym spektrum zaburzeń autystycznych, w ciągu 24 miesięcy po porodzie[324]. **Nawet jeżeli u matek, które naraziły swój organizm na kontakt z pestycydami, nie wystąpiły widoczne niepożądane skutki zdrowotne, to w dłuższej perspektywie czasowej istnieje zwiększone ryzyko wystąpienia zaburzeń w rozwoju dziecka[325].**

Narażenie na działanie pestycydów w dzieciństwie może mieć także negatywny wpływ na zdrowie dziecka. Styczność z tymi trującymi składnikami może przyczynić się do tycia, zwiększenia ryzyka rozwoju astmy, chorób nowotworowych oraz alergii pokarmowych[326, 327, 328], a także do powstania opóźnień lub zaburzeń w rozwoju dziecka. Słynne badanie przeprowadzone przez Guillette wykazało, że u dzieci żyjących w jednej ze społeczności meksykańskich, które były narażone na styczność z pestycydami, wystąpiły opóźnienia w rozwoju, których nie stwierdzono u dzieci niemających kontaktu z pestycydami.

Czy warto zapewnić dziecku żywność ekologiczną? Dzieci, które odżywiają się produktami pochodzącymi z upraw konwencjonalnych, wykazują wyższy poziom metabolitów fosforoorganicznych, które sześciokrotnie zwiększają ryzyko rozwoju ADHD, w porównaniu z dziećmi jedzącymi żywność organiczną[329, 330]. Dobra wiadomość jest taka, że poziom tych metabolitów spada już po kilku dniach od momentu przejścia na dietę organiczną[331, 332]. **Bez względu na to, jak odżywiałaś swoje dziecko do chwili obecnej, pamiętaj, że nigdy nie jest za późno na wprowadzenie zmian, które już odtąd zaczną przynosić korzystne efekty dla jego zdrowia.**

ROLNICTWO DAWNIEJ I DZIŚ: SKĄD WZIĘŁY SIĘ OŁÓW I ARSZENIK W ŻYWNOŚCI

W ciągu minionych stuleci rolnictwo nigdy nie naruszało równowagi ekologicznej w takim stopniu, jak czyni to obecnie. Nasi przodkowie stosowali płodozmian – system zagospodarowania ziemi oparty na zaplanowanym następstwie roślin po sobie (zamiast uprawy tego samego gatunku przez kilka kolejnych sezonów) – sporadycznie i celowo doprowadzając do odłogowania części gruntów, aby w ten sposób zniechęcić szkodniki, zachować składniki odżywcze gleby i utrzymać jej wysoką wartość użytkową. Rodziny zajmujące się uprawą roli same wymyślały różne środki służące odstraszaniu szkodników, stosując na przykład łuski orzecha czarnego, tytoń i ług. Ówcześni rolnicy wiedzieli, że prawdziwy mechanizm obronny uprawianych roślin powstawał w zdrowej glebie, więc można go było stymulować i wzmocnić, używając kompostu oraz skrawków i obrzynów organicznych.

Siłą napędową przemian w rolnictwie był przemysł, który nie mogąc już dłużej zanieczyszczać jezior i rzek toksycznymi odpadami, wprowadził nowe „technologie" produkcji środków ochrony roślin. W końcu setki tysięcy akrów ziemi uprawnej stanowiły dla niego niezwykle łakomy kąsek. Dlatego też przemysł szybko wpadł na pomysł, że jeśli uda mu się przekonać rolników do kupowania toksycznych odpadów jako „produktu" do ochrony roślin, to będzie mógł znacznie ograniczyć nielegalne pozbywanie się toksycznych odpadów i oczywiście zwiększyć zyski. Często reklamowane w czasopismach rolniczych fabryki, które przerabiały ołów i arszenik na pestycydy, takie jak Paris Green (zieleń paryska) i London Purple (purpura londyńska), z dumą zachwalały swoje produkty jako najnowsze i najskuteczniejsze środki do walki z grzybami i insektami (nawiasem mówiąc, oba pigmenty wymienione w nazwach tych pestycydów używane są do produkcji farb i barwników do tkanin).

Propozycja przemysłu wywołała niechęć wielu rolników, ekspertów, lekarzy, a także zdecydowanej większości społeczeństwa, ponieważ już wtedy ludzie zdawali sobie sprawę z tego, że substancje te są toksyczne i mogą gromadzić się w glebie oraz w organizmach zwierząt i ludzi[333]. Już bowiem w XIX wieku toksykolodzy ostrzegali Departament Rolnictwa Stanów Zjednoczonych (USDA) oraz Biuro do spraw Substancji Chemicznych (Bureau of Chemistry), że arszenik może być przyczyną wielu problemów zdrowotnych. W obawie przed reperkusjami politycznymi Biuro posłusznie zaleciło rolnikom zmniejszenie dawki pestycydów. Niestety, okazało się, że nie było już odwrotu, ponieważ szkodniki zdążyły się szybko uodpornić.

A teraz przenieśmy się o kilka dekad w przód, aby przypomnieć sobie niektóre ważne wydarzenia: lekarze wykryli kilka przypadków zatrucia arszenikiem u osób mieszkających w różnych częściach Stanów Zjednoczonych; Brytyjczycy nałożyli embargo na amerykańskie owoce ze względu na zbyt wysoką zawartość arszeniku; artykuł opublikowany w czasopiśmie „Journal of the American Medical Association" łączy przypadki rozwoju egzemy u dzieci z obecnością arszeniku w pokarmie matki (i pomyśleć tylko, że wykryto taką zależność już w latach trzydziestych XX wieku!). Jednak nie przeszkodziło to ani rządowi amerykańskiemu, ani przemysłowi uparcie twierdzić przez cały czas, że spożywanie tych trucizn jest bezpieczne dla zdrowia.

Kiedy arszenik przestał już działać na coraz bardziej uodpornione szkodniki, producenci ochoczo sięgnęli po ołów, za pomocą którego arszenik lepiej przylegał do liści. Arsenian ołowiu jest wyjątkowo niebezpieczną trucizną dla dzieci[334]. Do lat pięćdziesiątych XX wieku połączenie arszeniku z ołowiem stało się, zgodnie z przewidywaniami, całkowicie nieskuteczne w ochronie roślin przed szkodnikami, a związek ten został wycofany jako składnik większości pestycydów (chociaż nie wszystkich). Na rynku pojawiło się coś nowego i nie mniej złowrogiego: środek owadobójczy, znany pod nazwą DDT.

Dzięki zapasom gazu paraliżującego pozostałym po II wojnie światowej oraz szeroko zakrojonej kampanii reklamowej, profesjonalnie przygotowanej przez Theodora Geisela (znanego także jako Dr Seuss), doszło do ponownego wykorzystania trucizn działających na układ nerwowy, takich jak organiczne związki chloru i fosforu, tym razem w produkcji pestycydów, siejąc prawdziwe spustoszenie w świecie roślin i zwierząt, a także w naszym organizmie. Dopiero po kilkudziesięciu latach, za sprawą wydanej w roku 1969 książki Rachel Carson *The Silent Spring* (Milcząca wiosna), w której autorka przedstawiła przerażający obraz zagłady ptaków, motyli, płazów i wielu pożytecznych insektów w wyniku masowego stosowania DDT, w Stanach Zjednoczonych zadecydowano o wycofaniu tego środka. Niestety, już wkrótce pojawił się na jego miejscu kolejny specyfik chemiczny wykorzystywany podczas wojny, 2,4-D, znany również pod nazwą Agent Orange, którego używano w celu zniszczenia roślinności dżungli wietnamskiej, żeby wypłoszyć z niej ukrywające się tam oddziały partyzanckie. W rezultacie zatruło się pół miliona żołnierzy amerykańskich oraz całe pokolenie Wietnamczyków. Kolejnym środkiem trującym na liście pestycydów był słynny Roundup (glifosat), o którym więcej informacji znajdziesz w rozdziale 9, gdzie omawiamy organizmy genetycznie zmodyfikowane). W październiku 2014 roku Amerykańska Agencja Ochrony Środowiska (U.S. EPA) zaaprobowała dodawanie „pomarańczowego środka" do Roundupu i stosowanie go przy nieorganicznych uprawach roślin, którymi karmimy nasze dzieci. **Niestety, działając w zmowie z rządem, zamiast chronić obywateli, przemysł zawsze próbował za wszelką cenę ukryć przed społeczeństwem szkodliwe skutki działania pestycydów.** W rezultacie nasza żywność nadal jest zakażona trującymi pestycydami.

Czytając takie nagłówki jak: „Arszenik w soku jabłkowym: jakiej dawki nie wolno przekroczyć?" lub „Zatrucia arszenikiem po spożyciu ryżu" (albo jeszcze bardzicj alarmujący komunikat: „W ponad połowie popularnych ryżowych płatków śniadaniowych stwierdzono przekroczenie dopuszczalnej dawki arszeniku"[335]), widzimy przerażające skutki zbyt tolerancyjnego podejścia do stosowania pestycydów z użyciem arszeniku, jakie przez długi czas wykazywały władze naszego kraju. Chociaż niektóre związki arsenu, które mogą zanieczyścić wody gruntowe, uwalniane są do naszego środowiska także drogą naturalną, to już obecność nieorganicznego arszeniku w naszej glebie nie jest dziełem przyrody ani tym bardziej przypadku, lecz świadomego stosowania pestycydów do ochrony roślin. I właśnie tą drogą przedostała się większość toksycznych związków do wody, którą codziennie pijemy. Nawet w Kalifornii, która ma najsurowsze przepisy regulujące stosowanie pestycydów, nadal dla potrzeb rolnictwa używa się setki tysięcy funtów arszeniku każdego roku. Pestycydy zawierające arszenik wciąż powszechnie stosuje się do uprawy bawełny, których wprawdzie nie zalicza się do żywności, ale w 80 procentach są one zjadane przez mleczne krowy, a sporadycznie – co może budzić przerażenie – także przez nas, w postaci oleju z nasion bawełny.

Wyniki badań pochodzące z wielu renomowanych i wiarygodnych źródeł wykazały przekroczenie maksymalnej dopuszczalnej dawki arsenu, ustalonej przez Agencję Ochrony Środowiska (EPA), w niektórych sokach jabłkowych i produktach ryżowych, takich jak batony śniadaniowe, makaron ryżowy, a nawet organiczna mieszanka roślinna dla niemowląt[336]. Na domiar złego, według danych Urzędu ds. Kontroli Żywności i Leków (FDA), wskaźniki zawartości nieorganicznego arszeniku w produktach

WSKAZÓWKA

W odróżnieniu od kontaktowych środków ochrony roślin, działających na ich powierzchni, powszechnie stosowane pestycydy układowe przenikają przez tkanki okrywające roślin i są w nich przemieszczane, co oznacza, że nawet staranne mycie żywności nie uchroni naszego organizmu przed działaniem toksycznych substancji. Optymalnym i najbezpieczniejszym rozwiązaniem jest zatem spożywanie produktów pochodzących z własnej uprawy lub kupowanie warzyw i owoców z upraw ekologicznych.

ryżowych w roku 2013 były znacznie wyższe w stosunku do danych z roku poprzedniego. Regularne narażanie organizmu na styczność z trującymi związkami arsenu, nawet w niewielkich ilościach, może znacznie zwiększyć ryzyko rozwoju nowotworów pęcherza moczowego, płuc i skóry, a także chorób serca i cukrzycy typu 2. Narażenie dziecka na działanie arszeniku w łonie matki może doprowadzić do uszkodzenia jego układu odpornościowego. Tymczasem władze federalne nadal nie wprowadzają żadnych rozporządzeń dotyczących dopuszczalnej dawki arszeniku w ryżu i produktach ryżowych[337].

Badania, które nie zostały sfinansowane przez przemysł ani organizacje reprezentujące jego interesy, wykazują, że warzywa pochodzące z upraw ekologicznych zawierają znacznie więcej witaminy C, antyoksydantów, karotenoidów i polifenoli niż rośliny pochodzące z upraw konwencjonalnych[338, 339]. Nic dziwnego, że rośliny te są odporniejsze i łatwiej jest im przetrwać w niesprzyjających warunkach, na przykład podczas suszy. Najważniejsze jednak jest to, że stanowią one obfite źródło składników fitochemicznych! **Rośliny pochodzące z upraw ekologicznych są zdrowsze i pozwalają nam żyć zdrowiej.**

NAWOZY SZTUCZNE RECEPTĄ NA OBNIŻENIE WARTOŚCI ODŻYWCZYCH

Przez ostatnie siedemdziesiąt lat najczęściej używane nawozy chemiczne były po prostu syntetyczną mieszanką azotu, fosforu i potasu. Na przestrzeni tego czasu nastąpił gwałtowny wzrost liczby pacjentów cierpiących na choroby przewlekłe. Niektórzy naukowcy dostrzegli związek pomiędzy stosowaniem nawozów sztucznych i rosnącym wskaźnikiem zachorowań. Nieżyjący już wybitny gleboznawca, dr William Albrecht, przeprowadził w ciągu pięćdziesięciu lat wiele badań w tym zakresie, udowadniając, że stosowanie nawozów chemicznych przyczynia się do zaburzenia równowagi składników odżywczych gleby, w wyniku czego dochodzi do pogorszenia kondycji roślin i zwiększenia ich podatności na atak szkodników. Badacz zauważył, że pogorszenie jakości gleby jest przyczyną niedożywienia i problemów zdrowotnych u zwierząt i ludzi. Skąd my to znamy? Albrecht dostrzegł także negatywny wpływ nieurodzajnej gleby na stan naszych zębów (u ludzi zamieszkujących obszary o urodzajnej glebie rzadziej występuje próchnica zębów) oraz przydatność poborowych do służby wojskowej pod względem zdrowotnym (z powodu złego stanu zdrowia mężczyźni pochodzący z terenów, gdzie gleba była mało urodzajna, byli częściej niezdolni do odbycia służby wojskowej).

Albrecht zauważył, że czerwona koniczyna, często dodawana do paszy dla zwierząt, jest bogatym źródłem magnezu. Jednak w następstwie pogorszenia się jakości gleby zaczęła także zmniejszać się w tej roślinie zawartość magnezu, w związku z czym uprawa czerwonej koniczyny stawała się coraz trudniejsza i droższa. Nawozy chemiczne, głównie za sprawą potasu, łatwo wymywają ten pierwiastek z gleby. W rezultacie zamiast życiodajnego magnezu, rośliny wchłaniają potas. Niedobór magnezu u roślin przekłada się także na deficyt tego pierwiastka u zwierząt, które żywią się tymi roślinami. Nie ulega zatem wątpliwości, że cierpi na tym także nasz organizm.

Magnez jest bowiem składnikiem odżywczym niezbędnym do prawidłowego funkcjonowania układu nerwowego oraz całego organizmu. Tymczasem coraz więcej osób wykazuje niedobór tego pierwiastka. Magnez, który stabilizuje funkcje układu nerwowego, działa odprężająco na nasz mózg, nie dopuszczając do jego nadmiernej stymulacji przez kwas glutaminowy, który jest głównym neuroprzekaźnikiem pobudzającym ośrodkowego układu nerwowego. U dzieci z niedoborem magnezu częściej występują zaparcia, astma, stany lękowe, ADHD, migreny, tiki nerwowe, a nawet napady padaczki. U osób dorosłych oprócz wyżej wymienionych zaburzeń może pojawić się nadciśnienie oraz skurcze mięśni, a u kobiet w ciąży – przedwczesne skurcze porodowe. Na szczęście w wielu tego typu przypadkach codzienna suplementacja preparatami zawierającymi diglicynian magnezu lub L-treonian magnezu w odpowiedniej ilości (nawet do 400 mg) może stosunkowo szybko złagodzić objawy i przynieść widoczną poprawę. Jednak na dłuższą metę suplementacja syntetycznymi witaminami nie jest najlepszym rozwiązaniem, ponieważ składniki mineralne preparatu nie pochodzą z naturalnych źródeł. Wcześniej czy później musimy zacząć dostarczać naszemu organizmowi minerały pochodzące z roślin i zwierząt, które żywi urodzajna gleba. Aby tak się stało, musimy najpierw właściwie zadbać o tę glebę, zapewniając jej odpowiednie odżywienie.

Minerały złożone, które są potrzebne do zdrowego funkcjonowania naszego organizmu, pochodzą ze skał. Tak, to właśnie skały uwalniają potas, wapń, fosfor, magnez oraz wiele innych elementów potrzebnych do prawidłowego metabolizmu. Zdrowe rośliny mogą czerpać minerały ze skał dzięki mikoryzie. Wytwarzają one łagodne kwasy i enzymy, które pozyskują składniki odżywcze z drobinek skalnych, atom po atomie, a zdrowy ekosystem zatrzymuje je i przetwarza. Na przykład opadające liście i umierające rośliny w ekosystemie leśnym potrafią wielokrotnie przetworzyć aż 98 procent wapnia i magnezu. Dla porównania, gleba nawożona chemicznie jest w stanie przetworzyć i zatrzymać jedynie od 40 do 50 procent tych minerałów.

Musimy wreszcie odrzucić ten przestarzały, szkodliwy i wręcz prostacki sposób użyźniania gleby nawozami sztucznymi. O wiele lepszym sposobem jest nawożenie kompostem – pełnowartościowym, bogatym w składniki odżywcze nawozem pochodzącym z odpadów organicznych, które doskonale użyźniają glebę. Stosowanie kompostu uwalnia cenne minerały i resztki pochodzenia organicznego, które w przeciwnym razie leżałyby bezużytecznie w plastikowych torbach na wysypiskach śmieci. Trudno zatem wyobrazić sobie sytuację korzystniejszą dla wszystkich stron. Na stosowaniu kompostu zyskują rośliny, nasze środowisko i oczywiście nasz organizm.

Syntetyczny azot degraduje glebę, wodę oraz rośliny

- Osłabionej glebie brakuje składników odżywczych, które zagwarantują roślinie prawidłowe odżywienie.
- Rośliny uprawiane na zdegradowanej glebie mają słabo rozwinięty system korzeniowy i są podatne na susze i choroby. Wymagają lepszego nawadniania oraz stosowania pestycydów.
- W wyniku erozji zagęszczenie gleby obniża jej możliwości retencji wody, co znacznie zwiększa jej odpływ i przyspiesza wzrost glonów. W rezultacie dochodzi do powstawania martwych stref, w których żadne organizmy wodne nie mają szansy przeżycia.
- Badania wykazały, że związki azotu pochodzące z nawozów sztucznych przyczyniły się do powstawania guzów u zwierząt laboratoryjnych, zaburzeń funkcji rozrodczych, chorób nerek i układu moczowego oraz nowotworów pęcherza moczowego i jajników.
- Ponieważ istotnym źródłem azotanów jest także woda pitna, sporządzone przy jej udziale mieszanki modyfikowane dla nie-

mowląt mogą przyczynić się do rozwoju fatalnej w skutkach choroby, znanej jako zespół Blue Baby (sinica).
- Toksyczne azotany przyczyniają się także do powstawania smogu, zwiększenia emisji gazów cieplarnianych oraz uszkodzenia warstwy ozonowej, czego skutkiem są kwaśne deszcze.

Pamiętaj, że zmiana diety twojego dziecka może przynieść ogromne korzyści dla jego zdrowia. Jedząc żywność ekologiczną, masz gwarancję, że ograniczasz ryzyko narażenia swojego organizmu na kontakt z produktami pochodzącymi z roślin i zwierząt, których uprawa i hodowla wiązały się z pestycydami, nawozami syntetycznymi, napromieniowaniem, GMO, hormonami, osadami kanalizacyjnymi oraz antybiotykami. Spożywanie żywności organicznej przynosi nam wiele zdrowotnych korzyści. Aby dowiedzieć się, czy zapewniasz swojej rodzinie najzdrowsze z możliwych produktów, skorzystaj z poniższego poradnika.

JAK KUPOWAĆ OWOCE I WARZYWA NAJLEPSZEJ JAKOŚCI?

1. **Jedz tylko świeże produkty.** Pamiętaj, że im szybciej zjesz owoce po ich zerwaniu, a warzywa po wykopaniu z ziemi, tym większa będzie w nich zawartość składników fitochemicznych, co oczywiście przekłada się na ich lepszą konsystencję, smak, aromat i silniejsze właściwości zdrowotne.
2. **W miarę możliwości jadaj żywność ekologiczną i biodynamiczną.** Kupując produkty ekologiczne, wyświadczasz nie tylko przysługę swojemu organizmowi, lecz także wspierasz

rozwój gospodarstw ekologicznych, jednocześnie ograniczając ilość przyjmowanych pestycydów, nie tylko przez członków swojej rodziny, ale także przez wszystkie dzieci. Żywność biodynamiczna ma jeszcze wyższą jakość niż produkty ekologiczne. W uprawie biodynamicznej rośliny i ich pozostałości uczestniczą w mikrobiologicznym ożywieniu gleby.

3. **Jedz różne rośliny.** Wiemy, że nie istnieje taki produkt, który byłby w stu procentach pozbawiony toksyn. Wynika to z tego, że podczas czyszczenia gleby rośliny przyswajają jony ołowiu, arsenu i talu. Nie ma jednak powodu do rozpaczy. Im zdrowsza jest gleba, im bardziej nasycona mikroorganizmami i składnikami odżywczymi, tym mniej toksyn wchłonie roślina. Najlepszym rozwiązaniem jest spożywanie różnorodnych warzyw i owoców, zarówno ze względu na zapewnienie organizmowi szerokiej gamy składników odżywczych, które umożliwiają jego skuteczne oczyszczenie, jak i ograniczenie ekspozycji na niepożądany składnik. Dobrze odżywiony organizm skuteczniej oczyszcza się z toksyn.
4. **Unikaj produktów z „Parszywej Dwunastki Plus" („Dirty Dozen Plus").** Jeśli nie stać cię na kupowanie wyłącznie produktów ekologicznych lub nie masz dostępu do niektórych z nich, postaraj się przynajmniej unikać kupowania tych warzyw i owoców pochodzących z upraw konwencjonalnych, które organizacja Environmental Working Group (Grupa Robocza ds. Ochrony Środowiska) umieściła na czarnej liście produktów (nazwanej „Parszywą Dwunastką Plus") o najwyższej zawartości pozostałości pestycydów. Obecnie na liście tej znajdują się[340]:

- Jabłka
- Truskawki

- Winogrona
- Seler
- Brzoskwinie
- Szpinak
- Słodka papryka
- Ogórki
- Pomidorki koktajlowe
- Groszek cukrowy
- Ziemniaki
- Ostra papryka
- Jarmuż

Możesz natomiast bez obaw kupować te warzywa i owoce pochodzące z upraw konwencjonalnych, które znajdują się na liście nazwanej „Clean Fifteen" („Czysta Piętnastka"), obejmującej rośliny o najmniejszej zawartości pozostałości pestycydów. Są to[341]:

- Awokado
- Słodka kukurydza
- Ananas
- Kapusta
- Słodki groszek (mrożony)
- Cebula
- Szparagi
- Mango
- Kiwi
- Bakłażan
- Grejpfruty
- Kantalupa
- Kalafior
- Słodkie ziemniaki

5. **Wspieraj lokalnych rolników, którzy zajmują się ekologiczną uprawą roślin i dbają o glebę.** Najlepszym modelem współpracy między konsumentami a rolnikami, który stwarza dogodne warunki dla rozwoju ekologicznych gospodarstw rolnych, jest model zwany RWS, czyli Rolnictwo Wspierane przez Społeczność (Community Supported Agriculture). Kupując produkty bezpośrednio od rolnika, zapewniasz sobie dostęp do świeżej i zdrowej żywności, jednocześnie wspierając rozwój drobnych gospodarstw, które dotrzymują wymogów ekologicznych na każdym etapie uprawy, począwszy od właściwego przygotowania gleby, poprzez wysiew nasion, okres wegetacji, a skończywszy na zbiorach i dostawie żywności do naszych domów. Rolnicy, którzy stosują uprawę biodynamiczną lub permakulturę, czyli nieinwazyjną metodę uprawy roślin, przywiązują ogromną wagę do właściwego przygotowania gleby, ponieważ to ona ma być doskonałym pokarmem dla uprawianych roślin. Niech do rolników zajmujących się uprawą konwencjonalną wreszcie dotrze, jak ważne jest ograniczenie stosowania pestycydów zarówno dla ciebie, jak i dla milionów innych konsumentów. Niech także się dowiedzą, że mogą liczyć na wasze wsparcie, pod warunkiem że zrezygnują z tych szkodliwych praktyk. Warto też rozważyć uprawę chociaż kilku roślin lub przynajmniej świeżych ziół w nasłonecznionej części swojego mieszkania.

Czas na kiszonki. Dla utrzymania zdrowej flory bakteryjnej

Fermentacja jest jedną z najstarszych metod konserwowania żywności. Przygotowanie odpowiedniego zapasu kiszonek w szczycie sezonu pozwala nam cieszyć się smakiem warzyw i owoców jeszcze długo po zbiorach, a ponadto poprawić pracę naszych jelit oraz wzmocnić układ odpornościowy i nerwowy. Po przeleżeniu przez sześć tygodni w solance, kapusta, ogórki, a nawet skóra z arbuza nabierają wyśmienitego smaku. Sama na przykład marynuję organiczne cytryny Meyera w soku własnym z dodatkiem soli morskiej. Marynowana skórka z cytryny doskonale wzbogaca smak dań mięsnych i jarzyn. Marynowanie warzyw jest w dodatku banalnie proste – wystarczy dodać odpowiednią ilość soli i wybrane przyprawy. Musisz koniecznie spróbować! Jednak jeśli mimo wszystko odstrasza cię perspektywa czasochłonnych przygotowań, to dla ułatwienia wykorzystaj zalewę, która pozostała w słoiku po zjedzeniu z niego wszystkich pikli, a następnie dodaj kilka plasterków kalarepy, buraka, rzepy lub marchwi, tak aby wszystkie warzywa były w całości zanurzone w płynie. Całość pozostaw na kuchennym blacie w luźno przykrytym słoiku nawet na tydzień. Pojawienie się pęcherzyków powietrza będzie oznaczało, że bakterie przeprowadzają proces fermentacji. Marynowane warzywa przechowuj w lodówce, ciesząc się ich smakiem przez tydzień lub nawet pół miesiąca, chociaż jestem pewna, że zjesz je znacznie wcześniej!

Warto zapamiętać

1. Jedz wszystkie części roślin, począwszy od nasion, poprzez młode pędy, łodygę i liście, a skończywszy na kwiatach i owocach. Jedz owoce we wszystkich kolorach tęczy. Tylko w nielicznych przypadkach pewne części roślin jadalnych, na przykład blaszki liściowe rabarbaru, nie nadają się do spożycia. Pamiętaj zatem, że lepiej sprawdzić dwukrotnie niż ryzykować.
2. Sezonowe i lokalne warzywa i owoce to najlepszy wybór dla ciebie i twojej rodziny. Im szybciej zjesz owoc lub warzywo po zerwaniu go lub wykopaniu z ziemi, tym większa będzie w nim zawartość składników fitochemicznych. Abyś mogła cieszyć się smakiem i wartościami odżywczymi swoich ulubionych warzyw i owoców, kiedy skończy się na nie sezon, możesz zrobić z nich mrożonki, przygotować sobie odpowiedni zapas przetworów i dżemów, zakisić je, liofilizować lub ususzyć. Wszystkie domowe sposoby konserwacji żywności zapewnią jej większą wartość odżywczą i wyższą zawartość składników fitochemicznych niż posiadają gotowe produkty dostępne w supermarkecie.
3. Staraj się kupować produkty pochodzące z upraw ekologicznych, a najlepiej z biodynamicznych, permakulturowych lub *beyond organic* (najczystszych i najbardziej ekologicznych), ponieważ ich uprawą zajmują się rolnicy, którym zależy na utrzymaniu zdrowej i urodzajnej gleby o najwyższych wa-

lorach użytkowych. Warzywa i owoce pochodzące z takich upraw będą odznaczać się znacznie lepszym smakiem i aromatem, a także wyższą zawartością składników odżywczych. Więcej informacji na temat upraw biodynamicznych znajdziesz na stronie: http://www.demeter-usa.org.

4. Chociaż warzywa powinno się dokładnie opłukać pod bieżącą wodą, należy unikać czyszczenia ich strumieniem wodnym z myjki ciśnieniowej i przesadnego szorowania. Pamiętaj, że warzywa pokryte są cienką warstwą gleby, w której znajduje się wiele mikroorganizmów niezwykle pożytecznych dla twojego zdrowia.
5. Kupuj warzywa i owoce na targowisku – prosto od rolnika. Nawiąż współpracę z bezpośrednim dostawcą ekologicznej żywności w ramach programu Rolnictwo Wspierane przez Społeczność lub zostań członkiem Wspólnoty Ogrodniczej. Zacznij uprawiać własne warzywa i owoce i wymieniaj się plonami z sąsiadami i znajomymi, którzy także zdecydowali się na samodzielną uprawę roślin.
6. Zbieraj i jedz dziko rosnące rośliny. Dzikie warzywa i owoce są pyszne i zdrowe, nic nie kosztują, a dzieci wprost uwielbiają je zbierać. Naucz się rozpoznawać potrzebne ci rośliny i unikaj terenów narażonych na działanie pestycydów oraz innych substancji toksycznych.

ROZDZIAŁ 9

Kopalnia składników odżywczych. Odkrywamy nasiona

Początek tysiąca lasów tkwi w jednym żołędziu.

– RALPH WALDO EMERSON

Nasiona są dostępne przez cały rok, niezależnie od sezonu. Te niepozorne drobne ziarenka, zapomniane na przestrzeni ostatnich lat, dziesięcioleci, a nawet wieków, są potężnym źródłem energii i witalności. Dzięki nim mamy żywność i kolejne nasiona, które uczestniczą w pierwszym i ostatnim etapie życia większości roślin. Dlatego też w wielu kulturach tradycja nakazuje obsypać młodą parę nasionami, na przykład ryżem.

Nasiona zawsze odgrywały ważną rolę w naszej historii. Egipscy faraonowie konsolidowali swą władzę, zmuszając rolników do płacenia części podatków w nasionach, które gromadzili na wypadek klęski głodu. Takie banki nasion pozwalały im sprawować kontrolę nad życiem mieszkańców przyległych terenów. Transportowane statkami do przewozu niewolników, kobiety pojmane w Afryce próbowały przemycać nasiona we włosach, jako źródło pożywienia i leki. Podczas trwającego blisko 900 dni oblężenia Leningradu przez nazistów podczas II wojny światowej naukowcy z Okręgowej Stacji Badań Agronomicznych w Pawłowsku woleli umrzeć z głodu niż naruszyć zapasy unikalnych nasion i roślin, które chronili dla dobra ludzkości, kiedy hitlerowcy szykowali się do ich przejęcia. O tym, że niedobór zboża może wywołać niepokoje społeczne, wielokrotnie przekonywały się władze na przestrzeni dziejów, począwszy od rewolucji francuskiej, a skończywszy na Arabskiej Wiośnie Ludów. Nasiona zbóż pozostały do dziś przedmiotem walki o miano światowej potęgi handlowej.

Wyraz *ingrained* (zaskorupiały, wrośnięty, zakorzeniony, wrodzony) sugeruje nam, że coś znajduje się w środku nasion. Nasiona – w tym także ziarna zbóż, orzechy i fasola – są zarówno naszą historią, jak i przyszłością, ponieważ łączą naszych przodków z przyszłymi pokoleniami. Są one gwarancją różnorodności biologicznej, a także synonimem dostatku i obfitości. To przecież z nasion wyrastają rośliny, które są dla nas niezbędne do przeżycia.

ROŚLINY STRĄCZKOWE

Istnieją dowody na to, że już ponad 20 tys. lat temu nasi przodkowie zbierali malutkie niedojrzałe nasiona fasoli na długo przed okresem zbiorów, najwidoczniej dlatego, że nadawały się one już do jedzenia. Warzywa strączkowe, szczególnie fasola i soczewica, są wprawdzie bogatym źródłem białka, ale brakuje im metioniny, która należy do aminokwasów niezbędnych. To właśnie dlatego rośliny strączkowe tak często jada się z bogatymi w ten składnik produktami zbożowymi, które razem stanowią cenne źródło kompletnego białka. Ogólnie można przyjąć, że warzywa strączkowe o zdecydowanych wyrazistych kolorach – czerwonym, purpurowym i czarnym – zawierają najwięcej składników fitochemicznych. Są one także źródłem rozpuszczalnego błonnika pokarmowego, który spowalniając metabolizm, sprawia, że dłużej czujemy się nasyceni.

Do roślin strączkowych należy także mająca swoje wady i zalety soja. Wiele bowiem zależy od tego, w jaki sposób przebiega jej uprawa. Przetworzona soja, dostępna w sklepach spożywczych na terenie Stanów Zjednoczonych, jest prawie zawsze genetycznie zmodyfikowana, co oznacza, że jej uprawy były obficie spryskiwane Roundupem oraz innymi pestycydami. Należy także pamiętać, że nasiona tej rośliny są bogatym źródłem fitoestrogenów, których wpływ na nasze zdrowie jest co najmniej kontrowersyjny. Jednak organiczne fermentowane produkty sojowe mogą być z powodzeniem spożywane w rozsądnych ilościach przez osoby, które nie wykazują reakcji alergicznych na soję. Dzięki fermentacji soja uwalnia bowiem wiele cennych składników odżywczych, co w znacznym stopniu rekompensuje jej słabe strony. Fermentowane produkty sojowe obejmują miso, tofu, tempeh, sos sojowy oraz sos tamari. Zalecam spożywanie niewielkich lub najwyżej średnich porcji tych produktów oraz ograniczenie do minimum konsumpcji innych wysoko przetworzonych produktów sojowych, w tym wszechobecnego oleju sojowego, który obecnie jest używany w prawie każdej restauracji. (Jeśli nie wierzycie, wystarczy zapytać!)

Orzechy

Orzechy są suchymi jednonasiennymi owocami, o twardej zewnętrznej warstwie, zawierającymi znaczne ilości tłuszczu. Do tej samej kategorii należy także wiele innych nasion, w tym nasiona słonecznika oraz krokosz barwierski. Niektóre odmiany orzechów, na przykład orzechy ziemne, botanicznie należą do rodziny roślin strączkowych, chociaż ich właściwości pasują do obu opisów. Niektórzy historycy postawili hipotezę, jakoby starożytne społeczeństwa żyjące przed około dziesięcioma tysiącami lat koncentrowały się głównie na zbieraniu orzechów, co sprzyjało rozwojowi rolnictwa. Orzechy są prawdziwą kopalnią składników odżywczych. Chociaż mają dużo tłuszczu i kalorii, są także pokaźnym źródłem węglowodanów złożonych, białka, witamin, minerałów i błonnika pokarmowego. Warto także podkreślić wysoką zawartość magnezu, cynku i selenu, czyli tych minerałów, których większość z nas spożywa za mało, na co wpływ ma zachodnia dieta oparta na wysokoprzetworzonej żywności.

Orzechy i nasiona chronią nasz organizm przed wieloma chorobami. Jako produkty bogate w składniki fitochemiczne i sterole roślinne pomagają nam utrzymać prawidłowy poziom cholesterolu, a także zmniejszają ryzyko rozwoju chorób nowotworowych. U mieszkańców tych krajów, w których jada się dużo orzechów, choroby układu krążenia występują znacznie rzadziej niż w krajach, gdzie konsumpcja orzechów jest na niskim poziomie. Z badań przeprowadzonych na ponad 34 tysiącach Adwentystów Dnia Siódmego wynika, że u osób, które spożywały orzechy co najmniej pięć razy w tygodniu, ryzyko wystąpienia zawału było dwukrotnie mniejsze niż u osób, które rzadko jadły orzechy. W dodatku badania wykazały, że spożywanie orzechów nawet tylko raz w tygodniu i tak zmniejsza ryzyko zawału o 25 procent w porównaniu z osobami, których dieta pozbawiona była orzechów[342]. Badanie Nurses' Health Studies, którym objęto ponad 86 tys. pielęgniarek z różnych stanów Ameryki, wykazało u kobiet często jedzących orzechy znacznie niższe ryzyko rozwoju chorób sercowo-naczyniowych niż u kobiet, które unikały orzechów[343]. Z kolei badanie Physician's Health Study, przeprowadzone na 20 tys. mężczyzn, wykazało u osób, które spożywają orzechy, niższe ryzyko zgonu z powodu różnych chorób[344, 345].

Chociaż w powszechnym odczuciu orzechy i nasiona uchodzą za wysokokaloryczną i tłustą przekąskę, w rzeczywistości ich konsumpcja wspomaga utratę zbędnych kilogramów i utrzymanie prawidłowej wagi. Dzieje się tak dlatego, że orzechy zapewniają nam poczucie sytości, w związku z czym ograniczają nasz apetyt na kolejne przekąski[346]. Spośród 65 osób będących na diecie odchudzającej, te, które codziennie zjadały porcję migdałów, straciły więcej masy ciała i dłużej utrzymały odpowiednią wagę niż osoby, których dieta obfitowała w węglowodany złożone[347]. W innym badaniu uczestnicy, którzy codziennie zjadali ponad 80 g orzechów ziemnych, zmniejszyli spożycie innych pokarmów, ponieważ dłużej czuli się syci. W rezultacie osoby te skuteczniej kontrolowały swoją wagę[348].

Jedzenie orzechów może odegrać ważną rolę w profilaktyce cukrzycy oraz kontroli poziomu glukozy we krwi, a także zmniejszyć ryzyko rozwoju cukrzycy typu 2 u kobiet. Z kolei konsumpcja migdałów pomaga uniknąć gwałtownych skoków poziomu glukozy we krwi po zjedzeniu pokarmów, które wyjątkowo szybko podnoszą stężenie cukru[349]. Można przyjąć, że ze względu na niski indeks glikemiczny i wysoką zawartość składników odżywczych, prawie wszystkie orzechy i nasiona mogą odegrać istotną rolę w zapobieganiu cukrzycy lub kontrolowaniu przebiegu tej choroby.

Składniki odżywcze oraz inne związki bioaktywne znajdujące się w orzechach i nasionach mają pozytywny wpływ na pracę mózgu oraz funkcje poznawcze. Na przykład **orzechy włoskie** chronią nasz hipokamp – element układu limbicznego odpowiedzialny za pamięć – przed stresem oksydacyjnym oraz innymi uszkodzeniami[350]. (Same zresztą wyglądają jak miniaturowe mózgi!). Regularne spożywanie orzechów – najlepiej namoczonych, a następnie uprażonych – może przyczynić się do osłabienia, a nawet zlikwidowania zaburzeń czynności mózgu[351].

W ostatnich latach kupno nieprzetworzonych orzechów stało się nie lada wyzwaniem. Przemysł skupuje migdały od setek rolników, co wiąże się z dużym ryzykiem ich skażenia. Jedna skażona partia migdałów pochodząca z jednej plantacji nie stanowi wielkiego problemu, ponieważ stosunkowo łatwo jest dotrzeć do źródła, podczas gdy mając do czynienia z tysiącami różnych źródeł, w przypadku stwierdzenia obecności bakterii salmonelli lub listerii, trzeba wycofać ze sprzedaży cały towar[352]. W rezultacie wiele orzechów oraz wszystkie migdały sprzedawane w Stanach Zjednoczonych poddaje się napromieniowaniu, co wiąże się ze znaczną utratą składników odżywczych. Podczas napromieniowania żywności powstają bowiem wolne rodniki i wiele innych reaktywnych związków chemicznych, które niszczą strukturę witamin i obniżają ich aktywność[353], a także wchodząc w reakcję z żywnością, przyczyniają się do powstawania nowych, szkodliwych dla zdrowia związków chemicznych. Napromieniowanie żywności nie sprzyja naszemu zdrowiu ani też nie jest przyjazne dla środowiska. Na domiar złego do chwili obecnej nie wprowadzono żadnego systemu oznakowania napromieniowanych produktów, więc konsument nie ma pewności, czy zakupiona przez niego żywność nie została przypadkiem poddana tej kontrowersyjnej metodzie konserwacji. Na szczęście wiemy, że większość migdałów importowanych z Włoch lub Hiszpanii nie została napromieniowana. Możemy je kupić w kilku firmach internetowych zajmujących się sprzedażą orzechów.

„Składniki antyodżywcze"

Aby zapewnić sobie skuteczną ochronę przed uszkodzeniem, fasola, nasiona, orzechy i zboża jeszcze przed wykiełkowaniem wytwarzają tzw. substancje antyodżywcze, które pozwolą im poradzić sobie z insektami, grzybami i pleśnią, a nawet przetrwać w przewodzie pokarmowym zwierząt. Tak, nasiona muszą przeżyć podróż przez jelita zwierząt, które roznoszą je na dużych przestrzeniach i deponują wraz z odchodami. Przykładem takiej antyodżywczej substancji może być kwas fitynowy, który wiąże się ze składnikami mineralnymi, uniemożliwiając lub znacznie ograniczając ich wchłanianie[354]. Spożywanie pokarmów bogatych w fitynę oznacza, że takie pierwiastki mineralne jak wapń, żelazo i cynk po związaniu się z kwasem fitynowym utworzą nierozpuszczalne kompleksy, co może doprowadzić do powstaniach niedoborów tych minerałów w naszym organizmie[355]. Kwas fitynowy może także naruszyć nasze zapasy fosforu. W populacjach, dla których podstawowym składnikiem pożywienia są ziarna zbóż i z nich pochodzi większość spożywanych kalorii, częściej dochodzi do zachorowań na krzywicę i osteoporozę[356]. Kwas fitynowy zawarty w orzechach może zmniejszyć wchłanianie żelaza[357]. Z kolei jedzenie otrębów lub bogatych w błonnik pokarmowy produktów z otrębami może przyczynić się to utraty tkanki kostnej i zaburzeń pracy jelit[358]. Ze względu na wysokie zapotrzebowanie na minerały, dieta bogata w kwas fitynowy nie jest wskazana dla dynamicznie rozwijającego się organizmu dziecka, ponieważ wiąże się z ryzykiem wystąpienia niedoboru wapnia, fosforu, cynku i żelaza[359].

Nie musisz się obawiać jedzenia ziaren zbóż, fasoli, nasion i orzechów, pod warunkiem że dokonasz właściwego wyboru tych produktów, odpowiednio je przygotujesz i nie będziesz spożywać ich w nadmiarze. Nie zapominajmy, że nawet kwas fitynowy posiada pewne walory. W niewielkich dawkach jest on potrzebny naszemu organizmowi, ponieważ ogranicza wchłanianie metali ciężkich z przewodu pokarmowego, pomaga eliminować substancje toksyczne, a także wykazuje działanie antyoksydacyjne, a nawet – według niektórych badań – antyrakowe[360]. Warto się zatem wsłuchać w potrzeby swojego organizmu i pamiętać, że najlepszą opcją jest zachowanie umiaru.

Gospodarkę kwasem fitynowym reguluje w roślinach fitaza – enzym, który neutralizuje jego nadmiar. W odróżnieniu od krowy i innych przeżuwaczy organizm ludzki nie wytwarza dużych ilości fitazy, ale bakterie probiotyczne *Lactobacillus* (pałeczki kwasu mlekowego) oraz mikroflora przewodu pokarmowego stanowią jej bogate źródło[361]. Badania wykazują, że nasz organizm może przystosować się do diety bogatej w fityny, najprawdopodobniej za sprawą mikroflory bakteryjnej. Uczestnicy badania, którzy spożywali znaczne ilości pszenicy pełnoziarnistej, na początku wydalali więcej wapnia niż go pobierali, ale już po kilku tygodniach przestali wydalać jego nadmiar. Wydaje się więc, że nasza flora bakteryjna potrafi dostosować się do ilości pobranego kwasu fitynowego. Do procesów, które znacznie zmniejszają ilość kwasu fitynowego, a przy okazji mają wiele innych zalet dla naszego organizmu, należą: kiełkowanie, moczenie, fermentacja i gotowanie. Procesy te aktywują znajdującą się w roślinach fitazę, zanim przedostaną się one do naszego przewodu pokarmowego. W rezultacie nasz organizm otrzyma mniej kwasu fitynowego, a więcej składników odżywczych[362]. Także odpowiednie połączenie pewnych pokarmów może przynieść podobny efekt. Na przykład konsumpcja mięsa lub pokarmów zawierających witaminę C zwiększa wchłanianie żelaza[363]. Z kolei dodając cebulę lub czosnek do ryżu lub fasoli, zwiększamy ilość wchłanianego żelaza i cynku[364]. Składniki fitochemiczne zawierające siarkę, które nadają czosnkowi i cebuli charakterystyczny ostry zapach, również ułatwiają absorpcję pewnych minerałów. Twój codzienny jadłospis może zawierać na przykład kromkę prawdziwego chleba na zakwasie, garść namoczonych, skiełkowanych i uprażonych orzechów oraz jedną do dwóch porcji odpowiednio przygotowanych płatków owsianych, naleśników, ryżu lub fasoli. Organizm osób, których dieta jest bogata w składniki odżywcze, głównie w witaminy, minerały, zdrowe tłuszcze oraz produkty fermentacji mlekowej, może tolerować nawet od czterech do pięciu porcji takich przysmaków dziennie.

Problemy zaczynają się dopiero wtedy, gdy ziarna zbóż lub warzywa strączkowe stanowią podstawę każdego posiłku. Dotyczy to głównie dzieci, których codzienna dieta pozbawiona jest różnorodności[365]. Dlatego właśnie dzieciom, które wychowywane są na diecie wegańskiej, a nawet wegetariańskiej, może brakować niezbędnych składników odżywczych. Wynika to z tego, że zamiast bogatych w wartości odżywcze zwierzęcych białek i tłuszczów spożywają one znaczne ilości „składników antyodżywczych", które „odbierają" im potrzebne dla życia i zdrowia minerały[366]. Dzieci poniżej szóstego roku życia, kobiety w ciąży oraz osoby cierpiące na poważne choroby powinny unikać pokarmów bogatych w kwas fitynowy, ponieważ ich organizm wykazuje znacznie większe zapotrzebowanie na minerały[367]. Oznacza to, że powinny one poddawać produkty bogate w kwas fitynowy procesom kiełkowania i gotowania, a także ograniczyć ich spożycie do dwóch lub najwyżej trzech porcji dziennie. U dzieci przewlekle chorych, z wrodzoną łamliwością kości, a także szybko postępującą próchnicą, warto na próbę całkowicie wyeliminować zboża oraz rośliny strączkowe z ich diety na okres od jednego do trzech miesięcy i obserwować, czy nastąpiła poprawa. Oczywiście zmiany takie możemy wprowadzić wyłącznie za zgodą i pod ścisłą kontrolą lekarza. Wszyscy natomiast skorzystamy na ograniczeniu do minimum (a wyżej wymieniona grupa na całkowitym wyeliminowaniu) spożycia niesfermentowanych produktów sojowych, przetworzonych metodą ekstruzji ziaren zbóż, ciastek ryżowych, nieskiełkowanej granoli, surowego muesli oraz innych pokarmów bogatych w kwas fitynowy.

ZBOŻA, PSZENICA, GLUTEN – JEŚĆ CZY NIE JEŚĆ

Chociaż przygotowane w tradycyjny sposób całe ziarna zbóż mają wiele korzyści zdrowotnych, nadwrażliwość na pszenicę – a w szczególności na zawarty w niej gluten – stała się problemem, który dotyka gwałtownie rosnącą liczbę dzieci. (To bezprecedensowe zjawisko zostało omówione w rozdziale 4). Jedna z najważniejszych przyczyn nietolerancji glutenu tkwi w słabej i nieurodzajnej glebie. Poza tym korzenie skrzyżowanych gatunków pszenicy sięgają zbyt płytko, aby skutecznie pobierać z gleby składniki odżywcze. Na domiar złego uprawy pszenicy są często i obficie spryskiwane Roundupem. Prawie każda biała mąka dostępna w sklepach na terenie Stanów Zjednoczonych, której długi okres przydatności do spożycia ma zrekompensować brak aromatu i niedobór składników odżywczych, została potraktowana wybielaczem chlorowym (azodikarbonamidem), a następnie spryskana amylazą pochodzenia grzybowego (preparat hamujący rozwój pleśni) oraz bromianem potasu. Zdaniem naukowców wysokie spożycie tych związków może zwiększyć ryzyko rozwoju chorób nerek, zaburzeń układu nerwowego oraz nowotworów. Chociaż w większości krajów obowiązuje zakaz dodawania tych substancji do żywności, w Stanach Zjednoczonych są one nadal legalne. Jedno z badań przeprowadzonych jakiś czas temu wykazało, że zwierzęta karmione białą mąką cierpiały na bezpłodność o wiele częściej niż zwierzęta odżywiane świeżo zmielonymi ziarnami pszenicy[368]. Tymczasem płodność i ogólny stan zdrowia są ze sobą ściśle powiązane.

Musimy jednak zdać sobie sprawę z tego, że to my sami jesteśmy odpowiedzialni za powstanie takich problemów. Tradycyjnie pozyskiwane i naturalnie obrabiane ziarna zbóż – zarówno z glutenem, jak i bezglutenowe – mogą nam przynieść wiele korzyści zdrowotnych. Gryka, z której w krajach wschodnioeuropejskich gotuje się potrawę o nazwie kasza gryczana, jest źródłem D-fagominy – związku, który skutecznie ogranicza poziom glukozy we krwi[369] i wydzielanie insuliny[370]. D-fagomina zapobiega także adhezji kilku potencjalnie niebezpiecznych bakterii, takich jak na przykład pałeczka okrężnicy (łac. *Escherichia coli*) i salmonella, wspomaga adhezję bakterii korzystnych dla organizmu, w szczególności szczep *Lactobacillus*, a także równoważy florę bakteryjną jelit[371]. Komosa ryżowa, tzw. pseudozboże – przypominające owoce jagodowe – jest jednym z najbardziej wysokobiałkowych produktów roślinnych o silnych właściwościach antyoksydacyjnych[372].

Pszenica oraz spokrewnione z nią żyto i orkisz nie cieszą się dobrą sławą pomimo swoich licznych właściwości zdrowotnych. Dzieje się tak głównie dlatego, że często nie wybieramy nasion z najlepszych źródeł, a w dodatku już dawno odeszliśmy od tradycyjnych sposobów ich przetwarzania i przygotowywania. Na przykład poprzez kiełkowanie ziaren pszenicy znacznie zwiększamy zawartość witamin A, B_{12} oraz C. Co więcej, w czasie kiełkowania dochodzi do wzrostu aktywności enzymów, które wspomagają trawienie skrobi i białek. Wyniki niektórych badań sugerują, że poprzez kiełkowanie pszenicy możemy także znacznie obniżyć zawartość glutenu[373, 374]. Ponadto, podczas kiełkowania dochodzi do niszczenia oligosacharydów powodujących wzdęcia, zmniejszenie ilości kwasu fitynowego oraz ograniczenia aktywności inhibitorów trypsyny (które wiążą składniki odżywcze, utrudniając strawienie i rozkład białka)[375]. Chleb na zakwasie, przygotowany według tradycyjnej receptury, w oparciu o naturalnie przebiegającą fermentację, powoduje rozkład kwasu fitynowego. Fermentacja ułatwia wchłanianie minerałów, poprawia ich strawność, a także spowalnia tempo psucia się ziarna. Okazało się, że bezglutenowe ziarna pszenicy poddane fermentacji pomagają odbudować florę bakteryjną jelit i przywrócić jej równowagę po zdiagnozowaniu celiakii[376]. Przygotowany w ten sposób zakwas pomaga w regulacji poziomu glukozy we krwi, ograniczając ryzyko gwałtownych i niebezpiecznych skoków insuliny, które mogą wywołać stany zapalne całego ciała, w tym także mózgu[377].

Także inne, przygotowane w tradycyjny sposób nasiona, wykazują znacznie większe korzyści dla naszego zdrowia. Na przykład ziarna kukurydzy, przygotowane tradycyjną metodą nixtamalizacji – stosowanego od stuleci procesu kulinarnego polegającemu na namoczeniu i gotowaniu ziaren kukurydzy w alkalicznym roztworze (na przykład w słabym roztworze wapnia), a następnie ręcznym oddzieleniu łupiny od ziarna – są jeszcze zdrowsze i pożywniejsze niż masa harina. Przygotowane w ten sposób ziarna łatwiej jest zemleć, a poza tym mają one lepszy smak i aromat. W dodatku zawierają mniej mikotoksyn, a składniki odżywcze są lepiej wchłaniane. Ziarna kukurydzy poddane procesowi nixtamalizacji zwiększają zawartość niacyny (czyli witaminy B_3), która zmniejsza ryzyko rozwoju pelagry – poważnej choroby powstałej na skutek jej niedoboru, co nadal jest poważnym problemem w niektórych częściach świata. Do nielicznych firm oferujących nam mąkę kukurydzianą, której jakość nie odbiega od tradycyjnie przygotowanej masa harina, należą Bob's Red Mill oraz Gold Mine, natomiast firmy Lundberg, TruRoots oraz Now Foods proponują nam skiełkowany ryż organiczny. Z kolei w Nowym Jorku firma Cayuga Organics poleca świeżo zmielone ziarna pszenicy, a Biodynamics oraz To Your Health Sprouted Flour Co. różne skiełkowane ziarna.

Jak jeść nasiona

- Zamiast wysokoprzetworzonych ziaren zbóż, płatków owsianych i białego ryżu, wybieraj produkty z całego ziarna, pochodzącego z upraw ekologicznych, a najlepiej z biodynamicznych, na przykład brązowy ryż, owies krojony itp.
- Wybieraj stare, pradawne odmiany zbóż, takie jak na przykład kamut, pszenica płaskurka, amarantus, proso, komosa ryżowa i pszenica samopsza. Istnieje bowiem duże prawdopodobieństwo, że te reliktowe odmiany zbóż nie są uprawiane w wielkich

monokulturach, a zatem nie spryskuje się ich pestycydami, które niszczą składniki odżywcze.

- Jeśli chodzi o kukurydzę, warto kupować (lub samodzielnie uprawiać) jej dawne tradycyjne odmiany. Na przykład firma Anson Mills dostarcza na rynek wyjątkowo bogatą w antyoksydanty odmianę kukurydzy o ziarnach w kolorze niebieskim. Wybierz zatem najlepszą i najzdrowszą dla siebie opcję spośród wielu wspaniałych odmian tej rośliny. Unikaj natomiast kupowania popcornu prażonego w kuchence mikrofalowej, ponieważ do jego produkcji wykorzystano ziarna genetycznie zmodyfikowane, pochodzące z upraw monokulturowych, a w jego opakowaniach zawarte są chemikalia. Pamiętaj, że tylko produkty wytworzone na bazie odpowiednio przygotowanej mąki kukurydzianej o nazwie masa harina dają nam gwarancję prawdziwego smaku, aromatu i optymalnych wartości odżywczych.
- Poddawaj ziarna zbóż kiełkowaniu i fermentacji, aby poprawić ich strawność i wchłanianie składników odżywczych, a także wzmocnić skład flory bakteryjnej jelit.
- W poszukiwaniu świeżo zmielonej mąki najlepiej udaj się na targowisko lokalnej żywności. Jeżeli czujesz się na siłach, spróbuj zemleć samodzielnie całe ziarna pszenicy lub innego zboża, przy pomocy blendera Vitamix lub w zwykłym młynku do zboża, aby cieszyć się smakiem zdrowej naturalnej mąki. Wszystkie wyroby przygotowane ze świeżo zmielonej mąki, począwszy od ciastek, a skończywszy na pieczywie, są o wiele smaczniejsze i pożywniejsze. Jeśli raz spróbujesz, na pewno do przygotowywania domowych wypieków nie będziesz chciała ponownie używać kupionej w supermarkecie mąki.
- Wybieraj pieczywo przygotowane na bazie sfermentowanych lub skiełkowanych ziaren zbóż – bezglutenowych lub z zawartością glutenu – w zależności od tego, czy twój organizm toleruje ten składnik.
- Skiełkowane orzechy są o wiele smaczniejsze od tych, które większość z nas jada na co dzień. Jedną z wielu firm, które oferują skiełkowane orzechy i pestki, jest Living Intentions.

- Dodawaj nasiona chia, lnu i konopi do sałatek, koktajli i domowych krakersów. W tym celu moczenie nasion nie jest konieczne.
- Aby zneutralizować kłopotliwe gazy i wzdęcia po spożyciu fasoli, można ją namoczyć 24–48 godzin w wodzie z dodatkiem kilkucentymetrowego kawałka wodorostu kombu, a następnie osuszyć i zalać świeżą wodą przed ugotowaniem.

DEMONIZOWANIE MAKROSKŁADNIKÓW

Gdy usiłujemy coś oddzielić, odczuwamy,
że jest ono powiązane ze wszystkim we wszechświecie.
– JOHN MUIR

Odkąd wyróżniono w żywności makroskładniki, czyli tłuszcze, białka i węglowodany, docierają do nas kolejne informacje dotyczące szkodliwości któregoś z nich. Przez długi czas najczęściej wybieranym kozłem ofiarnym z tej grupy były tłuszcze. Białka i tłuszcze pochodzenia zwierzęcego wciąż znajdują się na czarnej liście niezdrowych produktów. Jednak w ostatnich latach do listy czarnych charakterów dołączyły **gluten i „cukry"**.

Z drugiej strony, coraz częściej słyszymy, że naszej diety nie powinniśmy rozpatrywać wyłącznie pod względem zawartości makro- i mikroskładników. Stawiając znak równości pomiędzy mlekiem i wapniem lub jajkami i cholesterolem, ograniczamy dany pokarm do jednego elementu, zupełnie zapominając o jego złożoności. Stanowczo za często skupiamy całą uwagę na tym, które składniki danego produktu są „dobre", a które „złe", a zbyt rzadko zastanawiamy się nad tym, kiedy roślina została zebrana, jak przebiegała jej uprawa (rodzaj gleby, warunki wegetacji), w jaki

WSKAZÓWKA

Dziki dojrzewający mleczny owies

Ziarna zbóż często wykazują właściwości zdrowotne. Przez jeden tydzień w roku dojrzewający owies, który rośnie dziko na terenie całego naszego kraju, znajduje się w tak zwanym stadium mlecznym. Jest to najlepszy moment do zbioru tej rośliny, ponieważ wtedy zaczyna ona wytwarzać cenne substancje odżywcze (o wyglądzie i konsystencji mleka), które świetnie wspomagają układ nerwowy, wykazując przy tym działanie uspokajające i kojące i nie powodując jednocześnie senności i otumanienia. Jako łagodny antydepresant oraz środek wzmacniający, owies mleczny spowalnia reakcje na stres i eliminuje zdenerwowanie, regeneruje układ nerwowy, normalizuje działanie nadnerczy, wspomaga uzupełnienie niezbędnych minerałów, ułatwia zaśnięcie, a także korzystnie wpływa na nasze samopoczucie. Herbata z niedojrzałych ziarniaków owsa lub nalewka sporządzona z niewielką ilością alkoholu to doskonałe sposoby na zmniejszenie niepokoju i poprawę nastroju. Te fantastyczne delikatne toniki, cudownie łagodzące objawy nerwowego wyczerpania, możesz bez obaw spożywać codziennie, a także podać je dzieciom, aby w pełni zrelaksowane mogły rozpocząć każdy kolejny dzień.

sposób została przetworzona i przygotowana do spożycia, dlaczego uprawiamy ją i przetwarzamy właśnie w taki sposób, a także kto na tym najwięcej zyskuje, a kto traci.

Prawdą jest, że jemy więcej węglowodanów niż kiedykolwiek wcześniej. Badania dotyczące zmian w dziennej dawce przyjmowanych kalorii wykazały, że w porównaniu z danymi pochodzącymi z roku 1909 nasza średnia dzienna podaż kalorii wzrosła aż o 80 procent[378]. Jak podaje Narodowe Centrum Statystyki Zdrowotnej (National Center for Health Statistics), badanie przeprowadzone w 2004 roku przez naukowców z Centrum Zapobiegania i Kontroli Chorób (Center for Disease Control and Prevention) wykazało, że główną przyczyną wzrostu podaży kalorii na przestrzeni ostatnich trzydziestu lat (o 22 procent u kobiet oraz 7 procent u mężczyzn)[379] był wzrost spożycia węglowodanów. Jednak prawdziwy problem najprawdopodobniej tkwi w tym, że źródłem tych węglowodanów jest wysokoprzetworzona żywność i cukier.

Czasami wyeliminowanie z diety węglowodanów okazuje się rzeczywiście niezbędne, ponieważ stanowi ono nieodłączny element terapii, na przykład u dzieci z tzw. padaczką lekooporną (MRE – medically refractory epilepsy) oraz przewlekłymi zaburzeniami przewodu pokarmowego. W takich przypadkach zastosowanie restrykcyjnej diety ketogenicznej lub zmodyfikowanej diety Atkinsa może stanowić nawet lepszą kontrolę napadów padaczkowych niż zażywanie leków, a także znacznie złagodzić objawy choroby afektywnej dwubiegunowej[380, 381]. Niektóre specjalne diety węglowodanowe mogą okazać się jednak bardzo skuteczne w łagodzeniu objawów choroby Crohna[382]. (W takich dietach o wiele ważniejsze od mieszanek niskowęglowodanowych jest spożywanie naturalnych produktów, także zmiksowanych. Przed ewentualną zmianą jadłospisu należy skonsultować się z dietetykiem).

Gluten, węglowodany, a nawet cukry proste nie są złe same w sobie. **Zawsze ważniejsza jest cała roślina niż suma jej składników.** Tłuszcze oraz związki fitochemiczne zawarte w świeżych ziarnach zbóż regulują poziom cukru we krwi i zapobiegają gwałtownym skokom insuliny[383, 384]. W dodatku tylko w czasach dostatku i obfitości możemy sobie niemal bez ograniczeń wybierać najlepsze pokarmy z ogromnej palety produktów. Jednak na dłuższą metę całkowite wyeliminowanie pewnych typów żywności nie wydaje się rozsądnym rozwiązaniem. Dlatego też zamiast zupełnej rezygnacji ze wszystkich pokarmów wchodzących w skład danej grupy żywności, co do której mamy największe zastrzeżenia, zalecam pozyskiwanie ich z pewnych źródeł, odpowiednie przygotowanie do spożycia oraz zachowanie umiaru w ich konsumpcji (o ile nasz organizm w ogóle je toleruje).

Wegetariańskie dzieci

Chociaż restrykcyjne diety wegańskie i wegetariańskie mogą czasami przynieść pewne korzyści zdrowotne osobom dorosłym, to nigdy nie zalecam ich stosowania u dzieci. Nawet jeśli niektórym dzieciom doskonale służą sporadycznie spożywane dania wegańskie lub wegetariańskie, musimy pamiętać, że ze względu na szybko postępujący rozwój organizmu potrzebują one nawet bardziej różnorodnych i bogatszych w składniki odżywcze pokarmów niż osoby dorosłe. Przestrzeganie stosowanych obecnie zasad prawidłowego żywienia dzieci wiąże się z koniecznością zapewnienia im optymalnej diety, która będzie wspierać zdrowy rozwój młodego ustroju. Dlatego przedmiotem naszej szczególnej troski są „dzieci wegetariańskie", których dieta opiera się na węglowodanach zamiast na warzywach. Chociaż mięso nie jest niezbędne dla każdego organizmu ludzkiego, to już niektóre produkty zwierzęce, szczególnie jajka pochodzące od kur z wolnego wybiegu i mleko od krów wypasanych na pastwisku, mogą mu przynieść wiele korzyści zdrowotnych. Jadłospis dziecka powinien obfitować w warzywa oraz rozmaite tłuszcze (oprócz oliwy z oliwek w diecie nie powinno zabraknąć na przykład masła pochodzącego od krów karmionych trawą, masła ghee, oleju kokosowego lub sezamowego, lnu, konopi itp.). Należy także liczyć się z tym, że przy pewnych przewlekłych chorobach konieczne jest wprowadzenie na pewien czas do diety białek zwierzęcych, a przy innych – ich wykluczenie.

GMO, CZYLI JAK ZROBIĆ NAPRAWDĘ BRUDNY INTERES I PRZEJĄĆ WŁADZĘ NAD NASIONAMI

Cały nasz wychwalany postęp techniczny, cała nasza cywilizacja, jest niczym siekiera w ręku patologicznego przestępcy.

– ALBERT EINSTEIN

Kolejnym rozdziałem w historii uprawy roślin nasiennych i przejmowania kontroli nad produkcją żywności są organizmy modyfikowane genetycznie (GMO). Zdaniem biotechnologów i producentów żywności rośliny transgeniczne są w pełni bezpieczne, a ich uprawa stwarza szansę wyżywienia rosnącej populacji. Amerykańska Agencja Kontroli Żywności i Leków twierdzi, że rośliny genetycznie zmodyfikowane niczym się nie różnią od roślin pochodzących z upraw konwencjonalnych, a niektórzy senatorowie nawet przedłożyli w Kongresie projekt ustawy zezwalającej producentom żywności na oznakowanie produktów GMO jako „w 100 procentach naturalnych"[385]. Przeciwnikom wprowadzenia takiej ustawy zarzuca się „hamowanie postępu naukowego". Po tego typu określenia chętnie sięgają producenci żywności, próbując w ten sposób zamknąć usta wszystkim, którzy odważą się wyrazić niechęć wobec żywności GMO. Tymczasem już 26 krajów wprowadziło zakaz uprawiania roślin GMO, a w kolejnych 62 krajach znacznie ograniczono ten proceder, przy czym wszystko wskazuje na to, że ich liczba wkrótce wzrośnie.

Obecnie prawie 100 procent zbiorów soi i co najmniej 50 procent upraw kukurydzy pochodzi z nasion genetycznie zmodyfikowanych. Także większość zbiorów rzepaku i dyni (szczególnie kabaczków i dyni melonowej żółtej), hawajskiej papai, buraków cukrowych (kolejne źródło cukru obok kukurydzy), lucerny oraz bawełny pochodzi z nasion GMO. Jeśli ktoś uważa, że to zbyt mało, żeby wpadać w panikę, to muszę mu przypomnieć, że właśnie soja, kukurydza i buraki cukrowe stanowią znaczną część przetworzonej żywności, która codziennie trafia do naszych żołądków, a w restauracjach i placówkach żywienia zbiorowego są podstawą prawie każdego posiłku. Można więc z dużym prawdopodobieństwem przyjąć, że spożywane przez ciebie mięso, jajka oraz mleko pochodzą od zwierząt karmionych lucerną (lub warzywami nawożonymi obornikiem pochodzącym od zwierząt karmionych genetycznie zmodyfikowaną lucerną) oraz nasionami bawełny. Z roślin transgenicznych wyrabia się także dodatki spożywcze do wysokoprzetworzonych produktów, o których była już mowa w poprzednich rozdziałach[386]. Chociaż ze względu na „wysokie ryzyko" nasion pszenicy, ryżu i lnu nie poddaje się genetycznej modyfikacji, i tu nie można mieć pełnej gwarancji czystości odmianowej z powodu zapylenia krzyżowego pyłkiem innej spokrewnionej, i tym razem genetycznie zmodyfikowanej, rośliny. Faktem jest, że w roku 2013 w stanie Oregon, a rok później w stanie Montana, Departament Rolnictwa Stanów Zjednoczonych (USDA) wykrył genetycznie modyfikowaną pszenicę, której uprawa jest obecnie zabroniona na terenie Stanów Zjednoczonych. Odkrycia te spowodowały, że rynki azjatyckie wprowadziły chwilowe embargo na import pszenicy uprawianej w Stanach. Kiedy po raz kolejny ujawniono partię pszenicy skażonej GMO, globalny koncern Monsanto – twórca i zarazem największy producent i dostawca roślin genetycznie modyfikowanych – został ukarany wysoką grzywną.

Materiał DNA genetycznie zmodyfikowanego organizmu został wzbogacony w obce geny, pochodzące z różnych gatunków roślin i zwierząt, a nawet w bakterie i wirusy. Takie sztuczne wprowadzanie obcych genów do materiału genetycznego organizmu ma służyć zwiększeniu plonów oraz uodpornieniu rośliny na suszę, choroby i działanie szkodników. Problem polega na tym, że w naturze każdemu genowi funkcjonalnemu – roślin, zwierząt i ludzi – odpowiadają geny regulatorowe, które „podejmują decyzję", czy i kiedy należy włączyć i wyłączyć dany gen. Usunięcie fragmentu genu bez odpowiadających mu genów regulatorowych oznacza, że gen wszczepiony do nowego organizmu, czyli dodany do DNA naszej żywności, może działać w sposób samowolny i nieobliczalny. Jeszcze większy problem pojawia się wtedy, gdy te nieregulowane „wymieszane" geny przedostaną się do naszego organizmu, gdzie mogą wywołać alergie, zatrucia, nowotwory oraz wiele innych chorób. **Takie przypadkowe geny, złożone w glebie lub naszym przewodzie pokarmowym przez organizmy GMO, mogą wytwarzać nowe obce białka, które wpływają na nasz pokarm i na nasze zdrowie.**

Obecnie miliony akrów ziemi uprawnej w Stanach Zjednoczonych zajmują rośliny genetycznie zmodyfikowane. Oto do czego prowadzi niekontrolowane rozprzestrzenienie się organizmów transgenicznych.

Do najpopularniejszych nasion GMO należy Roundup Ready – pierwsza odmiana transgenicznej soi, która miała być odporna na szkodniki. Monsanto tworzy roślinę Roundup Ready, wstrzykując do nasion fragment DNA, aby uodpornić roślinę na działanie produkowanego przez koncern herbicydu o nazwie Roundup, którego głównym składnikiem jest glifosat. Zmodyfikowane rośliny Roundup Ready wykazują odporność na glifosat i nie umierają nawet przy zetknięciu się z dużymi dawkami preparatu. Tymczasem toksyczny glifosat niszczy i zabija „niepożądane rośliny" i chwasty. Jednak walka z chwastami nigdy nie jest do końca skuteczna, ponieważ rośliny te także szybko uodparniają się na działanie szkodliwego herbicydu i wkrótce stają się znacznie silniejszymi niż wcześniej „superchwastami”[387, 388, 389]. W rezultacie rolnicy stosują coraz większe dawki Roundupu i spryskują nim rośliny coraz częściej.

Od czasu wprowadzenia upraw GMO w roku 1996 ilość zużytego glifosatu wzrosła dwukrotnie – do 880 milionów funtów rocznie (około 400 mln kg). Toksyczny glifosat wsiąka w glebę, doprowadzając do jej zubożenia. Badanie przeprowadzone w roku 2014 wykazało obecność glifosatu w ponad 75 procentach próbek powietrza i deszczu[390]. Na domiar złego glifosat łatwo wiąże minerały z gleby, uniemożliwiając im przenikanie do roślin[391]. W rezultacie rośliny tracą coraz więcej składników odżywczych i stają się coraz podatniejsze na działanie szkodników. Roślinom potrzebne są bakterie i grzyby mikoryzowe, które odżywiają je i uczestniczą w budowie ich układu odpornościowego. Tymczasem działający jak antybiotyk glifosat osłabia roślinę, ograniczając jej kontakt z mikroorganizmami, które z jednej strony wspomagają jej rozwój, a z drugiej wywołują stres niezbędny do zwiększenia produkcji związków fitochemicznych. Glifosat gromadzi się w organach odpowiedzialnych za wzrost rośliny – w nasionach oraz tkance twórczej znajdującej się na wierzchołkach pędu i korzenia – które najczęściej są jednocześnie jadalnymi częściami rośliny. Oznacza to, że po spożyciu takich roślin przez zwierzęta i ludzi glifosat gromadzi się także w ich komórkach[392].

Nawet w niewielkich dawkach glifosat przedostający się z żywnością do organizmu człowieka niszczy i zabija komórki embrionalne oraz komórki łożyska i pępowiny[393]. Glifosat może spowodować ogromne spustoszenie w ludzkim genomie, wywołując niekontrolowane mutacje, w tym aberracje w strukturze chromosomów, nawet jeśli nie dojdzie do przekroczenia dawki uznanej za „bezpieczną"[394, 395]. Ostatnio coraz więcej badań wskazuje na to, że spożywanie produktów zawierających glifosat może mieć związek z rozwojem autyzmu, problemów neurobehawioralnych u dzieci[396], a także innych zaburzeń o podłożu neurologicznym, w tym chorób Parkinsona i Alzheimera[397, 398]. Glifosat oraz inne komponenty służące do produkcji żywności GMO mogą także przyczynić się do rozwoju objawów zespołu nieszczelnego jelita (zwiększona przepuszczalność jelit), zakłócenia równowagi składu flory bakteryjnej jelit, nieprawidłowej aktywacji układu immunologicznego, rozwoju alergii pokarmowych i zaburzeń trawienia oraz uszkodzenia ściany jelita[399]. Zwierzęta karmione roślinami GMO wykazują zaburzenia funkcjonalne układu rozrodczego.

Jednak przede wszystkim glifosat utrudnia organizmowi oczyszczanie się z toksyn[400]. Na domiar złego, jak uznała Światowa Organizacja Zdrowia (WHO), glifosat jest prawdopodobnie substancją rakotwórczą. Badania przeprowadzone w roku 2014 przez zespół naukowców z MIT (Massachusetts Institute of Technology) wykazały ścisły związek pomiędzy gwałtownym wzrostem liczby zachorowań na celiakię oraz zaburzeń czynności tarczycy i pracy nerek a wzrostem zużycia glifosatu. Stężenie glifosatu w moczu osób przewlekle chorych było znacznie wyższe niż u zdrowych uczestników badania[401]. Resztek tego preparatu z powierzchni i wnętrza roślin nie da się usunąć ani myjąc je wodą, ani podczas gotowania, a ślady herbicydu pozostają w żywności nawet przez rok, niezależnie od tego, czy produkty zostały przetworzone, zamrożone czy wysuszone. Toksyna butylinowa (BT, czyli tzw. jad kiełbasiany), która należy także do pestycydów i wywodzi się z bakterii zarodnikujących, obecnie jest dodawana do zmodyfikowanych genetycznie nasion kukurydzy. Po zjedzeniu przez insekty roślin spryskanych BT preparat gromadził się na ścinkach jelitowych szkodników i zabijał je, po czym zostawał zmyty z powierzchni roślin. Obecnie kukurydza GMO sama wytwarza toksynę BT, która po przedostaniu się do naszego organizmu niszczy jelita[402]. Genetycznie zmodyfikowane rośliny uprawne rozprzestrzeniły się po całym świecie, wywołując przerażenie u mieszkańców wielu krajów.

W jednej z pierwszych publikacji naukowych dotyczących bezpieczeństwa GMO zwrócono uwagę na gwałtowny wzrost wystąpienia reakcji anafilaktycznych u mieszkańców Zjednoczonego Królestwa po spożyciu transgenicznej soi, do której w Stanach Zjednoczonych wprowadzono gen orzecha brazylijskiego[403]. Zjednoczone Królestwo jest jednym z nielicznych krajów, w których co roku przeprowadza się badania pod kątem najczęściej występujących alergii pokarmowych i alergenności poszczególnych produktów. I tak na przykład w marcu 1999 roku badaczy zaniepokoił wzrost liczby alergii na soję aż o 50 procent w porównaniu z rokiem ubiegłym. Gen orzecha brazylijskiego, który ujawnił się w soi, doprowadził do genetycznego zanieczyszczenia rośliny ukrytym alergenem pochodzącym z drzewa orzechowego, co stało się przyczyną anafilaksji (reakcji alergicznej typu natychmiastowego).

Kiedy przemysł pobiera materiał genetyczny z jednej rośliny lub zwierzęcia i wprowadza go do komórek drugiego organizmu, genetyczna i epigenetyczna złożoność może wywołać nieoczekiwane efekty toksyczne w naszym organizmie i w środowisku.

Niestety nikt nas nie pyta, czy życzymy sobie transgenicznych roślin w naszym środowisku, w naszej żywności i w naszych organizmach. Nie mamy żadnego wpływu na to, że wiatr i woda przenoszą zmodyfikowane nasiona z jednego pola na drugie, gdzie zapuszczają korzenie i rosną. W dodatku, ponieważ w Stanach

Zjednoczonych produkty pochodzące z upraw GMO nie muszą być specjalnie oznakowane, konsumenci, którzy nie chcą narażać swojego organizmu na kontakt z tą podejrzaną technologią, pozbawieni są szansy wyboru bezpiecznej żywności.

Mit: Żywność genetycznie zmodyfikowana musi być bezpieczna, ponieważ została zaaprobowana przez Agencję Kontroli Żywności i Leków.

Najprawdopodobniej niektórzy z Was wyobrażają sobie, że Agencja Kontroli Żywności i Leków (FDA) uznała produkty GMO za bezpieczne w oparciu o wnikliwe i zakrojone na szeroką skalę badania dotyczące gleby, roślin i naszego zdrowia. Muszę Was niestety rozczarować. **Otóż FDA nigdy nie przeprowadziła żadnych badań w kwestii bezpieczeństwa GMO.** W latach dziewięćdziesiątych XX wieku FDA przyznała produktom pochodzącym z nasion genetycznie zmodyfikowanych status GRAS, co oznacza „ogólnie uznane jako bezpieczne" (generally recognized as safe), traktując je na równi z innymi produktami spożywczymi. Agencja ds. Kontroli Żywności i Leków uzasadniła swoją decyzję tym, że składniki odżywcze roślin modyfikowanych, takie jak białka, tłuszcze i węglowodany, są „identyczne lub bardzo podobne" do składników odpowiadających im gatunkom roślin uprawianych konwencjonalnie[404]. Być może, ale czy liczy się tylko podobieństwo? Może warto byłoby zająć się także różnicami! W roku 1996 Agencja ds. Kontroli Żywności i Leków dopuściła wprowadzenie na rynek pierwszych genetycznie zmodyfikowanych produktów, wbrew ostrzeżeniom zatrudnionych przez siebie naukowców, którzy wskazywali na znaczne ryzyko wynikające z fundamentalnych różnic pomiędzy inżynierią genetyczną a konwencjonalną uprawą – związane przede wszystkim z produkcją nowych substancji toksycznych i alergenów[405, 406, 407, 408, 409]. Uznając produkty GMO za bezpieczne, Agencja Kontroli ds. Żywności i Leków nie kierowała się wynikami przeprowadzonych w tym zakresie badań ani żadnymi danymi na ten temat. **FDA nie zleciła, i w dalszym ciągu nie zleca, przeprowadzenia jakichkolwiek badań nad bezpieczeństwem produktów GMO.**

Prawdę mówiąc, FDA w ogóle nie wdrożyła obowiązkowych procedur dotyczących oceny bezpieczeństwa żywności transgenicznej, ograniczając swoje działania w tym zakresie do ewentualnego zbadania danego produktu przed jego wypuszczeniem na rynek. Trzeba jednak pamiętać, że producenci nie mają prawnego obowiązku uczestniczenia w tej procedurze. Ponieważ rząd Stanów Zjednoczonych podjął decyzję, aby „wspierać" ekspansję GMO, udzielając bezwarunkowego poparcia koncernom biotechnologicznym[410], FDA powstrzymuje się od nadzorowania i kontrolowania sytuacji na rynku GMO. W praktyce oznacza to, że każde przedsiębiorstwo agrotechniczne może wprowadzić na rynek dowolny produkt GMO, nie informując nawet o tym Agencji Kontroli ds. Żywności i Leków. W rezultacie **jedyne badanie produktu GMO przed wprowadzeniem go na rynek zleca lub wykonuje jego producent, którego celem jest osiągnięcie maksymalnych zysków ze sprzedaży własnych nasion transgenicznych wraz z niezbędnymi preparatami chemicznymi.**

W takiej sytuacji oczywiste jest, że wiele takich badań przeprowadza się nierzetelnie, a ich wyniki trudno jest uznać za obiektywne. Na przykład badanie przeprowadzone w roku 2015 wykryło w standardowych karmach laboratoryjnych obecność GMO oraz glifosatu[411]. Jeżeli karmę z GMO spożywały zarówno zwierzęta narażone, jak i nienarażone na wcześniejszy kontakt z GMO i glifosatem, to danych dotyczących bezpieczeństwa produktu nie można uznać za miarodajne, ponieważ żadna grupa „nie była wolna od GMO". Sceptycyzm wobec GMO jeszcze bardziej się zwiększył, kiedy „New York Times" ujawnił, że przemysł biotechnologiczny „opublikował kilkadziesiąt artykułów firmowanych nazwiskami wybitnych uczonych, z których co najmniej kilka zostało wcześniej przygotowanych przez własnych ekspertów". Za użyczenie swojego autorytetu naukowcy otrzymali niemal nieograniczone wsparcie finansowe[412].

Profesor David Schubert, kierownik Zakładu Neurobiologii Komórkowej Instytutu Badań Biologicznych Salk w Kalifornii, w swoim recenzowanym badaniu naukowym twierdzi: „Dziwi nas fakt, że rządowe organa nadzorujące GMO w Stanach Zjednoczonych polegają wyłącznie na danych dostarczonych przez producentów upraw biotechnologicznych, które w dodatku nie podlegają publikacji w dzienniku urzędowym ani nie są w żaden sposób weryfikowane... Obraz, który wyłania się z naszych badań dotyczących kontroli żywności GMO w Stanach Zjednoczonych, nie skłania nas do optymizmu. Instytucje powołane do sprawowania kontroli nad ekspansją upraw roślin transgenicznych bez zastanowienia dopuszczają do produkcji kolejnych nasion GMO, próbując za wszelką cenę przekonać opinię publiczną o zaletach upraw biotechnologicznych, zamiast zadbać o bezpieczeństwo naszej żywności"[413]. **Innymi słowy, nasz rząd naraża zdrowie naszych dzieci na poważne ryzyko w imię interesów koncernów biotechnologicznych.**

Koncern Monsanto ma w naszym rządzie wielu byłych pracowników wyższego szczebla, kluczowych udziałowców, lobbistów, własnych prawników oraz członków zarządu – począwszy od dobrze nam znanego Clarence'a Thomasa, sędziego Sądu Najwyższego, poprzez Donalda Rumsfelda – byłego sekretarza obrony, licznych członków Kongresu oraz Hillary Cinton – byłej sekretarz stanu, która pracowała w firmie prawniczej reprezentującej Monsanto, a skończywszy na mniej znanych pracownikach Monsanto, którzy otrzymali wysokie stanowiska w Agencji ds. Kontroli Żywności i Leków (FDA) oraz w Departamencie Rolnictwa Stanów Zjednoczonych (USDA)[414]. I odwrotnie – byli urzędnicy z FDA i USDA także często piastują wysokie stanowiska w koncernie Monsanto i jego filiach od chwili wycofania się ze służby publicznej[415]. Obecnym zastępcą komisarza FDA ds. polityki publicznej jest osławiony Michael Taylor, który w roku 1991 wywierał istotny wpływ na stanowisko rządu w sprawie żywności GMO[416]. Przed podjęciem pracy w Agencji ds. Kontroli Żywności i Leków, Taylor pracował w firmie prawniczej, która reprezentowała interesy koncernu Monsanto. W roku 1998 Taylor został wiceprezesem Monsanto ds. polityki publicznej[417], a w roku 2010 powrócił do FDA, gdzie pracuje jako zastępca komisarza ds. żywności[418].

Krótko mówiąc, lis pilnuje kurnika. Podczas gdy Węgry podjęły odważne działania wobec biotechnologicznego giganta Monsanto, niszcząc wszystkie uprawy kukurydzy wyhodowanej z nasion genetycznie zmodyfikowanych na terenie kraju, rząd Stanów Zjednoczonych jeszcze nigdy nie odrzucił ani jednego wniosku Monsanto o dopuszczenie do uprawy kolejnych roślin transgenicznych. Według gazety „New York Times", „W okresie administracji trzech ostatnich prezydentów Stanów Zjednoczonych zjawisko to się ciągle powtarza. Każde życzenie koncernu Monsanto, a właściwie całego przemysłu biotechnologicznego, zostaje natychmiast spełnione przez Waszyngton. Jeżeli strategia firmy wymagała pewnych regulacji prawnych, zawsze wydawano zarządzenia sprzyjające interesom przemysłu. A kiedy firma nagle uznała, że regulacje nie służą jej interesom, ponieważ musi na przykład przyspieszyć wprowadzenie towaru na rynek, Biały Dom niezwłocznie i wspaniałomyślnie przyznawał jej możliwość samodecydowania. Nawet długoletni i szczególnie oddani funkcjonariusze administracji rządowej stwierdzili, że nadzorowaniem dopiero rodzącego się przemysłu biotechnologicznego powinny zająć się raczej agencje federalne, na przykład Environmental Protection Agency (Agencja Ochrony Środowiska), Agriculture Department (Departament Rolnictwa), a w ostateczności Agencja Kontroli ds. Żywności i Leków"[419].

Mit: Pod względem zawartości składników odżywczych GMO nie odbiega od roślin uprawianych konwencjonalnie.

Na początku glifosat został opatentowany jako chelat i antybiotyk. Chelaty łączą składniki odżywcze w glebie, ograniczając ich przenikanie do roślin (a w konsekwencji do naszego organizmu). Na domiar złego glifosat atakuje mikroorganizmy oraz grzyby mikoryzowe, które ułatwiają roślinie wchłanianie składników pokarmowych, wzmacniają jej naturalną odporność, a także sieć pośrednich połączeń pomiędzy roślinami[420]. Chociaż glifosat może zabić część chwastów, to większość z nich w końcu uodporni się na działanie tego preparatu. W rezultacie ocalone rośliny (lub rośliny pochodzące z kolejnych upraw) mają bardziej ograniczony dostęp do grzybów mikoryzowych, a także wzbogacających glebę dżdżownic[421], składników odżywczych[422] oraz związków fitochemicznych[423], które korzystnie wpływają na jakość gleby, rozwój roślin i zwierząt, a przede wszystkim na nasze zdrowie.

Mit: GMO zwiększa plony.

Zdaniem przedstawicieli firm biotechnologicznych żywność GMO rozwiąże problem głodu na całym świecie, przede wszystkim w wyniku zwiększenia plonów i odporności roślin na szkodniki. Do chwili obecnej nie przeprowadzono żadnych badań, które potwierdziłyby, że uprawa roślin genetycznie zmodyfikowanych przynosi większe plony, a ostatnie wydarzenia sugerują nawet, że jest wręcz odwrotnie. Ku zadowoleniu koncernu Monsanto rząd w Indiach zabronił konwencjonalnej uprawy bawełny na rzecz upraw GMO w zamian za kredyt przyznany przez Międzynarodowy Fundusz Walutowy dla wsparcia gospodarki. Rolników indyjskich udało się przekonać do zakupu „cudownych nasion" (genetycznie zmodyfikowanych przez Monsanto) za cenę nawet tysiąckrotnie wyższą od ceny nasion konwencjonalnych. Wkrótce jednak rolnicy boleśnie odczuli skutki zawierzenia korporacji chemicznej. Okazało się bowiem, że rośliny wymagają pielęgnacji drogimi pestycydami i herbicydami, a w dodatku stały się one częstym obiektem ataku słonecznic, na które nie były uodpornione. W rezultacie doszło do zniszczenia większości upraw[424]. W dodatku uprawa nasion GMO wymagała dwukrotnie większych nakładów wody niż nasiona tradycyjne. Część roślin uległa zniszczeniu, ponieważ rolnicy nie byli w stanie zapewnić im wystarczającej ilości wody. Na domiar złego okazało się, że rolnicy nie będą już mogli zbierać nasion do obsiewania w następnym sezonie, ponieważ będą musieli kupować każdego roku nowe nasiona. Dla większości rodzin tonących w długach taki wydatek był gwoździem do trumny – i to w znaczeniu jak najbardziej dosłownym. Od roku 1995 ponad 270 tys. indyjskich farmerów popełniło samobójstwo. Znaczna część tych samobójstw wynikała z niemożliwych do spłacenia kolosalnych długów, głównie wskutek fiaska upraw GMO narzuconych przez Monsanto[425].

Mit: GMO pozwoli wykarmić cały świat.

Uprawy GMO tworzą niebezpieczną monokulturę. Tymczasem bioróżnorodność, czyli wprowadzenie do uprawy jak najszerszego zestawu odmian roślin, oznacza, że tylko pewne gatunki przetrwają w trudniejszych warunkach. Tymczasem jeśli 100 procent soi Roundup Ready zostanie zaatakowane przez szkodniki lub grzyby odporne na preparat Roundup, to taka uprawa zostanie w całości zdziesiątkowana. Rośliny uodpornione na suszę przetrwają długi czas bez wody, ale nie przeżyją obfitych opadów. **Na odporność i wytrzymałość roślin wpływa bioróżnorodność, a nie technologia GMO.**

Co do obietnic, jakoby GMO pozwoliło nam wykarmić cały świat, do chwili obecnej nie udało się znaleźć żadnych dowodów na to, że cel ten jest możliwy do osiągnięcia. Co więcej, nasz świat wcale nie cierpi z powodu niedoboru żywności. Według badań przeprowadzonych przez Departament Rolnictwa Amerykanie wyrzucają każdego roku około 133 miliardy funtów (około 60 mld kg) żywności, czyli około 30 procent produkowanej na świecie żywności w ciągu jednego roku. Panuje powszechna zgoda co do tego, że na świecie produkuje się dosyć jedzenia, żeby wszystkich wyżywić, a problem tkwi tylko w tym, że nie dociera ona do każdego, kto jej potrzebuje. Można więc śmiało stwierdzić, że globalnym problemem nie jest brak żywności, lecz jej zła dystrybucja. Ci, którzy twierdzą, że jest inaczej, próbują nami manipulować. Monokulturowe uprawy roślin GMO w rzeczywistości stanowią o wiele większe zagrożenie dla bezpieczeństwa żywności niż ich brak. Jak powiedział Mark Twain, „Kłamstwo zdąży obiec pół świata, zanim prawda włoży buty".

GMO: Ukryty składnik.

Obecnie nie ma żadnych uregulowań prawnych nakładających na producentów żywności obowiązek oznakowania produktów, które zawierają GMO. Tymczasem badania wykazują, że 90 procent konsumentów amerykańskich chce wiedzieć, czy kupowane przez nich artykuły spożywcze zostały wyprodukowane z roślin modyfikowanych genetycznie. W co najmniej 62 krajach producenci są zobowiązani do oznakowania produktów modyfikowanych genetycznie, aby konsumenci mogli dokonać świadomego wyboru. Jednak amerykański przemysł spożywczy zainwestował miliardy dolarów w walkę przeciwko wprowadzeniu nowych przepisów w zakresie znakowania żywności genetycznie modyfikowanej, ograniczając tym samym prawo każdego konsumenta do posiadania rzetelnych informacji o cechach oferowanych towarów. Pragnę podkreślić, że nie chodzi tu o walkę z zakazem prowadzenia upraw roślin genetycznie modyfikowanych, a jedynie z ewentualnym obowiązkiem informowania o tym potencjalnych konsumentów. **Tymczasem producenci żywności uparcie powtarzają, że „Żywność pochodząca z nasion zmodyfikowanych genetycznie niczym się nie różni od innych produktów spożywczych, w związku z czym nie ma potrzeby jej oznakowania". Jednak z drugiej strony, ubiegając się o patenty na kolejne nasiona GMO, ci sami producenci potwierdzają, że ich „nowe wynalazki" muszą zasadniczo różnić się od swoich tradycyjnych odpowiedników. A zatem jedno przeczy drugiemu!** Kolejny argument przeciwko wprowadzeniu obowiązku oznakowania żywności GMO, po który często sięgają producenci, brzmi: „Amerykanom brakuje specjalistycznej wiedzy, która umożliwiłaby im dokonanie właściwej interpretacji informacji dotyczących GMO zamieszczonych na opakowaniach produktów. Zatem konieczność oznakowania takich produktów wiąże się z ryzykiem, że klienci będą zdezorientowani". Producenci sugerują nam, więc że wprawdzie mieszkańcy 62 krajów mogli sobie poradzić z „rozszyfrowaniem" tych „skomplikowanych informacji", ale mniej inteligentni Amerykanie mogą sobie nie dać rady![426]

JAK UNIKAM KARMIENIA DZIECI ŻYWNOŚCIĄ GMO?

To doprawdy bulwersujące, że ponad 80 procent żywności sprzedawanej w Ameryce Północnej pochodzi z upraw GMO, z czego większość stanowią produkty skierowane przede wszystkim do naszych dzieci – płatki śniadaniowe, batoniki, zestawy gotowych przekąsek, ciastka, wysokoprzetworzone wędliny i krakersy. Ponieważ producenci tych niebezpiecznych przysmaków nie mają obowiązku oznakowania produktów pod kątem zawartości GMO, pozostaje nam kupować żywność ekologiczną, ponieważ tylko produkty organiczne nie mogą zawierać GMO. Oznacza to, że rolnik zajmujący się uprawą ekologiczną nie może używać ziaren GMO, krowy pochodzące z ekologicznej hodowli nie mogą być karmione lucerną ani kukurydzą, a do pieczenia ekologicznego chleba nie można używać żadnych składników genetycznie zmodyfikowanych.

WNIOSKI

Być może kiedyś, w bliżej nieokreślonej przyszłości, uprawa nasion genetycznie modyfikowanych zacznie przynosić nam korzyści. Jednak do tej pory zastosowanie technologii GMO służy wyłącznie temu, aby wymusić na rolnikach użycie ogromnych ilości pestycydów w celu zapewnienia uprawianym roślinom optymalnej ochrony. Wbrew naszym oczekiwaniom nikt nie przeprowadza zakrojonych na szeroką skalę rygorystycznych badań nad bezpieczeństwem takiej żywności dla organizmu ludzi i zwierząt. Tymczasem dostępne dane oraz wyniki nielicznych, niezależnie przeprowadzonych testów są doprawdy alarmujące. Na tym etapie, jako konsumenci, mamy prawo oczekiwać przynajmniej rzetelnej informacji dotyczącej źródła pochodzenia oferowanych nam produktów.

Warto zapamiętać

1. Rośliny nasienne – zboża, fasola, orzechy itp. – są smaczne, trwałe i bogate w składniki odżywcze. Kupując je, pilnujmy, aby pochodziły z upraw ekologicznych, a nawet biodynamicznych, natomiast omijajmy szerokim łukiem nasiona genetycznie modyfikowane. Znajdźmy lokalnych hodowców, którzy zapewnią nam dostęp do najzdrowszych i najświeższych produktów. Niektórzy producenci wysokogatunkowej zdrowej żywności uważają nawet, że zaraz po zbiorach ziarna zbóż oraz nasiona ryżu należy zamrozić, aby zachować wszystkie substancje fitochemiczne, które nadają im smak, aromat oraz dodatkowe wartości odżywcze.
2. Większość ziaren zbóż, odmian fasoli, orzechów i pestek należy wymoczyć, skiełkować, a następnie gotować na wolnym ogniu lub uprażyć, aby w ten sposób wydobyć z nich jak najwięcej składników odżywczych. Wychodząc naprzeciw rosnącemu zapotrzebowaniu konsumentów na pełnowartościową i tradycyjnie przygotowaną żywność, niektórzy producenci oferują już skiełkowane nasiona.
3. Przed zakupem ryżu sprawdź w Consumer Reports (coroczne raporty wpływowej amerykańskiej organizacji konsumenckiej), które produkty mogą zawierać antybiotyki lub inne zanieczyszczenia.
4. Unikaj produktów wzbogaconych. Takie wzbogacanie ziaren zbóż wynika z tego, że części rośliny, które były najbogat-

szym źródłem składników odżywczych, uległy zniszczeniu, w związku z czym producent postanowił zrekompensować nam tę stratę, dodając kilka witamin i minerałów, aby stworzyć wrażenie, że produkt jest zdrowy. Tymczasem porcja syntetycznych witamin nie wystarczy, aby przywrócić produktowi utracone wartości. Jeżeli naprawdę chcesz, aby twoje dziecko miało zapewnione niezbędne składniki odżywcze, to najlepszą opcją są świeżo zmielone całe ziarna zbóż.

5. Zrezygnuj z podawania dziecku wzbogaconych płatków śniadaniowych. Karmienie dziecka takim produktem jest równoznaczne z podaniem mu szklanki mleka wraz z porcją ciastek i kilkoma syntetycznymi witaminami. Prawdę mówiąc, niektóre ciastka są o wiele zdrowsze od takich płatków! O wiele lepsze dla zdrowia twojego dziecka będą namoczone całe ziarna owsa, granola ze skiełkowanych nasion, wysokiej jakości chleb na zakwasie, ciepła komosa ryżowa lub owsianka z amarantusa z przepysznymi dodatkami, na przykład skiełkowanymi orzechami, cynamonem, imbirem, kardamonem, jagodami, syropem klonowym, surowym miodem, bardzo ciemnym syropem klonowym lub ciemnobrązową melasą trzcinową. Zamiast produktów zbożowych możesz podać dziecku jajko oraz talerz zupy. Najlepiej kupuj ziarna zbóż od producentów, którzy oferują je w wersji skiełkowanej, która jest najbogatsza w składniki odżywcze.

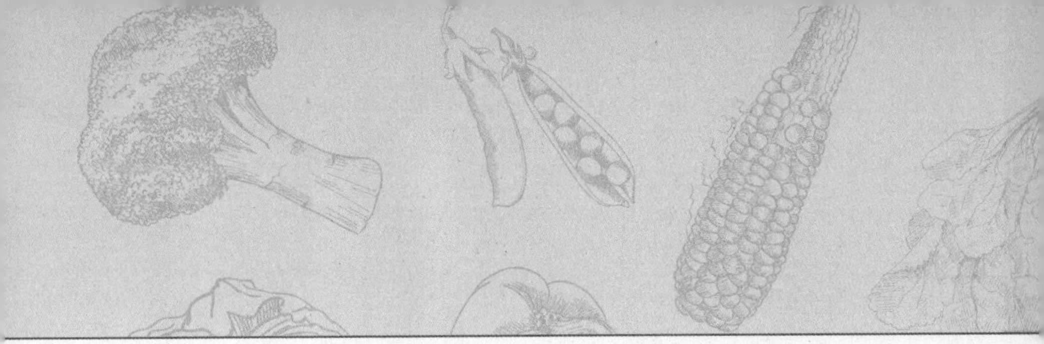

6. Nie przestawaj się domagać wprowadzenia obowiązku oznakowania żywności GMO. Stanowczo żądaj od władz lokalnych, stanowych i federalnych, aby zaczęły sprawować rygorystyczną kontrolę nad procesem produkcji takiej żywności oraz zlecać przeprowadzanie niezależnych badań nad bezpieczeństwem nowych produktów.

ROZDZIAŁ 10

Meet Your Meat, czyli poznaj mięso, które jesz

Wiele dzieci myśli, że mięso pochodzi „z supermarketu". Dzieje się tak częściowo dlatego, że my, dorośli, często nie chcemy się dzielić z naszymi pociechami smutną prawdą, że spożywane przez nas steki i hamburgery stanowiły kiedyś część żywego zwierzęcia. Tymczasem każdy aspekt życia tego zwierzęcia znajduje odzwierciedlenie na naszym talerzu – począwszy od gleby, na której wyrosły spożywane przez nie rośliny, poprzez to, czym było karmione oraz gdzie i jak żyło, a skończywszy na okolicznościach jego śmierci. Wszystkie te czynniki mają ogromny wpływ na to, jak smakuje nam mięso oraz jakie są jego wartości odżywcze. Nasz związek ze zwierzętami, które są źródłem naszego pożywienia, trwał przez długi czas, zanim ostatecznie wylądowały one na talerzach, i zapewne jeszcze długo potrwa po ich skonsumowaniu.

Pamiętajmy, że mięso jest czymś więcej niż tylko częścią naszej codziennej diety, a także o tym, że nie każde mięso jest takie samo. Kiedy zwierzęta karmione są bogatymi w składniki odżywcze roślinami, stają się także dla nas źródłem cennych dla zdrowia wartości odżywczych. Mięso, które pochodzi od zdrowych, odpowiedzialnie hodowanych zwierząt, pomaga nam skutecznie walczyć z chorobami, a także ułatwia prawidłowe funkcjonowanie całego organizmu. Mięso pochodzące od zwierząt karmionych trawą jest o wiele bogatszym źródłem kwasów tłuszczowych omega-3 niż wiele gatunków ryb. Ze względu na działanie przeciwzapalne kwasy te są niezbędne dla zdrowia naszej skóry, jelit i układu odpornościowego, a także dla prawidłowego funkcjonowania układu nerwowego. Krowy wypasane na dobrze przygotowanych i utrzymanych pastwiskach mają więcej mikroskładników odżywczych, w szczególności witaminy D, niż krowy żywione zbożem[427]. Wołowina pochodząca od krów karmionych trawą jest znacznie bogatszym źródłem witaminy B, karnityny oraz takich minerałów jak wapń, magnez oraz potas. Z kolei jagnięcina pochodząca od owiec karmionych trawą zawiera dodatkowo znaczne ilości dobrze przyswajalnej witaminy E, a wieprzowina pochodząca od świń pastwiskowych jest cennym źródłem selenu.

Należy pamiętać, że mięso nie każdej krowy, kurczaka, owcy lub świni jest źródłem cennych właściwości zdrowotnych. Tak jak metody uprawy wpływają na jakość gleby i zdrowie roślin, tak sam sposób hodowli zwierząt wpływa na jakość pochodzącego od nich mięsa. Jeśli na przykład kupujesz mięso ze starej kury lub krowy, to na pewno nie przyniesie ono optymalnych korzyści twojemu organizmowi. Niestety, większość produktów zwierzęcych podawanych i sprzedawanych w naszym kraju zdecydowanie nie należy do zdrowej żywności, ani dla naszego organizmu, ani dla środowiska.

Kiedy jako nastolatka dowiedziałam się, w jaki sposób przebiega hodowla zwierząt przeznaczonych na mięso, natychmiast postanowiłam przejść na dietę wegetariańską, z której zrezygnowałam dopiero w wieku dwudziestu kilku lat, kiedy będąc w ciąży z pierwszym dzieckiem, bardzo potrzebowałam zwierzęcego białka. W kolejnych latach, ze względu na siebie, dzieci oraz moich pacjentów, poszukiwałam zdrowego mięsa, które pochodziłoby od zwierząt zabijanych w sposób stosunkowo jak najbardziej humanitarny. Znalezienie odpowiedzialnie prowadzonej hodowli z całorocznym wypasem zwierząt na pastwiskach (jadam tylko mięso koszerne) graniczyło z cudem. Kontaktowałam się z licznymi hodowcami, producentami żywności oraz organizacjami non profit typu *food-to-farm*, aż wreszcie sama założyłam „spółdzielnię mięsną", która uwzględniała potrzeby zwierząt i ludzi. Poświęciłam wiele godzin na rozmowy z producentami, którym leży na sercu dobro zwierząt i którzy dokładają wszelkich starań, aby nie narażać je na ból i zminimalizować ich cierpienie. Odwiedziłam wiele rzeźni, gdzie obserwowałam, jak przebiega ubój zwierząt. Był to dla mnie nieoczekiwany przyspieszony kurs z zakresu ciężkich warunków hodowli zwierząt na mięso.

Chociaż teraz już nie prowadzę swojej „spółdzielni", wciąż mam mój kombinezon roboczy, który zakładałam, udając się do ubojni. Muszę przyznać, że każda wizyta w rzeźni była dla mnie skrajnie traumatycznym i zarazem paradoksalnym doświadczeniem. Przecież podstawowym celem każdego lekarza jest ratowanie życia, gdy ja tymczasem znajdowałam się w miejscu, które było przeznaczone do tego, żeby to życie zakończyć. Kiedy po raz pierwszy zobaczyłam, jak żywe, oddychające i czujące zwierzę przerabia się na kawałki mięsa, nie mogłam sobie wyobrazić, że kiedyś włożę coś takiego do ust. W końcu jednak zaczęłam jeść mięso, ale jego smak był zupełnie inny od tego, do którego zdążyłam się przyzwyczaić. Za każdym razem, kiedy widzę w rzeźni tuszę wołową, myślę sobie, że między mną a tym zwierzęciem dokonuje się szczególny rodzaj egzystencjalnej więzi. Młody wół oddaje swoje życie, żebym ja mogła żyć, a ja w podziękowaniu za jego poświęcenie uczestniczę w całym tym procesie, aby uhonorować jego ofiarę. W wyniku takich bolesnych doświadczeń ograniczyłam jednak spożycie mięsa, ponieważ wiem, że każdy jego kawałek jest okupiony cierpieniem i śmiercią.

Dla dobra własnego organizmu oraz zdrowia dziecka warto wiedzieć jak najwięcej o zwierzętach, od których pochodzi spożywane mięso. Źródło pochodzenia mięsa jest ważne ze względów etycznych, odżywczych, ekologicznych oraz kulinarnych (smak mięsa i jego przetworów). Zadawanie następujących pytań: „Skąd pochodzą te kurczaki?”, „Czym karmiono świnię?” lub „Jak wyglądał ubój tej krowy?” oznacza, że zależy ci na tym, aby spożywać zdrowe i smaczne mięso, które zapewni twojemu organizmowi optymalne korzyści, zamiast produktów będących zagrożeniem dla zdrowia i środowiska.

ZDROWE ZWIERZĘTA TO ZDROWI LUDZIE

Jedzenie mięsa jest zdrowe tylko pod warunkiem, że pochodzi ono od zdrowych zwierząt. Ideałem jest sytuacja, kiedy przez znaczną część roku po porodzie krowa opiekuje się cielęciem. W tym okresie uzupełnieniem diety cielęcia będzie „bufet sałatkowy” w postaci koniczyny, lucerny oraz różnych gatunków traw. Dzięki dobrze zaplanowanej i częstej rotacji pastwisk zwierzęta będą miały zapewniony kompletny pokarm, bogaty w składniki odżywcze. Dieta krów, które dzień w dzień korzystają z tego samego wybiegu, nie jest wystarczająco różnorodna, w związku z czym brakuje w niej pewnych składników potrzebnych dla optymalnego rozwoju zwierzęcia. Dzięki zastosowaniu wypasu rotacyjnego nawóz naturalny zdąży użyźnić i odświeżyć glebę, a także nasycić ją składnikami pokarmowymi i mikroorganizmami, które zapewnią większą różnorodność roślin i traw. Taki sposób użytkowania pastwiska wzmaga bujność roślin i podnosi ich wartość pokarmową, a zdrowa i świeża trawa, czerpiąca niezbędne mikroorganizmy z urodzajnej gleby, jest wprost wymarzonym źródłem składników odżywczych dla krowy, jej cielęcia i mleka, a pośrednio także dla nas. Co więcej, układy sensoryczne krowy ułatwiają jej znalezienie tego, czego potrzebuje jej organizm. Na przykład zwierzę, którego organizm potrzebuje więcej siarki, będzie chętniej jadło gorczycę oraz rośliny z żółtymi kwiatami, które są jej bogatym źródłem[428].

Zapytacie, w jaki sposób udaje się młodemu cielęciu ostatecznie uzyskać nawet 500 kg wagi, jedząc tylko trawę? Otóż krowy (a także owce, bawoły i kozy) są przeżuwaczami wyposażonymi w wielokomorowy żołądek, który doskonale radzi sobie z trawieniem źdźbeł trawy przy pomocy licznie zgromadzonych mikroorganizmów. Podobnie jak w glebie i w naszych jelitach, mikroorganizmy odpowiadają za tworzenie flory bakteryjnej, która jest niezbędna przy przetwarzaniu pożywienia w składniki pokarmowe i kalorie. Optymalna dieta każdego przeżuwacza składa się głównie z trawy oraz niewielkich ilości zboża. W okresie zimowym, kiedy trawy zaczyna brakować, codzienna dieta cielęcia składa się głównie z siana lub sianokiszonki (która reguluje procesy trawienne i pokrywa zwiększone zapotrzebowanie na cukier) oraz porcji ziaren zbóż, co ma zapewnić zwierzęciu najkorzystniejsze warunki wzrostu i rozwoju. Jednak dieta opierająca się tylko na zbożu nie jest zbyt zdrowa, ponieważ może ona spowodować niedobór cennych dla zwierzęcia mikroorganizmów.

Mówiąc wprost, zwierzęta karmione trawą są zdrowsze, co w ostatecznym rachunku przekłada się na wysoką jakość ich mięsa i tłuszczu, obecnych w naszej codziennej diecie. Nazywam to **„efektem Rumpelsztyka"**, czyli **„Jak zwierzęta karmione trawą zdołały uprząść ze słomy złotą nić"**. A teraz przejdźmy do konkretów. Mięso pochodzące od zwierząt karmionych trawą wyróżnia się kilkoma cechami przedstawionymi poniżej.

- **Ma niższą zawartość tłuszczu[429].** Na ogół zawiera ono tyle samo tłuszczu, co filet z piersi kurczaka albo mięso z jelenia lub łosia. Chuda wołowina obniża poziom tzw. złego cholesterolu LDL (lipoproteiny niskiej gęstości). Podczas jednego z badań przeprowadzonych przez Departament Rolnictwa Stanów Zjednoczonych (USDA) porównano jagnięcinę pochodzącą od zwierząt karmionych trawą z mięsem pochodzącym od zwierząt tuczonych ziarnami zbóż. Okazało się, że mięso pochodzące od zwierząt pastwiskowych zawierało o 14 procent mniej tłuszczu i o 8 procent więcej białka. (Naukowcy zaznaczyli także, że owce karmione trawą „przynoszą korzyść naszej gospodarce, ponieważ nie wymagają inwestowania w kosztowne suplementy zbożowe").
- **Ma wyższą zawartość korzystnych dla organizmu kwasów tłuszczowych.** W mięsie pochodzącym od bydła odżywiającego się trawą znajduje się więcej kwasów tłuszczowych omega-3 niż w mięsie zwierząt karmionych zbożem, natomiast całkowita zawartość tłuszczu w mięsie krów żywionych w systemie pastwiskowym jest niższa. Osoby spożywające wołowinę pochodzącą od krów karmionych trawą wykazują wyższą zawartość kwasów omega-3 niż osoby, których dieta nie zawiera takiego mięsa. Jedno z badań omówionych w cza-

sopiśmie „British Journal of Nutrition" wykazało, że u osób, które przez zaledwie cztery tygodnie spożywały niewielkie ilości mięsa pochodzącego od zwierząt żywionych w systemie pastwiskowym, stwierdzono podwyższony poziom kwasów tłuszczowych omega-3 oraz zmniejszone stężenie prozapalnych kwasów omega-6. Tymczasem u osób, które spożywały mięso zwierząt z hodowli konwencjonalnych, gdzie głównym źródłem pożywienia były ziarna zbóż, stwierdzono przewagę kwasów tłuszczowych omega-6, które sprzyjają rozwojowi stanów zapalnych[430]. Przy prawidłowym stosunku kwasów tłuszczowych omega-3 do innych niezbędnych kwasów tłuszczowych znacznie zmniejsza się ryzyko rozwoju ADHD, nowotworów, zaburzeń w uczeniu się oraz chorób umysłowych.

- **Ma zwiększoną zawartość naturalnych tłuszczów trans.** Chociaż przemysłowe tłuszcze trans są powszechnie uznawane za najbardziej szkodliwy dla zdrowia typ kwasów tłuszczowych, ich naturalne odpowiedniki pochodzące z mięsa przeżuwaczy, na przykład kwas linolowy (CLA) oraz kwas wakcenowy (VA), mają korzystny wpływ na nasze zdrowie[431]. Kwas linolowy wykazuje bowiem silne działanie przeciwnowotworowe. U zwierząt laboratoryjnych nawet minimalna dawka CLA (stanowiąca zaledwie 0,1 procent dobowego zapotrzebowania na kalorie) znacznic ograniczyła rozwój guzów[432]. Przestawienie się z mięsa pochodzącego od zwierząt karmionych zbożem na produkty mięsne i nabiałowe pochodzące od zwierząt żywionych w systemie pastwiskowym (które są bogatym źródłem CLA) zmniejszyło ryzyko rozwoju nowotworu piersi u kobiet aż o 60 procent[433]. Możesz znacznie ograniczyć ryzyko rozwoju chorób nowotworowych, spożywając codziennie trzy porcje produktów pochodzących od zwierząt karmionych trawą, na przykład jajko, mleko pełnotłuste i jogurt, lub ser, mięso i smalec. Aby uzyskać porównywalną ochronę organizmu z mięsa i nabiału pochodzącego od zwierząt karmionych ziarnami zbóż, musiałabyś zjadać pięciokrotnie więcej takich produktów[434].

- **Ma znacznie zwiększoną zawartość mikroskładników odżywczych.** Ponieważ krowy odżywiające się na pastwiskach spożywały znacznie więcej związków fitochemicznych[435], przekazały je naszemu organizmowi w swoim mięsie i produktach mlecznych. Zawartość niezbędnych składników odżywczych, a nawet rozpuszczalnych w tłuszczach witamin A i E, jest znacznie większa w produktach pochodzących od zwierząt żywionych trawą (pomimo niższej zawartości tłuszczu) niż w ich odpowiednikach pochodzących od zwierząt karmionych zbożem. Mięso zwierząt karmionych trawą zawiera aż czterokrotnie więcej witaminy E w porównaniu z mięsem zwierząt otrzymujących ziarna zbóż, a prawie dwa razy więcej niż mięso zwierząt, u których stosowano suplementację witaminy E. W mięsie owiec, które żywiły się trawą, znajdowało się dwa razy więcej luteiny – najlepiej przyswajalnej formy witaminy E – niż w mięsie zwierząt karmionych zbożem[436]. Także wieprzowina pochodząca od świń pastwiskowych zawierała więcej witaminy E oraz selenu niż mięso świń, których pasza wzbogacona była witaminami syntetycznymi[437].

MIĘSO PEŁNE PRAWDZIWEGO BRUDU

Przemysł mięsny dokłada wszelkich starań, aby maksymalnie skrócić czas oczekiwania od przyjścia na świat cielęcia do chwili, kiedy będziemy mogli zjeść z niego hamburgera, od narodzin świnki do usmażenia kolejnego kotleta schabowego, od jajka do chrupiącego udka. Dla zwiększenia zysku, zamiast skupić się na odpowiedzialnej hodowli zwierząt, producenci mięsa stwarzają zagrożenie dla naszego zdrowia i środowiska, nie mówiąc już o bezlitosnym traktowaniu zwierząt. Sześciomiesięczne cielę urodzone w Przedsiębiorstwie Skoncentrowanego Skarmiania Zwierząt (CAFO), gdzie każdego roku karmi się i zabija ponad 50 miliardów zwierząt[438], za chwilę dołączy do 100 tys. wołów stłoczonych w malutkich boksach z otwartym kanałem ściekowym i odorem rozchodzącym się na kilometry. Naszemu cielęciu pozostało jeszcze około czternaście miesięcy życia. Tyle bowiem wystarczy, aby przekroczyło wagę 600 kg, czyli w sam raz na ubój. To naprawdę niewiele czasu – znacznie mniej niż zabrałoby zwierzęciu osiągnięcie takiej wagi w warunkach naturalnych. Dlatego też w celu uzyskania tak szybkiego przyrostu wagi zwierzę jest intensywnie karmione kukurydzą, która ma zbitą konsystencję, jest łatwa do transportu i przenoszenia, wydajna, a przede wszystkim tania, ponieważ jest najbardziej subsydiowaną rośliną w tym kraju. (Jako że część naszych pieniędzy z podatków przeznacza się na dotowanie upraw kukurydzy, jej cena jest niższa niż faktyczne koszty produkcji). Kukurydza – zwykle pochodząca z nasion genetycznie modyfikowanych – jest bardzo kaloryczna, ale jej uprawa wymaga dużo energii, ponieważ do takiej uprawy zużywane są tony nawozów sztucznych i pestycydów oraz 4,5 litra paliwa na każdy buszel (około 25 kg). Bydło dokarmia się także galonami płynnego tłuszczu przerobionego z rzeźniczych odpadów (pochodzących także od innych gatunków bydła) oraz suplementami białka w postaci „koktajli" dowożonych cysternami, wraz z płynnymi witaminami, syntetycznym estrogenem, kukurydzą „wzbogaconą" białkiem (zwykle genetycznie zmodyfikowaną soją) i lekami (regularne podawanymi antybiotykami i hormonami wzrostu). Nasze cielę może także otrzymywać trochę suszonej lucerny i siana w ramach paszy objętościowej, a nawet specjalny przysmak, tzw. posiłek z piórami, czyli mielone kurczaki, kości, pióra, odchody i praktycznie wszystko, co tylko można sobie wyobrazić, łącznie z resztkami starego pieczywa, cukierkami i gumą do żucia, często razem z opakowaniem. Jeśli mi nie wierzycie, to zapoznajcie się z wynikami jednego z ostatnio przeprowadzonych badań, które wykazało, że guma do żucia może stanowić nawet do 30 procent krowiej diety, „nie powodując żadnych widocznych skutków ubocznych"[439]. W końcu można się pocieszyć, że cukier jest tylko cukrem, a wszystkie węglowodany są sobie równe!

Jest jednak pewien problem. Otóż organizm krowy nie jest przystosowany do diety składającej się z kukurydzy i ziaren zbóż, nie wspominając już o gumie do żucia. Chociaż wielu konsumentów zdążyło się już przyzwyczaić do spożywania mięsa przerośniętego tłuszczem, a niektórzy nawet je polubili, to powinni oni wiedzieć, że takie mięso pochodzi głównie od krów karmionych kukurydzą. Taka „marmurkowa" konsystencja mięsa świadczy o tym, że zwierzę nie rozwijało się prawidłowo, co może mieć także negatywny wpływ na organizm człowieka. Badania sugerują, że większość problemów zdrowotnych związanych ze spożyciem mięsa wywołuje właśnie mięso pochodzące od zwierząt karmionych kukurydzą lub innymi paszami zbożowymi. W większości badań nad wpływem czerwonego mięsa na nasze zdrowie wykorzystuje się mięso pochodzące ze zwierząt z intensywnego chowu CAFO. Tak jak organizm przeżuwaczy nie został przystosowany do jedzenia zboża, tak organizm człowieka nie jest przystosowany do jedzenia mięsa pochodzącego od zwierząt karmionych zbożem.

Czy GMO może zaszkodzić zwierzętom?

Przez trzy lata pewien duński hodowca świń karmił swoje zwierzęta zwykłą soją, która nie była genetycznie modyfikowana. Kiedy rolnikowi skończyły się jej zapasy, kupił dla odmiany tańszą soję GMO. Chociaż zatrudnieni przez niego rolnicy nie zostali poinformowani o zmianie, natychmiast zauważyli, że świnie straciły apetyt, a u najmłodszych zwierząt pojawiła się biegunka. Na domiar złego coraz więcej świń zaczęło rodzić się z wadami; jedno ze zwierząt przyszło na świat bez ucha, u drugiego zauważono duży otwór w czaszce, a jedna z samic urodziła się z jądrami. Aby dowiedzieć się, jak do tego doszło, hodowca uśpił 38 zdeformowanych prosiąt i kazał przeprowadzić badania na obecność glifosatu – herbicydu obecnego w preparacie Roundup. Próbki pobrane z płuc, wątroby, nerek, mózgu oraz ścian przewodu pokarmowego dały wynik pozytywny[440]. To tylko jedna z wielu podobnych historii. Wraz ze wzrostem liczby takich przypadków przeprowadza się coraz więcej badań w tym zakresie[441, 442, 443, 444, 445]. Domagamy się przeprowadzenia kolejnych dokładnych badań nad wpływem GMO oraz toksycznych zanieczyszczeń na zdrowie zwierząt hodowlanych. Mamy także prawo wiedzieć, jaki ma to wpływ na nasze zdrowie.

Krowy karmione zbyt dużą ilością kukurydzy i pasz zbożowych narażone są na rozwój groźnego schorzenia o nazwie „wzdęcie żwacza". Żwacz (pierwszy z przedżołądków u przeżuwaczy), który u zdrowego zwierzęcia wypełniony jest mikroorganizmami i fermentującą trawą, zwykle gromadzi znaczne ilości gazów nad treścią pokarmową. Naturalnym mechanizmem usuwania gazów powstałych podczas trawienia jest ich odruchowe odbijanie. Jednak dieta zbyt bogata w skrobię, a za to uboga w substancje ułatwiające trawienie, zatrzymuje gazy, uniemożliwiając ten proces. W rezultacie żwacz nadyma się jak balon, uciskając płuca. Dopóki pracownik nie udrożni przełyku, przepłukując go strumieniem wody z węża, zwierzę się dusi.

Inną dolegliwością, która może wystąpić u bydła karmionego kukurydzą, jest kwasica żwacza, czyli niebezpieczne zakwaszenie jego treści w wyniku gwałtownego obniżenia pH. Chociaż zmiana odczynu treści żwacza powoduje duże spustoszenie w stadach krów, do nie mniej niepokojących zjawisk należy wzrost częstotliwości występowania takich powszechnych dolegliwości i zaburzeń jak biegunki, wrzody, wzdęcia, zapalenie lub zwyrodnienie otłuszczonej wątroby oraz osłabienie układu odpornościowego, które zwiększa podatność zwierząt na liczne choroby, począwszy od zapalenia płuc, a skończywszy na zarażeniu wirusem polio. Kiedy kwasy zżerają ścianę żwacza, bakterie przedostają się do krwiobiegu i gromadzą się w wątrobie, powodując powstawanie ropnia. U wielu zwierząt przeznaczonych na ubój wątroba została zaatakowana przez bakterie ropotwórcze.

Główną zasługą niskiej umieralności z powodu takich zaburzeń u zwierząt z chowu przemysłowego jest podawanie im ogromnych dawek antybiotyków. Wyobraź sobie, że ponad dwie trzecie wszystkich antybiotyków sprzedawanych w Stanach Zjednoczonych wykorzystuje się w karmieniu zwierząt! Powszechne i nadmierne stosowanie antybiotyków w wielkoprzemysłowym chowie zwierząt doprowadziło do powstania tzw. *superbugs*, czyli bakterii odpornych na antybiotyki. Jako przyszłych pediatrów zawsze uczono nas, żeby zbyt pochopnie nie przepisywać pacjentom antybiotyków, więc zawsze strofowałam rodziców, którzy domagali się zastosowania antybiotyków w leczeniu infekcji wirusowych u ich dzieci, informując ich o obecności odpornych na działanie wszystkich antybiotyków „superbakterii". Tymczasem 80 procent antybiotyków sprzedawanych w Stanach Zjednoczonych podaje się zwierzętom hodowlanym w charakterze profilaktycznych dodatków, nie wspominając słowem o tym, jakie to może pociągnąć za sobą skutki.

W rezultacie prawie połowa mięsa i drobiu sprzedawanego w Stanach Zjednoczonych może być zatruta szczególnie niebezpiecznymi mikroorganizmami z naszej własnej winy. Jedno z ostatnio przeprowadzonych badań wykazało, że aż 47 procent mięsa i drobiu sprzedawanego w supermarketach na terenie Stanów Zjednoczonych zawiera bakterie *Staphylococcus aureus* (gronkowca złocistego), które nie należą do żadnej z czterech grup bakterii: *Salmonella*, *Campylobacter*, *Escherichia coli* oraz *Enterococcus* (enterokoki, paciorkowiec kałowy), które ciągle wykrywane są w próbkach mięsa podczas badań żywieniowych prowadzonych na zlecenie amerykańskiego rządu[446]. W 136 próbkach pobranych z 80 wyrobów z wieprzowiny, wołowiny kurczaka i indyka, pochodzących z 26 sklepów spożywczych na terenie pięciu największych miast w Stanach, wyniki testów DNA skażonego gronkowcem mięsa sugerują, że same zwierzęta hodowlane były głównym źródłem zakażenia. W raporcie podkreśla się, że „hodowle przemysłowe z dużym zagęszczeniem bydła, gdzie zwierzętom podaje się zbyt małe dawki antybiotyków, stanowią wprost idealną wylęgarnię odpornych na działanie leków bakterii, które przenoszone są ze zwierząt do organizmu człowieka". Po przedostaniu się do naszego organizmu bakterie te – odporne na działanie co najmniej trzech grup antybiotyków – mogą wywołać wiele chorób. Z raportu amerykańskiego Centrum Kontroli i Zapobiegania Chorobom (CDC) opublikowanego w roku 2013 wynika, że każdego roku u ponad 2 milionów Amerykanów dochodzi do infekcji wywołanych bakteriami opornymi na działanie antybiotyków, co jest przyczyną śmierci co najmniej 23 tys. osób[447].

Tymczasem nadużywanie antybiotyków może odpowiadać za epidemię otyłości oraz rozwój wielu związanych z nią chorób. W ciągu zaledwie siedmiu dni u myszy regularnie odżywianych niewielkimi porcjami mięsa pochodzącego od karmionych antybiotykami krów, świń i kurczaków z przemysłowego chowu typu CAFO zaszły zmiany w składzie flory bakteryjnej jelit, a zwierzęta przybrały od 10 do 15 procent więcej tkanki tłuszczowej niż myszy, których dieta nie zawierała antybiotyków[448]. Antybiotyki dodawane do pokarmu zwierząt hodowlanych, a następnie przekazywane naszemu organizmowi w ich mięsie wybierają sobie za cel ataku bakterie, które odgrywają kluczową rolę w trawieniu węglowodanów. Utrudnienie prawidłowego trawienia i wchłaniania węglowodanów prowadzi do nietolerancji węglowodanowej.

Odczuwający skutki zakwaszenia przewód pokarmowy krów z chowu przemysłowego sprzyja powstawaniu opornych na działanie kwasów żołądkowych szczepów *Escherichia coli* (największym zagrożeniem jest szczep określany kryptonimem 0157), które nas zabijają. Zakwaszając organizm zwierzęcia kukurydzą, niszczymy jedną z barier chroniących nas przed infekcją. Jedno z przeprowadzonych niedawno badań wykazało, że co trzecie zwierzę pochodzące z hodowli przemysłowej jest zarażone pałeczkami okrężnicy (bakterie *Escherichia coli*), natomiast zakażenia tymi bakteriami u zwierząt karmionych trawą należą do rzadkości, a ich liczba jest tak niewielka, że mieści się w granicach błędu statystycznego. Krótko mówiąc, jeżeli w karmieniu zwierząt na kilka dni przed ubojem zrezygnujemy z podawania im kukurydzy na rzecz siana, to możemy zmniejszyć ryzyko pojawienia się bakterii *Escherichia coli* 0157 w ich odchodach aż o 70 procent. Niestety, w większości przemysłowych hodowli nikt w imię naszego zdrowia dobrowolnie nie zrezygnuje ze stosowanej od dawna podstawy żywieniowej.

Zamiast wprowadzać zmiany do diety zwierząt, zapobiegać, żeby przez dzień i noc nie stały one we własnych skażonych odchodach lub przynajmniej zmniejszyć tempo uboju na tyle, żeby nie dopuścić do zanieczyszczenia mięsa odchodami, przemysł woli skupić się na dezynfekcji skażonego obornika, który nieuchronnie znajdzie się w mięsie. Powszechnie stosowane jest także napromieniowanie (zwane potocznie „pasteryzacją na zimno") polegające na skierowaniu na tusze gorącej pary i spryskaniu ich preparatem przeciwbakteryjnym przed powieszeniem ich w chłodni.

Podobne procedury wykonuje się przy kurczakach. Unia Europejska krytycznie odnosi się do powszechnie stosowanej w Stanach Zjednoczonych praktyki płukania tuszek w chlorowanej wodzie w celu zabicia bakterii. Dlatego też od roku 1997 obowiązuje tam zakaz importu świeżego mięsa drobiowego ze Stanów Zjednoczonych, przede wszystkim w obawie, że mięso kąpane w chlorze może okazać się niebezpieczne dla zdrowia, nie mówiąc już o tym, że odkażanie mięsa w taki sposób może maskować liczne zaniedbania, jakich dopuszczono się w procesie jego przetwarzania. Unijni ministrowie rolnictwa już wielokrotnie głosowali za utrzymaniem zakazu pomimo agresywnej presji ze strony Stanów Zjednoczonych, twierdząc, że jego zniesienie byłoby zagrożeniem dla przestrzegania wysokich standardów bezpieczeństwa żywnościowego"[449].

Nie tak dawno, bo w roku 2013, okazało się, że dla ochrony przed chorobami oraz dla przyspieszenia wzrostu kurczakom, indykom i świniom podaje się preparat zawierający arszenik[450]. Na wniosek Agencji ds. Kontroli Żywności i Leków zbadano ostatecznie 100 kurczaków, którym podawano ten preparat. Badanie wykazało zawartość związków arsenu w wątrobie każdego z nich. Na domiar złego wzbogacone arszenikiem odchody tych zwierząt znalazły zastosowanie jako nawóz, co doprowadziło do skażenia innej żywności, na przykład ryżu i jabłek! Dopiero po upływie kilku dziesięcioleci, podczas których zbierano dane potwierdzające toksyczność związków arsenu, Agencja ds. Kontroli Żywności i Leków postanowiła wreszcie zakazać stosowania trzech spośród czterech takich preparatów (czwarty, o nazwie nitarson, jest nadal dodawany do paszy dla indyków).

Na koniec warto także pamiętać, że w przemysłowej hodowli zwierząt w Stanach Zjednoczonych do ich codziennej diety dodaje się hormony wzrostu. Każdemu cielęciu wstrzykuje się za uchem implant syntetycznego estrogenu, który spowoduje przyrost wagi zwierzęcia o dodatkowe 18–23 kg. Chociaż praktyka taka jest zabroniona w krajach Unii Europejskiej, amerykańskie agencje powołane do kontrolowania żywności zezwalają na stosowanie zastrzyków z hormonem wzrostu, uzasadniając swoje stanowisko tym, że „do chwili obecnej nie potwierdzono żadnych zagrożeń wynikających ze stosowania hormonu wzrostu u zwierząt dla zdrowia człowieka", chociaż jednocześnie same przyznają, że w mięsie, które jemy (a szczególnie w tłuszczu) wykryto pewną zawartość resztek hormonów[451]. Z kolei świniom podaje się hormony wspomagające płodność lub wywołujące poronienia[452]. W rezultacie w naszym otoczeniu powstaje nadmiar związków estrogennych, które z chwilą przedostania się do naszego organizmu zaburzają gospodarkę hormonalną, powodując na przykład zmniejszenie produkcji spermy u chłopców i przedwczesne dojrzewanie płciowe u dziewcząt. Przemysł oraz agencje powołane do kontroli żywności próbują nam wmówić, że wiele z tych hormonów występuje w sposób naturalny w naszym organizmie. Jednak związek naszego organizmu z hormonami płciowymi, które sami wytwarzamy, jest ściśle określony i uporządkowany. Wszelkie, nawet najdrobniejsze zakłócenia równowagi hormonalnej, mogą mieć katastrofalny wpływ na nasze zdrowie, w szczególności w okresie rozwoju płodu, w dzieciństwie i okresie dojrzewania. Co więcej, ostatnio przeprowadzone badania wykazują coraz wyższą zawartość syntetycznych hormonów w odchodach zwierząt z hodowli przemysłowej, które powodują skażenie wód powierzchniowych, co z kolei wywołuje zaburzenia hormonalne u ryb.

Happy meal

Pomijając względy etyczne, spożywanie mięsa pochodzącego od chorych, wymęczonych i okrutnie traktowanych zwierząt nie dostarczy nam przyjemnych doznań smakowych, jakie odczujemy, jedząc mięso od zwierząt hodowanych w sposób humanitarny. Zwierzęta idące na ubój mają zwykle za sobą długą i ciężką podróż, podczas której przez wiele dni spędzonych bez wody i jedzenia skazane były na niewyobrażalne cierpienia i narażone na tysiące stresujących je dźwięków, widoków i zapachów. W drodze do rzeźni bydło przechodzi prawdziwą gehennę. Pracownicy zakładów mięsnych wiedzą, że mięso zestresowanych zwierząt jest twarde i ciemne z powodu podwyższonego poziomu adrenaliny i kortyzolu – hormonów, które wydzielane są przez organizm właśnie w czasie stresu. Jedząc potem te hormony zawarte w produktach mięsnych, odżywiamy się w gruncie rzeczy lękiem i cierpieniem zwierząt transportowanych w nieludzkich warunkach na ubój[453].

Pod względem działania układu hormonalnego, wpływu mikroorganizmów na ustrój, a nawet reakcji na ból i cierpienie, nie różnimy się znacznie od zwierząt, które zjadamy. Dlatego też szkody im wyrządzone obracają się przeciwko nam. Skutki naszego postępowania wobec zwierząt odczujemy w końcu na własnej skórze. Jeśli zatem zwierzęta mają służyć człowiekowi, muszą być traktowane „po ludzku". Nasze człowieczeństwo zobowiązuje nas do troski o los zwierząt i poszanowania ich praw. Uczymy także nasze dzieci etyki postępowania wobec wszystkich istot pozaludzkich. Na podstawie smaku spożywanego mięsa można rozpoznać, czy zwierzę żyło w fatalnych warunkach i umarło w męczarniach, czy też miało zapewnione godne warunki życia i śmierci. Spożywając mięso pochodzące wyłącznie od zwierząt, które od urodzenia traktowano humanitarnie, przyczyniasz się nie tylko do ulżenia doli zwierząt i poprawy ich dobrostanu, lecz także pozytywnie wpływasz na zdrowie swoich dzieci.

Na szczęście taki stan rzeczy nie musi wcale trwać w nieskończoność. Możemy przerwać błędne koło nieludzkiej eksploatacji zwierząt, przynosząc tym samym ulgę całej naszej planecie. Nie musimy przecież godzić się na przemysłową hodowlę zwierząt, która czerpie energię z paliw kopalnych. Pozwólmy im wrócić na łono natury. Przeżuwaczom nie potrzeba wiele do szczęścia i przeżycia; wystarczy im bogata w minerały bujna trawa pokrywająca urodzajną glebę, dostęp do świeżej wody i słońca oraz dach nad głową podczas zimna i mrozów. Żaden inny system hodowli nie wykorzystuje lepiej energii słonecznej! Zwierzęta same przemieszczają się w poszukiwaniu najsmaczniejszej trawy. Nie potrzebują ogromnych porcji koktajli z GMO ani coraz większych dawek antybiotyków. Odchody zdrowych przeżuwaczy są doskonałym obornikiem, który w sposób naturalny użyźnia glebę, z której wyrastają zdrowe rośliny, bogate w składniki odżywcze. Wszystko, czego potrzebują, znajduje się w zasięgu ich… kopyt.

Mały przewodnik dla konsumentów mięsa

Ponieważ niemal wszystkie przeżuwacze zaczynają bardzo wcześnie jeść trawę, producenci wyrobów mięsnych mają doskonały pretekst, żeby umieszczać na opakowaniach swoich produktów informacje, że „mięso pochodzi od zwierząt z chowu pastwiskowego". Pamiętajmy jednak, że nadużywanie takich określeń jak: „naturalne", „z chowu na wolnym wybiegu", „karmione trawą" lub „świeże" ma jedynie na celu wprowadzenie nas w błąd. Producenci mięsa z chowu przemysłowego typu CAFO chcą w ten sposób pozyskać nowych konsumentów, którzy poszukują zdrowego mięsa pochodzącego z przyjaznych zwierzętom hodowli. Takie chwytliwe hasła – bez żadnego zresztą pokrycia – mają zamaskować 99 procent smutnych realiów. Dieta najzdrowszych krów, baranów i kóz w ogóle nie zawiera zboża lub zawiera jego minimalne ilości (nie więcej niż 10 procent w ciągu zimowych miesięcy). Przeżuwacze mogą otrzymywać jedynie nieznaczne ilości pszenicy, kukurydzy, soi lub jęczmienia, podczas gdy produkty uboczne pochodzenia zwierzęcego absolutnie nie powinny znaleźć się w ich jadłospisie. Informacje na temat zasad przyznawania różnych certyfikatów znajdziesz na stronie Consumer Reports: www.greenerchoices.org/eco-labels.

Oto przykłady informacji, jakich należy szukać na etykietach:

- **W 100 procentach karmione trawą**
- **Karmione wyłącznie trawą**
- **Karmione w 100 procentach na pastwiskach**
- **Karmione wyłącznie na pastwiskach**

Warto poszukać produktów oznaczonych bardzo ważnym certyfikatem wzorowej hodowli **FoodAlliance.org**, który potwierdza, że hodowla przebiega zgodnie z zasadami etycznymi, w oparciu o wysokie standardy w zakresie zdrowia i dobrostanu zwierząt.

UWAGA: Kurczaki i świnie należą do zwierząt wszystkożernych. Chociaż zwierzęta te mogą spożywać rozmaite pokarmy, powinno się im także zapewnić dostęp do otwartej przestrzeni, wybiegów i pastwisk, aby mogły ryć i grzebać w glebie. Zatem informacja, że pochodzą one z wolnowybiegowego chowu, jest nie mniej ważna od restrykcyjnego certyfikatu wydanego przez Departament Rolnictwa (USDA) dla produktów organicznych.

Certyfikat humanitarnej hodowli

Umieszczona na opakowaniu mięsa etykietka „Certyfikat humanitarnej hodowli" oznacza, że hodowla zwierząt na mięso, jajka i produkty nabiałowe przebiegała w humanitarnych warunkach, spełniając wszystkie standardy etyczne, określone w programie organizacji non profit Humane Farm Animal Care (Humanitarna Hodowla Zwierząt). O taki certyfikat mogą się ubiegać producenci, którzy zapewniają zwierzętom godziwe warunki transportu i uboju. Humane Farm Animal Care zaleca także ostrożność w podawaniu zwierzętom antybiotyków i kategorycznie zabrania stosowania sztucznych hormonów wzrostu oraz mieszania paszy z produktami ubocznymi pochodzenia zwierzęcego. Obowiązuje także zakaz przycinania dziobów u kurczaków oraz obcinania kiełków u prosiąt. Jednak i w tym wypadku przyznanie takiego certyfikatu nie musi automatycznie oznaczać, że kurczaki i świnie mają zapewniony dostęp do otwartej przestrzeni, a bydło mięsne i mleczne do pastwisk.

Mięso organiczne

Kupując jakiekolwiek mięso pochodzące od zwierząt karmionych wyłącznie trawą, nie potrzebujesz dodatkowych certyfikatów ekologicznych, jeżeli masz stuprocentową pewność, że zwierzętom nie podawano antybiotyków, a na łąkach i pastwiskach, na których się pasły, nie stosowano herbicydów ani nawozów sztucznych. Z drugiej strony, umieszczenie certyfikatu ekologicznego na opakowaniu produktu wcale nie musi oznaczać, że zwierzę miało nieograniczony dostęp do pastwiska i mogło sobie dowolnie szukać pożywienia na łonie natury. Przyznanie produktom takiego certyfikatu nie jest także równoznaczne z tym, że zwierzę żyło w stadzie, gdzie wchodziło w interakcje z innymi osobnikami swojego gatunku, ani z tym, że nie było narażone na stres. Certyfikat ekologiczny daje nam natomiast gwarancję, że w żywieniu zwierząt wykluczono obecność pestycydów, dodatków chemicznych, hormonów i antybiotyków. Zdarza się, że pomimo zapewnienia kurczakom lub świniom dostępu do pastwiska, hodowcy nie przyznano certyfikatu, ponieważ nie był on w stanie sprostać wszystkim wymogom dotyczącym ekologicznej produkcji żywności. Demeter Biodynamic jest certyfikatem ekologicznym zaświadczającym, że produkt pochodzący z hodowli biologiczno-dynamicznej odpowiada najwyższym normom jakościowym, a hodowca spełnił określone kryteria w zakresie humanitarnego traktowania zwierząt i należycie dbał o utrzymanie optymalnego stanu gleby.

Warto przede wszystkim dobrze poznać swojego producenta. Zadawaj pytania – nie zakładaj z góry, że przedstawiony obraz szczęśliwych zwierząt, pasących się beztrosko na zielonych pastwiskach, jest odzwierciedleniem ich prawdziwego losu. Upewnij się, czy przypadkiem przez ostatnie miesiące swojego życia zwierzęta te nie są karmione paszami z GMO. Nie daj się omamić! Zamiast dowierzać wszystkim etykietom, sama sprawdzaj, czy dany produkt rzeczywiście jest wartościowy. Pamiętaj, że w ostatecznym rachunku to ty przydzielasz certyfikaty! Sprawdzone mięso z pewnych źródeł warto kupować w większych ilościach i przechowywać zapasy w zamrażalniku. W ten sposób ograniczysz liczbę wyjazdów na targowisko lub do producenta, a także zmniejszysz koszty, omijając pośredników. W ramach programu Rolnictwo Wspierane przez Społeczność (CSA*) niektóre gospodarstwa umożliwiają grupom konsumentów wspólny zakup mięsa pochodzącego od jednego większego zwierzęcia poddanego ubojowi (na przykład świni, krowy lub owcy) i podzielenie go między sobą na dwie, cztery lub więcej części. Gorąco zachęcam was do odwiedzenia co najmniej jednej takiej hodowli (dobrze jest umówić się na takie spotkanie wcześniej, aby nie kolidowało ono z codziennymi obowiązkami rolnika!).

Uwagi dotyczące kosztów

Nie da się zaprzeczyć, że mięso pochodzące od zwierząt z chowu przemysłowego jest znacznie tańsze od produktów pochodzących od zwierząt karmionych trawą. Dzieje się tak przede wszystkim dlatego, że rząd Stanów Zjednoczonych subsydiuje takie skoncentrowane hodowle, przeznaczając na to część naszych podatków. Co więcej, niska cena wyrobów pochodzących z masowego chowu zwierząt odbija się ujemnie na zdrowiu jednostki i społeczeństwa. Przecież w cenę nie są wliczone koszty ewentualnego zatrucia żywności bakteriami *Escherichia coli*, odporności na działanie

* CSA – ang. *Community Supported Agriculture*; model współpracy pomiędzy rolnikami i konsumentami, który pomaga rozwijać się małym lokalnym gospodarstwom rolnym [przyp. red.].

antybiotyków, degradacji środowiska wywołanej przemysłową hodowlą, a także leczenia przewlekłych chorób, które są następstwem spożywania mięsa pochodzącego od zwierząt karmionych paszą zbożową, zawierającego resztki hormonów i pestycydów. **W rzeczywistości cena takiego mięsa jest o wiele wyższa od tej, która widnieje na opakowaniu, ponieważ nie uwzględnia ona dotacji pochodzących z naszych podatków ani też pieniędzy, które wydamy na ratowanie naszego zdrowia.**

Czy pamiętacie powiedzenie, że **„Lepiej zapłacić teraz rolnikowi niż później lekarzowi"**? Wołowina pochodząca od bydła karmionego trawą z pewnością warta jest wyższej ceny. Kupując takie mięso, nie tylko wspierasz swoim portfelem hodowlę zwierząt w warunkach humanitarnych, lecz także optymalnie odżywiasz swój organizm „każdą częścią zwierzęcia", od mięsa aż po kości. W pewnym sensie gromadzisz w ten sposób pieniądze na „koncie bankowym", które otworzyłaś „wewnątrz swojego organizmu". Wołowina pochodząca od krów karmionych trawą zawiera mniej wody niż mięso bydła z chowu przemysłowego, w związku z czym mniej się kurczy podczas obróbki termicznej, ładniej się rumieni i nabiera niepowtarzalnego aromatu. Zdaniem wielu konsumentów mięso takie jest bardziej sycące, co oznacza, że można zaspokoić apetyt, spożywając mniejsze porcje.

Innym sposobem na obniżenie kosztów jest wprowadzenie tzw. poniedziałków bezmięsnych, co służy ogólnemu ograniczeniu konsumpcji mięsa, a w szczególności szkodliwych produktów pochodzących z masowej hodowli. Osobiście w pełni popieram ograniczenie spożycia mięsa, zarówno dlatego, żeby przyczynić się do zmniejszenia popytu na mięso pochodzące z chowu przemysłowego, jak i ze względów zdrowotnych i ekologicznych. Na zakończenie tego rozdziału pragnę wam przypomnieć, że mięso nie musi być nieodłącznym i najważniejszym składnikiem każdego wieczornego posiłku. Niech dla odmiany warzywa staną się waszym daniem głównym, a mięso jedynie dodatkiem. Taki posiłek może być równie sycący i naprawdę pyszny. Czasami bowiem mniej oznacza więcej!

Liczy się twój głos

Jeszcze pięć lat temu wołowina, wieprzowina oraz kurczaki bez antybiotyków stanowiły jedynie 5 procent mięsa sprzedawanego w Stanach Zjednoczonych, ale na szczęście od tego czasu nastąpiły korzystne zmiany. W roku 2013 aż 34 procent sprzedanych kurczaków nie zawierało antybiotyków, co z pewnością nie umknęło uwadze producentów. Aby wyjść naprzeciw oczekiwaniom konsumentów i zaspokoić popyt, najwięksi producenci zaczęli korygować dotychczas stosowane praktyki. Zakłady przetwórstwa mięsnego, takie jak Tyson, Perdue i Cargill, stopniowo rezygnują ze stosowania antybiotyków i przepełnionych boksów dla ciężarnych macior (chociaż proces ten przebiega na razie powoli). **Czy do podjęcia takich kroków koncerny zostały zmuszone przez Agencję ds. Kontroli Żywności i Leków? Nie! Zaczęły postępować w ten sposób dlatego, że konsumenci tacy jak ty zaprotestowali przeciwko dotychczasowym praktykom swoimi dolarami i centami.**

Warto zapamiętać

1. Powinnaś jadać mięso pochodzące od zwierząt, które przez większą część roku (oprócz miesięcy zimowych) pasą się na łąkach i pastwiskach, na dobrze przygotowanej i utrzymanej glebie, z dostępem do miejsc zacienionych, a jeśli już zaistnieje taka potrzeba, to dokarmiane są paszami organicznymi, wolnymi od GMO.
2. Mięso pochodzące od zwierząt z hodowli ekologicznych i biologiczno-dynamicznych, a także każde mięso pochodzące od zwierząt karmionych trawą ogranicza narażenie organizmu twojego dziecka na kontakt z hormonami, antybiotykami, pestycydami, arszenikiem i innymi dodatkami wykorzystywanymi w przemyśle farmaceutycznym. UWAGA: Mięso z certyfikatem ekologicznym nie musi pochodzić od zwierząt, które mają zapewniony dostęp do pastwiska, a przyznanie tego certyfikatu nie jest równoznaczne z tym, że zwierzęta były traktowane w sposób humanitarny.
3. W celach kulinarnych wykorzystuj każdą część tuszy: mięso, tłuszcz, tkankę chrzęstną, kości na rosół, a w przypadku niektórych gatunków zwierząt również skórę. Warto spożywać także podroby (np. wątroby, nerki, serca, trzustki i mózgi), ponieważ są one najbogatszym źródłem składników odżywczych w całym zwierzęciu. Po upieczeniu kurczaka zachowaj tłuszcz z kawałkami chrupiącej skórki, ponieważ dla większości dzieci jest to prawdziwy przysmak. Kultywowanie tra-

dycji gotowania „od nosa do ogona" jest nie tylko zdrowe i ekonomiczne, lecz także pozwala cieszyć się smakiem i walorami odżywczymi prawie każdej części ciała zwierzęcia. Dla mnie ten kulinarny zwyczaj jest także wyrazem naszego szacunku do zwierząt za to, że poświęciły swoje życie, aby nie zabrakło nam jedzenia. Dlatego też uważam, że w tym kontekście marnowanie mięsa byłoby nieetyczne.

4. Steki i hamburgery powinno się smażyć krótko, w wysokiej temperaturze, aby mięso zachowało soczystość (mięso można wcześniej zmiękczyć przy pomocy tłuczka lub maszynki do zmiękczania mięsa). Pamiętaj, że nadmiernie wysmażone lub przypalone mięso (oraz ryba) wydziela rakotwórcze aminy heterocykliczne (HCA). Grillowanie chudszego mięsa powinno trwać krótko, aby w środku pozostało ono apetycznie różowe. Polecam jednak tylko na specjalne okazje.
5. Z kolei większe i twardsze porcje mięsa radzę smażyć lub piec dłużej, w niższej temperaturze, aż pieczeń zrobi się miękka i aromatyczna. Jest to najzdrowszy sposób przyrządzania mięsa.
6. Rozważ wprowadzenie „poniedziałków bezmięsnych". W rezultacie ograniczysz tygodniowe spożycie mięsa, ale za to będzie cię stać na produkty najwyższej jakości.

ROZDZIAŁ 11

Mleko. Kilka słów o pasteryzacji

Wśród przyjaciół znana jestem z zamiłowania do odbywania częstych podróży z całą rodziną w poszukiwaniu jedzenia, które jest na ogół niedostępne dla większości mieszkańców dużych miast. Jednym z najważniejszych celów naszych podróży jest zdobycie świeżego mleka prosto od krowy. Na początku trochę mnie zaskoczyło, że wielu hodowców bydła mlecznego nie spożywa mleka pasteryzowanego z supermarketu, nawet jeśli to mleko pochodzi od ich własnych krów. Prawie zawsze rolnicy preferowali mleko świeże i surowe. Jeden z hodowców stwierdził wprost, że „mleko z supermarketu mu po prostu nie smakuje". Z kolei jedna z kobiet zajmująca się hodowlą bydła mlecznego, powiedziała mi, że jedynie po spożyciu świeżego mleka koziego nie odczuwa problemów trawiennych.

Aby zapewnić sobie środki do życia, nawet w czasach obfitości rolnicy sprzedają takie produkty, na które panuje popyt na rynku. Jednak pod jednym względem mają oni zdecydowaną przewagę nad mieszkańcami miast i przedmieść – mogą jeść świeżą żywność w dowolnie przygotowany sposób.

Tuż po zalegalizowaniu surowego mleka w Vermont w roku 2014 odwiedziłam jedną z hodowli bydła mlecznego w systemie pastwiskowym, znajdującą się na terenie tego stanu. Kiedy zapytałam, czy mogę kupić mleko prosto od krowy, kobieta zajmująca się hodowlą wyjaśniła mi, że ponieważ obawiała się sprzedawać surowe mleko, całość produkcji została zakontraktowana przez spółdzielnię mleczarską, która pasteryzuje mleko i wyrabia z niego lody. „Wystarczy jedna partia nieświeżego mleka pochodzącego z którejkolwiek hodowli, aby wszyscy jego producenci w stanie Vermont stracili dobrą reputację i szanse na sukces na rynku" – powiedziała. Jednak na pytanie, czy dla siebie gotuje mleko, kobieta spojrzała na mnie podejrzliwie i bez chwili namysłu oświadczyła: „Oczywiście, że nie. Wszyscy tu pijemy surowe mleko".

Po długich i wyczerpujących poszukiwaniach wreszcie udało mi się znaleźć mleko prosto od krowy, pochodzące z certyfikowanej hodowli bydła mlecznego na północy stanu Nowy Jork. W tym przypadku certyfikat oznaczał, że mleko poddawane jest regularnym badaniom mikrobiologicznym na obecność różnych bakterii, do przeprowadzenia których zobowiązano wszystkich hodowców w tym stanie. Jeśli poziom bakterii w badanych próbkach nie przekracza ilości śladowych, produkt otrzymuje certyfikat. Jednak pomimo nadawania certyfikatów potwierdzających spełnienie norm ustalonych dla mleka surowego jego sprzedaż w stanie Nowy Jork jest dozwolona wyłącznie na terenie hodowli. W rezultacie, aby napić się mleka prosto od krowy, musimy odbyć ponad dwugodzinną podróż.

W sklepie na terenie gospodarstwa rolnego kupiliśmy mleko, śmietanę i spory zapas masła. Od razu zauważyłam apetyczny żółty kożuszek, który zebrał się na powierzchni mleka. Ta żółtawozłocista warstwa na wierzchu to prawdziwa śmietanka, która świadczy o bogactwie kwasów tłuszczowych będących efektem wypasania krowy na pastwisku. Wystarczyło spojrzeć na to mleko, aby nie mieć wątpliwości, że krowa pasła się na prawdziwej łące w ciepłych promieniach słońca. W przeciwieństwie do wielu lekarzy ja bardzo sobie cenię obecność tej tłustej warstwy na powierzchni mleka pochodzącego od krów karmionych trawą – przede wszystkim za wspaniały smak i liczne właściwości zdrowotne. Dzięki mocno kremowej konsystencji i bogactwu smaku mleko zaspokoiło nasz głód i pragnienie na wiele godzin. Ponieważ jest ono pożywne i sycące, zapewnia energię na znacznie dłużej niż mleko z supermarketów. Wbrew temu, co słyszałam na temat bardzo krótkiego okresu przydatności do spożycia mleka surowego (w porównaniu z mlekiem pasteryzowanym), nasze mleko, przechowywane w zamkniętych dwulitrowych butelkach, nawet po upływie co najmniej dwóch tygodni było nadal pyszne. Co do jednej rzeczy nie mam najmniejszych wątpliwości. Mleko prosto od krowy było o wiele smaczniejsze niż nijakie w smaku mleko pasteryzowane, na którym się wychowałam.

Mój zachwyt nad tym „nowym" – chociaż w gruncie rzeczy odwiecznym elementem diety – sprawił, że zainteresowałam się na poważniej jego długą i niezwykle ekscytującą historią. Okazało się bowiem, że zanim mleko „prosto od krowy" trafi do naszego żołądka, musi pokonać wyboistą drogę pełną przeszkód. Dlatego też, chociaż wcale tego nie zaplanowałam, moja podróż na północ stanu Nowy Jork, zamiast ograniczyć się do sfery kulinarnej, nabrała wymiaru politycznego. Obawa przed skażeniem bakteriologicznym niepasteryzowanego mleka spowodowała, że jego picie uznano za kontrowersyjne lub nawet zagrażające naszemu zdrowiu. W rezultacie w każdym stanie obowiązują inne przepisy regulujące sprzedaż mleka prosto od krowy. W wielu stanach lobbing przemysłu mleczarskiego wymusił na władzach wprowadzenie zakazu sprzedaży mleka niepasteryzowanego. Jedynie w kilku stanach dozwolona jest sprzedaż mleka surowego, pod warunkiem że produkt posiada wymagane certyfikaty. Surowe mleko nie może przekraczać granic stanowych. Tak oto zdrowe mleko prosto od krowy znalazło się na liście zakazanych substancji.

FERMENTOWANE MLEKO BOGATYM ŹRÓDŁEM BAKTERII

W ostatnim czasie modne stały się debaty na temat bakterii zawartych w mleku. Co najmniej do końca XVIII wieku dzieci były karmione piersią przez kilka lat, po czym pokarm matki zastępowano kwaśnym mlekiem powstałym w wyniku fermentacji. Pod względem smaku przypominało ono obecne jogurty. Pokarm ten nazywano wówczas „zsiadłym mlekiem" lub po prostu „mlekiem". Natomiast „świeże" mleko, które w dzisiejszych czasach jest podstawą wyżywienia większości dzieci, było dostępne jedynie dla rodzin zajmujących się hodowlą bydła. Oprócz masła i świeżych serów Amerykanie zaczęli spożywać coraz więcej kwaśnych przetworów mlecznych, takich jak na przykład zsiadłe mleko, maślanka, różne rodzaje serów i jogurty. W tradycyjnych kulturach, począwszy od Afryki Północnej, poprzez Azję, a skończywszy na Europie, sfermentowane mleko w postaci kefiru lub jogurtu było znane i wysoko cenione znacznie wcześniej. Te popularne fermentowane napoje otrzymywano z mleka pochodzącego od krów, owiec, kóz, wołów, klaczy, lam, reniferów, jaków, wielbłądów, a także innych zwierząt. Picie sfermentowanego mleka jest bardzo praktyczne i przynosi nam wiele korzyści. Produkty z kwaśnego mleka dłużej zachowują świeżość, są lekkostrawne i niezwykle pożywne. Jogurt i sery miękkie można przechowywać w chłodnym miejscu przez kilka tygodni, natomiast masło klarowane i sery twarde nawet przez kilka miesięcy. Zatem produktami mlecznymi pochodzącymi z okresu wysokiej wydajności mleka możemy cieszyć się w ciągu chłodniejszych miesięcy, kiedy ta wydajność spadnie. Wszystkie wymienione produkty są bogate w żywe kultury bakterii, a także w kwasy tłuszczowe, które wspomagają prawidłowe funkcjonowanie układu odpornościowego.

Świeże mleko prosto od krowy (w niezmienionej postaci) zawiera rozmaite bakterie, kwasy tłuszczowe oraz enzymy, które umożliwiają fermentację. Żywiące się laktozą mikroorganizmy wytwarzają kwas mlekowy jako produkt uboczny fermentacji, co powoduje, że słodkie mleko kwaśnieje. Podczas gdy świeże mleko w swojej pierwotnej postaci potrzebuje na to więcej czasu, rozkład mleka pasteryzowanego przebiega znacznie szybciej. W porównaniu z mlekiem pasteryzowanym surowe mleko pochodzące od krowy karmionej trawą wykazuje o wiele więcej właściwości zdrowotnych i jest dużo smaczniejsze. W wyniku fermentacji mleko nabiera konsystencji zbliżonej do jogurtu. Po całkowitym ścięciu się mleka możliwe jest oddzielenie jego płynnej frakcji, jaką jest serwatka, od skrzepu serowego. Kwas mlekowy, wytwarzany podczas fermentacji mleka, hamuje rozwój bakterii gnilnych, jednocześnie wspierając rozwój prawidłowej flory bakteryjnej. Bakterie te kontynuują pożyteczną pracę na rzecz naszego organizmu, rozpoczętą przez swoich podobnych poprzedników – bakterii, które należały do składników mleka matki.

Fermentowane produkty mleczne, takie jak jogurt, kefir i niepasteryzowane masło, odgrywają niezmiernie pożyteczną rolę w utrzymaniu równowagi składu flory bakteryjnej jelit, poprzez ciągłe pobudzanie rozwoju zdrowych bakterii. Udowodniono, że spożywanie produktów z kwaśnego mleka zmniejsza ryzyko rozwoju wielu chorób, zarówno u dzieci, jak i u osób starszych[454]. W roku 1908 Élie Metchnikoff – laureat Nagrody Nobla w dziedzinie fizjologii lub medycyny – przypisał długowieczność wielu mieszkańców Bułgarii wyjątkowym zaletom żywych kultur bakterii (w szczególności *Streptococcus bulgaricus*) znajdujących się w jogurtach i innych sfermentowanych napojach mlecznych, które stanowiły ważną część ich diety. Faktem jest, że receptą na długowieczność trzech najdłużej żyjących społeczeństw – ludzi z plemienia Hunza w Himalajach, mieszkańców Vilcabamby w Ekwadorze oraz ludności zamieszkującej rejony gór Kaukaz w południowej Gruzji – okazała się dieta bogata w produkty z kwaśnego mleka pochodzącego od zwierząt karmionych na pastwiskach. Ponadto we wszystkich tych trzech miejscach znajdują się źródła wody o niezwykłym bogactwie soli mineralnych (woda wypływa z topniejących lodowców), co oczywiście przekłada się na doskonałą jakość gleby, na której zlokalizowane są łąki i pastwiska. Ta zadziwiająca synchronia pomiędzy wodą, glebą, roślinami, zwierzętami, mikroorganizmami i ludźmi, ich harmonijne współistnienie, stanowi sekret zdrowia i długowieczności mieszkańców tych pięknych okolic. Nasza żywność powinna być bogatym źródłem składników odżywczych i minerałów – a zatem wszystko sprowadza się do źródła wody, która musi nakarmić glebę, która z kolei odżywia trawę będącą pokarmem dla krów, które dadzą nam mleko, które ostatecznie wypijemy. Zdrowo i harmonijnie funkcjonujące środowisko przyczynia się do zdrowego funkcjonowania naszego organizmu.

PRAWDZIWY BRUD W OBECNIE PRODUKOWANYM MLEKU

Dla większości krów mlecznych Stany Zjednoczone nie są idylliczną krainą szczęścia. Zwierzęta trzymane są w tak ciasnych kojcach, że nie mogą się nawet w nich obrócić – bez dostępu do słońca i świeżego powietrza. Podobnie jak ich bracia przeznaczeni na hamburgery, karmione są w zasadzie wszystkim, tylko nie trawą, która powinna stanowić podstawę ich diety. Nic więc dziwnego, że w takich warunkach krowy często chorują i szybciej umierają. Zwierzęta produkują mniej mleka, które w dodatku jest bardziej narażone na skażenie. Ponieważ takie zjawiska nie służą pomnażaniu zysków, w ramach profilaktyki uwięzione zwierzęta codziennie otrzymują potężne dawki antybiotyków, które jeszcze bardziej zakłócają i tak już mocno zachwianą równowagę składu flory bakteryjnej jelit i przyczyniają się do dalszego pogorszenia stanu ich zdrowia.

Spożywane przez nas mleko nie powinno zawierać antybiotyków. Tymczasem testerzy mleka przyznają (po cichu), że często dopuszczają do sprzedaży nawet te partie mleka, które z powodu obecności antybiotyków powinny być odrzucone. Można więc bez trudu przewidzieć, jakie skutki dla naszej flory bakteryjnej będzie miało spożywanie takiego produktu.

Masowa hodowla bydła, która rozpoczęła się w epoce rewolucji przemysłowej, oznaczała konieczność pasteryzacji mleka. Kiedy w XIX wieku wiejskie rodziny zaczęły przeprowadzać się do miast, wzrósł popyt na świeże mleko, które dotychczas pochodziło od krów z ich własnej hodowli. W rezultacie krowy mleczne także czekała przeprowadzka do wielkich miast, gdzie miały spędzić resztę życia w odrażających warunkach. Karmione produktami ubocznymi procesu fermentacji whiskey, grzęznące w błocie i własnych odchodach, bez dostępu do słońca i świeżego powietrza, czekały na rychły koniec swojego marnego żywota. Chore krowy produkowały „chore mleko", którego konsumpcja była przyczyną ogromnej liczby zgonów niemowląt i dzieci. Wraz z rozwojem pierwszych zakładów mleczarskich nastąpił gwałtowny wzrost śmiertelności noworodków[455].

Zamiast pozamykać te dochodowe mleczarnie produkujące pomyje, które znajdowały się w rękach wpływowych biznesmenów, instytucje powołane do ochrony zdrowia publicznego, pomimo licznych zastrzeżeń, musiały zgodzić się na kontynuację produkcji niezdrowego mleka, niezwykle ubogiego w składniki odżywcze. Tymczasem Nathan Strauss, filantrop i właściciel wielu domów towarowych, promował opracowaną przez Ludwika Pasteura metodę unieszkodliwiania bakterii obecnych w napojach poprzez poddanie ich obróbce termicznej. Nikt wtedy jeszcze nie wiedział, że nie wszystkie bakterie są szkodliwe, ani tego, że niektóre z nich przynoszą ogromne korzyści naszemu organizmowi. W rezultacie, w wyniku szeroko stosowanego procesu pasteryzacji w zakładach mleczarskich, skutecznie likwidowano nie tylko bakterie chorobotwórcze i zanieczyszczenia powstałe w wyniku produkcji, lecz także wiele pożytecznych mikroorganizmów, które znajdują się w każdym zdrowym mleku.

Agencje ochrony zdrowia publicznego nałożyły na certyfikowane „wiejskie mleko" (czyli niepasteryzowane mleko pochodzące od krów pasących się na pastwisku) niezwykle surowe normy, w porównaniu z tymi, jakie musiało spełnić mleko pochodzące od krów z przemysłowego chowu. Instytucje te powołały specjalne komisje, które ustalały dopuszczalny poziom bakterii w mleku. Jednak lekarze, a w szczególności pediatrzy, podważali kompetencje urzędników, usilnie próbując ich przekonać, że certyfikowane mleko prosto od krowy powinno być ogólnie dostępne ze względu na potwierdzone właściwości zdrowotne. Pomimo utrzymującego się popytu wiele małych i średnich gospodarstw mlecznych wycofało się z rynku, który został prawie w całości zdominowany przez wielkie firmy. Gospodarstwa, którym udało się przetrwać, w szybkim tempie się powiększały, co oczywiście wymagało zakupu kosztownego sprzętu, przede wszystkim elektrycznych dojarek, sterylizatorów do butelek oraz chłodzonych cystern do transportu mleka do większych miast.

Kiedy naukowcy przekonali się, że niedawno wyodrębnione mikroskopijne bakterie mogą wywołać śmiertelne infekcje, urzędnicy zajmujący się ochroną zdrowia publicznego oraz lekarze byli skłonni uwierzyć, że spożywana od wieków sfermentowana żywność, począwszy od kefirów, a skończywszy na pieczywie na zakwasie, może stać się przyczyną zakażenia. Wszystkie bakterie uznano za naszych „wrogów", których skuteczną eliminację gwarantowały jedynie procesy sterylizacji i pasteryzacji.

Nawet pogłębienie i doprecyzowanie naszej wiedzy w zakresie mikroorganizmów niewiele pod tym względem zmieniło. Obecnie poddawanie mleka procesowi pasteryzacji nadal uważa się za „konieczne", ponieważ tylko w ten sposób można zamaskować wiele niewygodnych faktów, o których producenci woleliby głośno nie mówić, czyli o trzymaniu zwierząt w niedopuszczalnym zagęszczeniu, a także o zwiększonej podatności krów na choroby i infekcje, na przykład na gruźlicę bydlęcą[456]. Im większa liczba zwierząt, tym większe ryzyko rozwoju groźnych chorób. Jednak najważniejsze pytanie powinno brzmieć: „Czy jako konsumenci naprawdę chcemy pić takie mleko? Nawet „odrzucone" mleko, pochodzące od krów wykazujących infekcje, poddaje się procesowi pasteryzacji, aby potem wykorzystać je jako tańszą alternatywę do dokarmiania cieląt[457]. **Proces pasteryzacji nie wpływa na poprawę jakości mleka, a jedynie tuszuje fakt, że pochodzi ono od chorych krów.**

Pasteryzację można porównać do zerwania najpiękniejszego kwiatka w ogrodzie tylko po to, aby pozbyć się pszczół. Proces ten umożliwia nieludzkie traktowanie zwierząt w uprzemysłowionej hodowli oraz kontynuację wszystkich niezdrowych i nagannych praktyk, które miały miejsce, zanim jeszcze zaczęto go stosować. Poprzez poddawanie mleka procesowi pasteryzacji usuwamy z niego drobnoustroje (także te pożyteczne). Niszcząc w ten sposób florę bakteryjną, zmieniamy budowę białka i hamujemy potrzebną aktywność enzymów. Chociaż prawdą jest, że nawet mleko pochodzące od zdrowych krów może sporadycznie zawierać bakterie, które mogą przyczynić się do rozwoju pewnych chorób u osób szczególnie wrażliwych i podatnych, producenci mogliby przecież przeprowadzać testy na obecność takich chorobotwórczych drobnoustrojów w każdej partii mleka, aby uchronić konsumentów przed kontaktem z tymi problematycznymi szczepami. Przecież certyfikowane surowe mleko podlega regularnie przeprowadzanym badaniom. **Paradoksalnie, obecność rozmaitych drobnoustrojów i aktywnych enzymów w surowym mleku – bardziej niż ich brak – chroni mleko przed nadmiernym rozwojem szkodliwych szczepów bakterii.** Przy zachowaniu odpowiedniej równowagi większość mikroorganizmów, które w powszechnym odczuciu uznawane są za tzw. zarazki, w rzeczywistości chroni nasze zdrowie i wspomaga prawidłowe funkcjonowanie organizmu.

Badania naukowe weryfikują wartość surowego mleka nie tylko pod kątem zawartości mikroorganizmów, lecz także pod względem struktury białka serwatki, która zostaje zmieniona w procesie pasteryzacji. W jednym z artykułów opublikowanych w czasopiśmie „Journal of Allergy and Clinical Immunology" w roku 2011 stwierdzono, że dzieci pijące surowe mleko prosto od krowy rzadziej cierpią na astmę, alergie i katar sienny[458]. Badania przeprowadzone w roku 2015, którymi objęto prawie tysiąc matek oraz noworodków karmionych „nieprzegotowanym" mlekiem przez pierwszy rok swojego życia, wykazały, że u dzieci tych aż o 30 procent zmalała częstość występowania wysokiej gorączki, zapalenia ucha oraz infekcji układu oddechowego, a także doszło u nich do obniżenia wskaźników stanu zapalnego[459, 460]. W swojej nienaruszonej postaci, obecne w surowym mleku różnorodne mikroorganizmy, tłuszcze i zawarte w serwatce białka modyfikują ekspresję genów wrodzonej odporności[461] u dziecka, zwiększając tym samym ochronę organizmu przed rozwojem alergii i ostrych infekcji[462]. Tak, to prawda. Spożywanie surowego mleka może wywołać zmiany w przebiegu procesów epigenetycznych w organizmie dziecka. UWAGA: Żadne dziecko nie doznało uszczerbku na zdrowiu w wyniku przeprowadzonych badań.

Nie ma najmniejszej wątpliwości co do tego, że zdrowie krowy i warunki, w jakich przyszło jej żyć, mają ogromny wpływ na jakość produkowanego przez nią mleka. Jednak przez długi czas urzędnicy Agencji ds. Kontroli Żywności i Leków stali na stanowisku, że bez względu na źródło pochodzenia surowe mleko jest niebezpieczne dla naszego organizmu. Co więcej, na swojej stronie internetowej, zatytułowanej „Surowe mleko zagrożeniem dla zdrowia", FDA twierdzi (nie podając żadnych konkretnych dowodów naukowych), że ponoć „badania wykazują, jakoby pomiędzy mlekiem surowym i pasteryzowanym nie było istotnych różnic pod względem składników odżywczych"[463]. Taka deklaracja może wprowadzić w błąd wielu konsumentów. Jeśli bowiem za miarę wartości odżywczych przyjmiemy zawartość białka tłuszczów i węglowodanów, to rzeczywiście różnice mogą być nieznaczne. Jednak wiadomo, że „wartość odżywcza" jest pojęciem o wiele bardziej złożonym i nie należy jej rozpatrywać wyłącznie pod kątem ilości poszczególnych makroskładników. Liczy się bowiem nie tylko ilość, lecz także jakość, czyli struktura białek, poziom aktywności enzymów oraz różnorodność flory bakteryjnej, która jest niezaprzeczalnie mniejsza w mleku pasteryzowanym. Warto tu wziąć pod uwagę fakt, że zarówno Amerykańska Akademia Pediatryczna (American Academy of Pediatrics), jak i Centrum Kontroli i Prewencji Chorób (Center for Disease Control and Prevention) ostrzegają, że nadmierne podgrzewanie mleka z piersi pomniejsza jego wartość odżywczą[464]. Można więc zadać pytanie, **czy pokarm matki przynosiłby dziecku tyle samo korzyści, gdyby wcześniej został zagotowany? Na podstawie tego, co wiemy o wartościach surowego mleka, odpowiedź byłaby z pewnością przecząca.**

Jak można się było spodziewać, pasteryzacja doprowadziła do powstania wielu nieprzewidzianych problemów. Podczas gdy surowe, zimne lub chłodne mleko ma na wierzchu gęstą kremową powłokę, mleko pasteryzowane UHT jest chudsze, a jego konsystencja rzadsza. W związku z tym, aby poprawić jego gęstość, producenci dodają do mleka gumę guar, karagen, polisorbat 80 oraz mono- i diglicerydy kwasów tłuszczowych. Niektóre z tych dodatków mogą przyczynić się do otyłości, zespołu metabolicznego, a także zapalenia jelita grubego[465]. **Sztuczne dodatki chemiczne służą jedynie temu, aby przetworzony produkt przypominał nam oryginał.** Jednak nawet przy pomocy takich dodatków producenci nie są w stanie sprawić, aby mleko pasteryzowane dorównywało mleku prosto od krowy pod względem wartości odżywczych. Tymczasem rezultat jest dokładnie odwrotny. Mleko poddane obróbce termicznej niszczy nasze zdrowie.

Mleko pasteryzowane UHT nie nadaje się nawet do produkcji sera. Producenci serów wiedzą, że pasteryzacja mleka w wysokiej temperaturze hamuje aktywność enzymów endogenicznych, które biorą udział w procesie wytwarzania sera. Skoro już wiemy, że z mleka UHT nie uda nam się zrobić sera, mamy prawo przypuszczać, że takich różnic na niekorzyść mleka pasteryzowanego jest znacznie więcej. Kiedy okazuje się, że z powodu interwencji człowieka już dłużej nie możemy przygotowywać żywności tradycyjnymi, znanymi od tysiącleci sposobami, to zaczyna nam się wmawiać, że ta interwencja przyniosła nam same korzyści.

Równie dobrze możemy zapytać autorów strony internetowej FDA, gdzie możemy znaleźć podstronę zatytułowaną „Pasteryzowane mleko zagrożeniem dla zdrowia", z której moglibyśmy się dowiedzieć, że pasteryzowane i homogenizowane mleko pochodzące od krów z masowego chowu przetwarza się wraz ze sztucznymi dodatkami spożywczymi, hormonami, resztkami antybiotyków, pestycydami, herbicydami i wieloma innymi truciznami. Z takiej strony moglibyśmy się także dowiedzieć, że mleko pasteryzowane przyczynia się do rozwoju wielu przewlekłych chorób u dzieci, w tym egzemy, zapalenia jelita grubego, przewlekłego zapalenia ucha, astmy, padaczki i ADHD, lub nasila ich objawy[466, 467, 468, 469]. Naprawdę warto zwrócić się do FDA z takim pytaniem.

W moim mleku są nanocząsteczki

Wraz z dynamicznym rozwojem nanotechnologii, czyli nauki, która zajmuje się technikami i sposobami wyodrębniania najdrobniejszych elementów (mikroskopijnych molekuł) z powszechnie znanych substancji i dodawaniu ich do innych tworzyw (na przykład dodawanie nanocząsteczek srebra do skarpet, aby zneutralizować przykry zapach stóp), w przemyśle rolnym powszechne stało się dodawanie takich mikroskopijnych cząsteczek do żywności. Szczególnie niepokojące jest to, że wielkie przetwórnie mleczarskie wykorzystują nanocząstki dwutlenku tytanu do wybielania pewnych produktów, w szczególności jogurtów oraz mleka sojowego. Wprawdzie urzędnicy z Agencji ds. Kontroli Żywności i Leków przyznali, że cząsteczki te mogą stanowić poważne zagrożenie dla naszego zdrowia, jednak do tej pory nie podjęli oni żadnych kroków zmierzających do ograniczenia tego procederu[470].

CZY MLEKO NAPRAWDĘ JEST ZDROWE?

Obalmy kilka odwiecznych mitów dotyczących mleka.

- **Mleko pochodzące od krów z przemysłowego chowu nie jest wcale bogatym naturalnym źródłem rozpuszczalnej w tłuszczach witaminy D.** Na polecenie naszego rządu mleko wzbogaca się potężnymi dawkami syntetycznej witaminy D w ramach zapobiegania krzywicy. Uważajcie na produkty „wzbogacone"! Metoda wzbogacania żywności polega przede wszystkim na dodawaniu do produktów słabej jakości witamin o niskiej biodostępności. Mleko produkowane przez wielkie zakłady mleczarskie jest prawie zawsze wzbogacane witaminą D_2, która powoduje obniżenie aktywności witaminy D w naszym organizmie, a tym samym zmniejszenie wartości zdrowotnych produktu[471]. Aby mleko było naturalnym źródłem witaminy D, krowy musiałyby mieć dostęp do otwartej przestrzeni, przebywać na słońcu, odżywiać się trawą i gromadzić rezerwy tłuszczowe (stąd większa zawartość tłuszczu i witaminy D w ich mleku). Wystarczy tylko spojrzeć na pełnotłuste mleko, śmietanę lub masło pochodzące od krów pastwiskowych, aby od razu zauważyć różnicę.

- **Mleko nie jest ani jedynym, ani być może nawet nie najważniejszym źródłem wapnia.** Zawartość minerałów w krowim mleku zależy od ich bogactwa w naturalnym środowisku zwierzęcia – w wodzie, glebie i roślinach. Jeśli pastwisko jest słabej jakości, krowy nie mają dostępu do wszystkich potrzebnych minerałów w odpowiedniej ilości. W jednej porcji sardynek, niektórych odmian orzechów i nasion, kości na rosół, nasion sezamu, pasty tahini, melasy trzcinowej, jarmużu, kapusty pastewnej, szpinaku, rzepy lub gorczycy znajduje się więcej wapnia, niż wynosi jego średnia zawartość w porcji zwykłego mleka. Jeśli dieta dziecka jest urozmaicona i zawiera niewielkie ilości różnych produktów bogatych w składniki odżywcze, to nie trzeba wtedy polegać wyłącznie na jednym źródle każdego z nich.
- **Nie obawiaj się tłuszczu zawartego w mleku pochodzącym od krowy karmionej trawą.** Wiele korzystnych dla zdrowia składników, a przede wszystkim wyśmienity smak mleka pochodzącego od krów pasących się na pastwisku, zawdzięczamy głównie cennym kwasom tłuszczowym, nagromadzonej na wierzchu śmietanie oraz rozpuszczalnym w tłuszczach witaminom A i D. Krowy pasące się na łąkach i pastwiskach, z nieograniczonym dostępem do otwartej przestrzeni, produkują mleko bogate w kwasy tłuszczowe, w szczególności w sprzę-

żony kwas linolowy CLA[472], które paradoksalnie zmniejszają ryzyko otyłości i rozwoju takich chorób jak cukrzyca, nowotwory oraz zapalenie jelita grubego[473]. Ponadto wzmacniają one układ pokarmowy i odpornościowy, a także wspomagają prawidłowe funkcjonowanie mózgu[474]. Co więcej, tłuszcze te hamują uczucie głodu, ponieważ wydzielają cholecystokininę – hormon peptydowy, który powoduje zmniejszenie łaknienia. Kolejną zaletą kwasów tłuszczowych zawartych w mleku jest to, że opóźniają one przenikanie cukru do krwiobiegu i hamują odkładanie się tłuszczu. Innymi słowy, im więcej tłuszczu w mleku, tym jest go mniej w talii.

Z drugiej strony, pijąc mleko o obniżonej zawartości tłuszczu, możesz szybciej przytyć, niż spożywając mleko pełnotłuste. Podczas zakrojonych na szeroką skalę badań przeprowadzonych przez naukowców z Harwardzkiej Szkoły Zdrowia Publicznego (Harvard School of Public Health) obserwowano, jak wpływa spożycie mleka na wagę 12 829 dzieci w wieku od 9 do 14 lat, pochodzących z różnych części kraju. „W przeciwieństwie do postawionej przez nas wcześniej hipotezy – czytamy w raporcie – u uczestników spożywających mleko odtłuszczone oraz niskotłuszczowe zawierające 1 procent tłuszczu nastąpił wzrost wagi, podczas gdy waga dzieci pijących mleko pełnotłuste nie uległa zmianie"[475].

- **Spożywanie mleka odtłuszczonego oraz mleka o obniżonej zawartości tłuszczu nie wpływa na obniżenie poziomu cholesterolu w takim stopniu, jak mogłoby ci się wydawać.** Większość konsumentów nie zalicza mleka odtłuszczonego ani mleka o obniżonej zawartości tłuszczu do żywności przetworzonej. Tymczasem, aby uzyskać mleko o określonej zawartości tłuszczu, najpierw trzeba usunąć z niego cały tłuszcz, w wyniku czego powstaje „mleko odtłuszczone" o nieciekawym sinym zabarwieniu, które następnie wzbogaca się mlekiem z proszku, aby było idealnie białe, a dopiero potem dodaje się do niego „odpowiedni procent tłuszczu mlecznego" z tego, który już raz został usunięty. Mleko w proszku (dodawane także do organicznego mleka o obniżonej zawartości tłuszczu oraz do mieszanek mlecznych dla niemowląt) powstaje w rezultacie rozpylania pod ciśnieniem mleka w postaci drobnych cząsteczek na rozgrzane powietrze. Podczas tego procesu dochodzi do utlenienia cholesterolu[476], który powoduje wiele zmian biologicznych, w tym tworzenie się blaszek miażdżycowych na ścianach tętnic. Ponadto utleniony cholesterol zwiększa ryzyko rozwoju chorób serca i nowotworów, a także wystąpienia mutacji genetycznych[477]. Chociaż poszczególne produkty różnią się pod względem zawartości utlenionego cholesterolu, trudno jednoznacznie określić, jakie jego ilości mogą stanowić zagrożenie dla zdrowia twojego dziecka.

- **Nawet mleko pełnotłuste nie jest „pełne".** Z mleka „pełnotłustego" także często usuwa się tłuszcz, a następnie ponownie się go dodaje, aby zgodnie z normą jego zawartość wynosiła na przykład 3,5%, zamiast około 8,5%, tak jak w mleku pochodzącym „prosto z krowich wymion". Resztę tłuszczu przeznacza się na bardziej dochodowe produkty, takie jak na przykład masło lub śmietana. Mleko niehomogenizowane, kupione bezpośrednio od hodowców, przyniesie twojemu organizmowi znacznie więcej korzyści, więc warto poświęcić trochę czasu, aby je zdobyć.

Oczywiście prawdziwe mleko jest pełnotłuste. Krowy nie produkują mleka odtłuszczonego ani też mleka o obniżonej zawartości tłuszczu. Takie produkty wytwarza człowiek przy pomocy maszyn, które najpierw oddzielają od mleka śmietanę wraz ze wszystkimi składnikami odżywczymi, a następnie wzbogacają odtłuszczony produkt przez dodanie odpowiedniej ilości tłuszczu, uzyskując mleko „pełnotłuste", o zmniejszonej zawartości tłuszczu oraz odtłuszczone (o zredukowanej do minimum zawartości tłuszczu).

rBGH, czyli rekombinowany hormon wzrostu bydła

Krowy mleczne z chowu przemysłowego przez całe życie trzymane są w zamknięciu, a cielęta od razu po narodzinach są im odbierane. W rezultacie takiego postępowania matki tęskniące za swoimi dziećmi są przygnębione i zachowują się niespokojnie, co oczywiście nie sprzyja produkcji mleka. Aby rozwiązać ten problem, koncern Monsanto wprowadził na rynek transgeniczny produkt o nazwie rBGH (rekombinowany hormon wzrostu bydła), który wstrzykiwany krowom, ma utrzymać produkcję mleka na oczekiwanym poziomie. Nie trzeba chyba dodawać, że hormon ten jest jednym ze składników spożywanego przez nas mleka.

Wbrew zapewnieniom producenta, że rBGH jest bezpieczny dla zdrowia, hormon ten jest niezwykle kontrowersyjny. Ponieważ w ostatnich dwudziestu latach pierwsze objawy pokwitania zaczęły pojawiać się u znacznie młodszych chłopców i dziewcząt (średnio o dwa lata wcześniej niż przedtem), Amerykańska Akademia Pediatryczna postanowiła zmienić definicję tzw. normalnego rozwoju, obniżając minimalny wiek, w którym mogą pojawić się pierwsze oznaki dojrzewania, do 7 lat u dziewcząt i 9 lat u chłopców[478], a u dzieci czarnoskórych odpowiednio do 6 i 8 lat. Wyobraź więc sobie, że rozwój piersi i pojawienie się owłosienia łonowego u sześcioletniej czarnoskórej dziewczynki, co jeszcze do niedawna uważane było za nieprawidłowe, obecnie postrzegane jest jako medyczna norma.

Co kryje się za tak gwałtownym przyspieszeniem tempa dojrzewania? Często słyszymy, że jedną z przyczyn tego niepokojącego zjawiska jest lepsze odżywianie. Doprawdy? Zdecydowanie nie zgadzam się z opinią, jakoby dieta w okresie dzieciństwa – zdominowana przez przetworzoną żywność – była zdrowsza niż na przykład 30 lat temu. Czy na tym ma polegać „prawidłowe" odżywiane, że niedługo „dobrze odżywione" sześciolatki będą już w stanie płodzić dzieci? Do kolejnych badanych przyczyn należy otyłość, tworzywa sztuczne oraz coraz większe spożycie fitoestrogenów sojowych (ze względu na wysoką zawartość soi nie tylko w przetworzonej żywności i w daniach barowych, lecz także w paszach dla zwierząt[479]).

Szczególny niepokój na liście najprawdopodobniejszych przyczyn przedwczesnego dojrzewania naszych dzieci wywołuje wspomniany już wcześniej syntetyczny hormon rBGH o działaniu estrogennym, który jest wszechobecny w spożywanym przez nas mleku. Ponieważ estrogen występuje także naturalnie w krowim mleku, nie jest wskazane spożywanie go w ilościach przekraczających jedną lub najwyżej dwie szklanki dziennie, szczególnie przez dzieci w okresie dojrzewania. Fakt ten wykorzystują producenci mleka, którzy usprawiedliwiają obecność w nim rBGH, twierdząc, że ten transgeniczny hormon (obecny także w jogurtach, lodach i innych przetworach mlecznych) „nie jest w niczym gorszy od naturalnego występującego w mleku jego odpowiednika". Tymczasem prawda jest taka, że hormony syntetyczne zachowują się w naszym organizmie zupełnie inaczej niż hormony endogenne. Nawet zresztą przy założeniu, że producenci mają rację, to hormonów syntetycznych w mleku jest dwukrotnie więcej niż estrogenów.

Dzięki karuzeli stanowisk i zależności pomiędzy koncernem Monsanto a instytucjami rządowymi w Stanach Zjednoczonych, doszło do wprowadzenia rBGH na rynek. Aby urzędnicy Agencji ds. Kontroli Żywności i Leków mogli ocenić, czy hormon rBGH jest bezpieczny dla zdrowia, firma Monsanto musiała przedłożyć raport naukowy, który przygotowała Margaret Miller, należąca do grona badaczy pracujących dla firmy. Tuż przed przedłożeniem raportu Miller zrzekła się posady w Monsanto i została zatrudniona przez Agencję ds. Kontroli Żywności i Leków. Jej pierwszym zadaniem na nowym stanowisku pracy miała być ocena raportu, który niedawno sama napisała, i podjęcie decyzji co do jego aprobaty. W pewnym sensie koncern Monsanto zaaprobował więc swoje własne sprawozdanie. Z kolei podjęcie decyzji, czy mleko zawierające ten hormon wzrostu musi być specjalnie oznakowane, należało do kompetencji innego urzędnika FDA, Michaela Taylora, który wcześniej pracował jako prawnik w firmie reprezentującej interesy Monsanto. Nietrudno odgadnąć, że w takich okolicznościach nie nałożono na producentów obowiązku specjalnego oznakowania produktów zawierających rBGH. „Monsanto nie powinien być zmuszany do udzielania gwarancji bezpieczeństwa dla żywności opartej na biotechnologii. Naszym interesem jest sprzedawać jej tak dużo, jak tylko się da. A zapewnianie jej bezpieczeństwa jest zajęciem dla Agencji ds. Żywności i Leków" – powiedział bez nutki ironii Phil Angell, dyrektor ds. komunikacji korporacyjnej koncernu Monsanto[480].

Jak powinnaś pić mleko, jeśli je pijesz?

Mleko nie jest dobre dla każdego. Często spotykam dzieci, które chorują po spożyciu komercyjnych przetworów mlecznych. Dlatego też odradzam picie mleka produkowanego na skalę przemysłową. Jednocześnie zachęcam osoby, których organizm toleruje mleko, aby przestawiły się na nieprzetworzone produkty mleczne, które przynoszą ogromne korzyści dla naszego zdrowia. Wiele problemów zdrowotnych, z którymi musimy się dzisiaj borykać, ma charakter jatrogenny – co oznacza, że zostały one spowodowane przez człowieka. Na podstawie dostępnych danych można stwierdzić, że zaburzenia i dolegliwości pojawiające się po wypiciu mleka są częściej wynikiem działalności producentów, którzy za wszelką cenę próbują „poprawić" dany produkt, niż wpływu naturalnych składników mleka na nasz organizm.

Mleko, które jest dla ciebie zdrowe, pochodzi od krów odżywiających się tym, co stworzyła dla nich natura. Jeżeli zwierzęta mają do dyspozycji starannie przygotowane i dobrze utrzymane łąki i pastwiska, ich dietę można sporadycznie uzupełnić wolnymi od GMO paszami zbożowymi. Tylko zdrowe zwierzęta mogą wyprodukować zdrowe mleko. Dlatego zalecam spożywanie mleka, które nie zostało jeszcze poddane szkodzącym mu zabiegom przetwórczym. **Zamiast przetworów z mleka pasteryzowanego zawsze promuję nabiał pochodzący od krów wypasanych na pastwiskach.**

Nie możemy poprzestać na oczekiwaniu, że mleko, które pijemy, będzie smaczne, zdrowe i bezpieczne dla naszego organizmu. Musimy zacząć stanowczo się tego domagać. Jeśli okaże się, że ogromne zakłady mleczarskie nie będą w stanie nam zapewnić pożywnego mleka o niezmienionym składzie, zacznijmy poszukiwać takiego produktu u drobnych przetwórców, którzy na pewno sobie z tym poradzą. To właśnie te małe gospodarstwa zasługują na nasze wsparcie. Jeśli zajdzie taka konieczność, przestańmy po prostu pić mleko. Pamiętaj, że głosując przy sklepowej kasie swoimi pieniędzmi na produkty, które cię interesują, wymuszasz na producentach poszukiwanie zdrowszych rozwiązań i wprowadzenie oczekiwanych zmian.

Czy rasa krów ma znaczenie?

Krowie mleko zawiera sześć rodzajów białka, z których A2 beta-kazeina przeszła naturalną mutację u europejskiego bydła mlecznego, powodując zmianę struktury białkowej beta-kazeiny. W rezultacie mutacji genetycznej holsztyńsko-fryzyjskie rasy krów zaczęły wytwarzać kazeinę A1, obecną w większości mleka w północnej Europie i Ameryce. W odróżnieniu od A2, podczas trawienia beta-kazeiny A1 powstaje peptyd opioidowy, zwany beta-kazomorfiną (BCM7), który może być przyczyną rozwoju poważnych stanów zapalnych u osób szczególnie podatnych na infekcje. BCM7 może także zwiększyć ryzyko rozwoju zaburzeń autoimmunologicznych, chorób serca, cukrzycy, autyzmu, a nawet schizofrenii. Z tego powodu w większości sklepów w Nowej Zelandii dostępne jest tylko mleko typu A2. Ostatnio pojawiło się ono także w sprzedaży na terenie Stanów Zjednoczonych. Cieszące się coraz większym uznaniem konsumentów mleko A2 produkują krowy rasy Jersey, Guernsey, Normande, a także krowy niektórych ras afrykańskich i azjatyckich[481].

Czego należy szukać w zdrowym mleku?

1. **Mleko powinno pochodzić od krów wypasanych na pastwisku.** Szukaj produktów z certyfikatem: „Mleko od krów w 100 procentach karmionych trawą" lub „Mleko od krów utrzymywanych na pastwisku". Ideałem byłby produkt opatrzony także certyfikatem humanitarnej hodowli.
2. **Mleko powinno być pełnotłuste.** Tłuszcz znajdujący się w mleku pochodzącym od krów karmionych trawą, spożywa-

ny w rozsądnych ilościach, jest zdrowy i bezpieczny dla naszego organizmu. Śmietana zawierająca skoniugowany kwas linolowy, składniki wspomagające prawidłowe funkcjonowanie układu odpornościowego oraz witaminy rozpuszczalne w tłuszczach jest nie tylko pyszna, lecz także wyjątkowo zdrowa!

3. **Spożywaj tylko produkty pochodzące z mleka niehomogenizowanego.** Ponieważ jest ono obecnie szeroko dostępne, możesz bez trudności wybrać produkt z tłustą śmietankową powłoką. W zależności od preferencji, mleko takie możesz odtłuścić, zbierając z wierzchu nagromadzoną gęstą śmietanę, lub delikatnie wstrząsnąć butelką, aby tłuszcz się równo rozprowadził. Świeżo zebraną śmietanę możesz zjeść z owocami, dodać ją do płatków owsianych, zrobić z niej masło, crème fraîche oraz wiele innych przysmaków.
4. **Pij tylko mleko niepasteryzowane.** Ciesz się smakiem i właściwościami zdrowotnymi certyfikowanego surowego mleka, których na pewno nie uświadczysz w mleku pasteryzowanym. Znajdź w pobliżu swojego miejsca zamieszkania ekologiczne gospodarstwo rolne z własną przetwórnią mleka albo skorzystaj z pomocy na stronie www.realmilk.com. Możesz także rozważyć zakup kozy lub miniaturowej krowy. Taka hodowla, służąca zaspokojeniu własnych potrzeb, jest o wiele łatwiejsza, niż sobie wyobrażasz! Nigdy nie pij mleka poddanego procesowi homogenizacji i pasteryzacji w bardzo wysokiej temperaturze (UHT).
5. **Przestaw się na mleko fermentowane.** Spożywaj jogurt, kefir, kwaśną śmietanę, crème fraîche i inne produkty mleczne poddane tradycyjnym metodom fermentacji. Przetwory takie doskonale odżywią twój organizm, wzmocnią układ odpornościowy, a przede wszystkim zwiększą twoje szanse na długo-

wieczność. Mleczne produkty fermentowane są łatwiej trawione ze względu na działanie odpowiednich szczepów bakterii, których są one bogatym źródłem. Warto też wiedzieć, że organizm osób, które nie tolerują świeżego mleka, może nie wykazywać wrażliwości na produkty z mleka kwaśnego.

Wiedza o mleku w pigułce

Certyfikowane mleko ekologiczne

Mleko organiczne nie zawiera pestycydów. Krowy, które produkują takie mleko, spożywają wyłącznie pokarmy organiczne, wolne od GMO, antybiotyków i hormonów. Warto jednak pamiętać, że mleko ekologiczne nie musi koniecznie pochodzić od krów, które hodowane są w sposób humanitarny, ani też od zwierząt, które mają nieograniczony dostęp do łąki lub pastwiska. Przed zakupem takiego mleka zapoznaj się dokładnie z informacjami zamieszczonymi na etykiecie, a w razie niejasności skontaktuj się z producentem. Szukaj produktów certyfikowanych przez stowarzyszenia Food Alliance lub American Grassfed.

Certyfikowane mleko surowe

Mleko to nie podlega procesowi pasteryzacji ani homogenizacji. Zawiera ono nienaruszone struktury białkowe, zdrowe kwasy tłuszczowe, składniki wspomagające odporność organizmu, enzymy oraz wiele przydatnych bakterii, które nie uległy zniszczeniu pod wpływem wysokiej temperatury. Surowe mleko można natomiast lekko podgrzać, jeżeli jest to konieczne, aby przygotować swój ulubiony tradycyjny posiłek. Z surowego mleka można zrobić jogurt, kefir, sery oraz kwaśną śmietanę. Ponieważ w większości stanów sprzedaż surowego mleka w sklepach jest zabroniona, można je kupić tylko bezpośrednio od rolników, na terenie ich gospodarstwa. **Mleko surowe zawsze musi być certyfikowane, abyśmy mieli pewność, że jest produkowane zgodnie ze standardami sanitarnymi i nie stanowi zagrożenia dla naszego zdrowia.**

Kefir

Nazywany często „mlecznym szampanem", kefir jest lekko musującym napojem z mleka fermentowanego. Ten lekkostrawny napój o niskiej zawartości cukru jest bogatym źródłem pożytecznych bakterii, których potrzebuje nasz organizm. Kefir uzyskamy między innymi z mleka krowiego i koziego.

Ghee

To klarowane masło cieszy się niebywałą popularnością w Indiach. Ponieważ masło to otrzymuje się z mleka pochodzącego od zwierząt karmionych trawą, jest ono bogatym źródłem kwasów tłuszczowych omega-3, sprzężonego kwasu linolowego (CLA) oraz wielu innych zdrowych tłuszczów. W odróżnieniu od tradycyjnego masła, ghee pozbawione jest białek i cukrów, w związku z czym jest lepiej tolerowane przez osoby z alergiami oraz wrażliwym układem pokarmowym.

Rodzaje mleka dostępne w supermarkecie

Mleko homogenizowane

Mleko to zostaje najpierw odtłuszczone, a następnie wzbogacone odpowiednią ilością tłuszczu, zgodnie z ustalonymi normami. Aby na jego powierzchni nie utworzyła się ponownie warstwa śmietany (drobinki tłuszczu zawsze unoszą się ku górze, tworząc śmietankową powłokę), w procesie homogenizacji rozdrabnia się większe cząsteczki tłuszczu, po czym całość miesza się w celu ich równomiernego rozproszenia. Uszkodzenie struktury kuleczek tłuszczowych może okazać się niebezpieczne dla zdrowia konsumentów. Niehomogenizowane mleko pochodzące prosto od krowy rozpoznasz po widocznej warstwie śmietany, osadzonej na wierzchu. Im grubsza jest ta tłusta powłoka, tym większą wartość ma samo mleko. Na mleku kozim nie zawsze powstaje tłusta powłoka, ponieważ kuleczki tłuszczu są o wiele mniejsze i nie oddzielają się tak łatwo od reszty płynu.

Mleko odtłuszczone

Mleko odtłuszczone zawiera kazeinę, która jest podstawowym składnikiem tworzącym białka mleka, serwatkę oraz laktozę, natomiast nie znajdziemy w nim kwasów tłuszczowych. Produkt taki wzbogacany jest rozpuszczalnymi w tłuszczach witaminami A i D (ponieważ zostały one usunięte z mleka wraz z tłuszczem, który jest z kolei potrzebny, aby lepiej je wchłaniać). Ilość tłuszczu mlecznego w mleku jest odwrotnie proporcjonalna do ilości laktozy, zatem mleko odtłuszczone zawiera odpowiednio więcej cukru mlecznego. Ponieważ tłuszcz ma decydujący wpływ na smak mleka, produkowane na skalę przemysłową mleko odtłuszczone jest wyjątkowo mdłe i wodniste. Dlatego też do większości produktów dodawane jest mleko w proszku (o czym rzadko informuje się na etykiecie), które jeszcze bardziej podwyższa poziom laktozy, a w dodatku zawiera kontrowersyjne tłuszcze utlenione i cholesterol. Reasumując, mleko odtłuszczone nie jest ani smaczne, ani zdrowe, a na domiar złego jest zawsze homogenizowane.

Mleko o obniżonej zawartości tłuszczu

Mleko o zawartości tłuszczu obniżonej do 1 lub 2 procent produkuje się na bazie mleka, które najpierw zostało całkowicie odtłuszczone, a następnie wzbogacone do wymaganego poziomu tłuszczem pochodzącym z mleka w proszku. Na przykład w wyniku wzbogacenia mleka beztłuszczowego odpowiednią ilością mleka w proszku powstaje mleko o zawartości tłuszczu obniżonej do 0,5, 1 lub 2 procent. Mleko częściowo odtłuszczone jest zawsze homogenizowane.

„Mleko pełnotłuste”

Już sama nazwa może wprowadzić konsumentów w błąd, ponieważ tzw. mleko pełnotłuste w rzeczywistości wcale nie jest „pełne”. Najpierw z mleka odwirowuje się tłuszcz mleczny, a następnie ponownie się go dodaje, aby otrzymać znormalizowane mleko o pożądanej zawartości tłuszczu. W mleku „pełnotłustym” umowna zawartość tłuszczu wynosi 3,2 procent. Do mleka „pełnotłustego” rzadko dodaje się mleko w proszku, ponieważ większa zawartość śmietany gwarantuje oczekiwany smak i konsystencję.

Half-and-half/ light cream, czyli mieszanka śmietany i mleka lub tzw. lekka śmietana
Ten bardzo ogólnikowo zdefiniowany produkt jest mieszanką mleka i śmietany o średniej zawartości tłuszczu, która waha się od 10,5 procent do 18 procent. „Lekka śmietana", podobnie jak *Half-and-half*, jest mieszanką mleka i słodkiej śmietany.

Śmietana kremówka
Śmietana kremowa zawiera co najmniej 36 procent tłuszczu mlecznego. W wersji pasteryzowanej lub ultrapasteryzowanej może także zawierać dodatki spożywcze oraz zagęszczacze, których należy unikać. O wiele bogatsza w składniki odżywcze jest kremówka zbierana z niepasteryzowanego mleka. Śmietana z surowego mleka jest nie tylko pożywna i sycąca, lecz także zawiera mniej mlecznego białka i cukru, dzięki czemu jest przeważnie lepiej tolerowana przez organizm.

Mleko o obniżonej zawartości laktozy
Mleko z ograniczoną zawartością laktozy przeznaczone jest przede wszystkim dla osób, których organizm nie toleruje cukru mlecznego. Należy jednak pamiętać, że ze względu na zawartość białka mlecznego, które jest mieszanką kazeiny i serwatki, produkt ten nie nadaje się dla osób z nietolerancją lub alergią na mleko i jego przetwory. Mleko o obniżonej zawartości laktozy nie pochodzi od krów karmionych na pastwisku i jest przeważnie pasteryzowane i homogenizowane.

Warto zapamiętać

1. Mleko spożywane w rozsądnych ilościach może przynieść wiele korzyści naszemu organizmowi, ale tylko pod warunkiem, że pochodzi ono z certyfikowanego gospodarstwa, od krów karmionych na pastwisku, i nie zostało poddane procesowi pasteryzacji. Najzdrowszą opcją jest mleko pochodzące z hodowli ekologicznych, najlepiej biodynamicznych. Mleko od krów rasy Jersey i Guernsey, a także rasy normandzkiej jest na ogół wyżej cenione niż mleko pochodzące od rasy holsztyńsko-fryzyjskiej.
2. Mleko odtłuszczone oraz wszystkie inne rodzaje mleka pasteryzowanego o obniżonej zawartości tłuszczu należą do produktów przetworzonych, których powinniśmy unikać, ponieważ mogą one być przyczyną otyłości i zaburzeń układu pokarmowego.
3. Osobom z alergią na mleko i nietolerancją laktozy, które nie spożywały mleka przez co najmniej sześć miesięcy, można zacząć podawać codziennie pół łyżeczki domowego jogurtu z surowego mleka koziego, pochodzącego od zwierząt odżywiających się na pastwisku, a następnie stopniowo zwiększać porcje, jeśli ich organizm będzie go tolerował.
4. U dzieci, których organizm nie wykazuje reakcji alergicznych na laktozę, surowe mleko pochodzące ze sprawdzonego źródła wspomaga modulację epigenetyczną, przynosząc zarówno krótko-, jak i długoterminowe korzyści zdrowotne w postaci

zahamowania lub złagodzenia reakcji alergicznych i zapobiegania infekcjom mikrobiologicznym. Ponadto struktura białka w surowym mleku pozostaje nienaruszona.

5. Pod względem wartości odżywczych lekko podgrzane surowe mleko przewyższa mleko poddane obróbce termicznej w wysokiej temperaturze. Dlatego też należy unikać mleka poddanego ultrapasteryzacji (UHT).
6. Kwasy tłuszczowe zawarte w śmietanie pochodzącej z mleka od krów karmionych na pastwisku bardziej pomogą ci schudnąć niż przytyć. Mleko pełnotłuste jest smaczniejsze i bogatsze w składniki odżywcze. Szukaj mleka z grubą powłoką śmietany na wierzchu, pamiętając, że im bardziej jest ona żółta, tym zdrowsze i smaczniejsze będzie mleko. Mleko pełnotłuste niepasteryzowane jest bogatym źródłem niezbędnych kwasów tłuszczowych, sprzężonego kwasu linolowego (CLA), witaminy D, dobrego cholesterolu, a także innych zdrowych i pożywnych tłuszczów. Najlepszym przyjacielem twojego organizmu jest masło pochodzące z mleka krów karmionych na pastwisku.
7. Produkty pochodzące z fermentowanego mleka wpływają niezwykle korzystnie na twoje zdrowie i prawidłowe funkcjonowanie organizmu, znacznie zwiększając szanse na długowieczność. Ze względu na ogromną różnorodność pożytecznych bakterii jogurty, kefiry i sery są najlepszym sposobem konsumpcji mleka. Co więcej, są one znacznie lepiej tolerowane niż mleko przez osoby z wrażliwym układem pokarmowym.

ROZDZIAŁ 12

Zanim kupisz jajko, dowiedz się czegoś o kurze

Zaczęłam hodować kury, ponieważ zależało mi na tym, żeby spożywane przez nas jajka pochodziły od zdrowych i dobrze traktowanych zwierząt. Muszę przyznać, że hodowla ta dostarczyła mi wielu niezapomnianych wrażeń. Pomijając już ogromną satysfakcję, jaką odczuwałam na widok zdrowych i okazałych jaj znoszonych przez moje szczęśliwe kury, byłam urzeczona ich zachowaniem – począwszy od ich sposobu komunikowania się ze sobą, co było zjawiskiem niemal muzycznym, poprzez stosowanie sprytnych sztuczek zwiększających szansę na wydziobanie z ziemi upatrzonego smakowitego kąska, a skończywszy na powrocie do kurnika, aby udać się na spoczynek, zawsze dokładnie na godzinę przed zachodem słońca. Badania nad inteligencją kurcząt wykazały, że pod względem empatii, samokontroli, a nawet umiejętności liczenia[482] ptaki te nie różnią się od dzieci w wieku przedszkolnym. Oczywiście niektóre bywają bardziej gapowate od innych, ale przecież podobną prawidłowość można zaobserwować także u ludzi! Wyobraźcie sobie, że moje kury podchodzą do mnie i gdaczą, domagając się, abym je pogłaskała. Zawsze wtedy mówię, że ktoś zapomniał je poinformować, że przecież nie są psami, lecz kurczętami!

Kury zjadają właściwie wszystko – resztki pozostawionej żywności, trawę, liście i inne rośliny, wszelkie nasiona, dżdżownice i mnóstwo robaków. Zdecydowanie wolą jednak świeże liście od kuchennych odpadów. Mówiąc o świeżym listowiu, mam na myśli żywe liście, które nadal rosną wraz z rośliną. Kiedy bowiem rzucam im kilka liści, które dosłownie przed chwilą zerwałam w ogródku, za każdym razem rezygnują z nich na rzecz tych, które są jeszcze żywe i nadal rosną. Zwierzęta te instynktownie wiedzą, że „żywe" jedzenie jest bogatsze w składniki odżywcze, związki fitochemiczne oraz oczywiście inne „kurze" przysmaki.

Kury przetwarzają resztki jedzenia i wszystko to, co wydłubią z ziemi, na piękne świeże jaja ze złocistymi żółtkami. W zależności od pory roku moje osiem kur znosi aż do 55 jajek tygodniowo, a poza tym służy mi jako doskonały kompostownik. Ich odchody, niezwykle bogate w związki azotu, napędzają proces rozkładu ściółki z wiórów i trocin drewnianych zawierających związki węglowe, w wyniku którego uzyskujemy wysokiej jakości nawóz, bogaty w mikroorganizmy i składniki odżywcze, do użycia w naszym ogrodzie. To oczywiście przyciąga mikroorganizmy i robaki, które użyźniają glebę, dzięki czemu wyrasta z niej więcej coraz lepszych warzyw i owoców, także ku zadowoleniu kur, którym nie zabraknie świeżego pokarmu. I w taki oto sposób przyroda zatacza idealny krąg.

Nie trzeba mieć własnych kur, aby wiedzieć, że stwarzając im warunki, w których mogą zaspokoić swoje naturalne potrzeby, dbamy tak naprawdę nie tylko o dobrostan ptactwa, lecz także o własne zdrowie.

Żółtka jajek znoszonych przez kury pochodzące z chowu na wolnym wybiegu są niezastąpionym źródłem wielu cennych składników odżywczych: niezbędnych kwasów tłuszczowych omega-3 i omega-6, sprzężonego kwasu linolowego (CLA), zdrowych tłuszczów nasyconych, cholesterolu (tak, cholesterolu!) oraz witamin i minerałów. W jajkach znajdziemy także znaczne ilości odżywczego tłuszczu, zwanego choliną, który pełni wiele ważnych funkcji w naszym organizmie, zmniejszając między innymi ryzyko rozwoju zaburzeń o podłożu neurologicznym, kształtując mózg płodu i zapobiegając jego defektom, a także wspomagając jego dalszy rozwój, ze szczególnym uwzględnieniem procesów pamięciowych, u noworodków, niemowląt i małych dzieci. Jajka znoszone przez kury hodowane w naturalnych warunkach są o wiele bogatszym źródłem kwasów tłuszczowych omega-3 niż te, które pochodzą od kur z chowu przemysłowego[483, 484]. Zachowanie odpowiedniej równowagi pomiędzy dostarczanymi organizmowi kwasami tłuszczowymi (idealna proporcja omega-6 do omega-3, która umożliwia prawidłowe przyswajanie kwasów tłuszczowych, nie powinna przekroczyć 4:1) łagodzi objawy astmy, ADHD, padaczki, depresji, a także zaburzenia funkcji poznawczych[485, 486]. Na tę modelową proporcję powołuję się celowo, ponieważ w jajkach znoszonych przez kury karmione wyłącznie zbożami (o czym szerzej powiemy za chwilę) stosunek ten wynosi 14:1, a często nawet więcej.

Żółtka jaj znoszonych przez kury, które spędzają dużo czasu w słońcu, zawierają od trzech do sześciu razy więcej witaminy D niż jaja kur, które trzymane są przez całe życie w zamkniętych klatkach[487]. Spożywając jajka pozyskane od kur z wolnego wybiegu, w znacznym stopniu pokrywasz zapotrzebowanie organizmu na witaminę D, która w dodatku nie pochodzi z suplementów, lecz z naturalnego źródła. Ta niezwykle ważna dla naszego zdrowia witamina wspomaga wchłanianie wapnia z jelit, zapewniając nam mocne kości, a także bierze aktywny udział w transkrypcji genów, co pociąga za sobą wzmocnienie odporności, ogólną poprawę nastroju, obniżenie ciśnienia oraz zmniejszenie ryzyka rozwoju nowotworów i zaburzeń o podłożu autoimmunologicznym, neurologicznym i psychicznym[488]. Niedobór witaminy D jest jedną z wielu teorii wyjaśniających przyczyny autyzmu[489, 490]. Pamiętajmy jednak, że bogatym źródłem tej witaminy są tylko jajka pochodzące od kur z wolnego chowu, które odżywiają się świeżą zieleniną i spędzają dużo czasu na słońcu. Mamy tu zatem do czynienia z prostą i oczywistą zależnością, którą można podsumować w następujący sposób: zdrowe kury to zdrowe jajka a zdrowe jajka, to zdrowi ludzie.

Jajka znoszone przez kury z wolnego chowu zawierają także więcej witaminy B_{12}, kwasu foliowego oraz witaminy E, a ponadto są niezwykle bogatym źródłem dwóch karotenoidów o silnych właściwościach antyoksydacyjnych: luteiny i zeaksantyny, które chronią przed zwyrodnieniami i uszkodzeniami plamkę żółtą oka – najważniejszą część siatkówki odpowiedzialną za ostrość widzenia. Luteina i zeaksantyna chronią także młody organizm przed rozwojem raka okrężnicy[491]. Ciemniejsze żółtka o intensywnym kolorze są zazwyczaj bogatszym źródłem antyoksydantów. Jajka oraz ich żółtka – podobnie zresztą jak mleko, śmietana i masło – znalazły się na pewien czas pod ostrzałem krytyki. Zarzucano im, że znacznie podnoszą poziom cholesterolu we krwi i zawierają zbyt wiele tłuszczów nasyconych. Jednak ostatecznie naukowcy, lekarze i konsumenci docenili ich wartości odżywcze i uznali je za ważny element zdrowej diety.

CAŁA PRAWDA O CHOLESTEROLU

W powszechnej opinii cholesterol kojarzony jest z chorobami serca i przedwczesną śmiercią. Czym jeszcze jest ten związek? Cholesterol jest lipidem z grupy steroidów, wytwarzanym w wątrobie i wykorzystywanym do budowy błon komórkowych. Jest on na tyle niezbędny do prawidłowego i harmonijnego rozwoju noworodka, że gromadzi się w mleku matki, a specjalne enzymy ułatwiają jego wchłanianie z przewodu pokarmowego. Dieta dziecka powinna zawierać cholesterol, ponieważ jest on potrzebny do dynamicznego rozwoju jego mózgu. Chociaż masa mózgu stanowi tylko 3 procent masy ciała, to trafia do niego aż 20 procent cholesterolu, który osłania, chroni i odżywia znajdujące się tam neurony[492]. Ponadto cholesterol jest niezbędny do tworzenia synaps, czyli połączeń między neuronami, które umożliwiają nam poruszanie się, myślenie, naukę i zapamiętywanie[493]. W roku 2013 Agencja ds. Kontroli Żywności i Leków zobowiązała przemysł farmaceutyczny do ostrzegania konsumentów, że pewne leki obniżające stężenie cholesterolu mogą spowodować zaburzenia pamięci oraz innych funkcji poznawczych. Nie powinno nas także dziwić, że niedobór cholesterolu został uznany za jedną z możliwych przyczyn rozwoju autyzmu, choroby Parkinsona, Alzheimera, a także stwardnienia zanikowego bocznego (ALS)[494, 495]. U dzieci z objawami autyzmu stwierdzono niższe stężenie cholesterolu niż u ich zdrowych rówieśników. Osoby cierpiące na zaburzenia psychiczne, począwszy od depresji, poprzez agresywne zachowania, a skończywszy na próbach samobójczych także na ogół wykazują niższe stężenie cholesterolu[496, 497].

Cholesterol jest substancją naprawiającą uszkodzenia, do których doszło w naszym organizmie. Kiedy następuje uszkodzenie ścian tętnic w wyniku ich nadmiernej pracy, cholesterol natychmiast wkracza do akcji i wspomaga ich odbudowę, zmniejszając tym samym ryzyko wytworzenia się tętniaków. Co więcej, cholesterol jest cennym surowcem farmaceutycznym, z którego nasz organizm wytwarza witaminę D, kortyzol, który pomaga nam radzić sobie ze stresem, a także estrogen, progesteron i testosteron, które regulują przebieg procesu dojrzewania i wpływają na naszą płodność. Ponadto cholesterol transportuje grupy sulfonowe, które są niezbędne do syntezy glutationu. Ten organiczny związek chemiczny odgrywa rolę „śmieciarki", ponieważ łączy toksyny i wolne rodniki, po czym wspomaga ich „wywóz" z naszego ustroju. Dzięki silnym właściwościom antyoksydacyjnym glutation chroni nasz organizm przed rozwojem nowotworów. Cholesterol umożliwia zatem prawidłowe funkcjonowanie naszego organizmu i mózgu.

Paradoksalnie to niski, a nie wysoki poziom cholesterolu zwiększa prawdopodobieństwo przedwczesnej śmierci[498, 499, 500, 501, 502]. Tymczasem wysokie stężenie cholesterolu zmniejsza częstość występowania infekcji i znacznie ogranicza ryzyko rozwoju nowotworów[503], w związku z czym stwarza nam większe szanse na długowieczność. Niektórym osobom nadal trudno jest uwierzyć, że ludzie z wysokim stężeniem cholesterolu, przez lata uważanym za śmiertelną truciznę, żyją dłużej, co już wielokrotnie udało się potwierdzić[504, 505]. Fakt ten może mieć związek z jego silnymi właściwościami immunomodulacyjnymi[506, 507]. Spośród dwustu dzieci i nastolatków, w przedziale wiekowym od okresu noworodkowego do dwudziestego roku życia, u osób cierpiących na zaburzenia i choroby alergiczne (w tym także astmę) stwierdzono niższy poziom cholesterolu całkowitego, a także złego cholesterolu LDL we krwi niż u pozostałych uczestników badania[508]. Z kolei z szeroko zakrojonych badań nad przyczynami ponad 68 tys. zgonów wynika, że niski poziom cholesterolu niesie za sobą zwiększone ryzyko zgonu z powodu chorób układów pokarmowego i oddechowego[509].

Wbrew temu, co sądzono przez wiele lat, coraz więcej badań i analiz potwierdza, że jedzenie jajek nie wiąże się ze zwiększonym ryzykiem chorób serca. Naukowcy, którzy poddali wnikliwej analizie zależność pomiędzy spożyciem jajek a ryzykiem wystąpienia chorób serca aż u 118 tys. badanych, stwierdzili, że u osób niechorujących na cukrzycę, które zjadały od pięciu do sześciu jajek tygodniowo, istnieje mniejsze prawdopodobieństwo wystąpienia choroby serca, niż u osób, które zjadały najwyżej jedno jajko tygodniowo[510]. Czy potraficie to sobie wyobrazić?

Właściwie problem z cholesterolem pojawił się dopiero wtedy, gdy lekarze opracowali sposób pomiaru jego stężenia. Od pierwszej chwili zaczęli go demonizować, przestrzegać przed nim swoich pacjentów i przepisywać im leki na zmniejszenie jego poziomu. Ponieważ cholesterol był „zły", jajka uznano za szkodliwy składnik naszej diety. Chociaż jajka są pokarmem złożonym i pełnowartościowym, bogatym w niezliczone cenne dla naszego organizmu składniki odżywcze, natychmiast postawiono pomiędzy nimi i cholesterolem znak równości, w podobny sposób, jak mleko stało się „wapniem", marchewka witaminą „A", a pomarańcze witaminą „C". **Trzeba nam ciągle przypominać, że zdrowe i pełnowartościowe pokarmy są dla naszego organizmu czymś znacznie ważniejszym niż tylko sumą swoich poszczególnych składników.**

W ogniu krytyki znalazł się oczywiście tzw. zły cholesterol LDL, czyli lipoproteiny o niskiej gęstości. Przy okazji zupełnie zapomniano o tym, że to właśnie cząsteczki LDL dostarczają komórkom niezbędny do życia cholesterol. Prawdziwy problem i duże zagrożenie dla układu krążenia pojawia się dopiero wtedy, gdy następuje wzrost poziomu trójglicerydów – częściowo za sprawą spożycia nadmiernej ilości cukru i przetworzonych węglowodanów. W rezultacie mniejsze i gęściejsze cząsteczki LDL łatwiej ulegają utlenieniu i glikacji. Dopiero glikowany i utleniony LDL stanowi poważne zagrożenie dla zdrowia[511, 512]. W takim przypadku, zamiast ograniczać nieprzetworzone i bogate w składniki odżywcze źródła cholesterolu, proponuję zmniejszyć spożycie cukru i przetworzonych węglowodanów[513, 514, 515].

Nie znamy dokładnie dopuszczalnej ani najbezpieczniejszej dawki cholesterolu, ponieważ jest ona inna u każdego z nas. Obecne zalecenia, według których co czwarty Amerykanin powinien zażywać statyny, wynikają z posiadania niezbyt dokładnych danych. Warto zresztą pamiętać, że członkowie zespołu ds. ochrony zdrowia, którzy wydali takie zalecenia, zostali poddani krytyce na łamach gazety „New York Times" za konflikt interesów. Co ciekawe, większość członków zespołu otrzymała pieniądze od jednego lub więcej zakładów farmaceutycznych, które zajmują się produkcją leków ograniczających stężenie cholesterolu[516, 517].

Reasumując, jajka same w sobie służą naszemu zdrowiu. Jedzenie wyśmienitych świeżych jajek znoszonych przez kury z wolnego chowu jest idealnym sposobem na dostarczenie naszemu organizmowi potrzebnego mu nieprzetworzonego cholesterolu, który korzystnie wpływa na nasze zdrowie i zwiększa szansę na długowieczność. Natomiast jajka pochodzące od chorych i zaniedbanych kur z przemysłowej hodowli szybciej nam zaszkodzą, niż przyniosą oczekiwane korzyści zdrowotne. W ostatecznym rozrachunku cholesterol, wraz z wieloma innymi składnikami odżywczymi obecnymi w jajkach znoszonych przez kury zagrodowe, przynosi naszemu organizmowi liczne korzyści, a do największych ich beneficjentów należą nasz mózg oraz układ odpornościowy.

DLACZEGO ZDROWIE KUR JEST TAKIE WAŻNE

Chociaż osoby nieupoważnione mają zazwyczaj zakaz wstępu na teren zakładów hodowlanych typu CAFO, raz – podczas mojego pobytu za granicą – udało mi się odwiedzić taką przemysłową fermę drobiu. Kiedy weszłam do ciemnego, wielopoziomowego budynku, który przypominał ogromny magazyn, moim oczom ukazały się druciane klatki, które piętrzyły się od podłogi aż po sufit. W każdej klatce znajdowało się sześć stłoczonych niosek, a wolnego miejsca wystarczało jedynie na znoszone jaja oraz odchody. Grzebienie kur były blade, zsiniałe i oklapnięte, co świadczyło o niedoborze składników odżywczych w ich diecie. Na szczęście dzioby ptaków były nienaruszone, w odróżnieniu od większości niosek hodowanych na przemysłowych fermach w Stanach Zjednoczonych, którym się je przycina, żeby pod wpływem stresu wynikającego z przebywania w ciasnych klatkach nie zadziobały się na śmierć. Silny zapach amoniaku powoduje, że kury kaszlą, pomimo pracy wentylatorów o średnicy 3 m, bez których zresztą ptaki czekałaby szybka śmierć w oparach własnych odchodów. Wraz z nastaniem coraz krótszych dni w kurniku wydłuża się działanie sztucznego oświetlenia, aby stworzyć ptakom wrażenie, że jest nadal lato (w warunkach naturalnych kury znoszą więcej jajek latem niż zimą). Dopiero później miałam okazję się przekonać, że warunki panujące w odwiedzonym przeze mnie zakładzie były i tak znacznie lepsze od tych, na które naraża się zwierzęta hodowane w Stanach Zjednoczonych.

Kury zmuszane do znoszenia coraz większej liczby jaj cierpią na tzw. syndrom klatkowego zmęczenia. Ponieważ fizjologicznie nie są one w stanie przyswoić wystarczających ilości wapnia potrzebnego do wyprodukowania coraz większej liczby skorupek, pobierają go sobie z kości. U kur cierpiących na syndrom klatkowego zmęczenia obserwuje się kruchość i łamliwość kości w wyniku niedoboru wapnia oraz deformację mostka i żeber. Na skutek szybko postępującego paraliżu, który często towarzyszy tej chorobie, wiele zwierząt umiera. W odróżnieniu od kur z wolnego chowu, które żyją nawet dziesięć lat i dłużej, ptakom z przemysłowej hodowli z trudem udaje się przeżyć dwanaście miesięcy. Zresztą hodowcy i tak pozbywają się starszych niosek, ponieważ przestają one być rentowne.

Nawet na tzw. zagrodowych lub nieklatkowych mniejszych fermach często panuje tłok, ponieważ hodowcy zdecydowali się na jeden wspólny wybieg dla kilkuset ptaków. Aby otrzymać certyfikat poświadczający, że jajka pochodzą od kur z wolnego wybiegu, wystarczy posiadać kurnik z niewielkim wyjściem na ogrodzony wybieg o wymiarach 1,5 x 1,5 m. Nie mając pewności, co znajduje się z drugiej strony, większość kur woli nie ryzykować i pozostaje w środku. Drobni hodowcy także przyznają, że kiedy ich nioski przestają być produktywne, kończą życie na śmietniku, ponieważ „nikt teraz nie chce ich kupować".

W ten sposób producenci nawiązują do czasów, kiedy ze starszych kur robiło się tradycyjny gulasz. Chociaż mięso starych kur jest sztywne i twarde, w związku z czym wymaga dłuższego gotowania, pod względem smaku znacznie przewyższa ono mięso kurcząt brojlerów. Na kurzych łapkach i szyjach można ugotować przepyszną zupę, a pożywny tłuszcz wykorzystać do smażenia wielu wyśmienitych potraw.

Nie polecam jedzenia kurczaków z hodowli przemysłowej ani jaj pochodzących od niosek z chowu klatkowego. Podstawę żywienia drobiu w chowie przemysłowym stanowią pasze zawierające znaczne ilości kukurydzy GMO (źródło węglowodanów) oraz soi GMO (źródło białka), co zwiększa zawartość kwasów tłuszczowych omega-6 do niebezpiecznego dla zdrowia poziomu i prowadzi do nadmiernej stymulacji naszego układu immunologicznego. W jajkach znoszonych przez kury karmione soją znajdują się łatwe do wykrycia izoflawony sojowe, które podnoszą poziom estrogenów w naszym ustroju, a także narażają organizm dziecka z alergią na soję na niepożądane reakcje. Genetycznie modyfikowane i pełne pestycydów soja lub kukurydza, obecne w karmie dla kur z masowej hodowli, stanowią także dla nas potencjale zagrożenie. Nasz organizm jest bowiem pośrednio narażony na kontakt z każdym materiałem genetycznym lub epigenetycznym, który skonsumowała wraz z pożywieniem kura. Jesteśmy przecież tym, co jemy.

Innym składnikiem paszy dla kur są kurze pióra, które wykorzystuje się również jako dodatek do nawozów i środków poprawiających właściwości gleby, nie zważając na to, że podobnie jak włosy, pióra mogą zawierać resztki toksycznych substancji. Przeprowadzone w roku 2012 badania próbek mączki z piór produkcji chińskiej i amerykańskiej wykazały w obu produktach zawartość resztek antybiotyków, a także acetaminofenu (pochodzącego od leku o nazwie Tylenol na obniżenie gorączki u drobiu), difenhydraminy (od leku o nazwie Benadryl na wzmocnienie i opanowanie niepokoju u zwierząt) oraz norgestimatu (składnik leków hormonalnych). Wszystkie te składniki znajdą się w glebie, na której rosną jedzone przez nas codziennie warzywa[518].

Ponieważ ze względu na stresujące warunki bytowania i tłok panujący w klatkach kury nioski z chowu przemysłowego podatne są na wiele chorób, ich codzienna dieta wzbogacona jest o potężne dawki antybiotyków, które przyspieszają także tempo wzrostu i zwiększają nieśność. Każdego roku w takich „nieterapeutycznych celach nioskom podaje się ponad 25 milionów funtów (ponad 11 mln kg) antybiotyków. I w tym przypadku także takie regularne i nadmierne stosowanie antybiotyków w tzw. terapiach wyprzedzających prowadzi do rozwoju niezwykle odpornych na wszystkie leki tzw. „superbakterii". Badania jajek pod kątem obecności śmiertelnych patogenów wykazały, że wszystkie wykryte patogeny były uodpornione na działanie co najmniej jednego leku. Na przestrzeni niespełna dwudziestu lat liczba bakterii z grupy *Salmonella*, odpornych na działanie antybiotyków, wzrosła z jednego do ponad trzydziestu procent, zarażając tysiące konsumentów.

CO SIĘ KRYJE POD SKORUPKĄ

Znosząc jajko, kura wydziela substancję tworzącą jego zewnętrzną powłokę ochronną, tzw. kutikulę, która utrudnia przenikanie bakterii przez pory skorupki. Zadaniem tej naturalnej warstwy ochronnej jest także zabezpieczenie wnętrza jaja przed utratą wody i dwutlenku węgla, co spowodowałoby degradację struktury i konsystencji jajka. Ponieważ nienaruszona kutikula znacznie przedłuża świeżość jajka, nie należy jej zmywać. Jeśli jajek wcześniej nie umyto, to znaczy, że ich kutikula nie została naruszona, w związku z czym nie jest konieczne przechowywanie ich w lodówce. Skorupka jaj także spełnia wiele pożytecznych funkcji. Jest na tyle twarda, żeby chronić zarodek, i jednocześnie na tyle porowata, aby rosnące w środku pisklę miało zapewnione wszystko, czego potrzebuje do życia. W niektórych tradycyjnych kulturach bogate w składniki odżywcze skorupki jaj mieli się na miałki proszek, który dodaje się do posiłków dla ludzi oraz karmy dla zwierząt. (Ja wykorzystuję rozgniecione skorupki jajek do użyźniania gleby w ogródku, a część rozrzucam moim kurom jako źródło wapnia).

Amerykańscy producenci czyszczą jajka, aby chronić konsumentów przed zakażeniem bakteriami. Tymczasem w krajach Unii Europejskiej obowiązuje zakaz mycia i czyszczenia jaj klasy A. Celem wprowadzenia tego zakazu było zmuszenie hodowców do zachowania wysokiej higieny w kurnikach, w obawie, że konsumenci nie zechcą kupować brudnych jaj. Zakaz mycia jaj klasy A uzasadniono także względami jakościowymi oraz troską o zdrowie konsumentów, słusznie zakładając, że w wyniku czyszczenia jaj może dojść do uszkodzenia kutikuli, co znacznie zwiększyłoby ryzyko zakażenia. Nawet bowiem zanieczyszczenia obecne w wodzie wykorzystanej do mycia jaj mogą wniknąć przez porowatą skorupkę do wnętrza. Z rozporządzeń unijnych wynika, że „zasadniczo aż do chwili zakupu nie powinno się przechowywać jajek w warunkach chłodniczych", ponieważ „po wyjęciu z chłodni na skorupkach jaj zbiera się woda, co sprzyja rozwojowi bakterii i ich wnikaniu w głąb jajka".

Tymczasem w Stanach Zjednoczonych, na mocy przepisów uchwalonych przez Departament Rolnictwa, wszystkie jajka muszą być najpierw przepłukane gorącą wodą, następnie oczyszczone detergentem, odkażone środkiem dezynfekującym, a na koniec wysuszone. Ponieważ w procesie mycia i czyszczenia jaj usuwana jest z ich powierzchni kutikula, amerykańscy producenci, chcąc zrekompensować jej brak, nakładają na skorupki cienką warstwę oleju mineralnego, dzięki czemu jaja mogą przetrwać w warunkach chłodniczych nawet przez cały rok.

Jak sobie poradzić w takiej sytuacji?

Najpewniejszym rozwiązaniem jest kupowanie jajek od zaufanego rolnika – albo bezpośrednio, na terenie jego gospodarstwa, albo na rynku. Ponieważ obecnie coraz więcej ludzi hoduje kury na własny użytek w przydomowych ogródkach, może trafić ci się szansa nabycia świeżych jajek od swojego sąsiada. Możesz też sama założyć małą hodowlę. Zalecam respektowanie naturalnego cyklu znoszenia jaj poprzez dopasowanie do niego swojego jadłospisu. Ponieważ kury znoszą więcej jajek wiosną i latem, a mniej zimą, staram się zadbać o to, żeby zwiększyć spożycie jajek w mojej rodzinie podczas ciepłych miesięcy, a ograniczyć je późną jesienią i zimą.

ZDROWE JAJKO/ZDROWY KURCZAK

Niestety, kupując „jaja z chowu na wolnym wybiegu" lub „jajka pochodzące od kur z chowu nieklatkowego", nie mamy żadnej gwarancji, że kury miały nieograniczony dostęp do słońca, świeżego powietrza, żywych roślin i robaków. Takiej gwarancji nie daje nam też zakup jaj z certyfikatem ekologicznym, chociaż w tym przypadku przynajmniej wiemy, że kury nie są karmione hormonami ani antybiotykami, a ich pasza jest wolna od GMO.

- Kupuj jajka bezpośrednio od rolnika, na bazarach, w małych rodzinnych gospodarstwach lub w ramach programu CSA (Rolnictwo Wspierane przez Społeczność). Jeśli twoi sąsiedzi hodują kury na własny użytek, zapytaj ich, czy nie zechcieliby odstąpić ci kilku świeżych jaj. We wszystkich tych przypadkach dowiedz się, w jakich warunkach przebiega hodowla. Jeśli to możliwe, umów się na spotkanie z hodowcą.

- Idealnym rozwiązaniem jest kupno jajek pochodzących od kur z dostępem do pastwiska lub z certyfikatem ekologicznym wydanym przez USDA (Amerykański Departament Rolnictwa).
- Sprawdź, czy jajka znoszone są przez kury mające nieograniczony dostęp do słońca, świeżego powietrza, trawy oraz gleby, z której mogą wyskubywać swoje ulubione robaki.
- Pamiętaj, że kury należą do zwierząt wszystkożernych, a więc lubią dżdżownice, wszelkie robactwo, małe gryzonie, a nawet resztki mięsa i ryby (oczywiście z wyjątkiem kawałków kurczaka). Ponieważ sama „pasza wegetariańska" nie zapewni zwierzętom wszystkich potrzebnych składników odżywczych, należy im stworzyć możliwości wzbogacenia swojej diety o to, co wyskubią z ziemi, a także o resztki kuchenne. Jednak z drugiej strony, „dieta wegetariańska" jest dla nich o wiele zdrowsza niż mięso pochodzące od zwierząt z chowu przemysłowego.
- Szukaj jajek z certyfikatami **Certified Humane** (zaświadczenie potwierdzające humanitarne traktowanie zwierząt), **Animal Welfare Approved** (certyfikat potwierdzający spełnienie optymalnych warunków dobrostanu zwierząt) oraz **No Antibiotics** (dokument potwierdzający, że zwierzęta nie są dokarmiane antybiotykami). Wszystkie te certyfikaty potwierdzają, że zwierzętom zapewnia się należytą opiekę i optymalne warunki egzystencji, a już w żadnym wypadku nie grozi im przycinanie dziobów czy pazurów.
- Wiele przydatnych informacji na ten temat znajdziecie na stronie: http://www.cornucopia.org/organic-egg-scorecard/.

Warto zapamiętać

1. Postaraj się, aby w diecie twoich dzieci znalazło się jak najwięcej jajek znoszonych przez kury zagrodowe, wypuszczane na pastwisko. Tylko takie jajka są bogatym źródłem witaminy D, cholesterolu, choliny, niezbędnych kwasów tłuszczowych oraz substancji fitochemicznych.
2. Pamiętaj, że jajka wysokiej jakości, a przede wszystkim ich żółtka, są warte każdej ceny. Unikaj omletów z samych białek i w pełni korzystaj z efektu Rumpelsztyka!
3. Jakość jajka zależy przede wszystkim od tego, czy zniosła je „szczęśliwa kura", która żyje w naturalnych warunkach, mając do dyspozycji dużo otwartej przestrzeni, nieograniczony dostęp do słońca, świeżego powietrza, trawy pastwiskowej i żyznej gleby, a jej dieta urozmaicona jest bogatą w składniki odżywcze ekologiczną paszą.
4. Szczególnie polecam jajka gotowane na półtwardo, pieczone w piekarniku, gotowane w koszulkach, sadzone, a także przygotowane na ich bazie omlety, frittaty i quiche. Podawaj je do zup, kotletów, jarzyn i ryżu, a od czasu do czasu wykorzystaj także do wyśmienitych deserów, na przykład do puddingów i słodkich sosów. UWAGA: Aby zachować jak najwięcej składników odżywczych, delikatne kwasy tłuszczowe i cholesterol, nie gotuj jajka zbyt długo i staraj się nie naruszyć żółtka.
5. Poproś zaufanego rolnika, żeby odstąpił ci stare kury nioski, kiedy będzie chciał się ich pozbyć. Przekonasz się, jak wyśmienite i delikatne może być ich mięso duszone w winie, nie wspominając już o przepysznym ragoût.

ROZDZIAŁ 13

Ryby. Prosto z wody

Kiedy w latach osiemdziesiątych XX wieku jedzenie mięsa przestało być modne ze względu na powszechny strach przed cholesterolem i tłuszczami nasyconymi, które miały znacznie podnosić ryzyko chorób serca, ogromną popularnością zaczęło się cieszyć o wiele zdrowsze „mięso” ryb. Zastąpienie mięsa rybami uznano za mądrą i zdrową zmianę nawyków żywieniowych. Ryba jest wyjątkowo bogatym źródłem niezbędnych kwasów tłuszczowych, w szczególności kwasów omega-3, które nie tylko warunkują prawidłowy rozwój i funkcjonowanie ośrodkowego układu nerwowego, lecz także wspomagają sprawność każdego układu naszego ustroju. Kwasy tłuszczowe omega-3 mogą złagodzić objawy niektórych chorób i zaburzeń psychicznych, w tym depresji, choroby afektywnej dwubiegunowej i agresji[519, 520, 521], a także dziecięcych zaburzeń o podłożu neurologicznym, takich jak ADHD[522, 523]. Spożywanie kwasów tłuszczowych omega-3 może znacznie zmniejszyć ryzyko nagłej nieoczekiwanej śmierci u pacjentów z padaczką (*sudden unexpected death of someone with epilepsy*)[524, 525]. Co więcej, konsumpcja żywności bogatej w kwasy omega-3 łagodzi choroby i zaburzenia, u podłoża których leży przewlekły stan zapalny, w tym astmy[526], artretyzmu reumatoidalnego[527], tocznia rumieniowatego układowego, chorób serca oraz przewlekłych powikłań cukrzycy. Ponieważ nasz organizm nie potrafi syntetyzować niezbędnych nienasyconych kwasów tłuszczowych, do których zaliczamy kwasy omega-3 i omega-6, możemy pobierać je tylko z żywności.

Jedzenie ryb jest niezwykle ważne w codziennej diecie, ale z jednym ważnym zastrzeżeniem. Podobnie jak w przypadku innej żywności, także tu liczy się bowiem źródło pochodzenia ryb. O ich właściwościach zdrowotnych decyduje wiele czynników, takich jak chociażby jakość wody, a także warunki chowu, hodowli i połowu. Odchody zwierzęce, nawozy sztuczne i pestycydy pochodzące z uprzemysłowionych hodowli spływają strumykami i rzekami do mórz i oceanów. Większość odpadów i ścieków przemysłowych, emisji gazów i pyłów, wszelkiego rodzaju śmieci i zanieczyszczeń, a nawet przeterminowanych leków i innych odpadów farmaceutycznych trafia do wody. W rezultacie dochodzi do skażenia ekosystemów morskich i zatrucia populacji ryb. Wszystko to ma fatalny wpływ na jakość wody i żywności, a zatem na nasze zdrowie.

Jedząc ryby, najczęściej nie zwracamy uwagi na wielkość populacji, długość cyklu rozwojowego i sezon połowu. Pewne gatunki ryb najlepiej jest łowić zimą, a inne latem. Nie bez znaczenia pozostaje także wiek ryby. Osobniki niektórych gatunków są lepsze, kiedy są młodsze, a innych, gdy są starsze. Naturalny cykl życia dzikiego łososia obejmuje wędrówkę z rzeki do morza, gdzie spędza on w północnych wodach od roku nawet do siedmiu lat, po czym powraca do swojej „ojczystej rzeki" na czas rozrodu. Ponieważ światowy popyt na ryby ciągle rośnie, zbyt intensywne połowy zakłócają równowagę w ekosystemie morskim, uszczuplając zasoby niezbędne do zachowania jego integralności. **Pamiętajmy, że ocean nie jest źródłem nieograniczonej obfitości.**

Ochrona i efektywne zarządzanie zasobami morza sprawi, że jeszcze długo będziemy mogli się cieszyć obecnością zdrowych i pożywnych ryb na naszych stołach, mając jednocześnie satysfakcję, że nie naruszamy równowagi ekologicznej. A oto co warto wiedzieć o jedzeniu ryb.

RYBY Z RTĘCIĄ

Wielu lekarzy zaleca kobietom w ciąży oraz karmiącym matkom wykluczenie tuńczyka z codziennej diety. Podobnie jak Narodowy Fundusz Ochrony Środowiska (Environmental Defense Fund) uważam, że należy w ogóle zrezygnować z jedzenia tej ryby – niezależnie od tego, czy jest to tuńczyk w puszce, sałatka z tuńczyka, pikantne maki sushi, sałatka ceviche czy też steki. W środowisku wodnym rtęć łatwo ulega bioakumulacji. Tuńczyk, podobnie jak miecznik i rekin, jest szczególnie narażony na gromadzenie rtęci, ponieważ jako duży drapieżnik znajduje się na szczycie łańcucha pokarmowego. Ryby, które żywią się mniejszymi rybami, przyswajają wraz z nimi rtęć, która z kolei była zawarta w ich pokarmie.

Jednak tuńczyk nie jest jedyną problematyczną rybą. **Badania przeprowadzone w roku 2009 przez naukowców z amerykańskiej agencji naukowo-badawczej Geological Survey wykazały skażenie rtęcią we wszystkich badanych rybach ży-**

jących w prawie trzystu rzekach i strumieniach na terenie Stanów Zjednoczonych. U ponad 25 procent badanych ryb zawartość rtęci przekraczała dopuszczalną dzienną dawkę zaleconą przez Agencję Ochrony Środowiska (EPA) dla osób spożywających średnie ilości ryb, a u ponad 66 procent przekraczała ona dawkę uznaną za bezpieczną dla ssaków odżywiających się rybami.

Nie oznacza to jednak, że każda ryba i nasza woda muszą być narażone na skażenie niebezpieczną dawką rtęci. Obecność tego metalu ciężkiego w wodzie oraz w organizmach ryb wynika z braku przepisów zapewniających kontrolę sposobu pozbywania się niebezpiecznych odpadów przemysłowych oraz emisji pyłów z elektrowni węglowych. Ostatnio przeprowadzone pomiary wykazały, że aż 67 procent zawartości rtęci w atmosferze pochodzi ze Stanów Zjednoczonych[528].

Rtęć nieorganiczna ulega w naszym organizmie konwersji biologicznej w znacznie bardziej toksyczną metylortęć, która nawet w śladowych ilościach może zakłócić rozwój i pracę mózgu, a także przyczynić się do powstania najróżniejszych problemów zdrowotnych. Badanie przeprowadzone na osobach, których dieta była bogata w ryby, wykazało u nich objawy typowe dla zatrucia rtęcią, czyli przemęczenie, bóle głowy, kłopoty z pamięcią oraz bóle stawów. Poziom rtęci we krwi każdej z tych osób znacznie przekraczał 5 mikrogramów na litr, czyli maksymalną dopuszczalną granicę stężenia tego metalu, określoną przez Amerykańską Agencję Ochrony Środowiska (EPA). Podobnie jak ołów, rtęć jest szkodliwa nawet w niewielkich dawkach. Według naukowców z Centrum Zwalczania i Zapobiegania Chorobom (CDC) u 16 procent Amerykanek w wieku rozrodczym stężenie rtęci we krwi jest na tyle wysokie, że zwiększa ryzyko uszkodzenia płodu. Narażenie płodu na działanie rtęci może spowodować u dziecka niewykształcenie zdolności mówienia, zaburzenia mowy i funkcji poznawczych, obniżyć poziom inteligencji[529], osłabić zdolność koncentracji oraz koordynację wzrokowo-ruchową i sprawność manualną, a nawet doprowadzić do utraty kontroli motorycznej[530].

Rtęć może także zakłócić rozwój starszych dzieci. Badacze zaobserwowali opóźnienia w przekazywaniu sygnałów słuchowych do mózgu u czternastoletniej dziewczynki, której organizm został narażony na działanie rtęci z powodu regularnego spożywania ryb[531]. Często słyszę, jak pediatrzy stwierdzają, że stężenie rtęci we krwi pacjenta „mieści się w normie". Wyniki badań laboratoryjnych, które prowadzone są głównie pod kątem ekspozycji środowiskowej (przypadkowe narażenie organizmu) oraz zawodowej (narażenie długoterminowe), trudno uznać za miarodajne. **W przypadku obecności rtęci i innych toksycznych metali w naszym organizmie nie można mówić o żadnej dopuszczalnej normie, ponieważ nie wiadomo, jakie stężenie powinno się uznać za bezpieczne.**

Co ciekawe, imponujące korzyści zdrowotne, jakie czerpiemy ze spożywania ryb, często przysłaniają nam szkodliwy wpływ zawartej w nich rtęci na nasz organizm. Czy zatem naprawdę warto jeść ryby i podawać je naszym dzieciom tylko dlatego, że są bogatym źródłem kwasów tłuszczowych omega-3? Pytanie to zadają sobie od pewnego czasu uczestnicy coraz liczniejszych debat[532]. Dziś nasza wiedza w zakresie szkodliwości związków rtęci i innych substancji toksycznych jest coraz rozleglejsza, a do wykrywania trujących gazów w kopalniach nie trzeba już wykorzystywać kanarków. Jeśli organizm 5 tys. dzieci zostanie narażony na kontakt z rtęcią, szczególnie tych uzależnionych od Coli i Twinkies, to większość z nich szybko poradzi sobie z tym problemem i zdoła oczyścić organizm. Jednak u innych – tych, które już cierpią na zatrucie organizmu toksynami lub na inne przewlekłe choroby – dojdzie do akumulacji rtęci. Podczas gdy u niektórych dzieci natychmiast pojawiają się pierwsze objawy zatrucia, u innych choroba początkowo przebiega bezobjawowo, aż do momentu, gdy nagromadzona ilość substancji trujących, w tym rtęci, osiągnie poziom krytyczny. Dobra wiadomość jest taka, że wyraźnie podwyższone stężenie rtęci u większości pacjentów, którzy często spożywają ryby o dużej zawartości tego metalu (np. tuńczyka), znacznie spada po wykluczeniu tego pokarmu z codziennej diety na jeden miesiąc. Ograniczenie ekspozycji organizmu na działanie toksyn jest pierwszym krokiem prowadzącym do oczyszczenia go z metali ciężkich.

Dzieci, które często lub regularnie jedzą ryby, niezależnie od gatunku, powinny mieć robione badania na obecność rtęci. Chociaż stężenie rtęci we krwi nie daje wyobrażenia o łącznej dawce tego metalu podczas długotrwałej ekspozycji – krew bowiem służy rtęci jedynie za środek transportu, który dowiezie ją do wątroby i mózgu, aby mogła się tam gromadzić, albo też ułatwi wydalenie jej z organizmu – pozytywny wynik badań wskazuje na to, że źródła rtęci należy poszukiwać wśród żywności. Każda ilość rtęci może wywołać problemy zdrowotne. Jeśli stężenie rtęci we krwi twojego dziecka zauważalnie wzrosło, wyklucz na miesiąc wszystkie ryby z jego diety. Po upływie tego czasu zaprowadź dziecko na ponowne badanie.

Każda kobieta, która myśli o zajściu w ciążę, a także jej partner powinni wcześniej zrobić sobie badania na obecność rtęci w organizmie[533]. Aby dostarczyć ustrojowi niezbędną ilość kwasów tłuszczowych omega-3, warto rozważyć spożywanie dobrej jakości oleju z ryb hodowanych ekologicznie jako suplementu codziennej diety. Jeżeli kobieta pragnąca zajść w ciążę nie spożywa ryb, powinna zrobić sobie badania na obecność metali ciężkich. Niektórym parom z przedłużającą się niepłodnością lub kobietom doświadczającym częstych poronień zalecałam ograniczenie spożywania produktów narażonych na obecność rtęci. W wyniku zmiany diety, po zmniejszeniu stężenia rtęci w organizmie, udawało im się począć dziecko, a kobietom szczęśliwie donosić ciążę.

Na gromadzenie zawartości związków rtęci w organizmach narażone są nie tylko ryby głębinowe, takie jak tuńczyk i miecznik. Problem ten – chociaż na mniejszą skalę – dotyczy także dorsza, łososia, łupacza, śledzi i sardynek, a nawet zawierających najmniej rtęci krewetek.

ŁOSOŚ JUŻ NIE TAKI ZDROWY

W wyniku intensywnych połowów w ciągu kilku ostatnich dziesięcioleci łosoś atlantycki w zasadzie przestał być dziki. Niezależnie od tego, czy mamy do czynienia z odmianą kanadyjską, irlandzką, szkocką czy norweską, „łosoś atlantycki" pochodzi już tylko z hodowli, które niestety nie zawsze prowadzone są w sposób zrównoważony i odpowiedzialny.

Dziki łosoś kojarzy nam się z piękną pomarańczoworóżową barwą, którą zawdzięcza spożywaniu krewetek. Intensywnie karmione łososie hodowlane otrzymują aż trzy funty paszy w przeliczeniu na każdy funt wyprodukowanego mięsa, w związku z czym dieta oparta na składnikach naturalnych byłaby zdecydowanie za droga. Dlatego też, aby zapewnić rybom odpowiednio dużo kalorii, producenci karmią je znacznie tańszymi paszami zbożowymi, przede wszystkim kukurydzą (często GMO), odpadkami mięsnymi z ubojni oraz innymi resztkami żywności. W wyniku takiej diety mięso łososia pochodzącego z hodowli robi się nieapetycznie szare. Jednak i na to hodowcy znaleźli sposób, dodając do karmy sztuczne barwniki, aby mięso uzyskało oczekiwany kolor. Ponieważ łososie hodowlane żyją w dużym stłoczeniu w zatopionych w morzu klatkach, a ich dieta zawiera produkty, które nie są przeznaczone dla ryb, ich organizm jest podatny na działanie niezliczonych ognisk bakterii i pasożytów, co z kolei skłania hodowców do stosowania coraz większej ilości antybiotyków i pestycydów.

W mięsie ryb hodowlanych stężenie toksyn jest zawsze znacznie wyższe niż u ryb żyjących w stanie dzikim. Do związków szczególnie niebezpiecznych dla naszego organizmu należą polichlorowane bifenyle – neurotoksyczne substancje chemiczne powodujące zaburzenia równowagi układu hormonalnego, których stosowanie w Stanach Zjednoczonych jest zabronione od roku 1977, rakotwórcze dioksyny – toksafen i dieldryn, które wydzielają się podczas procesu wybielania papieru chlorem oraz spalania polichlorku winylu, a także rtęć. Tak wysokie stężenie toksyn w mięsie ryb hodowlanych po części jest efektem tego, że są one także karmione mączką rybną, powstałą z odpadów dzikich ryb. Produkt ten jest niezwykle zasobnym źródłem wszystkich wymienionych powyżej szkodliwych związków. Tymczasem dno morza pod klatkami z rybami hodowlanymi jest coraz bardziej zanieczyszczone niedojedzonymi resztkami pokarmu i odpadami rybnymi, powodującymi szybki rozwój populacji bakterii i drobnoustrojów, które z kolei pobierają tlen niezbędny dla żyjących tam skorupiaków i innych morskich stworzeń. Wszystkie te toksyny i niebezpieczne związki chemiczne mogą zatem przedostać się do naszego organizmu na dwa sposoby: poprzez konsumpcję ryb hodowlanych, ale także poprzez spożywanie innych ryb, których organizm został zanieczyszczony zgromadzonym na dnie morza szkodliwym osadem.

W taki oto sposób przemysłowa hodowla ryb, podobnie jak intensywny chów zwierząt gospodarskich, ma negatywny wpływ na stan środowiska naturalnego, co wywołuje w nas coraz większy niepokój. Tymczasem Agencja ds. Kontroli Żywności i Leków jest na dobrej drodze do zaaprobowania przemysłowej hodowli łososia GMO w Panamie i jego sprzedaży niczego nieświadomym (z powodu braku wymogów oznaczania żywności genetycznie modyfikowanej) konsumentom.

Aby pomóc w odbudowie populacji zdrowych ryb, musimy zarówno ograniczyć ich konsumpcję, jak i nakłonić rząd do podejmowania skutecznych działań na rzecz ochrony ekosystemów wodnych i przeciwdziałania nadmiernej eksploatacji zasobów morskich.

MAŁY PRZEWODNIK DLA KONSUMENTÓW RYB

Oto gatunki ryb, których wszyscy powinni unikać, a w szczególności dzieci, nastoletnia młodzież, pary planujące poczęcie dziecka, kobiety w ciąży oraz karmiące matki:

- **Steki z tuńczyka oraz tuńczyk w puszce:** zawartość związków rtęci i polichlorowanych bifenyli w tych produktach jest tak wysoka, że Narodowy Fundusz Ochrony Środowiska zaleca całkowite wykluczenie ich z naszej codziennej diety.
- **Łosoś hodowlany i tilapia:** większość łososi hodowlanych (wszystkie ryby oznaczone nazwą „łosoś norweski" pochodzą z przemysłowych hodowli) karmionych mączką rybną i anty-

biotykami, ma tak wysoką zawartość polichlorowanych bifenyli, że Narodowy Fundusz Ochrony Środowiska wydał w tej sprawie specjalne ostrzeżenie zdrowotne. Zanieczyszczone toksynami mięso łososi hodowlanych stanowi także ogromne zagrożenie dla łososi żyjących w stanie dzikim, które trafiają na nie w drodze powrotnej na swoje „ojczyste" tarliska. Z kolei nafaszerowana hormonami, antybiotykami i pestycydami tilapia karmiona jest głównie soją i kukurydzą, a nawet zwierzęcymi odchodami[534].

- **Antar polarny:** znany także jako „kłykacz" lub „antar patagoński". Gatunek ten w wyniku intensywnych nielegalnych połowów w wodach otaczających Antarktydę jest w tej chwili zagrożony wyginięciem. Trawlery i sznury haczykowe używane do połowów uszkadzają dno morskie, a także stanowią poważne zagrożenie dla albatrosów wędrownych i wielu innych gatunków ptaków. W związku z wysoką zawartością rtęci w mięsie tej ryby Narodowy Fundusz Ochrony Środowiska wydał ostrzeżenie zdrowotne, zalecając ograniczenie jej spożycia.
- **Bass wielkogębowy:** ten niegdyś wysoko ceniony w Stanach Zjednoczonych gatunek ryby słodkowodnej był obiektem intensywnych połowów. Obecnie może niestety zawierać niebezpieczny dla człowieka poziom rtęci.
- **Granik wielki:** ze względu na bardzo wysoką zawartość rtęci w organizmie tej ogromnej ryby Narodowy Fundusz Ochrony Środowiska wydał ostrzeżenie zdrowotne dotyczące jej konsumpcji. Chociaż ryba ta żyje nawet do 40 lat, okres jej zdolności do rozmnażania jest stosunkowo krótki. Dlatego też intensywne połowy stanowią duże zagrożenie dla jej populacji.

- **Gardłosz atlantycki:** podobnie jak granik wielki, ryba ta żyje długo, ale rozmnaża się bardzo powoli, w związku z czym intensywne połowy stanowią poważne zagrożenie dla jej populacji. Naukowcy pracujący w organizacji ekologicznej Seafood Watch zauważyli, że „ponieważ gardłosz atlantycki żyje nawet ponad sto lat, to filet z tej ryby, który wyjmujesz akurat z zamrażarki, może być starszy od twojej babci". Niestety, to oznacza także, że ryba ta prawdopodobnie zawiera niebezpieczny dla naszego organizmu poziom rtęci, w związku z czym należy zachować szczególną ostrożność w jej spożywaniu, a kobiety pragnące zajść w ciążę lub spodziewające się dziecka powinny z niej całkowicie zrezygnować.
- **Dorsz atlantycki:** ze względu na delikatne białe mięso dorsz stał się niezwykle popularną rybą, która znalazła szerokie zastosowanie w produkcji fast foodów i obiadów mrożonych. Zakrojone na szeroką skalę intensywne połowy dorsza z wykorzystaniem statków, które wyglądają jak wielkie pływające fabryki, zdominowały małe jednostki pływające i prawie wszędzie zdziesiątkowały populację tej niezwykle popularnej ryby. Chociaż już od 15 lat obowiązują limity połowu dorsza, do chwili obecnej nie udało się w pełni odbudować jego zasobów. Jeszcze kilka pokoleń temu średniej wielkości dorsz ważył około 9 kg, podczas gdy dziś takiego „młodego osobnika", którego waga ledwie dochodzi do 0,5 kg, bez trudu zmieścimy na patelni. W porównaniu z wyżej wymienionymi rybami dorsz atlantycki jest w lepszej kondycji, ale i to może się niebawem zmienić, jeżeli na świecie utrzyma się na niego tak wysoki popyt. Aby do tego nie dopuścić, ograniczmy spożycie tej ryby.

- **Krewetki importowane:** prawie 90 procent krewetek importujemy z krajów, gdzie system zarządzania rybołówstwem budzi wiele wątpliwości. Pochodzące z masowych hodowli importowane krewetki doskonale kumulują wszelkie możliwe zanieczyszczenia. Można zatem znaleźć w nich antybiotyki, resztki środków chemicznych używanych do czyszczenia klatek i zagród, różne paskudztwa w rodzaju mysiej lub szczurzej sierści, a nawet szczepy bakterii *Escherichia coli.* Tylko niespełna 2 procent wszystkich importowanych ryb i owoców morza (w tym krewetek, krabów i sumów) przechodzi badania przed skierowaniem ich do sprzedaży. Mamy więc kolejny powód, aby kupować ryby i owoce morza pochodzące z rodzimych hodowli, nienaruszających równowagi ekologicznej.
- **Sum importowany:** prawie 90 procent importowanych sumów pochodzi z Wietnamu, gdzie powszechne jest stosowanie zabronionych w Stanach Zjednoczonych antybiotyków i pestycydów. Ponieważ dwa gatunki wietnamskiego suma, które dostępne są w amerykańskich sklepach, formalnie nie są zaliczane przez rząd federalny do sumów, nie podlegają one takim samym wymaganiom sanitarno-higienicznym ani badaniom, którym poddaje się wszystkie inne importowane ryby.
- **Węgorz:** ryba ta, która należy do popularnych składników sushi, jest także niestety bogatym źródłem polichlorowanych bifenyli oraz rtęci. Wszystkiemu winne są zanieczyszczone łowiska i nadmierna eksploatacja. Proponuję przestawić się na kalmary.
- **Halibut atlantycki i inne ryby należące do rodziny flądrowatych:** flądra, sola i halibut, które łowi się wzdłuż wybrzeża Atlantyku, należą do gatunków o znacznym stężeniu za-

nieczyszczeń. Od początku XIX wieku ryby te cieszą się dużą popularnością i są obiektem intensywnych połowów. Według badaczy z organizacji Food & Water Watch populacja tych ryb stanowi zaledwie 1 procent tego, co można określić mianem zrównoważonych zasobów.

- **Rekin:** wraz ze zmniejszeniem się populacji rekinów nastąpiła eksplozja populacji płaszczek i meduz, które kiedyś były ważnym źródłem ich diety. Z kolei gwałtowny wzrost populacji płaszczki wywołał załamanie populacji małży (przegrzebków) oraz kilku gatunków ryb, które stanowią ich ważne źródło pożywienia. Ponieważ jako drapieżnik rekin jest szczególnie narażony na gromadzenie rtęci, w jego tkankach występuje bardzo wysokie stężenie tego metalu.

Inne ryby, u których wykryto wysoką zawartość substancji toksycznych:

- **ostrygi z Zatoki Meksykańskiej**
- **marlin**
- **szczupak**
- **walleye (sandacz amerykański)**
- **kulbiniec kalifornijski**
- **miecznik**

Poniżej przedstawiam kilka zdrowszych rybnych propozycji, z których warto czasami skorzystać.

- **Sardele i śledzie:** te małe oleiste ryby są niezwykle bogatym źródłem cennych dla zdrowia składników odżywczych, kwasów tłuszczowych omega-3 oraz wapnia. Ponadto są one z natury mniej zanieczyszczone, ponieważ jedzą mniej ryb. Dobra wiadomość jest również taka, że ryb tych nie powinno nam zabraknąć, jeżeli tylko będziemy korzystać z ich zasobów w sposób rozsądny i zrównoważony. Moim dzieciom wyjątkowo smakują sardynki położone na krakersach. Chociaż u niektórych rodziców takie przekąski mogą początkowo nie wywoływać entuzjazmu, wkrótce przekonują się do nich, widząc, z jakim apetytem ich dzieci zjadają zdrową rybę. Bogate w naturalny i wyrazisty smak umami, rybki te są doskonałym dodatkiem do sałatek, kanapek, a nawet warzyw.

- **Dziki łosoś łowiony w wodach Pacyfiku:** ryba ta jest mniej toksyczna od łososia hodowlanego. Jednak musimy zdać sobie sprawę z tego, że te dzikie ryby z Alaski nie są w stanie zaspokoić światowego popytu na łososia. Jedzmy więc z umiarem!

Warto także polecić:

- **pstrąga arktycznego z hodowli ekologicznej**
- **mintaja.**

Kupując rybę hodowlaną, zapytaj dostawcę, w jaki sposób skupuje ryby, aby mieć pewność, że pochodzą one z hodowli działającej w interesie społecznym (oraz ryb) i spełniającej wysokie standardy dotyczące ekologicznej akwakultury. Najzdrowsze ryby pochodzą z hodowli ekologicznych oraz z akwakultur funkcjonujących jako system obiegów zamkniętych, co ogranicza negatywny wpływ środowiska, z którym mamy do czynienia w przypadku hodowli ryb w klatkach na otwartych wodach lub w otwartych stawach hodowlanych.

RYBY W NASZYM MENU – ILE POWINNIŚMY ICH JEŚĆ?

W ciągu jednego roku wyławiamy z oceanów ryby o łącznej wadze wynoszącej około 77 mld kg, czyli mniej więcej tyle, ile waży cała chińska populacja[535]. Oznacza to, że obecnie zjadamy sześć razy więcej ryb niż 50 lat temu. **Jednak lekarze wciąż zalecają, żeby każdy z nas spożywał dwie porcje ryb tygodniowo – jedną porcję ryby oleistej i jedną chudej. Oznacza to, że gdyby każdy z nas zastosował się do tych zaleceń, to musielibyśmy wyłowić jeszcze dodatkowo ponad 27 mld kg ryb rocznie – co nie jest możliwe.** Dlatego też ja zalecam znaczne ograniczenie spożycia ryb, przynajmniej do czasu odbudowy ich zasobów i rozwoju zrównoważonych hodowli. Tymczasem, aby zapewnić naszemu organizmowi niezbędne kwasy tłuszczowe omega-3, warto zastąpić przynajmniej co drugie danie rybne produktami pochodzącymi od zwierząt karmionych na pastwisku i ewentualnie wzbogacić jadłospis o olej rybny i glony. Poniżej prezentuję kilka moich propozycji.

1. **Jedz rybę o niskiej zawartości rtęci, raz w tygodniu lub rzadzicj.** Dzieci, nastoletnia młodzież oraz kobiety w ciąży powinny unikać ryb, które są bogatym źródłem rtęci, lub w najgorszym wypadku ograniczyć ich spożycie do jednej porcji miesięcznie, gdyby całkowite wykluczenie ich z jadłospisu okazało się niemożliwe. Wybieraj małe ryby lub gatunki żyjące w najmniej zanieczyszczonych wodach Arktyki, Antarktydy i Alaski. Odwiedź strony internetowe organizacji Monterey Aquarium lub Seafood Watch, aby zapoznać się

z aktualnymi zaleceniami dotyczącymi jedzenia ryb i sprawdzić, które gatunki są bezpieczne dla naszego zdrowia i pozyskiwane ze stabilnych i dobrze zarządzanych łowisk.

2. **Spożywaj olej rybny pochodzący ze zrównoważonych połowów i hodowli.** Chociaż zawsze twierdziłam, że powinniśmy czerpać składniki odżywcze bezpośrednio z żywności, to muszę przyznać, że olej pozyskiwany z wątroby dorsza (tran) i innych gatunków ryb jest doskonałym tradycyjnym źródłem niezwykle cennych dla naszego zdrowia kwasów tłuszczowych omega-3, a w dodatku jest znacznie mniej zanieczyszczony. Olej rybny jest dla naszego organizmu cennym źródłem kwasów eikozapentaenowego (EPA) i dekozaheksaenowego (DHA), które wspomagają prawidłowe funkcjonowanie całego ustroju, a w szczególności rozwój funkcji poznawczych i ostrość wzroku.

Najlepsi producenci pozyskują olej z ryb pochodzących ze zrównoważonych ekologicznych hodowli i zlecają niezależnym instytucjom przeprowadzenie badań pobranych próbek pod kątem zawartości metali ciężkich (głównie rtęci), polichlorowanych bifenyli, antybiotyków i innych substancji toksycznych. Nie zapominajmy, że naturalnym źródłem kwasów tłuszczowych omega-3 (w tym kwasów DHA i EPA) są także jajka, mięso i produkty mleczne pochodzące od zwierząt karmionych na pastwisku.

Warto zapamiętać

1. Ogranicz spożywanie ryb do jednej porcji tygodniowo.
2. Do najzdrowszych i stosunkowo najmniej zanieczyszczonych ryb należą sardele i śledzie oraz makrele hiszpańskie. Od czasu do czasu można także zjeść porcję łososia. Unikaj tuńczyka, miecznika, bassa morskiego (gatunek okonia), płytecznika oraz innych dużych ryb żyjących na dnie morza.
3. Poszukuj zrównoważonych i odpowiedzialnie zarządzanych hodowli ryb na stronach Seafood Watch i Monterey Aquarium.
4. Pamiętaj, że źródłem niezbędnych dla organizmu kwasów tłuszczowych omega-3 są również oleje pozyskane z ryb pochodzących ze zrównoważonych hodowli (których próbki zostały przebadane przez niezależne instytucje), a także jajka znoszone przez kury zagrodowe oraz masło wyrabiane z mleka od krów z chowu pastwiskowego. Kwasy tłuszczowe omega-3 znajdziemy też w niektórych produktach roślinnych, takich jak orzechy laskowe, siemię lniane oraz w portulace. Pomimo niższej biodostępności produkty te wykazują liczne właściwości zdrowotne.
5. Wiele gatunków ryb zawiera rtęć, która może stać się powodem licznych problemów zdrowotnych. Jeżeli spożywasz rybę (lub podajesz ją członkom rodziny) częściej niż raz w tygodniu, poproś lekarza, aby skierował twoje dziecko na badanie krwi na obecność rtęci. W przypadku wyniku powyżej 3, wskazującego na obecną ekspozycję organizmu na ten metal, wyklucz ryby z diety dziecka na jeden miesiąc, a po upływie tego czasu zrób jeszcze jedno badanie.

ROZDZIAŁ 14

Woda. Co pijemy

W dzikości jest przetrwanie świata.

– HENRY DAVID THOREAU

Kiedy odwiedzałam Dolinę Długowieczności w Ekwadorze, doznałam niecodziennego doświadczenia podczas bardzo prostego aktu gaszenia pragnienia. Wiliśmy się chwiejnym busem przez niebezpiecznie wąskie, kręte górskie drogi, kiedy zauważyliśmy małe, tryskające prosto spod skał wodospady. Błagaliśmy kierowcę, aby się zatrzymał. Woda było lodowata, krystalicznie czysta i słodka. Każdy z nas napełnił butelkę, a nawet piliśmy wodę prosto ze źródła. Przez myśl przemknęło mi to, co słyszałam na temat „dzikiej" wody. W głowie usłyszałam głos męża, pytającego mnie: „Czy próbowałaś zarazić się pasożytami?!". Ale ta woda była najświeższą, najczystszą wodą, jaką piłam w całym swoim życiu. Każdy z nas poczuł, że tętni życiem. Ta znakomita woda odmieniła nas wszystkich.

Picie słodkiej wody prosto ze źródła było kiedyś czymś, czego każde dziecko – i każdy człowiek – miało okazję spróbować. Górska woda – świeża, czysta, nietknięta – smakuje tak znakomicie dzięki naturalnemu podziemnemu systemowi filtracji, przez który woda przepływa tak powoli, że może to trwać nawet tysiące lat. W tym czasie pozbywa się ona toksyn, wchłania minerały, a ostatecznie wypływa z lodowych górskich źródeł. W rzeczy samej, nasze ciała ewoluowały zależne od wody jako źródła różnych składników mineralnych (stąd właśnie nazwa „woda mineralna").

W ostatnim czasie jednak picie dzikiej wody stało się niebezpiecznym tabu. Jako dziecko wychowane na przedmieściach, byłam uczona, że picie takiej wody prowadzi do chorób, a nawet do śmierci. Ludzie mówili, że rzeki zanieczyszczone są nawozami i toksynami, a strumienie pełne są lamblii i innych pasożytów.

ZANIECZYSZCZENIA: CO ZNAJDUJE SIĘ W DROGACH WODNYCH?

- **Leki i środki higieny osobistej:** w 1991 roku naukowcy z United States Geological Survey znaleźli „obupłciowe ryby" w rzece Potomak we wschodniej części Stanów Zjednoczonych. Znaleźli męskie osobniki bassa małogębowego i bassa wielkogębowego z niedojrzałymi jądrami (męskie osobniki tego gatunku nie posiadają jąder). W kolejnym badaniu w 1999 roku naukowcy przebadali 139 strumieni w całym kraju i stwierdzili, że 80 procent próbek zawiera pozostałości leków, takich jak hormony (które są powodem zmian płciowych u ryb), środki przeciwbólowe, leki obniżające ciśnienie krwi czy antybiotyki[536].

Ludzie i zwierzęta wydalają leki do wód powierzchniowych wraz ze ściekami i odpływami z gospodarstw. Oczyszczalnie ścieków nie są w stanie usunąć większości z tych leków i nie ma żadnej ustawy, która regulowałaby dopuszczalny limit tych substancji w wodach pitnych.

- **Nawozy, pestycydy i herbicydy:** deszcz i roztapiający się śnieg przenoszą pestycydy z pól uprawnych, pól golfowych, parków i prywatnych posiadłości, poprzez kanalizacje burzowe i zbiorniki wodne, niosąc zagrożenie dla przyrody i urządzeń do uzdatniania wody. Nawozy azotanowe i fosforanowe spływają do rzek i jezior, stając się pokarmem dla glonów na ich powierzchni, które następnie rozkwitają i stają się blokadą przed światłem słonecznym i tlenem dla organizmów żyjących w głębi wody. Większość organizmów umiera albo ucieka z takich miejsc, czego skutkiem są tzw. martwe strefy.
- **Metale ciężkie i inne związki:** ołów, arsen, rtęć, siarka, ropa naftowa, azbest i oleje dostają się do wody w wyniku niewłaściwej utylizacji odpadów domowych i przemysłowych oraz rolniczych. Ołów, znajdujący się w wodach podziemnych i studniach w wyniku wieloletniego stosowania go jako pestycydu, hamuje procesy metaboliczne w organizmie i mózgu. Znajduje się on także w wodzie z kranu w starszych budynkach oraz domach, w których są ołowiane rury oraz uszczelki. Żaden poziom obniżającego IQ ołowiu nie jet uznawany za bezpieczny dla dzieci[537]. Arsen, nadmiernie używany przez ostatnie ponad sto lat jako pestycyd oraz środek wzrostu u kurcząt, przesiąknął do wód gruntowych, które my spożywamy. Przewlekłe przyjmowanie go w małych dawkach,

a nawet narażenie na śladowe ilości, wiążą się z problemami neurokognitywnymi, zaburzeniami układów oddechowego i sercowo-naczyniowego, cukrzycą, nowotworami skóry, pęcherza moczowego i płuc[538, 539, 540].

Przemysł, farmy i urządzenia do ochrony zdrowia są głównymi źródłami skażenia wody. Wiele zakładów przemysłowych wciąż wyrzuca odpady do rzek, jezior i oceanów. Inne zapychają oczyszczalnie ścieków i powodują skażenie wód. Jest to bezpośrednie ryzyko i zagrożenie dla naszego zdrowia. Badacze Światowej Organizacji Zdrowia ogłosili glifosat, główny składnik preparatu Roundup firmy Monsanto, jako „prawdopodobną przyczynę raka". Ponadto badania dowodzą, że dzieci z podwyższonym poziomem dichlorfenolu w moczu – związku chloru znajdującego się w pestycydach, który zabija bakterie (również te w naszych organizmach) – są bardziej narażone na alergie pokarmowe[541].

- 100 procent strumieni w Stanach Zjednoczonych zawiera pestycydy na wykrywalnym poziomie;
- w 50 procentach studni płytkich stwierdzono wykrywalny poziom pestycydów;
- 25 procent prywatnych studni zawiera co najmniej jedno zanieczyszczenie na poziomie, który potencjalnie może mieć szkodliwy wpływ na zdrowie;
- 90 procent ze 139 miejskich systemów wodociągowych przebadanych przez EPA w latach 2003 i 2004 zawierało wykrywalny poziom atrazyny; w 50 procentach przypadków poziom ten przekraczał dopuszczalne normy EPA.

Jak szczelinowanie niszczy naszą wodę

Szczelinowanie hydrauliczne lub szczelinowanie to proces odwiercania i wtryskiwania do podłoża płynów pod wysokim ciśnieniem w celu złamania łupek skalnych i uwolnienia gazu ziemnego. Z racji coraz powszechniejszego stosowania tej metody w Stanach Zjednoczonych szczelinowanie stało się przedmiotem ogromnej troski pracowników służb medycznych, rolników i hydrologów, ponieważ metoda ta wymaga zużycia irracjonalnie ogromnych zasobów wodnych (około 40 000 galonów na jedno szczelinowanie) i nieodwracalnie zanieczyszcza wodę pitną. „Płyn szczelinujący" jest mieszaniną około sześciuset chemikaliów, w tym znanych czynników rakotwórczych, zaburzających gospodarkę hormonalną, i toksyn, takich jak ołów, rtęć, uran, metanol, formaldehyd, glikol etylenowy i kwas chlorowodorowy, z których wszystkie przedostają się do naszej wody pitnej. Przemysł ropy naftowej i gazu nie jest zobowiązany do ujawniania dokładnego składu płynu szczelinującego, ale substancje te pochodzą z odpadów przemysłowych[542]. W stanie Pensylwania **nałożono na lekarzy nakaz milczenia i nie pozwolono im ujawniać składu chemicznego płynu szczelinującego**, tłumacząc to „własnością", nawet wobec chorych pacjentów, na których wpływ miały te substancje chemiczne[543]. Pewien lekarz zakwestionował to prawo w sądzie, ale przegrał[544]. W Stanach Zjednoczonych jest obecnie pięćset odwiertów, w których stosuje się metodę szczelinowania. Udokumentowano ponad tysiąc przypadków zanieczyszczenia wód w pobliżu obszarów wydobycia gazu, jak również przypadki problemów z oddychaniem, neurologicznych oraz innych wywołanych piciem skażonej wody i kąpielami w niej. Wielu rolników przeciwstawia się tej metodzie, ponieważ powoduje ona zanieczyszczenia gleb, powietrza i wód w pobliżu odwiertów – szczególnie że z czasem zaczynają one przeciekać – co wywołuje problemy zdrowotne ich rodzin, zwierząt i roślin. Szczelinowanie powoduje również trzęsienia ziemi[545]. Niektórzy używają oleju i ścieków powstałych na skutek szczelinowania do nawadniania upraw – szczególnie w narażonej na susze Kalifornii[546]. Kiedy wreszcie przemysł przestanie używać gruntów rolnych jako wysypisk dla toksycznych odpadów?

Dobra wiadomość jest taka, że niektóre społeczności, a nawet stany, zakazują stosowania szczelinowania. Po wytrwałym lobbowaniu przez setki tysięcy osób (w tym mnie) w stanie Nowy Jork gubernator zakazał szczelinowania w całym stanie w 2014 roku.

Dowiedzcie się, jak wygląda ta kwestia w waszej okolicy – wliczając w to infrastrukturę wodociągową – i wyraźcie swoją opinię, aby chronić swoje dzieci.

WODA BUTELKOWANA – GORSZA NIŻ Z KRANU?

Wykorzystując obawy społeczeństwa o jakość wody, przemysł reklamuje wodę butelkowaną jako czystą i bezpieczną. Ale nie dajcie się zwieść. Te twierdzenia nie są tym, czym się wydają.

Brakuje nadzoru nad wodą w butelkach. Jako że jest to pakowany produkt żywnościowy, nadzór nad nim sprawuje Agencja Żywności i Leków (FDA), której regulacje w tym zakresie są bardziej liberalne niż nałożone przez Agencję Ochrony Środowiska (EPA) na wodę z kranu[547]. Dodatkowo 70 procent wód butelkowanych nigdy nie przekroczyło granic danego stanu, co wyklucza je nawet z nadzoru FDA. Wiele stanów twierdzi, że reguluje produkcję wód butelkowanych – choć większość ma jedynie nieliczne środki przeznaczone do egzekwowania tych regulacji lub nie ma ich wcale – ale jeden stan na pięć przyznaje, że nie ma żadnych regulacji w tym zakresie. Ponadto przepisy FDA nie mają zastosowania wobec wód butelkowanych oznaczanych jako „woda gazowana”, „woda Seltzera”, „woda sodowa” czy „tonik”. Te napoje, nazywane „napojami gazowanymi”, zwolnione są nawet z przepisów regulujących produkcję wód butelkowanych, a obowiązują je zaledwie mgliste normy sanitarne bez określonych dopuszczalnych limitów zanieczyszczeń.

Badania przeprowadzone na wodzie butelkowanej odzwierciedlają ten brak regulacji. The National Resources Defense Council przeanalizowało wodę z ponad tysiąca butelek 103 różnych firm. **Prawie jedna czwarta wód naruszała ustalone dla danego stanu limity zanieczyszczeń dla wód butelkowych w przynajmniej jednej próbce**, najczęściej był to arsen lub niektóre rakotwórcze syntetyczne związki organiczne. Około jednej piątej wód zawierało syntetyczne zanieczyszczenia organiczne – przemysłowe lub z tworzyw sztucznych, np. toluen, ksylen, ftalan, adypinian lub styren.

Z drugiej jednak strony, miejskie systemy wodne w krajach rozwiniętych są dobrze uregulowane. Na przykład w Stanach Zjednoczonych, wodociągi miejskie nadzorowane są przez bardziej rygorystyczną Agencję Ochrony Środowiska (EPA) i przechodzą regularne inspekcje na obecność bakterii i substancji toksycznych. **Sprawdźcie listę wód pitnych sporządzoną przez Environmental Working Group, aby sprawdzić, jakie miejsce na niej zajmuje woda dostępna w waszej społeczności.**

Dodatkowo

1. **Plastik może wywoływać choroby.** Zwłaszcza przy bardzo wysokich lub bardzo niskich temperaturach toksyczne produkty rozpadu plastikowej butelki mogą przedostawać się do jej zawartości. Jako substancja elastyczna i wytrzymała, BPA stosowany jest w produkcji jasnego, twardego plastiku (szczególnie poliwęglanu), jak również wielu przedmiotów codzien-

nego użytku, takich jak np. uszczelniacze stomatologiczne, torebki do przechowywania krwi w szpitalu, pokwitowania czy puszki. Związki takie jak BPA czy DEHP mają udowodnione działanie estrogenne. Estrogeny odgrywają kluczową rolę we wszystkich funkcjach organizmu, od wzrostu kości, poprzez owulację, aż po bicie serca. Zbyt dużo lub zbyt mało estrogenu, szczególnie w okresie życia płodowego lub wczesnego dzieciństwa, powoduje zmiany w mózgu i przyczynia się do nieprzewidywalnego rozwoju narządów. Podwyższony poziom estrogenu u kobiet zwiększa ryzyko zachorowania na raka piersi i przyspiesza pojawienie się oznak dojrzewania. Chemiczne substancje estrogenne znalezione w wielu typowych produktach zostały skojarzone z wieloma problemami ludzi i zwierząt. Naturalnie występujące estrogeny wiążą się z białkami we krwi, ograniczając ilość, która przekraczałaby receptory estrogenne. Jednak badania na myszach pokazują, że BPA omija naturalny system odpornościowy organizmu i wnika w komórki. Naukowcy wiążą BPA z takimi dolegliwościami jak astma, nowotwory, bezpłodność, mała liczba plemników, deformacja narządów płciowych, choroby serca, zaburzenia czynności wątroby i ADHD. Nawet tworzywa sztuczne niezawierające BPA mają w wielu aspektach taki sam – lub nawet gorszy – estrogenny wpływ na organizm[548]. Tworzywa te mają również działanie epigenetyczne. W tym przypadku przedostanie się zawartych w nich substancji do organizmu powoduje zmiany w DNA, przyczyniając się do chorób u waszych dzieci i wnucząt. Im mniej plastiku w twoim życiu, tym lepiej!

2. **Woda butelkowana jest bardzo droga.** Ludzie wydają na wodę butelkowaną dziesięć tysięcy razy więcej pieniędzy niż

na wodę z kranu. Jeśli dwudziestouncjowa butelka wody kosztuje dolara, to uncja będzie kosztować pięć centów – pięć centów za coś, co jest nie lepsze (jeśli nie gorsze) od wody z kranu. Benzyna kosztuje dwa centy za uncję, przy założeniu, że galon kosztuje dwa i pół dolara. Biznes wodny jest już bardziej lukratywny niż biznes benzynowy!

3. **Woda butelkowana oznacza więcej śmieci.** Woda butelkowana przyczynia się do wyprodukowania nawet 1,5 mln ton plastikowych śmieci rocznie. Ponad 80 procent butelek po wodzie jest po prostu wyrzucanych zamiast poddanych recyclingowi. Odpady z tworzyw sztucznych tworzą wiry plastikowych śmieci, które unoszą się w nieskończoność na wodach oceanów[549], zatruwając i zabijając ryby, które mylą je z pokarmem. W 1960 roku tylko 5 procent ptaków morskich miało plastik w żołądkach, podczas gdy obecnie odsetek ten wzrósł do 90 procent. Długi proces rozkładu sprawia, że większość plastiku, jaki kiedykolwiek wyprodukowano, pozostanie z nami jeszcze na długi czas.
4. **Woda butelkowana oznacza mniejszą troskę o społeczeństwo.** Czy zauważyliście, że fontanny nie są obecnie tak powszechne jak jeszcze dwadzieścia lat temu? W dużej mierze jest to skutek pojawienia się wody butelkowanej. **Powinniśmy utrzymywać fontanny z wysokiej jakości wodą pitną, dzięki którym każdy będzie miał stały dostęp do czystej, świeżej wody.**
5. **Korporatyzacja wody.** Woda to „niebieskie złoto" XXI wieku. Dzięki rosnącej urbanizacji i zwiększającej się liczbie ludności, zmianom klimatycznym i zanieczyszczeniom przemysłowym woda staje się najcenniejszym dla ludzkości zasobem. Przemysł wody butelkowanej sprawia, że dostęp do bezpiecz-

nej i niedrogiej wody staje się utowarowiony. Międzynarodowe korporacje naciskają na lokalne społeczności, aby te sprzedawały swoje prawa do wód gruntowych i ich dystrybucji, gdzie tylko jest to możliwe. Peter Braeback, prezes Nestlé, powiedział: „Opinia prezentowana przez organizacje pozarządowe jest ekstremalna. Mówi ona, że dostęp do wody jest prawem publicznym. To oznacza, że każdy człowiek powinien mieć prawo dostępu do wody. To ekstremalne rozwiązanie". Firma Nestlé obecnie butelkuje wodę w dotkniętych suszą obszarach Kalifornii i sprzedaje ją za stukrotnie wyższą cenę.

Wygaszacze pragnienia, których należy unikać

Napoje izotoniczne: wielu dzieciom, które uprawiają sporty atletyczne, oferuje się napoje izotoniczne, które mają służyć „nawodnieniu" organizmu. Napoje te często zawierają sztuczne barwniki i aromaty, syrop glukozowo-fruktozowy, które raczej nie mają pozytywnego wpływu na zdrowie. Jak dotąd nie ma żadnych dowodów naukowych na to, że napoje te mają właściwości nawilżające[550]. Jednocześnie sprzedaż napojów izotonicznych i energetycznych w szkołach wzrasta. Po wycofaniu wysokokalorycznych napojów gazowanych z wielu szkół wiele koncernów promuje napoje izotoniczne jako „zdrowszą alternatywę".

Napoje gazowane: przygotowane z niefiltrowanej wody zmieszanej z niezliczoną ilością chemikaliów, syropem glukozowo-fruktozowym, aspartamem, przyczyniają się do chorób, otyłości i zwiększenia agresji wśród dzieci[551, 552, 553].

Soki z puszek i butelek: pasteryzowane soki z butelek nie dostarczają wielu korzyści. Nawet soki „bez dodatku cukru" mają dodatek cukru z owoców.

Co pić?

Nie brakuje pysznych opcji, by ugasić pragnienie – i większość z nich kosztuje mniej niż mikstury dostępne w sklepach. Poniżej przedstawiam moje ulubione propozycje.

- **Filtrowana woda z kranu**: jest najlepsza dla dzieci (a także dla reszty z nas). Powinna stanowić większość płynów, które wypijamy na co dzień. Czasem słyszę od ludzi, że ich dzieci nie lubią smaku wody. Nic dziwnego. Niektóre wody butelkowane oraz te z kranu smakują chlorem lub chemikaliami. Woda filtrowana z kolei ma świeży, czysty smak. Polecam filtrowanie wody w celu usunięcia z niej metali ciężkich i pozostałości leków, których nie wyłapuje miejski system wodociągów. Jest to również sposób na złagodzenie efektów działania fluoru, ale o tym za chwilę.
- **Woda z kranu**: chociaż preferuję filtrowaną wodę z kranu, ta niefiltrowana prosto z kurka jest wciąż lepsza niż ta butelkowana. Dobrym pomysłem może się okazać przebadanie swojej wody z kranu, aby upewnić się, jaka jest jej zawartość.
- **Woda kokosowa:** bogata w elektrolity i minerały, jest bardzo podobna do naszego osocza. Świeża i niepasteryzowana jest świetnym źródłem nawodnienia i naturalnych elektrolitów.
- **SodaStream**: dla tych, którzy wolą coś gazowanego – albo po prostu chcą się odzwyczaić od słodkich napojów gazowanych – dobrą alternatywą jest SodaStream (model Penguin oferuje butelki szklane zamiast plastikowych). Do napoju można dodać sok albo liście stewii, co pomoże odzwyczaić się od słodkich napojów gazowanych.

- **Kakao:** tak, ten kojący składnik zimowej uczty! Zrównoważone kakao ze sprawiedliwego handlu wymieszane z wodą, mlekiem lub mlekiem roślinnym, z dodatkiem naturalnego słodu, jak miód lub syrop klonowy, jest odżywczym i pysznym napojem.
- **Herbata**: moja ulubiona. Jest pyszna i pełna fitoskładników, a ogromna różnorodność sprawia, że nigdy się nie nudzi. Moje dzieci używają termosów Kleen Kanteen (pozbawionych plastiku butelek wielokrotnego użytku), w których przygotowuję im ich ulubioną herbatę każdego dnia, aby mogły zabrać ze sobą do szkoły coś zdrowego do picia.

Herbaty, które znam i kocham

Herbata jest prawdziwym *superpokarmem*, składnikiem z pogranicza żywności i leków. Wiele herbat (mięta, imbir, rumianek) wpływa regulująco na nasz autonomiczny układ nerwowy. Herbaty jak bazylia azjatycka, melisa, lipa i rumianek mają działanie łagodzące i relaksujące. Wiele z nich pomaga w trawieniu (rumianek, imbir, mięta, prawoślaz), detoksykacji (mniszek lekarski, pokrzywa), skupieniu (ziele tarczycy, zielona herbata). Poprzez dostarczanie elektrolitów, minerałów, witamin i fitoskładników działają odżywczo.

Zamiast słodkich napojów gazowanych i soków, włóżcie do dzbanka świeże zioła lub torebkę herbaty i pozostawcie na słońcu przez kilka godzin (lub po prostu zalejcie wrzątkiem), dodajcie miodu lub syropu klonowego (albo nie dosładzajcie), a następnie schłodźcie w lodówce. Zabierzcie ze sobą do szkoły lub do pracy w butelce wielokrotnego użytku. Wypijcie filiżankę ciepłej herbaty wraz z waszym dzieckiem po szkole lub przed pójściem spać. Moje dzieci mają stały dostęp do karafki gorącej wody i do 20–30 różnych rodzajów herbaty.

FILTRACJA 101

Idealny filtr usuwa:

arsen, fluor, chlor, bakterie, wirusy, pasożyty, metale ciężkie, azotany, radon, lotne związki organiczne, osad, pozostałości leków, miedź

A pozostawia:

śladowe ilości minerałów, które dostarczają smaku i niezbędnych wartości odżywczych

Rodzaje filtrów

- **Filtry węglowe i sedymentacyjne** takie jak Brita lub Pur są niedrogimi opcjami przeznaczonymi „dla początkujących". Eliminują zarodniki, grzyby, pasożyty i bakterie, ale nie metale ciężkie i fluor. Wymagają częstej wymiany.
- **Ceramiczne filtry do wody** często łączą w sobie: a) węgiel do usuwania toksyn i mikroorganizmów i b) aktywny tlenek glinu do usuwania fluorków. Mogą przefiltrować tysiące litrów wody, która po takim filtrowaniu jest bogata w minerały, i są wydajniejsze od filtrów węglowych. Filtr jest droższy, jednak ostatecznie koszt przefiltrowania rozkłada się na więcej litrów wody. Są one łatwe w instalacji, a zasila je siła grawitacji.
- **Filtr odwróconej osmozy** filtruje wodę przez membranę pod ciśnieniem, usuwając wszystko oprócz H_2O. Odwrócona osmoza usuwa zanieczyszczenia i cenne minerały. System ten wymaga dodania remineralizatora dla zbalansowania wody do spożycia. Każdy galon wody to od trzech do pię-

WSKAZÓWKA

Wielokrotne użycie

Do picia w drodze kup termos wielokrotnego użycia. Najlepszy będzie ze stali nierdzewnej lub szklany. Klean Kanteen, Lifefactory i inne firmy mają w swej ofercie modele z wieczkiem (a nawet butelki i kubki niekapki). Upewnijcie się, że w składzie nie ma BPA lub innego plastiku. Worki na wodę są świetne do wspinaczki lub podczas kempingu. Najlepsza będzie wersja gumowa. Należy myć je dokładnie i pozostawić do wyschnięcia lub po prostu przechowywać w zamrażarce, jeśli się ich akurat nie używa. Picie z plastiku jest najgorszą opcją.

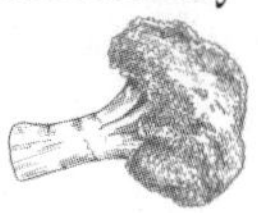

ciu galonów ścieków, co nie jest dobrym rozwiązaniem, jeśli woda jest rzadkim dobrem. Filtry te są bardzo drogie, powolne i duże, wymagają zbiornika do magazynowania i profesjonalnego fachowca, który je zainstaluje.

- **Destylatory wody** używają ciepła do wytworzenia pary wodnej, która skrapla się, by oczyścić wodę. Ta metoda skutecznie zabija bakterie i usuwa zanieczyszczenia, ale podobnie jak metoda odwróconej osmozy, powoduje demineralizację wody. Picie wody destylowanej może spowodować zachwianie równowagi mineralnej w organizmie.
- **Systemy UV** używają światła o wysokiej częstotliwości, aby napromieniować bakterie. Są drogie i wymagają źródła energii.
- **Jonizatory wody** jonizują wodę, aby była ona alkaliczna. Zamysł jest taki, aby ta woda z kolei zalkalizowała organizm (czyli uczyniła go bardziej zasadowym, w przeciwieństwie do kwaśnego), który ją spożyje, co zmniejsza ryzyko pojawienia się

wielu chorób. Filtry te są drogie, woda wymaga remineralizacji, a cała metoda musi zostać jeszcze przebadana przez ekspertów.

O CO CHODZI Z FLUOREM?

Jest nam wszystkim potrzebny, prawda? W końcu jest dodawany do wody, pasty do zębów i środków dentystycznych. Okazuje się, że większość krajów rozwiniętych – w tym 97 procent Europy – nie fluoryzuje wody. Masowa fluoryzacja wzbudziła obawy naukowców, lekarzy i polityków na całym świecie.

Pierwotnie fluor znany był jako zanieczyszczenie przemysłowe, produkt uboczny zwiększającego się zużycia aluminium w produktach codziennego użytku, od kabli, poprzez opakowania żywności, puszki do napojów, naczynia, aż po samochody i samoloty.

W środowisku naturalnym fluor tkwi bezpiecznie w skorupie ziemskiej, związany z aluminium, miedzią i żelazem. Jednak gdy przekształci się w związek jonowy, sieje spustoszenie zarówno w środowisku naturalnym, jak i w naszych organizmach.

Jako najbardziej reaktywny ze wszystkich elementów, fluor rozrywa wiązania wodorowe w naszym DNA i działa jako wolny rodnik, atakując cząsteczki, uszkadzając enzymy i upośledzając reakcje biologiczne organizmu. „Przemysł aluminiowy ma szkodliwy wpływ na ludzi i środowisko przez emisję gazów fluorowych z ich fabryk", donosi amerykański Departament Rolnictwa. „Unoszące się w powietrzu fluorki spowodowały więcej uszkodzeń na całym świecie niż jakiekolwiek inne zanieczyszczenia powietrza".

Kampania zachęcająca do fluoryzacji wody pitnej, którą przeprowadzono po drugiej wojnie światowej, nie miała na celu poprawy zdrowia publicznego, a raczej była zagraniem taktycznym, sponsorowanym przez przemysłowych producentów fluorku – w tym rządowy program nuklearny[554]. Stworzono niewyraźne powiązanie pomiędzy higieną jamy ustnej a fluoryzacją wody, aby „udowodnić", że związki fluoru są nieszkodliwe, a tym samym zręcznie wyeliminować pozwy pracowników fabryk i innych osób zatrutych przemysłowymi gazami[555]. Udało się. Stworzono rynek, który stymuluje dalszą produkcję fluorku.

Wszystko, co dodajemy do publicznych wodociągów, poprawia bezpieczeństwo lub jakość wody, oprócz fluorku. Fluorek zaklasyfikowano jako lekarstwo i jest dodawany do wody jako „substancja medyczna". Spożywana przez nas dawka tego leku nie może być jednak kontrolowana, ponieważ każdy człowiek spożywa inną ilość wody. **Żadnego innego leku na świecie nie podaje się bez ustalenia konkretnej dawki – szczególnie dzieciom.** Nie prowadzi się żadnych działań, które miałyby na celu monitorowanie poziomu ekspozycji lub skutków ubocznych związanych z przyjmowaniem fluorku. W 2007 roku w „British Medical Journal" stwierdzono, że „nie było żadnych badań losowych nad fluoryzacją wody", co jest w tej chwili standardem dla wszystkich leków[556]. Amerykańska Agencja ds. Żywności i Leków klasyfikuje fluorek jako „niezatwierdzony lek"[557, 558]. Jakimś cudem wszyscy zaakceptowaliśmy, że fluorek jest dla nas dobry. Tymczasem 90 procent fluorku dodawanego do publicznych wodociągów nie jest farmaceutycznej jakości lekiem, tylko zanieczyszczonym arszenikiem przemysłowym odpadem pochodzącym z branży nawozów fosforanowych. Na zdrowie!

Jesteśmy również narażeni na fluorek poprzez napoje, które pijemy, jak soda lub sok; mechanicznie oddzielone mięso bez kości; rośliny i zwierzęta podlewane lub karmione fluoryzowaną wodą oraz pozostałości pestycydów. Dzieci karmione pożywieniem z butelki, do przyrządzenia którego użyto fluoryzowanej wody, przyjmują dawkę fluorku nawet trzysta razy większą niż dzieci karmione piersią[559].

To ważne, ponieważ fluorek może mieć szkodliwy wpływ zarówno na ciało, jak i na mózg. Nadmierna ekspozycja na fluorek przyczynia się do fluorozy zębów, powodując białe smugi, brązowe plamy, wgłębienia lub złamane szkliwo. Zgodnie z badaniami Centers for Disease Control and Prevention (CDC) z 2010 roku, 41 procent dzieci w wieku od 12 do 15 lat miało jakąś formę fluorozy[560]. Fluor hamuje funkcje tarczycy – kiedyś był lekiem stosowanym w Europie w celu zmniejszenia jej aktywności. Gromadzi się on w organizmie – szczególnie u dzieci, które mają niedojrzałe jeszcze nerki. W 80 procentach odkłada się w kościach i szyszynce[561].

Fluor zwiększa stres oksydacyjny, który może powodować zakłócenia wzrostu, hormonów i neuroprzekaźników. W rezultacie powoduje to neurotoksyczność rozwojową, która może być przekazywana z pokolenia na pokolenie[562]. Kiedy badacze oceniali wyniki 27 różnych badań, 26 z nich wykazało, że picie wody o wysokiej zawartości fluoru wiąże się ze średnim IQ niższym u dzieci o siedem punktów[563]. **Badania te wykonywano na wodzie, w której zawartość fluoru nie przekraczała maksymalnej dopuszczalnej przez EPA dawki na poziomie 4 mg/l.** Jednocześnie fluor został zaklasyfikowany jako neurotoksykant w 2014 roku w artykule z „Lancet Neurology"[564].

Czy fluoryzacja jest skuteczna? Nie do tego stopnia, w jakim kazano nam w to uwierzyć. Według WHO kraje uprzemysłowione, które odrzuciły fluoryzację wody, odnotowały spadek próchnicy zębów podobny do tego w krajach, gdzie wodę się fluoryzuje. U prawie 40 000 amerykańskich dzieci National Institute for

Dental Research stwierdził niewielką różnicę w próchnicy w porównaniu z dziećmi ze społeczności spożywających niefluoryzowaną wodę[565]. Potwierdzają to liczne badania[566, 567]. W 2009 roku badania przeprowadzone przez National Institutes of Health (NIH) na grupie ponad sześciuset dzieci nie wykazały żadnego znaczącego związku pomiędzy przyjmowaniem fluoru a próchnicą, stwierdzając, że „wystąpienie próchnicy ma relatywnie mały związek z przyjmowaniem fluoru, natomiast flouoroza – ogromny"[568]. W 2015 roku zakwestionowano jakość profluorowych badań, zauważając że „nie ma wielu dowodów wskazujących na skuteczność fluoru zawartego w wodzie w walce z próchnicą"[569].

Podsumowując: **profilaktykę próchnicy, jaką przypisuje się fluorowi, można osiągnąć poprzez jego miejscową aplikację[570] albo jeszcze lepiej – doskonałe odżywianie.** Spożycie fluoru nie jest konieczne, aby zapobiegać próchnicy, i może być kumulatywnie szkodliwe. Sprzeciwiajcie się fluoryzacji wody!

WSZYSTKIE WODY SĄ POŁĄCZONE

Podjęcie kroków w celu ochrony wody jest tak ważne w budowaniu zdrowszego życia, jak picie czystej wody. Filtrowanie i utrzymywanie plastikowych butelek z dala od naszych oceanów nie będzie już problemem, gdy zadbamy o czystość wodociągów. Oto kilka prostych praktyk.

- Oszczędzajcie wodę poprzez wyłączenie kranu, gdy jego uruchomienie nie jest konieczne. Zużyta woda płynie do oczyszczalni, których praca wymaga nakładu energii i chemikaliów.

- Wyobraźcie sobie, że cokolwiek wrzucacie do zlewu lub toalety, płynie prosto do rzeki lub oceanu. Znajdźcie alternatywne metody usuwania farb, olejów i środków medycznych, takie jak punkty odbioru niepotrzebnych leków w aptekach lub lokalny posterunek policji. Przyczyńmy się do kształtowania świadomego wyrzucania leków przez lokalne apteki, szpitale, domy opieki i społeczności.
- Używajcie środków czyszczących i kosmetyków przyjaznych dla środowiska. Nie używajcie do czyszczenia gospodarstwa domowego lub smarowania własnego ciała niczego, co nie nadaje się do zjedzenia. Ja lubię olej kokosowy z sodą oczyszczoną do czyszczenia zębów oraz ocet, sodę oczyszczoną i sok z cytryny do czyszczenia domu. Dr Bronner lub Seventh Generation to również dobre opcje.
- NIE stosujcie pestycydów, herbicydów i nawozów ani na trawniku, ani w domu. Ostatnie badania wykazały, że wykorzystanie pestycydów do użytku domowego – do zwalczania szkodników, pcheł, kleszczy, a także obroży i sprayów – wiązało się z ryzykiem białaczki u dzieci większym o 47 procent oraz ryzykiem wystąpienia chłoniaków u dzieci większym o 43 procent. Stosowanie pestycydów jako środków chwastobójczych wiązało się z wyższym o 26 procent ryzykiem guza mózgu[571]. Ziemia okrzemkowa lub kwas borowy mogą pomóc na karaluchy i mrówki. Nauczcie się doceniać różnorodność traw w swoim trawniku!
- Rodzime rośliny i drzewa w ogrodzie chronią składniki odżywcze gleby i inne związki od wypłukiwania do pobliskich źródeł wody. Sadźcie je. Im więcej, tym lepiej.
- Nie wyrzucajcie śmieci do rzek, jezior i oceanów ani w ich pobliżu. Jeśli zauważycie śmieci – posprzątajcie.

- Zminimalizujcie (lub całkowicie wyeliminujcie) swoje użycie plastiku.
- Niech woda będzie dla wszystkich. Zapobiegajcie prywatyzacji tak uniwersalnych zasobów jak świeża woda.
- Chrońcie ciągi wodne. Wspierajcie sensowne działania w kierunku zrównoważonego czyszczenia naszych dróg wodnych oraz wprowadzenia kresu szkodliwych praktyk wiertniczych. Pieniądze z podatków powinny służyć obywatelom. Wszyscy mamy obowiązek pozostawić naszym dzieciom planetę z tak samo czystą wodą lub nawet czystszą, niż sami zastaliśmy.

Warto zapamiętać

1. Woda jest bogatym źródłem minerałów, które wpływają na jej smak.
2. Filtrowana woda z kranu jest najłatwiejszym sposobem na czystą wodę pitną w miastach.
3. Unikajcie wody butelkowanej. Jest droższa niż benzyna, a jej jakość jest niższa niż większość wód z kranu, które są tańsze i mają znacznie lepsze regulacje. Dodatkowo plastikowe butelki zanieczyszczają naszą planetę.
4. Filtr do wody powinien usuwać metale ciężkie, jak ołów, arsen, aluminium, a także takie związki jak fluor.
5. Fluor jest neurotoksyną i nie powinno się go spożywać. Jeśli wasze miasto dodaje go do wody, niech wie, że wolicie pieniądze ze swoich podatków przeznaczyć na inne cele, dla dobra zdrowia waszych dzieci. Dla tych, którzy używają fluoru dla zdrowia zębów, miejscowe podanie (w pastach do zębów) chroni zęby w równym stopniu co fluor w wodzie, a przy mniejszym ryzyku.

ROZDZIAŁ 15

Proste przyjemności. Zdrowe cukry, tłuszcze i umami

Żywność oferuje nie tylko energię i odżywienie, lecz także przyjemność. Łączenie przyjemnych smaków – jak cukier, tłuszcz i umami – z bogatych w składniki odżywcze pokarmów z innymi bogatymi w składniki odżywcze pokarmami jest sposobem na połączenie przyjemnego z pożytecznym.

Smaki wysyłają do mózgu różne wiadomości. Gorzkie pokarmy ostrzegają nas przed możliwością zażycia trucizny i aktywują mechanizmy obronne organizmu, słodycz wskazuje, że żywność zawiera cukier i węglowodany, które dostarczają szybkiej energii i kalorii; słony i umami mówią nam, że niezbędne minerały utrzymają naszą równowagę mineralną na właściwym poziomie; tekstura tłuszczu na języku mówi, że oto nadchodzi wiązka energii i odżywienia. Przetworzona żywność próbuje oszukać organizm, zastępując prawdziwą żywność syntetycznymi formami, jednak nie oferując jednocześnie niesamowitych korzyści tej pierwszej.

ZDROWE SŁODYCZE

Ile razy my jako rodzice pozwalaliśmy naszym dzieciom na śmieciowe przekąski, wzbudzając jednocześnie w sobie poczucie winy i obiecując, że to ostatni raz? Istnieją alternatywy dla takich przekąsek. Podczas gdy rafinowany cukier i sztuczne słodziki nie oferują żadnych korzyści, natura zapewnia nam nieprzetworzone cukry roślinne, które są dobre dla naszego zdrowia.

Prawdopodobnie słyszeliście, że wszystkie słodycze są szkodliwe dla zdrowia. Nie do końca jest to prawda. Naturalnie występujące substancje słodzące wpływają korzystnie na organizm. Podczas gdy rafinowany cukier, syrop kukurydziany i syrop z agawy nie zawierają zasadniczo żadnych przeciwutleniaczy, surowy miód, cukier trzcinowy, cukier z daktyli, ciemny cukier muscovado, syrop klonowy i melasa mają wysoki poziom fenoli i przeciwutleniaczy[572].

Ostatecznie niektóre słodziki mają więcej antyoksydantów niż porcja jagód. Kluczem jest tutaj umiar. I zawsze czytajcie etykiety, ponieważ producenci ciągle szukają sposobów, aby wkręcić swoje produkty wam i waszym dzieciom. Bądźcie podejrzliwi wobec „naturalnych cukrów" i „zdrowych słodzików" na etykietach przetworzonej żywności, ponieważ w procesie przetwórstwa rośliny te tracą swoje zdrowotne właściwości. Unikajcie cukrów ubogich w składniki odżywcze: cukru rafinowanego, „surowego cukru", a nawet syropu z agawy, bo są pozbawione antyoksydantów i składników odżywczych. Jakość spożywanych cukrów jest bardzo ważna, więc najlepiej znajdźcie lokalnego dostawcę, który dba o swoje produkty.

Syrop klonowy

Syrop klonowy, bogaty w składniki mineralne, witaminy, aminokwasy i fitochemikalia, jest wytwarzany przez gotowanie soku z drzewa klonu cukrowego (i niektórych innych gatunków klonu). Całkiem niedawno, bo w 2014 roku, odkryto wcześniej niezidentyfikowane dobroczynne składniki odżywcze znajdujące się w syropie klonowym[573, 574]. Badania biologiczne wskazują, że unikalne składniki syropu mają właściwości przeciwzapalne. Wierzcie lub nie, ale zawartość antyoksydantów w syropie klonowym jest wyższa niż w porcji truskawek lub pomarańczy[575]. Badania na zwierzętach sugerują, że czysty syrop klonowy chroni wątrobę, przyczynia się do zapobiegania rakowi piersi i okrężnicy, jest korzystny dla mikrobiomu i ma zdolność do obniżania poziomu glukozy w osoczu[576, 577, 578, 579]. Fitoskładniki zawarte w syropie klonowym, a nawet w korze klonu, przeciwdziałają wszelkim negatywnym skutkom wywołanym przez zawarte w nim cukry, a nawet są badanie pod kątem zapobiegania i leczenia cukrzycy typu 2[580].

Ja lubię używać organicznego syropu klonowego jako zamiennika cukru podczas pieczenia, do słodzenia niesłodzonej inaczej owsianki lub do jogurtu czy kefiru. Zamiast sięgać po gotowe produkty śniadaniowe z wysoką zawartością syropu glukozowo -fruktozowego, wybierzcie prawdziwe jedzenie. Im ciemniejszy syrop klonowy, tym lepszy – wybierzcie ten z oznaczeniem „B" lub ciemniejszy. Taki będzie najlepszy zarówno dla waszego zdrowia, jak i pod względem walorów smakowych.

Melasa cukrowa

Melasa cukrowa to ciemny, gęsty słód, pozostały po ekstrakcji cukru z trzciny cukrowej. Trzcina cukrowa – to musi być coś złego, prawda? Nie tak szybko! Roślina ta jest bogata w składniki odżywcze i fitochemikalia. Dodatkowe informacje na ten temat znajdziecie poniżej. Wystarczy powiedzieć, że melasa z trzciny cukrowej ma więcej właściwości antyoksydacyjnych niż jakikolwiek inny słód – pięć razy więcej niż porcja malin i jagód[581]. Ponadto minerały zawarte w melasie – w tym magnez, wapń i potas – odgrywają kluczową rolę w prawidłowym metabolizmie węglowodanów. Na przykład niedobór magnezu skorelowano z insulinoopornością[582], suplementacja wapnia zwiększa wrażliwość na insulinę[583], a niski poziom potasu wiąże się ze zwiększonym ryzykiem rozwoju cukrzycy, szczególnie u młodych Afroamerykanów[584]. Melasa jest także źródłem innych składników odżywczych. Dodatkową zaletą jej stosowania jest regularność pracy jelit, nawet w trudnych zaparciach. Dodajcie trochę melasy do codziennej owsianki lub koktajlu, do sosu lub marynaty (lubię dodawać ją do kurczaka, steków i dań z patelni) albo po prostu rozpuśćcie w gorącej wodzie i dodajcie do napoju.

Cukier daktylowy

Cukier daktylowy to po prostu ususzone daktyle – które w 50–70 procentach składają się z cukru – zmielone na gruby proszek. Ma on właściwości odżywcze daktyli – zawiera znaczną ilość błonnika, minerałów, witamin i antyoksydantów[585]. Cukier daktylowy nie rozpuszcza się w płynach, ale może być substytutem brązowego cukru podczas pieczenia w proporcjach jeden do jednego.

Odparowany cukier trzcinowy

Jak już wspomniałam, nieprzetworzona trzcina cukrowa jest rośliną, która – jak każda inna roślina – zawiera ogromne ilości antyoksydantów. Niektóre silnie hamują proces peroksydacji lipidów – jeden z głównych sposobów, w jaki cukry uszkadzają mózg[586]. Jedno z badań wykazało, że spożywanie odparowanego cukru trzcinowego może poprawić funkcje metaboliczne i zmniejszać glikemię, a inne – że sfermentowany sok z trzciny cukrowej zabija komórki białaczki[587]. Podczas gdy spożywanie wielu innych cukrów nie przynosi żadnej korzyści dla zdrowia, odrobina odparowanego cukru trzcinowego może pomóc w jego zachowaniu. Używajcie go czasem jako zamiennika białego cukru.

Miód

Surowy miód ma wyjątkowo wysokie stężenie enzymów (ponad 5 tys., które znamy) i zapewnia wyjątkowe źródło energii. Zawiera amylazę, która pomaga w trawieniu pokarmów, i ślady pyłków pszczelich, bogatych w aminokwasy, minerały i witaminy. Miód wpływa korzystnie na układ odpornościowy, wątrobę i mózg. Jest też skutecznym lekarstwem na infekcje, alergie, kaszel, astmę, rany i zapalenia nerwów, a nawet cukrzycę[588]. Surowy miód zmniejsza przewlekłe kichanie i katar związane z alergią. Miody z określonych roślin (na przykład brzozy) mogą pomóc w leczeniu alergii na te konkretne gatunki – działają jak naturalne szczepionki[589]. Jest tak samo skuteczny w zwalczaniu kaszlu jak niektóre leki bez recepty i pomaga zasnąć w nocy chorym dzieciom[590]. Miód zmieszany z kawą jest skuteczniejszym lekiem niż leczenie steroidami lub lekami na uporczywy kaszel dostępnymi bez recepty. Przeprowadzono również obiecujące badania z miodem w formie aerozolu na chroniczną astmę[591]. Miód przyspiesza także gojenie ran, od łagodnych po ciężkie[592]. Dodatkowo ma silne właściwości przeciwbakteryjne.

Przeprowadzono również badania nad przeciwcukrzycowym działaniem miodu[593]. Fitochemikalia zawarte w miodzie zapewniają lepszą kontrolę glikemii i zmniejszają uszkodzenia wynikające z utleniania[594]. Flawonoidy zawarte w miodzie chronią komórki trzustki, które nie potrafią wytworzyć insuliny[595]. Badania na zwierzętach wykazują, że dawka miodu w połączeniu z dawką metforminy obniża poziom glukozy bardziej niż sama dawka metforminy, chroniąc jednocześnie narządy narażone na powikłania po cukrzycy, jak oczy, mózg i jądra[596]. Niewielkie dawki miodu zmniejszają również komplikacje wynikające z cukrzycy typu 2[597]. Miód przyczynia się także do detoksykacji, chroniąc wątrobę i nerki przed działaniem wielu toksyn, w tym kadmu[598], Tylenolu[599] i melaminy[600, 601]. Działanie miodu wyłącza aktywację mikrogleju – odpowiedzi komórek na niebezpieczeństwo – która ma silne implikacje w otoczeniu neurologicznym. **Miód działa tak, ponieważ jest czymś więcej niż tylko „cukrem" – jest mieszanką żywych składników, które współgrają z organizmem w unikalny i niezwykle ważny sposób.**

Zanim kupicie miód: większość miodu dostępnego w supermarketach to miód komercyjny, co oznacza, że prawdopodobnie został poddany procesowi pasteryzacji w celu łatwiejszej filtracji, przejrzystości i aby zabić drożdże, które mogą rozpocząć proces fermentacji. Jednak nawet fermentacja zwiększa pozytywne działanie miodu. Podgrzewanie miodu uszkadza z kolei zawarte w nim delikatne związki lotne i niszczy wiele enzymów odpowiedzialnych za aktywację witamin i minerałów w organizmie.

Większość dostawców ogrzewa miód tylko nieznacznie, aby uniknąć tego efektu. Surowy miód jest bardziej mętny niż ten przetworzony z supermarketu, zawiera drobinki pyłku pszczelego, kawałki plastrów miodu i propolis. Propolis to żywiczna substancja, zbierana przez pszczoły z drzew i kwiatów, która wzmacnia ul i zapobiega namnażaniu się bakterii i grzybów – to samo działanie wykazuje wobec nas. Z biegiem czasu surowy miód ulega procesowi krystalizacji, jednak łatwo można przywrócić mu formę płynną poprzez lekkie podgrzanie.

Nie ma ścisłego wymogu prawnego, aby umieszczać słowo „surowy" na etykiecie, jednak powinniście szukać surowego miodu w lokalnej pasiece. Bez znajomości źródła niemożliwe jest, aby wiedzieć, czy miód pochodzi od wiarygodnego dostawcy. Rynek amerykański jest przepełniony chińskim miodem, który został poddany procesowi filtracji w wysokiej temperaturze, aby pozbyć się pozostałości pyłków. Pochodzenie tego miodu – często zanieczyszczonego wyjętymi spoza prawa antybiotykami, jak chloramfenikol – nie może być znane, skoro został on pozbawiony pyłków[602]. Importowany miód może być również wymieszany z tańszymi cukrami, jak syrop glukozowo-fruktozowy[603].

Surowy miód jest bardzo zróżnicowany, począwszy od przezroczystego, aż po ciemny mahoniowy, oraz od płynnego, po grudkowy, skrystalizowany. Ciemniejszy miód jest bogatszy w antyoksydanty i ma bardziej intensywny aromat. Różnice w smaku wynikają z tego, że pszczoły zbierają pyłki z różnych kwiatów. Zaangażujcie swoje dzieci w degustację różnych smaków miodu. Szukajcie pasiek, które humanitarnie traktują swoje pszczoły i nie stosują pestycydów (lub sami zacznijcie je hodować!).

Ostrzeżenie: Nie podawajcie miodu dzieciom młodszym niż 12 miesięcy, gdyż może to spowodować zatrucie jadem kiełbasianym.

Czekolada

Kakao to roślina o silnych właściwościach zdrowotnych. Jej główne składniki fitochemiczne to alkaloidy: teobromina (dosłownie: napój bogów) oraz teofilina (dosłownie: miłość bogów). Nic dziwnego, biorąc pod uwagę to, z jaką namiętnością niektóre osoby podchodzą do tej rośliny! Mniej stymulujące niż kawa czy herbata, kakao ma również działanie odżywcze i sycące, a zawarte w nim bioflawonoidy wywołują łagodną euforię, zwiększają koncentrację i ułatwiają funkcjonowanie. Kakao zmniejsza ciśnienie krwi, chroni serce, poprawia profil lipidowy, funkcje poznawcze i pamięć oraz chroni przed stanami zapalnymi i rakiem[604]. Teofilina jest środkiem medycznym stosowanym w leczeniu astmy, który udrażnia drogi oddechowe. Kostka ciemnej czekolady ze sprawiedliwego handlu będzie wspaniałą ucztą. Uwielbiam sproszkowane kakao rozpuszczone w świeżym mleku, mleku migdałowym albo kokosowym lub po prostu w wodzie, z dodatkiem odrobiny syropu klonowego lub muscovado (nie maskujcie całkowicie gorzkiego smaku kakao zbyt dużą ilością cukru!) oraz z jednym z następujących dodatków: cynamonem, imbirem, wanilią, pieprzem cayenne lub ekstraktem pomarańczowym. Podgrzejcie, spieńcie w blenderze i pijcie na zdrowie!

ZDROWE TŁUSZCZE: WSZYSTKO, CO DOTĄD MYŚLELIŚMY O TŁUSZCZACH, JEST BŁĘDNE

Tłuszcz sprawia, że jedzenie nam smakuje. Oprócz niepowtarzalnego aromatu – od masła, poprzez oliwę z oliwek i słoninę, aż po olej sezamowy – tłuszcze doskonale przenoszą również aromaty innych składników, jak cytryna, sól, pieprz i pozostałe przyprawy. Tłuszcze utrzymują wilgoć w żywności oraz zapobiegają jej wysuszeniu podczas pieczenia. Są również bogate w składniki odżywcze.

Myślimy o tłuszczu jak o czymś, czego należy unikać, tymczasem organizm i mózg dzieci potrzebują stałych dostaw tłuszczu. Ich mózg składa się w ponad 60 procentach z tłuszczu. Mózg zbudowany jest z lipidów – albo tłuszczów – a ich niedobór prowadzi do zaburzeń pracy mózgu. Brak kwasów tłuszczowych jest kluczowym powodem depresji, choroby dwubiegunowej, schizofrenii, zachowań agresywnych, ADHD, autyzmu i drgawek[605].

To mit (lub znaczne uproszczenie), że tłuszcz powoduje otyłość. Wprawdzie tłuszcz ukryty jest w przetworzonej żywności, jednak spożywanie odżywczych tłuszczów wydłuża uczucie sytości i powoduje, że ostatecznie jemy mniej.

Syntetyczne tłuszcze trans mają złą reputację – nie bez powodu. Ale kwas rumenowy (CLA) – naturalny tłuszcz trans występujący w maśle i mleku od krów karmionych trawą wraz z rozpuszczalnymi w tłuszczach witaminami A i D – posiada silne właściwości antynowotworowe. Tłuszcz ten zmniejsza także ryzyko otyłości[606], chroni przed miażdżycą[607], zmniejsza markery zapalenia w chorobach autoimmunologicznych[608] i pomaga wyleczyć jelita uszkodzone w trakcie celiakii[609].

Również tłuszcze nasycone oferują działanie prozdrowotne, mimo ich złej sławy. Dawno, dawno temu powiedziano nam, że tylko wielonienasycone kwasy tłuszczowe są zdrowe; te jednonienasycone były po prostu w porządku; natomiast nasycone są zwykłym złem. Synonimem zdrowego odżywiania przed długi czas była tylko oliwa z oliwek. Teraz wiemy, że mieszkańcy tropikalnych wysp, którzy ponad 50 procent zapotrzebowania na tłuszcz pokrywają olejem kokosowym, są szczupli, zdrowi i żyją długo. Jednak gdy niektórzy z nich zaczęli stosować wielonienasycone kwasy tłuszczowe, poziom LDL w ich krwi wzrósł, a poziom dobroczynnego HDL – spadł.

Ponadto olej kokosowy zwalcza wirusy, podnosi poziom HDL i pomaga zapobiegać chorobom układu nerwowego. Tłuszcze nasycone, takie jak kwas laurynowy znajdujący się w oleju kokosowym, mają wpływ na poprawę, a nie pogorszenie, profilu lipidowego, w tym trójglicerydów[610]. Olej kokosowy przyczynia się również do szybszej redukcji tkanki tłuszczowej w obrębie jamy brzusznej w stosunku do oleju sojowego[611]. Tak zwane dobre oleje, jak olej kukurydziany, z krokosza barwierskiego czy słonecznikowy, zmniejszają poziom dobroczynnego HDL, zwiększają stany zapalne i predyspozycję do chorób nowotworowych. Smalec i szpik kostny, bogate w tłuszcze jednonasycone, zmniejszają poziom LDL i utrzymują poziom HDL.

MIT O SZKODLIWOŚCI NASYCONYCH KWASÓW TŁUSZCZOWYCH

Ludzie od zawsze żywili się tłuszczami zwierzęcymi. Smalec wieprzowy, łój wołowy oraz tłuszcz z kur, gęsi i kaczek były wartościowym pokarmem.

Demonizacja tłuszczów nasyconych rozpoczęła się wraz z narodzinami przemysłu spożywczego[612]. W 1911 roku z połączenia różnych rodzajów tłuszczów nasyconych powstało Crisco*, w skład którego wchodził smalec wieprzowy, tłuszcz wołowy i olej kokosowy – i stał się sporą konkurencją dla smalcu i masła. W latach czterdziestych jednak skład tego produktu zmienił się ze względów ekonomicznych na uwodorniony olej z nasion bawełny, olej kukurydziany i olej arachidowy. Dodano do

* Crisco – popularna w Stanach Zjednoczonych firma produkująca tłuszcz do celów spożywczych [przyp. tłum.]

niego wodoru, który utwardza oleje, aby przypominały teksturę, jaką masło, smalec i olej kokosowy nadają przetworzonej żywności. Oskarżone w latach pięćdziesiątych o rozpoczęcie epidemii choroby wieńcowej Crisco twierdziło, że jej przyczyną są tłuszcze nasycone, a nie chemicznie uwodornione, stosowane w ich produktach. Nagle ich agresywna kampania reklamowa zatrzymała się. Odtąd tłuszcze nasycone uważano za „złe", natomiast wielonienasycowne (kukurydziany i później sojowy) – za „dobre", co doprowadziło do produkcji częściowo utwardzonych tłuszczów z nasion bawełny, oleju kukurydzianego i sojowego. Aby osiągnąć odpowiednią teksturę w żywności przetworzonej, producenci musieli dodawać więcej tych szkodliwych tłuszczów. Ostatecznie syntetycznie utwardzone tłuszcze trans zaszkodziły ludzkiemu zdrowiu w dużym stopniu.

Spożywanie tłuszczu zwierząt było szczególnie napiętnowane w ostatnich czasach. Najlepszym tłuszczem jest w tej chwili oliwa z oliwek; wielu ludzi w ogóle nie używa innych tłuszczów. Jednakże oliwa jest droga, dla wielu osób oznacza transport z drugiego końca świata, a w dodatku nie nadaje się do obróbki w wysokich temperaturach. Ponadto oliwa zawiera tylko niektóre lipidy, a nasze komórki wymagają różnych tłuszczów – od jedno- i wielonienasyconych do tych nasyconych.

Gdy byłam dzieckiem, moja mama podawała rosół tylko po jego całkowitym wystygnięciu, po usunięciu z powierzchni zastygłego tłuszczu. Opowiadała historie z dzieciństwa o tym, jak przy piecu czekała na to, aby móc zjeść kanapkę ze schmaltzem, nazywaną przez nią „kanapką na atak serca". Dziś już wiemy, że schmaltz – w tamtych czasach z całą pewnością pochodzący z kur hodowanych na wolnym wybiegu – był nie tylko czymś smacznym, lecz także pełnym wartości odżywczych. Następnym razem, gdy upieczecie ekologicznego kurczaka albo przygotujecie burgery z mięsa krów karmionych trawą, użyjcie pozostałego tłuszczu do polania sałaty. Dajcie znać, czy coś zostało!

KTÓRE TŁUSZCZE POWINNIŚMY JEŚĆ?

To całkiem proste.

- Tłuszcze zwierzęce są zdrowe, jeśli zwierzęta, od których pochodzą, karmione były zdrową paszą i hodowane były w humanitarnych warunkach na świeżym powietrzu.
- Najzdrowsze tłuszcze roślinne to te ekologiczne i tłoczone na zimno.

Zdrowe tłuszcze roślinne są bogate w fitoskładniki. Tłuszcze zwierzęce z kolei są najlepsze wtedy, gdy zwierzęta spożywały duże ilości składników odżywczych oraz miały kontakt ze słońcem, świeżą wodą, powietrzem i glebą. Najzdrowsze dla nas tłuszcze to te najmniej przetworzone. Nie ma dokładnej dawki tłuszczu, jaką każdy z nas powinien spożyć w ciągu dnia – to kwestia indywidualna. W najbardziej tradycyjnych kulturach tłuszcz stanowi od 30 do 50 procent pożywienia.

Unikajcie tłuszczów utlenionych

Uwodornione, częściowo uwodornione i rafinowane oleje są tłuszczami utlenionymi. Nie zawierają one substancji odżywczych, za to często mogą zawierać substancje toksyczne. Przyczyniają się także do powstawania wolnych rodników, które niszczą zdrowe tłuszcze w organizmie. Każdy zbyt mocno podgrzany olej – na przykład ten na waszej patelni, który zaczął dymić – jest tłuszczem utlenionym i zawiera substancje toksyczne. Tłuszcze nasycone – jak olej kokosowy, masło, smalec czy łój – mają wyższy punkt dymienia i są mniej podatne na utlenianie. Dobra wiadomość jest taka, że spożywanie podatnych na utlenianie tłuszczów w ich naturalnej postaci – jak rośliny lub pestki – jest bezpieczne i zdrowe. Wybierajcie oleje tłoczone na zimno i nie podgrzewajcie ich do wysokich temperatur.

Poniżej przedstawiam listę tłuszczów, których powinniście szukać w sklepach.

Tłuszcze zwierzęce

- **Masło i ghee:** masło pochodzące od zwierząt karmionych wysokiej jakości pokarmem oraz hodowanych w ekologicznych warunkach jest prawdziwym *superfood*. Zawarte w nim kwasy tłuszczowe zwiększają odporność, hamują rozwój grzybów chorobotwórczych oraz zwalczają wirusy i inne patogeny. Wysoka zawartość CLA chroni przed otyłością i rakiem. Witaminy rozpuszczalne w tłuszczach, jak A, D, E i K_2, są kluczowymi składnikami w rozwoju zdrowego mózgu i kości. Nawet mimo dużej ilości wapnia spożywanego wraz z jedzeniem, bez wystarczającej ilości witaminy K_2 (która znajduje się tylko w mleku od krów karmionych trawą) kości nie przyswajają wapnia efektywnie.

  Ghee to masło, które zostało stopniowo podgrzane aż do momentu niemal całkowitego odparowania wody. Zachowuje formę stałą w temperaturze pokojowej przez wiele lat. (Ghee może być trwałe nawet przez sto lat!). Ponieważ ghee pozbawione jest składników mleka, może być spożywane przez osoby cierpiące na ich nietolerancję. Przez tysiąclecia stosowane było w tradycji ajurwedyjskiej jako lek przeciwzapalny, wspomagający trawienie i ułatwiający przyswajanie leczniczych ziół. Organiczne mało ghee łatwo znajdziecie w sklepie, ale możecie je również przygotować samodzielnie.

- **Łój:** łój to tłuszcz wołowy lub jagnięcy. Rzadko przyczynia się do rozwoju wolnych rodników lub jełczeje. Kwasy oleopalmitynowy i stearynowy są obiecującą metodą leczenia cukrzycy typu 2 z uwagi na działanie stabilizujące poziom glukozy i insuliny we krwi oraz likwidację ognisk zapalnych w tkance tłuszczowej[613]. Kwas stearynowy zmniejsza również niebezpieczeństwo związane z otyłością brzuszną[614]. Dodatkowo przeżuwacze wypasane na trawie dają tłuszcz ze znacznie większą zawartością kwasów tłuszczowych omega-3 i betakarotenu w porównaniu z tymi hodowanymi konwencjonalnie. Wytopiony łój przechowujcie w lodówce nawet kilka miesięcy. Ten wybór ma znaczenie – użyjcie łoju do podduszenia warzyw. Niektóre sklepy specjalistyczne mają go w ofercie lub po prostu przygotujcie go sami z wytopionej pieczeni.
- **Smalec:** to wytopiony tłuszcz wieprzowy, podobny do łoju, ale bardziej nasycony i z większą skłonnością do jełczenia. Smalec również zawiera kwas oleopalmitynowy (o właściwościach przeciwbakteryjnych). Jest niezastąpiony do gotowania w wysokich temperaturach i pieczenia.
- **Schmaltz:** to tłuszcz wytopiony z kurczaka, kaczki, gęsi lub indyka, który – jeśli zwierzęta te pochodziły z ekologicznych hodowli – jest doskonały do gotowania. Pomyślcie o rosole, który działa jak lekarstwo. Zawsze piekę warzywa, a nawet komosę ryżową lub inne zboża, razem z kurczakiem, aby

wchłonęły wszystkie te zdrowe soki. Ten tłuszcz zmniejsza skoki insuliny spowodowane spożyciem węglowodanów i stabilizuje poziom cukru we krwi, a w dodatku smakuje doskonale. Możecie używać go do smarowania krakersów lub chleba na zakwasie.

Tłuszcze roślinne

- **Olej kokosowy:** ma ogromne właściwości przeciwbakteryjne dzięki zawartości kwasów laurynowego i dekanowego. Używano go z powodzeniem na różne schorzenia, jak odra, opryszczka, grypa, zapalenie gardła, zakażenie jelita, listerioza, a nawet wirus HIV i zapalenie wątroby typu C. Kwas palmitynowy po dostaniu się do układu pokarmowego zwiększa ilość przeciwciał, jest również swoistym adiuwantem szczepionki, który stymuluje układ odpornościowy do odpowiedzi immunologicznej na wskazany antygen[615]. Kwasy tłuszczowe o średnich łańcuchach (w przeciwieństwie do bardzo długich, długich i krótkich) znajdujące się w oleju kokosowym odżywiają mitochondria efektywniej, co może mieć duży wpływ na reakcje neurologiczne[616]. Wspomaga również odchudzanie oraz ma pozytywny wpływ na cukrzycę, regulując poziom cukru we krwi po posiłku[617].

Olej kokosowy w temperaturze pokojowej ma formę stałą, jednak wystarczy go podgrzać, aby się roztopił. Najlepszy będzie olej nierafinowany („extra virgin"), który powstaje w wyniku tłoczenia na zimno świeżego kokosa, poddawania go procesowi fermentacji do momentu oddzielenia się oleju i mleka, a potem delikatnego podgrzania w celu odparowania wody. Drugi rodzaj oleju kokosowego to olej rafinowany, z którego usunięto zapach, więc jest odpowiedni dla tych, którzy nie przepadają za smakiem i zapachem kokosa. Zabieg ten wpływa jednak również na właściwości zdrowotne.

- **Oliwa z oliwek:** jest bogata w antyoksydanty, co chroni ją przed szybkim zjełczeniem. Jest to olej w niewielkim tylko stopniu przetworzony, dzięki czemu zachowuje witaminy i minerały, składniki fitoodżywcze, antyoksydanty i zdrowy tłuszcz. Oliwa z oliwek zawiera również kwas oleinowy, który reguluje proces krzepnięcia krwi, poziom cholesterolu, redukuje stany zapalne przyczyniające się do rozwoju alergii, astmy, chorób autoimmunologicznych i raka. W dodatku jest pyszna. Niefiltrowana oliwa z oliwek jest intensywnie aromatyczna i bogata w wartości odżywcze.

  Unikajcie oliwy z oznaczeniem „100%" i „czysta", ponieważ te informacje niewiele znaczą. Mniej renomowani producenci łączą oliwę z oliwek z innymi olejami, a różnica jest niemal niewyczuwalna w smaku[618]. Badanie przeprowadzone na 186 oliwach wykazało, że wielu z nas wydaje duże pieniądze na zafałszowany produkt, i to w 69 procentach przypadków, nawet od zaufanych dystrybutorów[619]. Importowaną oliwę z oliwek najlepiej kupować od wytwórców lub rodzinnych przedsiębiorstw, zamiast od pośredników, którzy skupują oliwę od wielu dostawców i mieszają je w jedną mieszankę, sprzedawaną później masowym dostawcom. Jeśli jesteście ciekawi zawartości oliwy, której używacie, UC – Davis Olive Oil Center – przyjmuje próbki do badań. Najlepsza będzie próbka niepodgrzanej oliwy lub użytej do podgrzania w niskiej temperaturze.
- **Olej sezamowy:** składający się z nasion sezamu, jest wyjątkowo bogaty w składniki odżywcze. Olej wytłoczony z nasion współgra z innymi składnikami, jak witamina E, aby wpływać

na nasze zdrowie. Jako bogate źródło cynku i magnezu, olej sezamowy ma cudowny wpływ na skórę, włosy i kości. Użyty do wypłukania ust, usuwa bakterie powodujące próchnicę[620]. Olej sezamowy zapobiega hiperlipidemii, nadciśnieniu, otyłości, cukrzycy oraz zapaleniu nerwów, chroniąc tym samym mózg[621]. Zapobiega również rozwojowi raka[622].

Dodatkowe informacje o niektórych olejach roślinnych

Oleje kukurydziany, sojowy, rzepakowy i z nasion bawełny są prawie zawsze z surowca modyfikowanego genetycznie i zaleca się ich stosowanie wyłącznie wtedy, gdy są organiczne, ze względu na duże pozostałości pestycydów. Nasiona bawełny nie są nawet zaklasyfikowane jako żywność, dlatego nie muszą spełniać minimalnych wymogów bezpieczeństwa, mimo że dopuszcza się ich stosowanie jako składnika produktów żywnościowych. Nawet jeśli są z ekologicznych upraw, najlepiej ich po prostu nie używać.

Są również bogate w kwasy omega-6. Podczas gdy kwasy omega-6 są ważne dla naszego zdrowia w odpowiednich ilościach w stosunku do kwasów omega-3 (idealna proporcja to 4:1), możemy stać się bardziej podatni na zapalenia, jeśli spożywany za dużo kwasów tłuszczowych omega-6. Soja i kukurydza wkradają się do naszych diet poprzez wysokoprzetworzoną żywność, fast foody, a wysoki poziom kwasów omega-6 przyczynia się do rozwoju alergii, astmy, chorób autoimmunologicznych i neurologicznych, a nawet zwiększa ryzyko zachorowania na raka[623, 624]. Badania wykazały też powiązanie pomiędzy wysokim poziomem omega-6 a poziomem agresji[625].

Większość nierafinowanych olejów roślinnych ma tendencję do ulatniania w procesie gotowania, ale z kolei oleje rafinowane często zawierają chemiczne pozostałości i są ubogie w składniki odżywcze. Nawet oleje z krokosza barwierskiego i słonecznikowy często poddawane są rafinacji, więc najlepiej jedzcie po prostu same pestki, zamiast spożywać olej. Nieprzetworzony olej palmowy – pełny beta-karotenu i innych antyoksydantów – nie jest szkodliwy sam w sobie, ale metody uprawy palm, z których się go wytwarza, wzbudzają mnóstwo wątpliwości. Popularność tej palmy doprowadziła w Indonezji i Malezji do wycinki 18 mln akrów lasów tropikalnych, grożąc wyginięciem orangutanów. Wybierajcie zatem olej pochodzący ze zrównoważonych upraw lub nie kupujcie go wcale.

Zdrowe źródła kwasów tłuszczowych omega-6

Kwasy tłuszczowe omega-6 nie zawsze są „złe". Owszem, jeśli zostanie zaburzona równowaga pomiędzy kwasami omega- 3 a omega-6, może prowadzić to do chorób autoimmunologicznych, a nawet przyczynić się do powstania raka. Ale wy i wasze dzieci potrzebujecie ich dla waszego zdrowia. Kluczem do sukcesu jest przyjmowanie ich z właściwego źródła, dzięki któremu proporcja omega-6 do omega-3 (4:1) nie zostanie zaburzona.

- **Nasiona słonecznika:** są pełne kwasów tłuszczowych omega-6 – w dodatku są świetną przekąską!
- **Nasiona lnu i nasiona konopi:** te nasiona lub olej z nich wytłoczony to doskonałe źródło kwasów omega-3 i omega-6. Używajcie ich wyłącznie na zimno – jako dressingu do sałatki, dodatku do warzyw lub do granoli (nasiona konopi w naturalny sposób zapewniają tłuszcze omega-6 i omega-3 w proporcji 4:1. Uwielbiam dodawać je do sałatek lub posypywać nimi warzywa).

- **Olej z pestek winogron:** ten neutralny w smaku olej jest bogaty w witaminę E. Najlepiej używać go na zimno lub podgrzany do niewysokiej temperatury, aby uniknąć utleniania. Upewnijcie się, że kupujecie ekologiczny olej, ponieważ winogrona często są spryskiwane pestycydami.
- **Olej z wiesiołka:** ten olej może mieć pozytywny wpływ na równowagę hormonalną oraz na skórę i zaburzenia napadowe[626, 627].

UMAMI

Umami z języka japońskiego tłumaczy się jako „pyszne pyszności" i zazwyczaj odnajdujemy je w żywności, która została ugotowana lub sfermentowana oraz w produktach dojrzewających lub pleśniowych (jak ser lub szynka). Znany jako „piąty smak" (obok słodkiego, słonego, gorzkiego i kwaśnego), umami oferuje głęboki, słony, przyjemny smak, który zwiększa satysfakcję z jedzenia. Niezależnie od wieku, umami stymuluje naszą korę oczodołowo-czołową, dzięki czemu odczuwamy przyjemność z jedzenia. Smaki umami i słodki prawdopodobnie sygnalizowały naszym przodkom, że jedzenie było bogate w składniki odżywcze i energię. Umami daje nam intensywną przyjemność z jedzenia. Posiadamy receptor umami, który wykrywa określone aminokwasy, takie jak kwas glutaminowy, czyli glutaminian (którego nie należy mylić z glutaminianem sodu – syntetyczną substancją stosowaną w przemyśle spożywczym, dodawaną do żywności przetworzonej).

W niskich dawkach glutaminian działa jak neuroprzekaźnik, niezbędny do prawidłowego funkcjonowania mózgu, w tym uczenia się i zdolności zapamiętywania. Jednak nadmiar skoncentrowanego glutaminianu może spowodować przesadne neuropobudzenie, którego skutkiem są migreny, drgawki, tiki, a nawet lęki czy problemy behawioralne u wrażliwych dzieci. Osoby wrażliwe na syntetyczny glutaminian sodu zwykle nie mają jednak problemu z tolerancją tego naturalnego.

Dzieci rozpoczynają swoją przygodę z umami już w wodach płodowych w łonie matki. Następnie mają kontakt z mlekiem matki, dziesięć razy bardziej bogatym w glutaminian niż mleko krowie. Smak umami w mleku matki wywołuje u dzieci reakcję relaksacyjną – prawdopodobnie również dlatego, że zawiera inny aminokwas – teaninę. Teanina – składnik umami znajdujący się również w herbacie i czekoladzie – ma właściwości uspakojające i potrafi pomóc nawet najbardziej wzburzonym dzieciom.

Wśród innych produktów umami można wymienić sfermentowaną rybę lub soję, peklowane mięso lub sery, zupę na bulio-

WSKAZÓWKA

Żywność zawierająca umami nie wymaga używania dużej ilości soli – ponieważ glutaminian poprawia smak potraw – jednak smak ten dramatycznie zmniejsza nasze odczuwanie smaku gorzkiego. Dlatego umami jest doskonałym towarzyszem tych produktów żywnościowych, które nie sprzedają się zbyt dobrze, szczególnie dla wybrednych konsumentów i „supersmakoszy". To właśnie dlatego dzieci uwielbiają keczup i sos sojowy! Przyprawiajcie potrawy takimi składnikami, jak ocet ze śliwek umeboshi, organiczny sos tamari oraz używajcie aromatycznych, bogatych w składniki mineralne produktów, jak bulion, grzyby, wodorosty i orzechy, aby „po cichu" przekształcić smak potraw z mdłego lub gorzkiego w zachęcający.

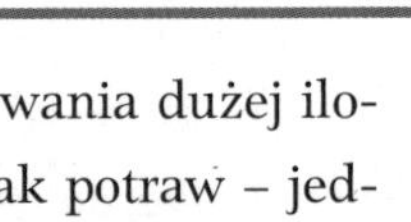

nie z mięsa, kości, warzyw lub grzybów, ocet ze śliwek umeboshi (solanka powstająca w procesie produkcji tych śliwek) oraz produkty z dojrzałych pomidorów. Poniżej przedstawiam bardziej wyczerpującą listę produktów, które z powodzeniem możecie dodać do jadłospisu.

- **Wodorosty:** kelp, kombu, dulse (algi czerwone) i nori to wodorosty, które są bogate w składniki mineralne, jednak mogą zawierać metale ciężkie lub być skażone promieniowaniem ze względu na swoje niesamowite właściwości wiążące, więc używajcie ich z umiarem.
- **Świeże ryby:** anchois, sardynki, małże, kalmary, makrela, krewetki, ikra i pasta z anchois.
- **Ryby wędzone i sfermentowane:** gravlax i bonito.
- **Sfermentowany sos rybny:** znany również jako Nam Pla, nuoc mam tomcha, yu-lu i ishir. Sos Worcestershire również zawiera naturalne umami.

Umami z ziemi

- **Grzyby:** odmiany takie jak shiitake, smardze, żagwica listkowata, wrośniak różnobarwny i reishi są wspaniałymi składnikami wegetariańskiego bulionu, nadającymi mu mięsny aromat umami – a także potężnych właściwości zdrowotnych.

Toniki

Grzyby to doskonały przykład tego, jak pokarm może być tonikiem, rozbrzmiewającym w całym naszym organizmie dla stworzenia harmonii i równowagi oraz zbudowania odporności. Wiele toników (choć nie wszystkie) pochodzi z korzeni, borówek i grzybów i ma głęboki, ziemisty aromat, który doskonale sprawdza się w rozgrzewających zupach i napojach. Do źródeł, z których pozyskujemy toniki, należą: grzyby, traganek, lukrecja, głóg, kakao i zielona herbata. Te pokarmy i napoje szepczą do najgłębszych warstw naszego jestestwa i są naszymi sojusznikami, chroniąc nas przed niebezpieczeństwami, minuta po minucie, dzień po dniu.

Grzyby są przykładem cudownego tonika. Nie chodzi mi tutaj o pieczarki, a raczej o grzyby lecznicze, jak smardze, żagwica listkowata, shiitake, wrośniak różnobarwny, reishi i inne. Zmieniają one nasze organizmy ze złego na dobre, a z dobrego na lepsze. Są łagodne i bezpieczne nawet dla chorych dzieci. Żaden z leków, które znam, nie ma tak zróżnicowanego działania w łagodzeniu stanów zapalnych i zaburzeń autoimmunolicznych, jednocześnie wzmacniając odporność przeciwko „złym graczom", takim jak HIV, wirusowe zapalenie wątroby typu C, opryszczka i inne. (To swoiste połączenie sterydów z antybiotykami, ale bez efektów ubocznych). Wrośniak różnobarwny hamuje reakcję zapalną, poprawia mikrobiom i okazuje się świetnym uzupełnieniem kuracji antynowotworowych[628]. Reishi wspomaga odporność komórek, ich długowieczność i zdolność do regeneracji[629]. Seniorzy we wschodniej Azji żyją ponad sto lat, ponieważ piją tonik z grzybów reishi, który pobudza glutation, chroni mitochondria i ułatwia detoksykację[630]. Shiitake i żagwica listkowata znacznie zwiększają funkcje odpornościowe[631]. Grzyby są nawet źródłem witaminy D![632] Oferują one także liczne korzyści dla układu nerwowego: działanie neuroprotekcyjne, spokojniejszy sen, mniejszą drażliwość i dobre samopoczucie[633, 634]. Tyle wspaniałych korzyści! Jeśli nie lubicie smaku grzybów, moczcie ich garść przez 6–10 godzin, a następnie użyjcie ich jako bazy do uzdrawiającej zupy, pełnej smaku umami.

- **Pomidory:** zawartość glutaminianu i cyklaz zwiększa się dziesięciokrotnie wraz z dojrzewaniem pomidorów. Keczup i sos pomidorowy natomiast zawierają skoncentrowany smak umami.

- **Warzywa:** seler, kapusta, ziemniaki, groszek, szpinak i szparagi.
- **Orzechy:** orzechy włoskie, migdały i pestki słonecznika.
- **Kukurydza:** jedyne ziarno, które zawiera dużą dawkę umami nawet w niesfermentowanej formie. Szukajcie tej organicznej, aby uniknąć pozostałości pestycydów.
- **Sfermentowane korzenie, owoce i warzywa:** marynowany imbir, kiszona kapusta, kiszone ogórki, kapary, oliwki.
- **Sfermentowane nasiona soi:** sos sojowy, organiczny nama shoyu albo sos tamari. Tradycyjny sos sojowy fermentuje niemal trzy lata (dlatego szukajcie tych prawdziwych, bez cukru, alkoholu i konserwantów). Miso, tempeh i sfermentowane tofu, jak chińskie furu, to także źródła umami. Tempeh i furu to tzw. chiński ser.
- **Zielona herbata:** gyokuro i sencha to herbaty bogate zarówno w umami, jak i relaksujące teaniny. Matcha to popularna herbata w proszku, którą rozpuszcza się w ciepłej wodzie i pije z dużego kubka.
- **Ocet ryżowy:** możecie polać nim warzywa lub użyć w dressingu do sałatki.

Umami ze zwierząt

Pokarmy wysokobiałkowe, jak jaja, mleko i mięso (szczególnie narządy), mają dużą zawartość smaku umami, który może być zwiększony poprzez gotowanie, dojrzewanie, suszenie, solenie, wędzenie i fermentację. Kurczak, kaczka, indyk, dziczyzna i cielęcina mają największą zawartość umami; wołowina i jagnięcina – najmniejszą. Pokarmy bogate w umami to również majonez (domowy, przyrządzony z prawdziwych jajek i oliwy z oliwek, a nie cukru i oleju sojowego), sery dojrzewające, sery z niebieską pleśnią, parmezan, boczek, kiełbasa, szynka, pastrami i peklowana wołowina (bez azotanów). Wysoką zawartość umami ma wątróbka, ponieważ zawiera silny przeciwutleniacz i odtruwacz, glutation. Pamiętajcie jednak, że podroby, bogate w składniki odżywcze i umami, mogą również kumulować toksyny – szczególnie wątroba, która filtruje krew – dlatego tak ważne jest, aby wybierać te organiczne.

Zupy

Zupy to niedrogie źródło umami i składników odżywczych. Aby uzyskać najlepszy aromat, gotujcie mięso i drób z kawałkami warzyw lub ryby z wodorostami. Dzięki zupie stworzycie posiłek z czegoś, co normalnie wylądowałoby w śmietniku – kości, skóry, nogi, głowy ryb, końcówki i skórki warzyw. Często najcenniejsze części produktów żywieniowych lądują w śmietniku. Zamiast się brzydzić, zróbcie użytek z obierek. Przepis na dashi – prababkę umami – polega na wymieszaniu wody po ziemniakach z proszkiem z głowy wędzonej krewetki. Może być proste lub skomplikowane – jak tylko chcecie. Bądźcie kreatywni!

O SOLI…

W ostatnich latach sól okryła się złą sławą, głównie dlatego, że przemysł spożywczy dodawał chlorku sodu nawet to najbardziej niewinnych produktów przetworzonych. Ale nasze zapotrzebowanie na sól jest dyktowane przez nasze organizmy, a nie przez jedzenie, które spożywamy. Konkretna dawka sodu, oprócz innych elektrolitów, jest konieczna dla utrzymania odpowiedniego przepływu krwi w organach; to nasze mózgi ustalają, ile soli jest nam potrzebne. Kiedy nadnercza wytwarzają hormon stresu, zwiększa się nasze pragnienie soli. To pragnienie odzwierciedla się w zapotrzebowaniu organizmu na elektrolity, takie jak siarka, oraz na mikro- i makroelementy – od soli magnezu i wapnia, po cynk, miedź, selen, jod, molibden, bor i inne – których niedobory ma wiele dzieci, ze względu na ich niewystarczające spożycie z pokarmem i wodą. Minerały te odgrywają ważną rolę w procesie budowy kości i zębów, a także w innych procesach metabolicznych zachodzących w organizmie.

W związku z tym wysokiej jakości sól jest ważnym elementem diety każdego dziecka. O ile nie wskazano inaczej, sód w żywności przetworzonej to przemysłowy NaCl. Sól morska jednakże jest swego rodzaju superpokarmem. Oprócz sodu dodaje nam ponad 75 różnych składników śladowych i elektrolitów. Dziecko ze zwiększonym pragnieniem soli może wymagać oceny lekarza, poza tym dzieci powinny używać soli morskiej.

UWAGA: Jod jest kluczowym składnikiem odżywczym, niezbędnym dla zdrowia tarczycy i mózgu.

Chemiczna sól kuchenna jest wzbogacana jodem – często w niewystarczającej dawce – jednak sól morska i sól w żywności przetworzonej nie są. Dlatego zachęcam was do zbadania oczu waszych dzieci, aby upewnić się, że nie wymagają one suplementacji tego składnika.

Warto zapamiętać

1. Tłuszcz zwierzęcy może być waszym przyjacielem – szczególnie jeśli jest nieprzetworzony i pochodzi ze sprawdzonych hodowli. Bądźcie odważni – wytapiajcie tłuszcz ze skóry kurczaka lub kaczki (a chrupiącą skórkę zjedzcie na przekąskę), zachowujcie smalec powstały w wyniku smażenia boczku i wyciekający z waszej pieczeni łój – przechowujcie je w słoiku i użyjcie, jeśli przyjdzie taka potrzeba. Nie czujcie się winni – cieszcie się głębokim odżywieniem i fantastycznym aromatem. Każdy szczegół ma znaczenie.
2. Masło pochodzące od wypasanych na trawie krów oraz ghee są bogate w składniki odżywcze. Niektóre dzieci z nietolerancją nabiału mogą spożywać niewielkie ilości masła ghee.
3. Niepodgrzane i nieprzetworzone tłuszcze roślinne, takie jak olej sezamowy lub kokosowy, są pyszne i zdrowe. Aby mieć pewność, że otrzymujecie produkt wysokiej jakości, kupujcie tylko krajową oliwę z oliwek od niewielkich producentów lub kooperatyw; zagraniczną oliwę kupujcie od farmerów, którzy sami ją butelkują.
4. Minimalnie przetworzone słody – jak syrop klonowy, surowy miód, cukier daktylowy czy syrop z melasy – mają niewiarygodne właściwości odżywcze i antyoksydacyjne, włączając w to zdolność do stabilizowania poziomu cukru we krwi i zapobiegania cukrzycy. Kakao i ciemna nieprzetworzona cze-

kolada są naturalnymi tonikami. Stosujcie je w umiarkowanych ilościach.

5. Umami zawarte w pokarmach polepsza ich smak, od bulionu poprzez sos pomidorowy, sos rybny, tamari, aż po parmezan. Zmniejsza uczucie gorzkiego smaku w warzywach zielonych. Jako przyprawa umami może zachęcić do danej potrawy nawet osoby, które normalnie by po nią nie sięgnęły.
6. Sól morska i inne wysokiej jakości sole zawierają elektrolity, siarkę, podstawowe makroelementy, jak magnez czy wapń i niezliczone ilości mikroelementów niezbędnych do właściwego funkcjonowania naszych organizmów. Używajcie tych soli dla smaku. Innymi przykładami pokarmów, w których występują te składniki, są bulion na kościach, wodorosty czy melasa z trzciny cukrowej.

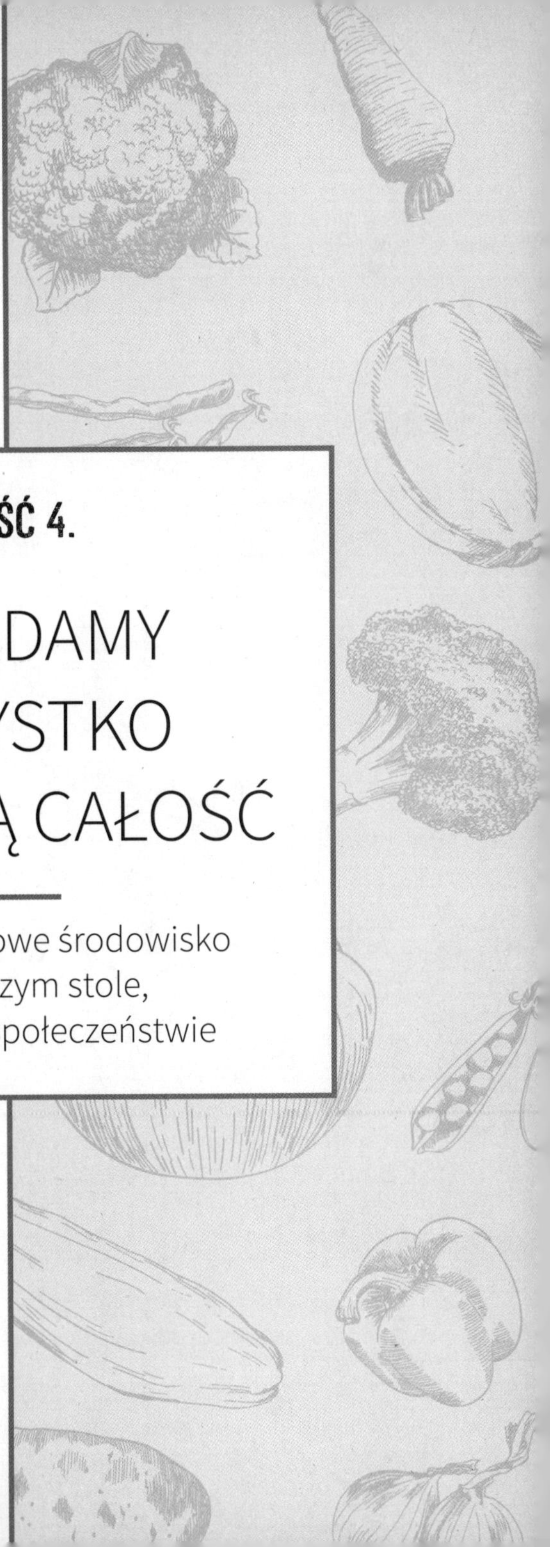

CZĘŚĆ 4.

SKŁADAMY WSZYSTKO W JEDNĄ CAŁOŚĆ

Stwórzcie zdrowe środowisko
przy waszym stole,
w szkole i w społeczeństwie

Lepsze niż jakikolwiek argument jest wstanie o świcie i zbieranie mokrych od rosy jagód do kubka.

– WENDELL BERRY

Gdy myślę o moich wakacjach z dzieciństwa, widzę siebie wraz z przyjaciółmi, jeżdżących na rowerach i spotykających się z innymi dziećmi z sąsiedztwa. Wracaliśmy do domu na obiad, a potem znów się spotykaliśmy, wracając do domu w okolicach kolacji. Potem szaleliśmy dalej, aż do zmierzchu. Spędzaliśmy czas na świeżym powietrzu, turlaliśmy się z górki, odkrywaliśmy potoki, graliśmy w chowanego i spijaliśmy nektar z wiciokrzewów. W lecie budowaliśmy babki z piasku, zimą lepiliśmy bałwana. Pod koniec dnia wracaliśmy do domu ubłoceni, brudni od trawy albo zmarznięci i z czerwonymi nosami. Byliśmy prawdziwymi dziećmi „z wolnego wybiegu".

Większość dzieci dziś nie żyje w ten sposób. Często są one odcięte od natury. Spędzają czas, siedząc w szkołach, mając zaledwie dwudziestominutową przerwę na wyjście na podwórko, podczas którego mogą pobiegać po asfalcie – jeśli mają szczęście. Gdy jedno z dzieci zachowa się źle, nauczyciel może nałożyć na wszystkich karę, polegającą na całodziennym zakazie wyjścia na zewnątrz. Po powrocie do domu dzieci odrabiają zadania domowe, tylko po to, aby dostać nagrodę w postaci godziny lub dwóch spędzonych przed telewizorem przed snem. Wiele dzieci nie ma naturalnej i wolnej relacji z naturą również z winy swoich rodziców – ponieważ boją się oni brudu, promieniowania UV, pasożytów, potencjalnych skaleczeń oraz obcych.

Liczne badania wskazują jednak, że kontakt z naturą i ziemią polepsza samopoczucie, czynności poznawcze i jakość życia. Grzebanie w brudzie to nie tylko zabawa – sprawi ono także, że wasze dzieci będą mądrzejsze i szczęśliwsze. Dzieci, które spędzają trzy godziny dziennie na zewnątrz, częściej mają o wiele lepszy wzrok niż dzieci spędzające tyle samo czasu w domach[635]. Witamina D, którą ich organizmy wytwarzają wskutek działania promieni słonecznych, zwiększa znacznie odporność i działa w zbawienny sposób, niemożliwy do osiągnięcia za pomocą witamin przyjmowanych doustnie. Badania pokazują, że dzieci, które spędzają więcej czasu na łonie natury niż na asfalcie, mają jednocześnie lepsze wyniki w szkole[636]. Mamy możliwość ponownego zjednoczenia ze źródłem życia, znajdującym się w naturze, oraz polepszenia zdrowia i szczęścia naszych dzieci. Teraz już znacie powód mojego wywodu. A teraz czas na najważniejszą część – jak. Jako pracująca matka trojga dzieci wiem, jak daleko jest od dobrych intencji do dobrych nawyków. Ale jak już wprowadzicie nowe pokarmy i nawyki do waszej codziennej rutyny, staną się one dla was drugą naturą – i zabawą! Fundament zdrowia waszych dzieci sprowadza się do dwóch zasad: uzdrawiania z wewnątrz (poprzez przyjmowanie dobrych pokarmów) i uzdrawiania z zewnątrz (bycie częścią natury). Lub, jak wolicie, polega na „traktowaniu waszych dzieci jak brudu"!

ROZDZIAŁ 16

Leczenie od środka. Gotowanie lepszego jedzenia

Poświęciliśmy ostatnie sześć rozdziałów na rozmowy o najlepszym jedzeniu dla waszych dzieci, ale ostatecznie sprawa jest dość prosta: dzieci muszą się dobrze odżywiać. Gdy spożywają świeże, zdrowe jedzenie (pochodzenia roślinnego i zwierzęcego), wyhodowane w ziemi i wodzie pełnej składników odżywczych i minerałów, mogą wspierać swój rozwój fizyczny i psychiczny i przygotować się na cięższe czasy. Wśród pokarmów nie powinno zabraknąć podanych niżej pozycji.

WASZA LISTA ZAKUPOWA

Tłuszcze

Masło**
Olej kokosowy*
Olej lniany*
Ghee**

Olej z pestek winogron*
Olej z konopi*
Smalec**
Oliwa z oliwek*
Schmaltz**
Olej sezamowy*
Olej słonecznikowy*
Łój**
Oleje orzechowe: z orzechów włoskich, makadamia, orzechów laskowych*

* Nierafinowane, tłoczone za zimno i organiczne
** Od zwierząt wypasanych na wolnym wybiegu

Przyprawy

Annato
Ocet jabłkowy
Czarny lub zielony kumin
Czarny pieprz
Pieprz cayenne
Kolendra
Sól sezamowa
Sól ziołowa Herbamare
Wodorosty morskie
Oregano
Organiczny bezglutenowy sos tamari lub nama shoyu (sos sojowy)
Papryka
Rozmaryn
Szałwia
Sól morska
Tymianek
Kurkuma
Ocet ze śliwek umeboshi

Stwórzcie własną stację z przyprawami

Umieśćcie przyprawy w widocznym miejscu w waszej kuchni. Zaangażujcie wasze dzieci w przygotowywanie posiłków, pytając ich, która z przypraw wygląda dla nich interesująco. Nawet jeśli powiedzą po prostu „to czerwone" albo „ten zielony proszek", jest to dokonały sposób, aby rozbudzić ich zainteresowanie nowymi smakami. Kurkuma zawiera kurkuminę – jeden z najpotężniejszych antyoksydantów i środków przeciwzapalnych, jaki kiedykolwiek odkryto[637]. Udowodniono, że ziarna czarnego kuminu zapobiegają astmie, napadom chorób, a nawet rakowi[638, 639, 640]. Koran nazywa je „lekarstwem na wszystko oprócz śmierci". Pieprz cayenne pomaga uśmierzać ból[641]. Rozmaryn ma tak potężne związki fitochemiczne, że sama inhalacja wspomaga pamięć[642]. Dodajcie waszym potrawom pikanterii!

Herbaty

Lucerna
Rumianek
Imbir
Zielona
Hibiskus
Melisa
Lukrecja
Lipa
Owies
Passiflora
Mięta pieprzowa
Koniczyna łąkowa
Rooibos
Płatki róży
Ziele tarczycy
Bazylia azjatycka

Whole foods

Warzywa i owoce we wszystkich kolorach (organiczne lub biodynamiczne, jeśli to możliwe)
Organiczne mięso pochodzące ze sprawdzonej hodowli
Organiczne jaja od kur chowanych na wolnym wybiegu
Organiczny nabiał od wolno wypasanych zwierząt
Nasiona, orzechy, ziarna oraz strąki (skiełkowane)
Surowy miód, syrop klonowy, cukier daktylowy
Wybór minimalnie przetworzonej żywności, do spożycia jako przekąski lub niewielkiego posiłku zabieranego ze sobą itd.

Mit superfoods

Nieustannie spotykam się z pytaniami, które ***superfoods*** polecam najbardziej, a pytający spodziewają się, że usłyszą o tak egzotycznych produktach jak jagody goji, sok z acai lub yacon. Mój wybór? Wszystkie pokarmy wyhodowane w odpowiedzialny sposób, bogate w składniki odżywcze, mogą być traktowane jako *superfood*. Aby nazwać konkretne jedzenie *superfood*, wasz organizm musi pokochać je tak bardzo, że po jego zjedzeniu będzie chciał być lepszy. Mniszek lekarski to doskonały przykład. Odżywczy i gorzki, ma wspaniały wpływ na jelita i cały mikrobiom; na woreczek żółciowy, wątrobę i detoksykację; stabilizację poziomu cukru we krwi. Pomaga oczyścić nerki i łagodzi ból. Jest potężnym antyoksydantem i pomaga walczyć z rakiem[643]. Możecie zjadać go w całości – kwiaty, liście i korzeń. Poza tym mniszki rosną wszędzie, więc możecie je pozyskać... za darmo!

Nie ma potrzeby podróżować w najdalsze zakątki świata, aby znaleźć „magiczną żywność". Wasza *superżywność* może chować się w lesie, na okolicznym bazarze, w trawie na pobliskim pastwisku, a nawet na waszych własnych podwórkach! Świeże ***whole foods*** mają ogromny potencjał, jeśli są hodowane w takich warunkach, w jakich chciała natura, na słońcu, w pełnej minerałów, bogatej glebie, wśród robaków i wszystkich tych „magików" zarówno na powierzchni ziemi, jak i pod nią. Często wymieniam konkretne pokarmy, aby podkreślić ich właściwości lecznicze, ale najlepszym rozwiązaniem jest po prostu spożywanie jak najbardziej różnorodnych pokarmów, aby połączyć ich wspaniałe właściwości.

Poniżej lista właściwości zdrowotnych i składników, które pomogą w ich osiągnięciu:

- **Wypróżnienie:** usuńcie z waszych jadłospisów alergeny i toksyny, a także żywność wytwarzaną w fabryce i chemię przemysłową. Pijcie czystą wodę.

- **Zdrowe jelita:** wprowadźcie do menu rosół na kościach przyprawiony tragankiem; żel z aloesu; ziołowe nalewki; herbaty ziołowe, jak rumianek, lukrecję czy fenkuł; zupy; kiszoną kapustę i kefir.
- **Wzmocnienie układu odpornościowego:** witalności dodadzą wam grzyby maitake, reishi i inne; imbir, herbaty takie jak koniczyna czerwona i lucerna, oraz przyprawy, jak kurkuma, czarny kumin. Domowej roboty jogurt z koziego mleka (jeśli nabiał wchodzi w grę) może być również pomocny.
- **Detoksykacja:** pomóżcie waszym organizmom oczyścić się za pomocą takich składników jak herbata z korzenia traganka lub młody mniszek lekarski, kapusta, pokrzywa (obchodźcie się z nimi ostrożnie, inaczej możecie się poparzyć!), karczochy, maliny i inne borówki, burak i inne kolorowe warzywa i owoce.
- **Odżywienie komórek**: odżywcie wasze komórki herbatą, orzechami, ziarnami i kiełkami, kakao i czekoladą, mięsem z wolnej hodowli, łojem, smalcem, schmaltzem, tłuszczem kaczym, olejem kokosowym, dynią i batatami.
- **Regulacja funkcji nerwowych:** osiągniecie ją z pomocą pokarmów o właściwościach uspokajających, jak passiflora i melisa, poprawiających skupienie, jak zielona herbata, oraz zwiększających plastyczność mózgu warzyw kapustnych (jarmuż, brukselka, brokuł, kapusta). Używajcie tłuszczów, które oferują szereg wartości odżywczych.

ZAKUPY W SUPERMARKECIE

Sugeruję, abyście ograniczyli wasze zakupy w supermarketach tylko do tych produktów, których nie możecie kupić na lokalnym targu (ale o tym za chwilę), jak suche składniki i zapasy do spiżarni. Wychodząc na zakupy, pamiętajcie o kilku zasadach.

- **Nie zabierajcie ze sobą dzieci.** Sklep spożywczy nie jest odpowiednim miejscem dla najmłodszych konsumentów. Supermarkety i koncerny spożywcze zastawiają pułapki na wasze dzieci. Od opakowania (bohaterowie z kreskówek i celebryci) aż po umiejscowienie produktu (najcenniejsze są dla nich półki na wysokości oczu waszych pociech). Wasze dziecko, stojąc w kolejce, będzie kuszone cukierkami, a wy nie będziecie mieli dokąd uciec. Jeśli tylko możecie – a zdaję sobie sprawę z tego, że nie zawsze jest to możliwe – zostawcie dzieci w domu.
- **Czytajcie etykiety.** Konieczność zapanowania nad dziećmi w sklepie sprawia, że przeczytanie etykiety produktu często graniczy z cudem. Nawet od najbardziej doświadczonych rodziców wymaga to ogromnej koncentracji. Pamiętajcie o tym, że etykiety nie bez powodu są tak nieczytelnie.
- **Szukajcie „czerwonych flag", takich jak:**
  1. glutaminian sodu: wszystko, co zostało poddane procesowi hydrolizacji (drożdże, białko roślinne, proteiny soi itd.) i autolizacji, wszelkiego rodzaju kazeiniany, a czasem także aromaty naturalne;
  2. aspartam i inne sztuczne słodziki;
  3. barwniki spożywcze: żółte i czerwone „E";
  4. konserwanty: słowa z laboratoriów. Nie zobaczycie ich na listach składników w książkach kucharskich, a nawet trudno będzie wam je wymówić;
  5. syrop kukurydziany o wysokiej zawartości fruktozy lub cukier kukurydziany;

6. częściowo uwodorniony tłuszcz: olej z nasion bawełny, olej sojowy, olej kukurydziany, olej canola, olej „roślinny".

Planowanie posiłków

Jeśli będziecie mądrze planować posiłki, wcielicie w życie poniższe zasady bez wywracania wszystkiego do góry nogami.

- **Zacznijcie sezonowo.** Jakie pyszne składniki są obecnie dostępne w waszej okolicy? W grudniu nie wybrałabym świeżych pomidorów, będąc na Północy. Wybrałabym danie mięsne z warzywami korzeniowymi. Latem moja rodzina korzysta z dobrodziejstw lokalnego targu i różnorodności odmian pomidorów, które są tam dostępne (albo nawet z naszego ogrodu!). Wymyślamy tyle przepisów, ile to możliwe, aby w pełni wykorzystać krótki sezon na pomidory. Przygotowujcie posiłki ze świeżych produktów sezonowych, z ogrodu, sklepu lub lokalnego targu. Szukajcie inspiracji w internecie. Gdy dwanaście lat temu dołączyliśmy do CSA, jarmuż i kapusta pekińska gniły w mojej lodówce, bo nie wiedziałam, jak je przyrządzać. Teraz pomysłów szukam w internecie. Dostosujcie styl gotowania do sezonu. Zimą pomyślcie o rozgrzewających zupach i gulaszach, a latem przyrządzajcie sałatki i grillowane warzywa.
- **Pokochajcie resztki.** Przygotowując kolację, zróbcie trochę więcej jedzenia niż potrzebujecie, a następnie wykorzystajcie powstałe w ten sposób resztki do przygotowywania potraw w ciągu tygodnia. Jeśli w niedzielę miałam pieczonego kurczaka, to następnego dnia wykorzystam udka do upieczenia tarty z kurczakiem, a szkielet wrzucę do zupy warzywnej. Mogę też wytopić tłuszcz i wykorzystać go do polania warzyw. Przygotowanie posiłku w wolnowarze oznacza, że jak wrócicie po ciężkim dniu do domu, wasza kolacja będzie prawie gotowa. Bulion z resztek może być wspaniałym wywarem do gotowania kasz i ziaren, któ-

re z kolei posłużą jako baza do przygotowania taco z czarną fasolą, przyprawami, salsą i kawałkami warzyw. Dobrym pomysłem jest również mrożenie resztek.

- **Pomyślcie o składnikach.** Ponieważ gotuję od podstaw, obmyślam fundamenty moich potraw już podczas zakupów. Produkty takie jak suszone owoce, pełne ziarna, mięso/ryby, jaja/nabiał, oleje, orzechy/ziarna/strączki, przyprawy i tłuszcze – z tymi składnikami połączonymi z moimi prostymi przepisami opcje gotowania są nieograniczone.
- **Ograniczcie żywność przetworzoną.** W moim domu ograniczam żywność przetworzoną do krakersów z ziarnami, okazjonalnie do chleba bezglutenowego lub na zakwasie oraz do rzadkich przyjemności takich jak organiczne tortille lub czipsy z banana oraz mała porcja sorbetu lub lodów.

LOKALNE TARGI I CSA

Lokalny targ nazywam „naturalnym prozakiem", ponieważ zawsze opuszczam go szczęśliwsza, niż byłam przed przyjściem. Dzięki niemu mam kontakt z producentami żywności, mam dostęp do świeżych warzyw i ziół, owoców, grzybów, jajek, mięsa, a także lokalnych serów, domowej roboty dżemów i innych produktów. Świeżo zebrane warzywa i owoce smakują fantastycznie w przeciwieństwie do tych, które kupujecie w supermarketach, a które zostały specjalnie przygotowane, aby wyglądać ładniej i zachować świeżość na dłużej. Zabierajcie dzieci ze sobą na lokalne targi zamiast do supermarketów. Wspólnie odkrywajcie. Witajcie się z farmerami, zadawajcie im pytania dotyczące ich pracy oraz sposobu hodowania ich roślin. Próbujcie jedzenia. Umówcie się z dziećmi, że weźmiecie jedną rzecz, którą znają i lubią, jedną, której nigdy nie próbowały, ale chcieliby to zrobić, oraz jeden smakołyk.

Notatka: Pamiętajcie, że większość targów ma ograniczenia dotyczące tego, z jakiej odległości i jakiego typu żywność może być tam sprzedawana. Wystrzegajcie się podróbek w postaci stoisk, które pozyskują produkty od tego samego dostawcy co supermarkety, ale sprzedają je przy drodze.

Rolnictwo wspierane przez społeczność to model sprzedaży, w którym konsumenci wspierają lokalne gospodarstwa rolne, kupując od nich skrzynki pełne sezonowych produktów. To wspaniały sposób na regularne dostawy świeżych produktów. Znajdziecie tam owoce, warzywa, jajka, mięso, a nawet kwiaty. Poszukajcie w internecie tego typu inicjatywy najbliżej waszego miejsca zamieszkania.

INNE ŹRÓDŁA ZDROWEJ ŻYWNOŚCI

Poszukiwanie

Chwast to roślina, której cnoty nie zostały jeszcze odkryte.

– RALPH WALDO EMERSON

Na obszarach wolnych od oprysków, takich jak (mam nadzieję) wasz własny trawnik – lub na terenach dzikich – szukajcie mniszka lekarskiego. Na naszym podwórku szukamy płatków róży, liści babki, szczawiku zajęczego lub lebiody. Nauczcie się, co rośnie dokoła was, i skorzystajcie z dobrodziejstwa tych roślin. **Zawsze upewnijcie się, że to na pewno ta roślina, którą możecie spożyć.** Pomocne w tym będą książki: *The Forager's Harvest* (Samuel Thayer) oraz *Edible Wild Plants* (John Kallas).

Wyhodujcie własne!

Załóżcie ogródek na waszym podwórku. Nasiona i sadzonki pozyskajcie od przyjaciół lub z lokalnej szkółki. Zacznijcie od nawożenia gleby kompostem (który może się składać z resztek jedzenia). Zasadźcie nasiona i sadzonki i zobaczycie, co się stanie. Przeczytajcie rozdział 16, aby uzyskać więcej informacji na ten temat, ponieważ hodowanie własnego jedzenia jest jednym z najlepszych sposobów, aby czerpać korzyści zdrowotne ze spędzania czasu na świeżym powietrzu.

Jeśli nie macie własnego podwórka, wykorzystajcie przestrzeń na parapecie, balkonie lub dachu i zasadźcie tam zioła i warzywa. Wyhodowaliśmy pomidory, bazylię, miętę i małe drzewko awokado, a także urządziliśmy mały kompostownik w naszym apartamencie w Nowym Jorku. Być może spowoduje to bałagan w waszym domu, ale w zamian otrzymujecie ekscytację dzieci, które obserwują, jak rośliny rosną, dojrzewają, aż w końcu mogą je zerwać.

JAK KARMIĆ RODZINĘ, GDY NIE KAŻDY MOŻE JEŚĆ WSZYSTKO

Nietolerancje pokarmowe

Dla swojej rodziny gotowałam już potrawy bezglutenowe, bez kukurydzy, bez soi, pozbawione nabiału i cytrusów. To naprawdę nie jest takie trudne. Nigdy nie cierpieliśmy z powodu braku potraw, które mogliby jeść wszyscy. Również goście, którzy odwiedzają nas w domu, nigdy nie zauważyli, że podajemy im dietetyczne jedzenie. Mamy bardzo duży wybór: mięsa lub ryby, strączki, warzywa w różnych formach, większość owoców, ryż, ziemniaki, komosa i inne bezglutenowe ziarna.

Choć na początku gotowanie dla dziecka z alergią pokarmową może wydawać wam się trudne, po krótkim czasie zakupy i gotowanie będą dla was czymś naturalnym.

Wszyscy mogą gotować; nie potrzeba do tego żadnego szkolenia. Przygotowywanie posiłków dla rodziny wymaga tylko podstawowych składników i narzędzi, kilku prostych przepisów i odrobiny wyobraźni. Dla mnie i mojego męża gotowanie w domu stało się koniecznością. Nie mieliśmy pieniędzy, aby stołować się na mieście lub kupować gotową żywność. Gdy odkryliśmy alergię naszego syna na soję i zauważyliśmy, że prawie wszystkie restauracje używają częściowo uwodornionego oleju sojowego w swoich potrawach – którego spożycie prowadziło u naszego syna do trudności z oddychaniem trwających tydzień i zwolnienia lekarskiego dla mnie – gotowanie stało się jedyną opcją.

Mając kilka dobrych noży, żeliwną patelnię i parę garnków ze stali nierdzewnej, możecie przygotować wspaniałe potrawy. Gadżety też są fajne, ale możecie się bez nich obejść.

Gadżety – czyli jak dobrze wydać pieniądze

- **Wolnowar:** do rosołu lub dań jednogarnkowych, które robią się same, podczas gdy wy jesteście w pracy lub zajmujecie się czymś innym.
- **Blender wysokoobrotowy:** to spory wydatek, ale dzięki niemu gotowanie w domu będzie proste i smaczne. Będzie wam służył nawet dłużej niż dziesięć lat. Zrobicie w nim smoothie, mrożony jogurt, zupy, masło orzechowe, a z ziaren pszenicy – mąkę. Pomyślcie o Vitamixie lub Blendtec.

- **Dehydrator:** zachowajcie swoje zbiory warzyw i owoców w szczycie sezonu, przygotujcie czipsy z jarmużu lub owoców.
- **SodaStream:** dzięki temu urządzeniu przygotujecie napoje gazowane w domu.
- **Robot kuchenny:** to ogromna oszczędność czasu podczas krojenia i szatkowania owoców i warzyw.

JESZCZE WIĘCEJ POWODÓW, DLA KTÓRYCH GOTOWANIE JEST DOBRE DLA WASZYCH RODZIN

Jest zdrowsze... fizycznie

Przeprowadzono badania porównujące osoby, które przyrządzają jedzenie w domu, z tymi, które jedzą na mieście. Okazało się, że młodzi ludzie, którzy jedzą w domu, odżywiają się zdrowiej, spożywają więcej błonnika, mniej węglowodanów i kalorii oraz mniej soli i cukru.

Jest zdrowsze... emocjonalnie

Naukowcy z Uniwersytetu w Michigan odkryli, że długość czasu, jaki dzieci spędzają, jedząc w domu, jest czynnikiem, który w znacznym stopniu przyczynia się do lepszych wyników w nauce i zmniejszenia problemów behawioralnych – bardziej niż czas spędzony w szkole, na nauce, na lekcjach religii lub podczas uprawiania sportu[644]. Niesamowite. Częstsze posiłki w gronie rodziny zwiększają szanse dziecka na rozwinięcie umiejętności społecznych, zaangażowanie w szkole i zmniejszenie prawdopodobieństwa wystąpienia problemów behawioralnych[645].

To oszczędność pieniędzy

Za te same pieniądze (lub nawet mniej), które wydalibyście na jedzenie na wynos, kupicie wysokiej jakości składniki do gotowania w domu. Dopóki nie znajdziecie restauracji, która kieruje się filozofią zdrowego organicznego jedzenia – a takich jest na szczęście coraz więcej – prawdopodobnie pożywicie się roślinami z upraw monokulturowych, spożyjecie mięso z fabryki oraz częściowo uwodorniony olej, i to za wyższą cenę, niż zapłacicie za lepszej jakości składniki, z których sami ugotujecie jedzenie.

Rady dla rodzin, które decydują się wprowadzić zwyczaj wspólnego jedzenia

- **Zacznijcie powoli.** Jeśli wasza rodzina nie jest przyzwyczajona do wspólnego jedzenia, na początek zaplanujcie jeden lub dwa wspólne posiłki w tygodniu. Usiądźcie razem przy wspólnym stole. Możecie rozpocząć od zjedzenia posiłku zamówionego na wynos, stopniowo zwiększające liczbę wspólnych posiłków, aż dojdziecie do jednego dziennie. Jeśli to niemożliwe z powodu pracy lub zajęć pozaszkolnych waszych dzieci, zacznijcie od śniadań i weekendów. Jeśli nawet to będzie niemożliwe, być może nadszedł czas, aby zmienić wasz plan dnia.
- **Usiądźcie razem z dziećmi.** Wasza fizyczna obecność ma dla nich ogromne znaczenie. Wspólnie zasiądźcie do stołu, aby móc nawiązać kontakt wzrokowy z waszymi dziećmi. Pytajcie je, co dzieje się w ich życiu, i zachęcajcie do opowiadania historii – smutnych lub wesołych – które zdarzyły się w ciągu dnia.
- **Żadnych wtyczek.** Żadnych telefonów, telewizji, iPadów, czytników i innych urządzeń elektronicznych – zarówno w przypadku dzieci, jak i rodziców. Nie jest to łatwe. Są takie dni, kiedy jest to dla mnie wyjątkowo trudne, szczególnie wtedy, gdy coś złego dzieje się z moim pacjentem lub jestem wyczerpana i chcia-

łabym po prostu posurfować po internecie po ciężkim dniu. Ale ludzki mózg potrzebuje przerwy tak bardzo, jak dzieci potrzebują waszej obecności. Nie czytajcie w tym czasie książek i gazet, chyba że robicie to wspólnie. Postarajcie się, aby to było pozytywne doświadczenie. Niech wspólny posiłek będzie szansą na zapomnienie o trudach codziennego dnia dla was i dla waszych dzieci. Unikajcie krytykowania manier przy stole i narzekania. Podzielcie się pozytywnymi wydarzeniami, które miały miejsce, lub czymś interesującym, o czym myślicie. Możecie również porozmawiać o wspólnych planach spędzania wolnego czasu. Opowiadajcie dowcipy. Paradoksalnie czasami najbardziej skryte dzieci otwierają się wtedy, gdy nie wywieramy na nie presji i nie są stawiane w centrum uwagi.

- **Zaplanujcie aktywności,** dzięki którym wasze dzieci pozostaną zaangażowane emocjonalnie, jeśli odczuwacie taką potrzebę. Możecie wykorzystać proste gry – jak odtwarzanie rozmowy telefonicznej, literowanie słówek lub proste równania matematyczne w pamięci – lub bardziej skomplikowane, jeśli jesteście rodzicami nastolatków. Niektóre dzieci uwielbiają również, jak się im czyta. Kiedyś czytaliśmy *Harry'ego Pottera* przy stole (wypowiedź każdego bohatera akcentowałam w inny sposób) i każdy z domowników był tym szczerze rozbawiony!
- **Ignorujcie protesty.** Powiedzcie swoim dzieciom: „Kocham was i to dla mnie bardzo ważne, abyśmy spędzili trochę czasu razem, jedząc wspólnie". Zachowajcie równowagę, nie denerwujcie się i bądźcie obecni. Pamiętajcie, że to wy jesteście oparciem dla waszych dzieci w trudach dnia codziennego.
- **Niech wszyscy zaangażują się w gotowanie.** Przypisywanie zadań (lub lepiej – dawanie ich wszystkim chętnym do pomocy) oznacza, że każdy domownik będzie odgrywał jakąś rolę. Gotowanie stanie się szybsze, a dzieci uwielbiają jeść potrawy, które same przyrządziły. Starsze dzieci często mają swoje popisowe dania – lubią, gdy rodzice ufają im i dają im wolną rękę oraz gdy później słyszą, że przygotowany przez nie posiłek jest smaczny.

W dodatku wy będziecie mieć mniej pracy. Obie strony czerpią z takiego układu! Nie zapomnijcie również o wspólnym sprzątaniu po jedzeniu.

- **Wymyślcie specjalne dania lub rytuały na konkretny dzień tygodnia lub raz w miesiącu.** Zróbcie wspólnie domową pizzę. Noc taco. Wieczór z barem sałatkowym z lodami na deser. Zorganizujcie wieczór degustacji z różnymi sosami sałatkowymi lub smoothies i sprawdźcie, które najbardziej przypadną wam do gustu. Zgadujcie, jakie są składniki poszczególnych dań. Pozwól dziecku zaplanować kolację-niespodziankę raz w miesiącu i pomóż mu w kupieniu tajnych składników. Bądźcie pomocnikami szefa kuchni.
- **Zaproście rodzinę lub przyjaciół.** Większość dzieci (ale nie wszystkie) lubi uczty. Zaproszenie gości sprawi, że wydarzenie będzie miało bardziej wyjątkowy charakter. Pamiętajcie, że zasada „bez telewizora" ciągle ma tutaj zastosowanie!

WPROWADZANIE NOWYCH SKŁADNIKÓW DO DIETY

Zdaję sobie sprawę z tego, że przekonanie dziecka do zdrowego jedzenia nie jest tak łatwe jak jego przyrządzenie lub posadzenie dziecka przy stole. Gdy pierwszy raz podałam jarmuż mojemu wybrednemu trzyletniemu synowi, wiedziałam, że lubi on szpinak i brokuły, ale wiedziałam też, że jarmuż jest twardszy i bardziej gorzki. Gdy powiedział, że nie chce tego jeść, jak zwykle powiedziałam mu, aby spróbował i że jeśli mu nie posmakuje, nie będzie musiał tego robić. Ostrożnie ugryzł kawałek i spojrzał na mnie. „Bardzo mi smakuje" – powiedział. „W porządku" – odparłam obojętnie i skupiłam się na swoim talerzu. Następna rzecz, jaką pamiętam, to to, że zjadł cały jarmuż ze swojego talerza. Stał się zwolennikiem tego warzywa i specjalistą od gier typu „Wolisz soczysty jarmuż czy warzywną zupę z jarmużem?". Nie zawsze jest to tak proste, ale pamiętajcie, że większość dzieci w końcu daje się przekonać. Poniżej znajdziecie kilka zasad, dzięki którym wasze dzieci polubią różnorodne dania.

- **Zasada numer 1: zacznijcie wcześnie.** Mimo że nigdy nie jest za późno na zmianę, najnowsze studia pokazują, że nasze wczesne nawyki żywieniowe, szczególnie w stosunku do owoców i warzyw lub przeciwnie, do przekąsek i słodkich napojów, kształtują się w pierwszym roku życia i mogą trwać całe życie. Niemowlęta, które lubiły zdrowe posiłki, wciąż lubiły je w wieku sześciu lat[646].
- **Zasada numer 2: dajcie się zaskoczyć waszym dzieciom.** Nie zakładajcie, że waszym dzieciom na pewno coś nie posmakuje. Rodzice często mówią: „To nie może się udać", aż do momentu, gdy dzieci same nie spróbują polecanych przeze mnie pokarmów. Przynajmniej 50 procent rodziców, z którymi mam do czynienia w mojej pracy, jest pewnych, że ich dzieci nie będą chciały próbować nowych smaków. I wiecie co? 99 procent dzieci, którym przepisuje się olej rybi, przyjmuje ten olej z powodzeniem. Mam nawet pacjentów, którzy błagają o gorzki tonik!
- **Zasada numer 3: pozytywne nastawienie.** Postarajcie się przezwyciężyć uprzedzenia i lęki względem poszczególnych pokarmów. Wielu rodziców wyznaje mi, że sami nie lubią warzyw. Dołączcie do waszych dzieci w tej przygodzie i cieszcie się wraz z nimi, odkrywając nowe smaki.
- **Zasada numer 4: nauczcie swoje dzieci bycia odważnymi.** Jeśli wasze dzieci nie chcą próbować nowych smaków, postarajcie się wytłumaczyć im, że może to być ekscytującą

przygodą. Jeśli nadal nie będą chciały próbować, porozmawiajcie z nimi o tym, że bycie odważnym oznacza czasem robienie czegoś, co jest trudne. Mówcie im, że jesteście z nich dumni, gdy próbują nowych rzeczy.

- **Zasada numer 5: „Nie musicie lubić wszystkiego".** Czasami „w porządku" również będzie wystarczającym komentarzem. Daliśmy dzieciom do zrozumienia, że każdy kęs powinien być dla nich czymś absolutnie wspaniałym, a przecież nie zawsze tak musi być.

Dziecko: Nie chcę jeść X.
Ja: Przykro mi to słyszeć. Czy smakowała ci wczorajsza kolacja?
Dziecko: Tak.
Ja: A przedwczorajsza?
Dziecko: Tak! Nasze domowe tacos to moja ulubiona potrawa!
Ja: Doskonale! Przykro mi, że X to nie jest twoja ulubiona potrawa. Ale nie wszystko musisz uwielbiać. Zjedz tyle, ile możesz, a mam nadzieję, że jutrzejsza kolacja posmakuje ci bardziej.

- **Zasada numer 6: bądźcie twardzi.** Karmienie waszych dzieci ma znaczenie pierwotne – uosabia głębokie znaczenie nas jako opiekunów. Pozytywne nastawienie jest ważne, ale trzeba również umieć postawić na swoim. Jest to trudne dla wielu rodziców, ale opłaca się w dłuższej perspektywie.
- **Zasada numer 7: nie zrażajcie się.** Badania wykazały, że czasem trzeba podjąć aż 20 do 30 prób, zanim dziecko zaakceptuje nowy smak. Nie wspominając już o tym, że smaki mogą się zmienić – „tak" w jednym miesiącu może oznaczać

„nie" w kolejnym. Często rodzice mówią do mnie: „Przestałem dawać warzywa i owoce dziecku do szkoły, bo przynosiło je do domu nietknięte". Moja odpowiedź? „Jeśli przestaniesz mu je dawać, ono nie będzie ich jeść". Nie zrażajcie się więc!

- **Zasada numer 8: „Najlepszą przyprawą jest głód".** Mary z *Domku na prerii* Laury Ingalls Wilder podsumowała to najlepiej. Najlepszym sposobem, aby dziecko poczuło ochotę na coś nowego, jest głód. Wyjmuję warzywa – surowe lub gotowane – w czasie gdy przygotowuję obiad. Gdy zapach rozchodzi się po domu, głodne dzieci pojawiają w kuchni, by chwycić cokolwiek do jedzenia, co jest pod ręką. Półmisek brokułów smażonych z czosnkiem może zniknąć jeszcze przed obiadem. Kiedyś w takich sytuacjach byłam zła, że dzieci zjadły wszystkie warzywa przed obiadem… Aż zdałam sobie sprawę: „Zaraz, zaraz, moje dzieci WŁAŚNIE ZJADŁY WSZYSTKIE WARZYWA!". Rozwiązaniem tego problemu było przyrządzanie większej porcji warzyw.
- **Zasada numer 9: niech jedzenie nie będzie bitwą.** Gdy podajecie dziecku nowe potrawy, zacznijcie od tych, co do których macie pewność, że wasze wybredne dziecko je zje. Nie można na siłę karmić dziecka i kontrolować wszystkiego. Nie znaczy to, że dzieci mogą jeść płatki śniadaniowe każdego wieczoru na kolację, chociaż, jeśli zdecydują się nie jeść danego posiłku, mogą poczekać do następnego.
- **Zasada numer 10: do reakcji dzieci na posiłek nie należy podchodzić zbyt emocjonalnie.** Być może zrobiliście pyszny obiad po długim dniu pracy, a one zjadły tylko ryż. A może wasze dziecko tylko podłubało w omlecie w kształcie twarzy z oczami z cukinii i uśmiechem z czerwonej papryki. To nie jest osobiste odrzucenie waszej miłości i was

jako rodziców. To nie jest miłe, gdy dajecie z siebie wszystko, a w zamian otrzymujecie tylko grymas dziecka, ale postarajcie się nie poddawać, nie chować urazy i nie prawić oskarżycielskich komentarzy typu: „Nigdy nie jesz zdrowej żywności" lub „Możesz jeść fast food co noc, nie dbam o to".

- **Zasada numer 11: przyrządzajcie jeden posiłek dla wszystkich.** Jestem pracującym rodzicem, który przyrządza bezglutenowe, pozbawione nabiału i soi posiłki dla mojej wrażliwej na określone składniki rodziny każdego wieczoru. Przygotowuję jeden pożywny i smaczny (a przynajmniej tak mówią moi bliscy) posiłek dla wszystkich i, szczerze mówiąc, jestem zmęczona. Jednak niektórzy rodzice mówią mi o różnych posiłkach (tak, całych posiłkach!), które przygotowują dla każdego dziecka w domu, a następnie kolejny dla siebie! Najlepszym sposobem, aby dzieci uczestniczyły w poznawaniu nowych pokarmów – i na zachowanie zdrowego rozsądku – jest zrobienie obiadu dla wszystkich... za jednym zamachem.
- **Zasada numer 12: stopniowo wprowadzajcie nowe pokarmy.** Zdarza się, że rozentuzjazmowany rodzic opuszcza mój gabinet i zamierza zrobić rewolucję w domowej lodówce w ciągu 24 godzin. Niebawem wraca do mnie zrezygnowany, że nikt z domowników nie był tak pozytywnie nastawiony. Zmiana jadłospisu jest ważna i dobra. Ale jedzenie jest dla wielu bramą do czegoś więcej – komfortu, przyjemności, przywiązania, poczucia miłości, dobrego wyglądu, a nawet pewności siebie. Zatem mówienie partnerowi, że właśnie wyrzuciłaś wszystko, co było w kuchni, lub mówienie dzieciom, że od dziś nie mogą jeść swoich ulubionych potraw, może sprawić więcej szkody niż pożytku. Zacznijcie od rozmowy na

ten temat. Następnie stopniowo wprowadzajcie nowe składniki. Zastąpcie gotowe frytki tymi domowymi lub wymieszajcie je z frytkami z batatów. Przyrządzajcie na zmianę stare i nowe dania. Makaron zamieńcie na pełne ziarna, jak brązowy ryż czy komosa ryżowa, płatki śniadaniowe na owsiankę, a błyskawiczne zupy w proszku na rosół z makaronem z fasoli mung. Bądźcie systematyczni, a na pewno się uda.

LUNCHE NA MIEŚCIE I ZDROWE PRZEKĄSKI

Przyrządzanie zdrowych przekąsek

Kiedyś regularnie jedliśmy przekąski. Następnie przerzuciliśmy się na przekąski ryżowe, a potem na naprawdę smaczne przekąski z ziaren. Czasami zmiana przyjdzie łatwo, czasami będzie ona długim procesem. Dopóki wasze dziecko nie zachoruje i nie będzie potrzebowało zmiany bardziej dramatycznej, będziecie mieli więcej czasu, aby ją przeprowadzić. Oduczenie się podjadania może być trudne. Szczególnie jeśli dzieci przyzwyczajone są do przetworzonej żywności. Możecie zacząć od małych zmian, zastępując gotowe chipsy organiczną tortillą lub chipsami roślinnymi, pakowane ciasteczka możecie zastąpić tymi domowymi lub orzechami w syropie klonowym. Poniżej kilka sugestii.

- **Kupujcie dużo świeżych owoców i warzyw, które lubią dzieci:** jagody, melon, marchewka, seler, jabłka, ogórek, pomidory, gruszki, groszek, mango, kiwi, winogrona, a nawet rzepa lub kalarepa, które również mogą być przyjazne maluchom. Zadbajcie o to, aby były odpowiednio przygotowane do spożycia, na przykład pokrójcie melona lub przygotujcie słupki z marchewki. Warzywa pokrojone w falisty wzorek mogą zachęcić do jedzenia nawet bardzo wybredne dzieci. Znam małą dziewczynkę, która bardzo chętnie sięgała po wszystkie rodzaje warzyw, ponieważ wyglądały zabawnie. Jeśli wasze dzieci lubią przetwory warzywne, szybkim sposobem na przekonanie ich do jedzenia tych świeżych jest wrzucenie surowych kawałków rzepy, buraka, marchewki lub innych warzyw korzeniowych do słoika po ogórkach konserwowych z odrobiną zalewy. Odstawcie taki słoik na tydzień i będziecie mieć gotową przekąskę dla waszych dzieci.

- **Używajcie dressingów:** biały serek, hummus z fasoli, masło orzechowe lub domowy dżem podkręcą smak warzyw, owoców i krakersów. Moje dzieci lubią czasem zjeść po prostu łyżkę masła migdałowego, orzechowego lub słonecznikowego.
- **Przechowujcie zdrowe przekąski w łatwo dostępnym miejscu:** przeznaczcie dla nich specjalne miejsce w lodówce, aby wasze dzieci miały do nich łatwy dostęp, gdy tylko poczują głód.
- **Inne przekąski, które warto mieć pod ręką:** jajka gotowane na twardo, kostki sera, jogurt (najlepiej kupujcie naturalny i sami dodawajcie do niego owoce, miód, orzechy, cynamon i inne), orzechy, nasiona, granola, suszone owoce, ciecierzyca.

Inne sposoby na to, aby przekąski były atrakcyjniejsze dla dzieci

- Do owoców dodajcie odrobinę miodu.
- Mrożony jogurt podawajcie z miseczką pełną jagód, orzechów, granoli, płatków ciemnej czekolady i płatków kokosa.

- Stwórzcie wasz własny smoothie bar z różnymi rodzajami mrożonych i świeżych owoców i warzyw oraz kokosem, cynamonem, gałką muszkatołową, skórką cytrynową i pomarańczową, wodą kokosową, mlekiem migdałowym, kefirem i wieloma innymi.

A kiedy już zdarzy wam się zgrzeszyć

Czasami słyszę od rodziców: „Johnny odmawia jedzenia wszystkiego oprócz lodów na patyku". Moje pytanie brzmi: „Czy to Johnny zarabia pieniądze, chodzi na zakupy i kupuje lody na patyku?". Jeśli odpowiedź brzmi „nie", pamiętajcie, że możecie kontrolować jedzenie, które przynosicie do domu, choć oczywiście wymaga to współpracy obojga rodziców.

Czasami jednak się zdarzy, że wasze dzieci zjedzą coś niezdrowego. Gdy moja córka miała siedem lat, poszła na przyjęcie urodzinowe do swojej koleżanki. Gdy ją odbierałam, mama koleżanki z zadowoleniem oznajmiła mi, że moja córka tak bardzo najadła się cukierkami, że niemal zwymiotowała. Moja odpowiedź? „Nic się nie stało. Teraz będzie wiedziała, jakie to uczucie zjeść za dużo cukierków". W rzeczy samej, moja córka sama zgłosiła się później do mnie i przyznała, że zjadła za dużo i czuła się źle. Wy i wasze dzieci często będziecie narażeni na sytuacje, w których niezdrowe jedzenie będzie was kusiło. Oto sposoby na poradzenie sobie z tym.

- **Przynoście przekąski ze sobą:** gdy wybieramy się w miejsca, w którym prawdopodobieństwo sięgnięcia po niezdrową przekąskę jest duże, zabieram ze sobą w torebce nasze własne łakocie – przekąski z wodorostów, czipsy z banana lub domowe czipsy ziemniaczane, przekąski z ciemnej czekolady (orzechy w czekoladzie, imbir, rodzynki itd.), cukierki z syropu klonowego, miodowe pałeczki, lizaki bez syropu kukurydzianego i barwników, przekąski z owoców, domowej roboty ciasteczka migdałowe.

- **Proponujcie zamiany:** Halloween, urodziny, impreza w szkole – wydaje się, że wykorzystujemy każdą okazję do tego, aby poczęstować dzieci słodyczami. Słyszałam o zamożnych szkołach, które regularnie urządzają „dni lizaka" lub „dni lodów" po to, aby chodzenie do szkoły było dla dzieci czymś przyjemniejszym (zamiast po prostu zwiększyć liczbę zajęć na świeżym powietrzu i zmniejszyć liczbę prac domowych). Aby osłodzić dzieciom obowiązki, zaproponujcie im coś w zamian. Na jeden dzień zapomnijcie o pracach domowych, a w zamian za to upieczcie coś wspólnie lub wybierzcie się gdzieś razem.
- **Inną taktyką,** zwłaszcza na Halloween, jest pozwolenie dziecku, aby wybrało sobie cukierki z mieszanki. Pamiętajcie o zasadzie: Zamieńcie cukierka na zdrowszą przekąskę bez konserwantów.
  - Handlujcie cukierkami: każdy za grosz.
  - Zostawcie je jako ofiarę dla „cukierkowej wróżki" w zamian za małą niespodziankę-błyskotkę pod poduszką.
  - Zbudujcie coś z cukierków. Widziałam dzieci, które projektowały naprawdę kreatywne budowle z cukierków, które później podziwiały, zamiast je jeść.
  - Przeprowadzajcie eksperymenty z cukierkami: Co się stanie, jak zamoczycie je w wodzie? Lub w occie winnym? Ile czasu potrzeba, aby barwnik się rozpuścił?

SZKOLNY LUNCH

Szkolne lunche stały się jabłkiem niezgody, jeśli chodzi o zdrowie dzieci. Zastanówmy się przez chwilę, jak do tego doszło, że szkoły zaczęły karmić nasze dzieci.

Kiedyś dzieci wychodziły ze szkoły na „ciepły posiłek" do domu, a następnie wracały. Ale nowoczesne szkoły – wzorowane na fabrykach – zaczęły wprowadzać programy żywieniowe, ponieważ różne grupy, jak socjologowie, eksperci żywieniowi, specjaliści rządowi, grupy socjalne, rodzice i nauczyciele, a także ligi charytatywne, chciały uzupełnić niedostatki żywieniowe u dzieci w wieku szkolnym.

Rodzice zostali poinformowani o związku między dietą a osiągnięciami w nauce, wprowadzono więc gorące obiady szkolne. Temat jedzenia w szkole podchwyciły firmy zajmujące się cateringiem. Debata na temat dobrego jedzenia dla dzieci w szkołach trwa. Rodzice, dietetycy, nauczyciele i firmy cateringowe debatują, a tymczasem dzieci jedzą niezdrowe lunche (a pizza jest jedną z pięciu porcji warzyw i owoców).

Korporacje – które lobbują, aby dostarczać żywność dla jak największej liczby dzieci – serwują posiłki wysokoprzetworzone w celu osiągnięcia zysku. Kwestia ta nie zawsze działa na rodziców. Znam rodziców, którzy bardzo szczegółowo troszczą się o to, co ich dzieci jedzą, co noszą, z kim się bawią, co czytają, ale kiedy pytam, co jedzą w szkole, mówią tylko: „Szkolny lunch".

Jednak problemy ze zdrowiem, zachowaniem lub nauką, które wynikają ze spożywania przetworzonej żywności śmieciowej w ciągu dnia, dziecko zabiera ze sobą do domu. Pomyślcie: niezdrowe jedzenie albo fast food na szkolnej stołówce wiąże się z tym, że dziecko traci pięć pełnowartościowych posiłków w tygodniu (czasami dziesięć, jeśli w szkole wydaje się także śniadania), a wzbogacają się wielkie korporacje, których nie interesuje samopoczucie waszych dzieci.

Bardzo ważne jest także to, kiedy dzieci jedzą i ile mają na to czasu. Szkoły są coraz większe, ale niestety wciąż brakuje w nich przestrzeni na stołówki, dlatego lunch zaczyna się już o 9.30 rano. Nastolatki zazwyczaj przychodzą do szkoły na 7.00 rano, a nauczyciele najczęściej zabraniają im później jeść w klasach, więc dzieci są w pewien sposób zmuszone do tego, by przetrwać dzień na kortyzolu*.

Przerwa na lunch trwała kiedyś co najmniej godzinę. Teraz jest to tylko 30 minut, podczas których dzieci – nawet te najmłodsze – muszą odłożyć książki, dostać się na stołówkę, odebrać jedzenie, zjeść, posprzątać i wrócić do klasy. Wszystko w 30 minut! Moje dzieci często przychodziły do domu z lunchem zjedzonym tylko w połowie, bo „nie miały czasu na jedzenie". A przecież dzieci w czasie przerw chcą się bawić, więc nie powinno dziwić, że niektóre wracają do domu, umierając z głodu, z pudełkiem na lunch wciąż pełnym jedzenia. Badania przeprowadzone przez Johns Hopkins School of Public Health wykazały, że dzieci jedzą zdrowiej, gdy spełnionych jest kilka warunków.

1. Na stołówkach jest ciszej (doskonałą alternatywą może być tutaj jedzenie na zewnątrz) lub dzieci mają dostęp do cichego *lunchroomu* dla chętnych.
2. Jedzenie jest pokrojone na kawałki (plastry jabłek, małe kawałki marchwi itd.).
3. Dzieci mają więcej czasu na posiłek.
4. Nauczyciele lub dorośli jedzą obiad w tej samej sali.

* Kortyzol – hormon stresu [przyp. tłum.]

ZAPAKUJ SWOJE JEDZENIE

Wieczorne przygotowywanie posiłku, który dzieci następnego dnia zabiorą ze sobą do szkoły, to oszczędność czasu i pewność, że twoja rodzina je zdrowsze rzeczy.

Próbujcie różnych produktów, aż dowiecie się, co lubią wasze dzieci. To normalne, że nie wszystko, co przygotujecie, przypadnie im do gustu. Być może będziecie potrzebowali kilku prób, zanim wrócą do domu z pustym pojemnikiem na żywność. Ale nie poddawajcie się. Nie chodzi tutaj o zmuszanie dzieci do jedzenia czegoś, czego nie chcą, tylko o wywołanie u nich entuzjazmu i chęci spróbowania czegoś nowego. Jeżeli przestajecie dawać im warzywa tylko dlatego, że kilka razy przyniosły je z powrotem niezjedzone, tak naprawdę dajecie im sygnał, że nie muszą ich jeść. Zamiast tego bądźcie po prostu bardziej kreatywni.

Burza mózgów

- **Sałatka:** warzywa i kurczak albo inne mięso, składniki na taco, orzechy i nasiona, ser, pokrojone jajka na twardo, łosoś;
- **Miska ryżu:** skiełkowany ryż, quinoa lub inne ziarna, nasiona lub orzechy, gotowane jajka, ryba lub mięso, różnego rodzaju warzywa i smaczny dressing;
- **Frittata lub quiche**
- **Chili:** warzywa lub mięso (niektóre tarte słodkie ziemniaki dają świetną konsystencję i smak);
- **Warzywne sushi:** nori nadziewane brązowym ryżem lub komosą ryżową, awokado i innymi warzywami;

- **Przekąski:** krojone warzywa z dipem (hummus, twaróg, dipy fasolowe), owoce, czipsy z banana lub jarmużu, wodorosty (najlepiej z wód Atlantyku);
- **Łakocie:** ciemna czekolada, syrop klonowy, orzechy z miodem i cynamonem, makaroniki migdałowe, wiórki kokosowe w czekoladzie, mus czekoladowy, krem z dyni;
- **Resztki z obiadu:** najlepszy i najprostszy obiad!

Inne akcesoria

Używajcie metalowych pojemników na żywność, aby uniknąć tworzyw sztucznych i zmniejszyć ilość odpadów.

Torby papierowe zamiast plastikowych.

Zaopatrzcie się w specjalne butelki lub termosy na herbatę albo zupę.

O JEDZENIU W SKRÓCIE
TWOJA ŚCIĄGAWKA NA TEMAT ZDROWEJ ŻYWNOŚCI

Śniadanie:

- **Jaja.** W każdej formie! Gotowane, jajecznica z warzywami, na twardo (idealne do przechowywania w lodówce i wzięcia „na drogę").
- **Płatki owsiane.** Najlepiej najpierw moczone z odrobiną jogurtu, a następnie powoli gotowane.
- **Bezglutenowe tosty francuskie lub na zakwasie.** Można zrobić je wcześniej i zamrozić, a rano – gdy trwa walka z czasem – podgrzać w tosterze.

- **Naleśniki lub gofry.** Ciasto najlepiej przygotowujcie z wyprzedzeniem (możecie je przechowywać w lodówce przez tydzień). Podawajcie z pokrojonymi warzywami.

* **Nie ograniczajcie się do typowego „śniadania":** śniadanie wcale nie musi zawsze składać się z tradycyjnych produktów śniadaniowych. Osobiście znam dzieci, które jedzą na śniadanie stek albo zupę. A tradycyjne śniadanie w Kolumbii to bulion z kości i gorąca czekolada!

Lunch:
- **Resztki z kolacji** (mój ulubiony sposób!);
- **Sery i warzywa**;
- **Hummus z kiełkami albo dip z fasoli z warzywami**;
- **Zupa lub chili w termosie**;
- **Sałatka z serem, jajkiem, mięsem lub fasolą** (jeśli wasze dziecko nie lubi rozmoczonej sałaty, dressing umieśćcie obok);
- **Ser topiony na toście.**

* Korzystajcie z ciekawych dodatków, takich jak:
- **orzechy, nasiona albo owoce w czekoladzie**;
- **wodorosty na przekąskę**;
- **chipsy z banana**;
- **domowe ciasteczka i babeczki**;
- **kostka ciemnej czekolady, zwykłej lub z miętą**;
- **kandyzowany imbir** (to ostra przekąska, ale niektóre dzieci ją uwielbiają);
- **cukierki klonowe.**

Obiad:

- **Chili**;
- **Taco**;
- **Burrito** z wysokiej jakości tortilli z serem, śmietaną, fasolą lub mięsem, pieczarkami, cebulą, sałatą, pomidorami i salsą. Niektóre dzieci uwielbiają także marynowane papryczki jalapeños;
- **Pożywne zupy**: na przykład bulion z kości z kawałkami kurczaka, imbirem i mnóstwem krojonych warzyw i soczewicą. Dzieci, które mają tendencje do wyławiania warzyw, na pewno polubią zupę krem. Pamiętajcie, że dodanie odrobiny śmietanki (świetnie sprawdza się kokosowa) do zupy z marchwi lub kabaczka może okazać się kluczowe w przejściu od kręcenia nosem do pełnego brzuszka;
- **Sos mięsny i warzywa sauté podawane ze skiełkowaną komosą ryżową;**
- **Frittata ze smażonymi warzywami, z dodatkiem sera (lub bez);**
- **Marynowana pierś z kurczaka ze słodkimi frytkami ziemniaczanymi, czosnkiem i gotowanym na parze brokułem;**
- **Warzywa zielone, takie jak kapusta, jarmuż, botwina czy kapusta chińska (Bok Choy) w oliwie z oliwek lub smalcu z czosnkiem i solą lub z odrobiną octu umeboshi;**
- **Marchew, cukinia, pory smażone na oliwie lub maśle.**

* **Miksujcie pomysły.** Śniadanie na obiad to zawsze dobra zabawa.

* **Każdy posiłek powinien zawierać co najmniej jedno warzywo (lub dwa) i jeden owoc.** Pokrójcie je dziecku. Badania pokazują, że krojenie znacznie zwiększa prawdopodobieństwo, że dzieci skuszą się na dany produkt.

Przekąski:

- **Skiełkowane orzechy lub nasiona**, mogą być także te pieczone z odrobiną syropu klonowego lub miodu albo innych przypraw;
- **Pieczone chipsy z jarmużu;**
- **Pokrojone owoce i warzywa z dipami;**
- **Koktajle z owoców i warzyw;**
- **Chipsy z bananów, smażone zielone lub słodkie banany.**

Napoje:

- **Woda**;
- **Domowa herbata** (mrożona lub ciepła) z odrobiną słodzika lub mleka (lub bez);
- **Domowa lemoniada słodzona syropem klonowym;**
- **Gorące kakao z migdałami (lub innymi orzechami), mlekiem i łyżką melasy.**

Przykładowe menu

Dzień pierwszy

- Śniadanie: francuskie tosty z cynamonem, syrop klonowy, owoc i warzywo, herbata;
- Przekąski: paluszki z marchewki z dipem, orzechy;
- Obiad: gulasz z cukinii i soczewicy z komosą ryżową, pokrojone warzywa i owoce, chipsy z banana, kilka migdałów w polewie z ciemnej czekolady;
- Kolacja: kurczak z oliwkami, miodem i czosnkiem, sałatka z czarnej komosy.

Dzień drugi

- Śniadanie: płatki owsiane ze świeżymi owocami, krojone warzywa;
- Obiad: pieczone ziemniaki z serem i smażonymi warzywami, pokrojone warzywa i owoce, makaronik kokosowy, chipsy z jarmużu;
- Kolacja: taco z guacamole, fasolą, serem, salsą i przyprawami.

Dzień trzeci

- Śniadanie: jajka z cebulą i smażonymi warzywami, salsa;
- Obiad: ryż i fasola zmieszane ze smażonymi warzywami, organiczne chipsy tortilla i salsa, a także krojone owoce i warzywa oraz kostka ciemnej czekolady;
- Kolacja: kurczak pieczony z warzywami, ciasto z cukinii, sałatka.

Dzień czwarty

- Śniadanie: sardynki bez ości lub makrela w oliwie z odrobiną octu, pokrojone warzywa i owoce;
- Obiad: pieczeń z quinoą i zielonymi warzywami, pokrojone warzywa i owoce, suszone mango, skiełkowany słonecznik i nasiona dyni zmieszane z płatkami ciemnej czekolady;
- Kolacja: ciasto z kurczakiem i warzywami, smażony jarmuż jako dodatek.

Dzień piąty

- Śniadanie: koktajl z owoców zmieszanych z jogurtem lub z gałką masła migdałowego, dodatkowo woda, pokrojone warzywa;
- Obiad: sałatka z pokrojonych warzyw i jajek na twardo w plasterkach, słonych prażonych orzechów i nasion (do posypania), chipsy ziemniaczane, imbir lub owoce w polewie czekoladowej;

- Kolacja: rosół z kości lub zupa grzybowa z dużą ilością warzyw, juki i prosa.

Dzień szósty

- Śniadanie: jajko sadzone, kwaszona kapusta czerwona, krojone warzywa;
- Obiad: hummus z marchwią i innymi warzywami, prażone i solone wodorosty, pokrojone owoce, budyń z dyni;
- Kolacja: mielona wołowina chili (marchew, seler, papryka, i tarte słodkie ziemniaki), quinoa, brukselka.

Dzień siódmy

- Śniadanie: tost na zakwasie z masłem migdałowym i miodem, owoce i warzywa;
- Obiad: miska ryżu lub komosy ryżowej z dużą ilością warzyw oraz plastrami kurczaka albo wołowiny, z orzechami i przyprawami;
- Kolacja: frittata wegetariańska, sałatka, frytki ze słodkich ziemniaków.

ROZDZIAŁ 17

Leczenie od zewnątrz

Ci, którzy kontemplują piękno ziemi, znajdują w sobie pokłady siły, która będzie trwać tak długo, jak długo trwa samo życie. Jest bowiem coś nieskończenie uzdrawiającego w tym powtarzającym się refrenie śpiewanym przez naturę – zapewnienie, że po nocy przychodzi dzień, a po zimie – wiosna.

– RACHEL CARSON, *SILENT SPRING* („CICHA WIOSNA")

Istnieje powód, dla którego większość ludzi czuje się szczęśliwsza, gdy spaceruje wśród drzew i kwiatów albo siedzi na plaży. To nie przypadek, że ludzie uciekają w czasie wakacji na wieś lub nad morze, żeby się zregenerować. Obcowanie z przyrodą daje nam przecież ogromne korzyści fizyczne, mentalne i emocjonalne. Ten rozdział poświęcony jest naszemu partnerstwu z najpotężniejszą siłą uzdrawiającą: z naturą.

LECZENIE W REGENERUJĄCYM ŚRODOWISKU

Środowiska regenerujące to naturalne miejsca, które pozwalają nam odzyskać siły, byśmy znów mogli stawić czoła codziennym wyzwaniom.
Rozważcie to.

- Podziwianie piękna krajobrazu, bardziej niż przebywanie w środowisku miejskim, poprawia nastrój i obniża poziom stresu, a także daje nam pozytywne emocje, poprawia funkcje poznawcze i wyostrza zmysły[647]. Zwykłe kontemplowanie natury poprawia naszą koncentrację[648].
- Dzieci bawiące się na naturalnych placach zabaw (na trawie, a nie na betonowych lub gumowych powierzchniach) mają mniejsze problemy z koncentracją i uwagą, są też silniejsze fizycznie i psychicznie niż dzieci, które korzystają z tych mniej naturalnych miejsc do zabawy[649].
- Dzieci osiągają lepsze wyniki w nauce, gdy bawią się na terenach zielonych[650] (szkoły, które mają ich więcej, mogą się więc pochwalić lepszymi wynikami swoich uczniów)[651].
- Liczne badania wskazują, że bliskość przyrody może mieć działanie regeneracyjne, które obejmuje zwiększoną wydajność w zadaniach wymagających uwagi i bardziej skomplikowanych procesów poznawczych. Czas spędzony w środowisku naturalnym poprawia pamięć i koncentrację, nawet u dzieci z ADHD[652, 653, 654].
- Jedne z badań wykazały, że spędzanie wolnego czasu w lesie może znacznie zmniejszyć ilość negatywnych myśli i emocji, a więc czynników najczęściej wywołujących depresję[655]. Na-

uczyciele i rodzice: pamiętajcie, że natura zwiększa w nas poczucie wspólnoty[656].

KĄPIEL LEŚNA

Koncepcja shinrin-yoku lub kąpieli leśnej stała się w ciągu ostatnich 30 lat integralnym elementem medycyny prewencyjnej w Japonii. Lekarze zalecają tam leczenie polegające na spędzaniu czasu na spacerach, medytacji i zabawach w lesie w ramach profilaktycznej opieki medycznej[657]. Praktyka ta została bardzo dobrze przestudiowana. Zauważono wymierną poprawę zdrowia badanych w poszczególnych sferach[658, 659, 660]:

- **Stres:** zmniejszona reakcja „walki lub ucieczki" współczulnego układu nerwowego, obniżenie poziomu hormonów stresu wytwarzanych przez nadnercza, obniżenie ciśnienia krwi;
- **Odporność:** wzrost komórek NK i przeciwnowotworowych białek, zmniejszenie markerów zapalnych;
- **Tryb uśpienia:** lepszy sen i więcej energii;
- **Poznanie:** poprawienie skupienia (nawet u dzieci z ADHD);
- **Nastrój:** więcej szczęścia i lepsze samopoczucie;
- **Żywotność:** szybsze wyjście z choroby i regeneracja po zabiegu.

Las może zaoferować dzieciom równowagę i pomóc im się skupić i funkcjonować, być szczęśliwszymi, zdrowszymi i bardziej sprężystymi. Nic, co zrobione przez człowieka, lub farmaceutyki nie oferują tak szerokiego wachlarza korzyści... Zupełnie za darmo!

Parki, podwórka szkolne, tereny zielone i, co najważniejsze, dzika przyroda nie są po prostu miejscami do rekreacji i sportu; one polepszają zdrowie fizyczne, psychiczne i społeczne w głęboki i fundamentalny sposób, którego nie da się naśladować lub zastąpić.

- *Wybierzcie się na spacer lub wycieczkę na łono natury każdego dnia.*
- *Pomóżcie dzieciom zbudować fort, rozbić namiot lub skonstruować tipi na zewnątrz.*
- *Zbudujcie tymczasowy labirynt i przejdźcie go z dzieckiem.*
- *Zróbcie pracę domową, siedząc na skale, pod drzewem lub w forcie, namiocie, domku na drzewie.*
- *Idźcie na skuter lub przejażdżkę rowerową w parku przed kolacją lub po niej.*
- *Dajcie swoim dzieciom skrawek ziemi, aby mogły tam zrobić to, co tylko zechcą: warzywniak, ogród motyli lub ogród rzadkich roślin.*
- *Wypowiadajcie się głośno na temat dzikiej przyrody i zielonej przestrzeni w waszej społeczności.*

Mikroorganizmy glebowe sprawiają, że jesteśmy szczęśliwi, zdrowi i mądrzy

Nasza relacja z bogatą w bakterie glebą może poprawić nasze samopoczucie. Kiedy chorych na raka leczono mikrobami znalezionymi w glebie, zauważyli oni poprawę jakości życia i szczęśliwszy nastrój[661]. Późniejsze badania wykazały, że leczenie to wpływa na przeżycie u pacjentów z czerniakiem[662]. Ta bakteria glebowa, *Mycobacterium vaccae*, zwiększyła poziom serotoniny u myszy tak skutecznie, jak leki przeciwdepresyjne[663]. Myszy uczyły się szybciej i były bardziej świadome i skoncentrowane[664]. Zachęcajcie swoje dzieci do robienia babek z błota – a jeszcze lepiej róbcie je wspólnie. To zalecenia lekarza!

UZIEMIENIE, CZYLI UBRUDŹCIE SIĘ

W całej historii ludzie przeważnie chodzili boso lub nosili obuwie wykonane ze skór zwierzęcych i spali na ziemi lub na skórach. Grunt jest obfity w wolne elektrony, które dostawały się do naszych ciał, a każda część ciała mogła równoważyć się z potencjałem elektrycznym Ziemi. To stabilizowało środowisko elektryczne wszystkich narządów, tkanek i komórek. Uziemienie odnosi się do korzyści – w tym lepszego snu i zmniejszenia bólu – które czerpiemy przez podłączenie do tych systemów przewodzących, które przenoszą elektrony z Ziemi do naszego organizmu.

Uziemienie pomaga ustawić nasze zegary biologiczne poprzez regulowanie rytmu naszego ciała, który wpływa na jakość snu i poziom kortyzolu[665]. Elektrony Ziemi mogą również zmniejszyć ból i zrównoważyć nasz współczulny („walka lub ucieczka") lub przywspółczulny (uspokojenie) układ nerwowy[666].

W skrócie, bieganie boso na zewnątrz, leżenie w trawie, oglądając chmury lub czytając, albo siedzenie na skale są fantastyczne dla zdrowia i dobrego samopoczucia.

POZWÓL SŁOŃCU ŚWIECIĆ

Smarowanie dzieci kremami z filtrem przeciwsłonecznym stało się częścią letniej rutyny każdego rodzica. Nauka mówi nam jednak, że może nie do końca robimy im przysługę. Podobnie jak w przypadku naszego lęku przed brudem, zarazkami i przebywaniem na zewnątrz, stworzyliśmy również strach przed słońcem. Badania w Instytucie Karolinska z 2014 roku przeprowadzone na 30 tys. kobiet powyżej 20. roku życia wskazują jednak, że kobiety, które wytrwale unikały ekspozycji na słońce, były znacznie bardziej narażone na śmierć niż te, które nie stroniły od promieni słonecznych[667]. To prawda. Większa ekspozycja na słońce oznaczała, że były one mniej narażone na śmierć.

Większość z nas zna korzyści płynące z witaminy D, hormonu steroidowego, który moduluje ponad 3 tys. genów i białek, w tym absorbuje i transportuje wapń, fosfor i magnez dla mineralizacji kości i wzrostu; powoduje wzrost komórek i uzdrowienie; i usprawnia funkcje układu immunologicznego. Wspomaga sen i nastrój poprzez zwiększanie produkcji serotoniny i melatoniny. Witamina D zmniejsza stany zapalne i może modulować choroby autoimmunologiczne. Jedno z badań na ponad tysiącu kobiet wykazało o 77 procent mniejsze ryzyko zachorowania na raka w ciągu czterech lat u tych, które uzupełniały poziom witaminy D i wapnia w stosunku do tych, które przyjmowały tylko wapń[668].

Studenci, którzy mieli ekspozycję na słońce, byli szczęśliwsi niż ci, którzy unikali słońca[669]. Jednak naukowcy uważali, że te zasługi nie mogą być w pełni przypisane do poziomu witaminy D. Komórki w całym ciele, w tym skóra i oczy, są wrażliwe na światło ultrafioletowe pochodzące ze słońca, które z kolei reguluje hormony, apetyt, stres, cykl snu i inne istotne elementy funkcjonowania podwzgórza. Światło to stymuluje uwalnianie melatoniny, która pomaga nam zasnąć, działa jako silny antyoksydant, zwiększa perystaltykę jelit (co może pomóc w przypadku choroby refluksowej), a nawet łagodzi depresję. Podwzgórze i przysadka mózgowa wpływają na nadnercza, które kontrolują produkcję kortyzolu. Te ważne wpływy na aktywność mózgu, które zwiększają czujność, poprawiają funkcje poznawcze, polepszają nastrój i witalność, są niezależne od produkcji witaminy D. To tylko część z korzyści, jakie dają nam promienie słoneczne. Przebywanie w słońcu wpływa na nas korzystnie na wielu poziomach.

A co ze strasznym promieniowaniem UV? Światło ultrafioletowe w zbyt dużych dawkach może powodować uszkodzenia DNA i zwiększa ryzyko niektórych nowotworów skóry, dlatego bardzo ważne jest, aby unikać oparzeń słonecznych. Ale krótka kąpiel słoneczna każdego dnia nie zawsze jest zła: Pracownicy, którzy spędzają więcej czasu na słońcu, mają niższe ryzyko wystąpienia czerniaka niż ci, którzy wychodzą na zewnątrz tylko w trakcie przerw[670].

Regularna ekspozycja na słońce może oferować ochronę przed czerniakiem[671], a także łuszczycą i stwardnieniem rozsianym. Natomiast składniki fitochemiczne zawarte w roślinach, stosowane miejscowo i doustnie, pomagają chronić nas przed szkodliwym działaniem promieniowania UV – tak jak to ma miejsce w samych roślinach – jednocześnie pozwalając nam korzystać z tego, co dla nas dobre: od oleju sezamowego i kokosowego[672], pycnogenolu (wyciągu sosnowego)[673], herbaty lub kiełków koniczyny[674], zielonej lub czarnej herbaty[675] i innych.

Chrońcie dzieci przed poparzeniami, okrywając ciało lub pozostając w cieniu w czasie najsilniejszego słońca – to doskonała okazja, aby odkrywać lasy lub bawić się w fortach. Gdy jest to konieczne, należy użyć koszulki z filtrem UV lub zastosować naturalny filtr przeciwsłoneczny. Sprawdźcie oceny Environmental Working Group, aby wybrać najbezpieczniejszą opcję ochrony przeciwsłonecznej. Zachowajcie zdrowy szacunek dla potęgi słońca, ale nie bójcie się korzystać z benefitów, jakie nam daje.

Prawdziwy brud na sztucznej nawierzchni: po co stosować toksyczne nawierzchnie, skoro trawa jest tak wspaniała?

Wielu rodziców i wychowawców twierdzi, że dzieci spędzają dużo czasu na zewnątrz, uczestnicząc w zajęciach sportowych. Podczas gdy ćwiczenia i czas na świeżym powietrzu mają bardzo pozytywny wpływ na dziecięce zdrowie, wiele dzieci spędza czas na syntetycznej murawie – co jest innym przykładem, jak przemysł znalazł lukratywny sposób składowania odpadów toksycznych.

1. **Skrawki opon są toksyczne i mogą przyczyniać się do chorób dzieci.** Większość syntetycznych muraw powstaje przy użyciu okruchów z recyklingu opon, stosowanych jako „wypełnienie" lub materiał amortyzujący. Okruchy gumy zawierają mnóstwo toksycznych substancji chemicznych, takich jak substancja rakotwórcza nazywana sadzą.

   Każde boisko z syntetyczną murawą zawiera 40 tys. gumowych opon; to powiększa powierzchnię, która może uwalniać toksyczne związki chemiczne wdychane lub absorbowane przez skórę, szczególnie przez otwarte rany. Drogi zakażenia człowieka obejmują drogi oddechowe, skórę i przypadkowe połknięcie, z których wszystkie mogą wystąpić podczas normalnego funkcjonowania człowieka.

   Syntetyczne pola murawy mogą zawierać duże ilości ołowiu w zielonym kolorze. Z czasem tworzywo sztuczne staje się proszkiem, uwalniając ołów w postaci bardziej przyswajalnej. Nawet niewielkie ilości ołowiu, będącego silną neurotoksyną, zmieniają rozwijający się mózg[676]. Ponadto notuje się coraz więcej przypadków białaczki i chłoniaka wśród studentów, którzy grali na syntetycznych boiskach[677].

2. **Temperatura na polach syntetycznej trawy może wzrosnąć do niebezpiecznego poziomu.** Temperatura powierzchni syntetycznych pól w słoneczne dni może osiągnąć 160 stopni lub więcej. Wysoko zasilane armatki wodne zużywające duże ilości prądu są wymagane do schłodzenia temperatury powierzchni do bezpiecznego poziomu, zużywając przy tym ogromne ilości wody. W upalne dni należy to wykonać kilkakrotnie, aby zmniejszyć ryzyko wystąpienia u sportowców poważnych chorób związanych z ciepłem. Ponadto murawa przyczynia się do zmian klimatycznych. Syntetyczne pola murawy, podobnie jak dachy ze smoły, przyczyniają się do efektu „wyspy ciepła". Wreszcie te pola, wykonane z produktów ropopochodnych, nie wykonują, jak ich odpowiedniki z trawy, konwersji dwutlenku węgla na tlen i przechowują dwutlenek węgla w swojej biomasie.
3. **Sztuczna trawa wymaga użycia dezynfekujących substancji chemicznych.** Syntetyczne pola sportowe muszą być regularnie dezynfekowane w celu usunięcia płynu ustrojowego, jak również bakterii, które w przeciwnym razie zostałyby usunięte przez opady i wskutek naturalnych procesów wchłonięte do gleby. Te dezynfekujące chemikalia są zarejestrowane jako pestycydy, a te prezentują swoje własne ryzyko zdrowotne.
4. **Syntetyczne bloki murawy blokują korzyści płynące z uziemienia.** Transfer elektronów w procesie uziemienia omówiony powyżej nie może przeniknąć miękiszu opony, które tworzą murawę. Dzieci, które grają na murawie, nie korzystają z tego regulacyjnego efektu bycia na zewnątrz.

Warto zapamiętać: *Usuwajcie te materiały i zastąpcie je ściółką z drewna lub pokryciem z ziemi. Nie grajcie na syntetycznych polach, które zawierają wypełnienie z opon gumowych. Jeśli nie ma innej opcji, weźcie prysznic natychmiast po opuszczeniu boiska i zmieńcie ubranie, w tym skarpetki i buty, w których mogą się ukryć małe okruchy kauczukowe.*

WASZA NATURALNA RECEPTA

Żyj w każdym sezonie, gdyż przechodzi; oddychaj powietrzem, pij napoje, kosztuj owoce i pogódź się z wpływem ziemi.

– HENRY DAVID THOREAU, *WALDEN*

POZIOM 1

- **Uprawiajcie zioła w doniczkach lub na zewnątrz**
- **Dołączcie do społeczności dzielącej ogrody**
- **15 minut dziennie spędzajcie na zewnątrz: wspinajcie się na drzewo, staczajcie się w dół wzgórza, leżcie na trawie**
- **Stosujcie olejki eteryczne i kadzidełka w domu**
- **Róbcie zakupy na lokalnym targu**

Zacznijcie od małych rzeczy

Przygotujcie garnek i glebę i zasadźcie zioła z nasion lub korzeń imbiru w pomieszczeniu i patrzcie, jak rośnie. Wasze dzieci będą zachwycone, obserwując wyrastające rośliny. Poprzez opiekę nad roślinami i ich zbieranie stwórzcie więź z naturą.

Budowanie społeczności poprzez ogrody społeczne

Jeśli czujecie się przytłoczeni samodzielną uprawą żywności, poszukajcie społeczności, która ma do tego kolektywne podejście. Poświęćcie czas, aby opiekować się ogrodem wraz z innymi w zamian za część plonów. To może być świetna okazja nie tylko do hodowania żywności i do nauki, lecz także do znalezienia swojego plemienia i budowania wspólnoty, zamiast samotnego noszenia całego tego ciężaru.

Wspólnie możecie napisać list o swoim projekcie i poprosić ludzi o oddawanie nadmiaru nasion, roślin, narzędzi, gleby i pieniędzy. Wolne rośliny znajdują się w każdym miejscu, gdziekolwiek mieszkacie. Trenujcie wzrok, aby je zobaczyć. Niektóre szkółki ogrodnicze mają dostawy nowego towaru co tydzień i pozwolą wam na regularny odbiór datków przez cały sezon wegetacyjny. Większość firm nasiennych wysyła datki tylko raz w roku, jesienią i zimą.

Organizujcie coroczną wymianę nasion i przygotujcie darmowe paczki nasion organicznych. Sprawdźcie też organizację Foods Not Lawns.

Aromaty natury

Zapach jest skutecznym sposobem, aby połączyć się z naturą. Lotne związki aromatyczne z roślin przedostają się bezpośrednio do naszego układu nerwowego – z pominięciem jakiegokolwiek neurologicznego przetwarzania – i przywołują na myśl wspomnienia i doświadczenia z przeszłości. Wykazano, że aromat rozmarynu wpływa na polepszenie pamięci i skupienia[678]. Mamy nawet receptory zapachowe pokrywające naszą skórę, które przyspieszają gojenie ran, gdy zetkną się z niektórymi lotnymi związkami roślinnymi[679]. Nasz uzdrawiający związek z roślinami jest złożony.

- **Rośliny domowe lub cięte kwiaty, trawy lub konary, rośliny wieczniezielone:** nie bez powodu wysyłamy kwiaty i rośliny do ludzi, gdy są chorzy, doświadczają jakiejś utraty lub świętują. Rośliny mają wspaniały zapach i sprawiają, że czujemy się dobrze. Przechowujcie rośliny – doniczkowe, wieczniezielone gałęzie, dzikie kwiaty – w pomieszczeniach, w których przebywacie, w waszym domu we wszystkich porach roku.
- **Kadzenie:** w kulturach tradycyjnych spalone wiązki szałwii, turówki, cedru i innych związków aromatycznych stosowano jako

lek na chore płuca, układ nerwowy i skórę[680]. Używano kadzenia, aby przynieść rośliny i naturę do domów i „oczyścić powietrze". Badania pokazują, że poza wprowadzaniem pozytywnych uczuć, czynność ta dosłownie dezynfekuje powietrze – obniżając zawartość różnych organizmów w powietrzu o 94 procent w ciągu godziny, a efekt ten może trwać nawet przez cały kolejny miesiąc[681]. Wiązki do kadzenia łatwo kupić od miejscowych zielarzy lub przez internet albo jeszcze lepiej – przygotować je samodzielnie wraz z dziećmi. Zapalcie je, przedmuchajcie, aby się tliły, i pozwólcie zapachowi przeniknąć dom. (Nie zapomnijcie później umieścić ich w bezpiecznym miejscu).

- **Olejki eteryczne:** mogą wzmocnić nasz system odpornościowy, funkcje mózgu, emocje, sen i wiele innych. Mają również doskonałe właściwości przeciwbakteryjne, w szczególności w połączeniu z innymi[682]. Spróbujcie różnych opcji i przekonajcie się, które sprawiają, że czujecie się świetnie. Następnie dodajcie kilka kropli do kąpieli, ultradźwiękowego nawilżacza lub dyfuzora lub do oleju kokosowego, aby wymasować ciało.

Ktoś kiedyś dał mi wacik z kilkoma kroplami olejku miętowego w pustym słoiczku, gdy miałam uciążliwe mdłości w czasie ciąży – to naprawdę pomogło! Dwie lub trzy krople olejku miętowego w filiżance wody z lodem stosuję również do przygotowania kompresu, który przykładam do czoła dzieci, gdy boli je głowa lub mają gorączkę. Trzy do czterech kropli olejku z eukaliptusa pod prysznicem lub w wannie są wspaniałe do usuwania zatorów. Uwielbiam kilka kropli olejku z lawendy na poduszce, bo to pomaga się zrelaksować, a Thieves Blend (cynamon, goździki, cytryna, drzewo herbaciane) pomaga w walce z infekcją. Mój syn, który uczęszcza do szóstej klasy, przeprowadził eksperyment naukowy, w którym w szalce Petriego porównał rozwój bakterii z dłoni po zastosowaniu Thieves Blend, mydła lub środka do dezynfekcji rąk. Thieves Blend (o działaniu antybakteryjnym) wypadł najlepiej. Stosuję go jako środek do dezynfekcji rąk w podróży.

Zainspirujcie dzieci na temat żywności i natury poprzez czytanie następujących pozycji:

James and the Giant Peach [James i ogromna brzoskwinia], Roald Dahl

Fantastic Mr. Fox [Fantastyczny pan Lis], Roald Dahl

Bread and Jam for Frances [Chleb i dżem dla Frances], Russell Hoban

Farmer Boy [Mały farmer], Laura Ingalls Wilder

Little House on the Prairie [Domek na prerii], Laura Ingalls Wilder

The Lorax, Dr. Seuss

A Seed Is Sleepy [Ziarnko chce spać], Dianna Aston i Sylvia Long

POZIOM 2

- **Załóżcie własny ogród lub niewielki sad, posadźcie krzewy jagodowe**
- **Rozpocznijcie produkcję kompostu**
- **Odwiedźcie farmę**
- **Przeczytajcie książkę o ogrodnictwie permakultury**
- **Zamówcie nasiona roślin o innych odmianach niż komercyjnie uprawiane**
- **Spędzajcie czas na spacerach i odkrywaniu lasu**
- **Zorganizujcie sobie obóz**

Jednym z najważniejszych zasobów, jakie daje ogród, jest własne ciało ogrodnika. Ogród daje ciału godność pracy w swoim własnym wsparciu. Jest to sposób na zjednoczenie rasy ludzkiej.

– WENDELL BERRY

Ogrodnictwo 101

Ogrodnictwo jest jednym z najlepszych sposobów, aby czerpać korzyści z przebywania na łonie natury. Jesteśmy wtedy w kontakcie z elementami, które karmią ciała nasze i naszych dzieci – hodowanie roślin sprawia, że dzieci chętniej kopią w ziemi – a dodatkowo macie dostęp do świeżej żywności. To może być tak proste lub absorbujące, jak tylko chcesz.

Niektórzy ludzie wyobrażają sobie, że jedynym sposobem, aby pielęgnować ogród, jest ogromny wysiłek i koszt: sprzęt do uprawy roli, sadzenie rzędów pomidorów, papryk i truskawek, sadzonki, podlewanie, nawożenie i regularne pielenie, a następnie zbiór. To tylko jeden ze sposobów, aby to zrobić.

O wiele bardziej realistyczna i korzystniejsza jest praktyka permakultury, podejścia do wzrostu, który jest zgodny z naturą, wykorzystująca niesamowitą zdolność natury do przetrwania. Zamiast starać się kontrolować naturę, wspieramy jej nieograniczoną energię. W tym modelu jesteśmy jedynie moderatorami, stając się częścią sieci gleby, słońca, deszczu i różnorodnych roślin, bakterii, owadów i robaków. Ten stosunkowo samowystarczalny system nazywany jest również „lasem jedzenia", który przywodzi na myśl zarówno rośliny wieloletnie, jak również niektóre jednoroczne. Oznacza to, że jest dwóch klientów: ludzie, którzy tam mieszkają, i sama ziemia.

Uprawa współrzędowa oznacza sadzenie niektórych upraw obok innych, aby zniechęcić szkodniki i chwasty oraz wzmocnić zdrową glebę.

Żywopłoty i krzewy

Żywopłoty z krzewów dostarczają mnóstwa owoców i nie wymagają wiele pielęgnacji z waszej strony. My posadziliśmy krzaki z malinami, agrestem, świdośliwą, borówkami i czarnym bzem przy niewielkim wysiłku – poza późniejszym przycinaniem i zbiorami. Dodatkowo szpalery posadzone w zakrzywiony wzór mogą uchronić uprawy przed zwierzakami.

Krzewy mogą dostarczyć wam owoców lub orzechów, pyłku dla pszczół, cienia, prywatności, będą waszym parawanem i – co ważne – ich liście ostatecznie przekształcą się w ściółkę, aby budować glebę. W suchych obszarach sadownicy sadzą rośliny w płytkich zagłębieniach w ziemi, połączonych za pomocą rowów, aby zbierać deszcz i zahamować erozję gleby. Karłowate drzewa są dostępne w większości odmian i są łatwiejsze w utrzymaniu dla tych z nas, którzy wolą być bliżej ziemi.

Kompostowanie 101

Kompost odgrywa wiele ról: jest recyklingiem odpadów, zachowuje składniki odżywcze w glebie, stwarza żyzny humus, zwiększa trwałość mikrobiologiczną i oferuje okazję do ćwiczeń, ponieważ od czasu do czasu trzeba go przewrócić, a ostatecznie – rozłożyć. Poczekajcie, aż uzbieracie materiał na trzy stopy, tak aby mikroorganizmy były w stanie podnieść ciepło do minimum niezbędnego do rozbicia go. Powinien on zawierać warstwy w 50 procentach zielone (ze skoszonej trawy, świeżych roślin, odpadów kuchennych i – tak, wiem, że jest to technicznie brązowe, ale dla naszych celów wpada do zielonej kategorii – obornika), a w 50 procentach brązowe (suszone liście, siano, słoma, trociny). Niektórzy ludzie dodają trochę mączki rybnej lub mączki z krwi, aby zwiększyć zawartość azotu, jeśli obawiają się, że nie mają wystarczająco dużo „zielonego". Sterta (którą większość woli trzymać w pojemniku, aby uniknąć przyciągania gryzoni) powinna być wilgotna, jak wyciśnięta gąbka. Niektórzy ludzie, ci bardziej fanatyczni, dodają małe ilości gleby z terenów dzikich do zaszczepienia kompostu większą bioróżnorodnością mikrobiologiczną. Odwiedziłam nawet jednego rolnika, uprawiającego permakulturę na niewielką skalę, który używał biotoalety, a rok później miał bogaty kompost z ludzkimi odchodami dla upraw ich rodziny (choć osobiście zalecam stosowanie ludzkich odchodów do niejadalnych roślin, ponieważ mogą one koncentrować toksyny z naszych ciał). W końcu piękno kompostu polega na tym, że odpady zmieniają się w coś fantastycznego, cennego... Za darmo!

Budowa gleby, czyli prawdziwe „czarne złoto"

Nie musisz uprawiać własnego jedzenia, by dbać o budowanie żyzności gleby. Tak jak nasza skóra jest uważana za jeden narząd, tak i gleba jest organem Ziemi. Cała gleba jest połączona. Gleba jest czymś niesamowitym – to płodne, żywe miejsce pełne możliwości. Jedna łyżeczka gleby pastwiskowej może zawierać miliard bakterii, milion grzybów i 10 tysięcy ameb. Gleba jest miejscem, gdzie umarli wracają do życia. Rozkładające się szczątki organiczne i minerały z kamieni karmią żywe rośliny i organizmy, które z kolei przetwarzają martwe cząstki w glebie oraz zmieniają je w żywą materię. Żyzność gleby pochodzi z bogactwa tego cyklu, a nie z worka nawozu sztucznego.

Życie w glebie opiera się samo na sobie. Gleba, która jest bogata w składniki odżywcze i mikroby, oznacza więcej roślin i więcej rodzajów roślin. Różnorodne rośliny przyciągają różne owady, które dostarczają pożywienia dla większej liczby gatunków ptaków i innych stworzeń, które się nimi żywią. Mikroby są przyciągane do żywej i martwej materii, którą produkują. Różnorodność rodzi różnorodność. I różnorodność to bogactwo dla wszystkich, wliczając w to osobniki na szczycie łańcucha pokarmowego.

Natura tworzy glebę w dwóch kierunkach: z góry na dół i z dołu do góry. Od góry spadają liście, aby stać się częścią ziemi. Możemy mulczować tę materię organiczną, aby zbudować dojrzałą glebę, wypełnioną materią organiczną, drobnoustrojami i robakami, gotową do wyhodowania zdrowych roślin. Od dołu do góry korzenie roślin budują glebę poprzez doprowadzanie składników odżywczych z głębi ziemi aż do jej powierzchni w celu użycia przez inne rośliny. Kiedy zbieramy rośliny, usuwamy niektóre z tych substancji odżywczych z gleby, które w idealnej sytuacji powrócą do niej poprzez kompost, ściółkę lub nawóz naturalny.

Nie traćcie czasu na grabienie liści

Tak, dobrze słyszeliście. Spadające liście są darmowym jedzeniem i mikrobiomem dla gleby, żywnością i siedliskiem dla zwierzątek – salamander, wiewiórek, dżdżownic, węży i innych – niezbędnych do zdrowej gleby. Niektóre gatunki motyli przechodzą zimę jako poczwarki w obrębie tych liści, a wiosną ptaki żywią się robakami, które się tam znajdują.

Martwe liście powstrzymują wzrost chwastów, rozkładają się na kompost, który wzbogaca glebę i utrzymuje korzenie bezpieczne i ciepłe podczas zimy. Jeśli trzeba usunąć liście, nie używajcie głośnych, zanieczyszczających dmuchaw do liści i nie wysyłajcie liści na składowisko w plastikowych workach, a zamiast tego zagrabcie je (nie zapomnijcie do nich wskoczyć) i zróbcie z nich kompost w celu użycia go wokół drzew, krzewów i innych roślin. Nakarmcie waszą glebę!

POZIOM 3

- **Rozpocznijcie hodowlę kurcząt (lub innego żywego inwentarza)**
- **Postarajcie się o utworzenie miejsce do jedzenia na podwórku szkolnym lub lekcji na świeżym powietrzu**
- **Załóżcie na dachu ogród lub zróbcie pionowy stojak na rośliny**
- **Wraz z dzieckiem weźcie udział w kursie rozpoznawania i przygotowania dzikich roślin**
- **Wyślijcie glebę do badań i karmcie ją odpowiednio**
- **Dowiedzcie się więcej na temat uprawy biodynamicznej**
- **Zbudujcie dom na drzewie lub odkryty fort**

Kurczaki 101

Utrzymanie kur niosących jaja jest bardzo proste, o wiele łatwiejsze niż dbanie o wiele innych zwierząt. Aby mieć stały dostęp do pysznych jajek – i, tak, one smakują lepiej niż te zakupione w sklepie – trzeba tylko kilku rzeczy.

- Zbadajcie lokalne przepisy i rozporządzenia. Nowy Jork na przykład pozwala na nieograniczone hodowle kurczaka (w granicach zdrowia, higieny i ochrony zwierząt), ale bez kogutów (których pianie może być uciążliwe).
- Postarajcie się o kurnik lub zbudujcie go samodzielnie, niech przestrzeń w nim będzie dopasowana do liczby kurcząt, które zamierzacie hodować, oraz zadbajcie o to, aby chronić zwierzęta przed żywiołami (gorącym słońcem, zimnym wiatrem, deszczem i śniegiem). Może być prosty lub wymyślny, jaki tylko chcecie.

- Uzyskajcie organiczną paszę bez GMO i pościel nietoksyczną, jak wióry sosnowe lub słomy.
- Kupcie kurczęta.

Utrzymywanie kozy lub owcy

Utrzymanie krowy, owcy lub kozy to zadanie nie tylko dla rolników. Krowy karłowate lub rasy Jersey wymagają trochę więcej niż pół akra ziemi (i możecie dzielić się z sąsiadami). Zapewniają one maksymalnie od ośmiu do dwunastu litrów mleka dziennie, którymi możecie się dzielić z innymi. Kozy z kolei pasą się niemal na każdym terenie, nawet skalistym lub pagórkowatym, i są naturalnymi kosiarkami, zasilanymi energią słoneczną, oferując darmowy nawóz i mleko. Są one odporne, dobrze dostosowują się do ciepła i zimna, wymagają niewiele miejsca i są niedrogie w utrzymaniu. Dają średnio trzy litry mleka dziennie przez dziesięć miesięcy w roku. Owce oferują podobne korzyści, a dodatkowo oczywiście wełnę.

Edukacja przyrodnicza i szkolne ogródki

Natura jest najlepszym nauczycielem dla nas wszystkich i zapewnia najlepsze zajęcia. Każda szkoła powinna oferować program nauczania oparty na przyrodzie i pożywieniu, aby wyposażyć dzieci w wiedzę, którą każdy człowiek chodzący po tej planecie powinien posiąść. Należy zatem wiedzieć, jak być opiekunem ziemi i przyrody: ważne jest budowanie gleby, rozróżnianie drzew i roślin, sadzenie, zrównoważona uprawa i zbiory oraz przygotowywanie żywności. Taka edukacja uzupełnia wiedzę i może integrować inne dziedziny nauki: matematykę, literaturę i sztukę.

Teraz, kiedy znamy już korzyści zdrowotne i poznawcze płynące z przebywania w naturze, wyobraźcie sobie dzieci, które godzinami siedzą przy biurkach, patrząc na tablicę, zamiast poruszać się na zewnątrz, uczyć się przez działanie, obcować z drzewami, roślinami, słońcem i świeżym powietrzem. W jaki sposób natura ma wzbudzić ich skupienie, kreatywność, ciekawość i pasję? Jak mogłaby poprawić ich funkcje poznawcze i samopoczucie oraz zredukować poziom stresu?

Wiele tego typu projektów już istnieje. Od 2005 roku funkcjonuje Edible Schoolyard Project autorstwa szefowej kuchni, Alice Waters, w którym dzieciom przekazuje się wiedzę na temat żywności, którą mogą hodować, zebrać i przygotować samodzielnie. Dzięki zajęciom w ogrodzie dzieci tworzą zdrowe, sycące posiłki, poznając wszystkie etapy przygotowania: od gleby i ziarenka, aż do rośliny, która w końcu ląduje na talerzu. Program jest takim sukcesem, że został rozpowszechniony i obecnie realizuje się go w ponad 3500 miejscach na całym świecie. Program Wellness in the Schools oferuje podobne możliwości w Nowym Jorku.

Sprawdźcie, czy istnieją takie programy w waszej okolicy lub sami rozpocznijcie jeden. Wasze dzieci będą wam wdzięczne!

Podejmowanie działań

Nie możemy wychować kolejnego pokolenia konsumentów. Słowo „konsumować" oznacza zniszczyć lub zmarnować. Nasze dzieci muszą stać się twórcami, którzy wiedzą, jak pracować z elementami świata przyrody, a nie przeciwko nim. Możemy stworzyć zupełnie inną przyszłość dla nas samych, naszych wspólnot i naszej Ziemi, świadomie kupując, rozwijając się i jedząc, a także wychowując nasze dzieci.

Warto zapamiętać

1. Jedzcie brud! Spożywajcie żywność, która wzrastała w bogatej biodynamicznej glebie. Jedzcie świeżo zebrane warzywa, które nie były myte w fabryce. Przygotowujcie potrawy z warzyw nieobranych ze skórki, jeśli jest ona jadalna.
2. Hodujcie jedzenie w brudzie! Spędzajcie czas, karmiąc glebę kompostem i ściółką. Nie należy używać chemicznych nawozów i pestycydów – pozwólcie na różnorodność roślin rosnących na waszym trawniku. Użyjcie liści, skoszonej trawy i kompostu do budowania zdrowych ekosystemów glebowych, które tworzą bogate gleby i wspomagają obfite plony. Użyjcie pokrycia gruntu, które oddaje substancje odżywcze z powrotem i nie wymaga koszenia.
3. Kąpcie się w brudzie! Spędzajcie jak najwięcej czasu na zewnątrz. Zachęcajcie dzieci do przebywania na dworze (bez filtrów przeciwsłonecznych), do zabawy w błocie. Dołączcie do nich, jeśli macie na to ochotę! Róbcie babki z błota i nie bójcie się wziąć kęsa lub dwóch. Spędzajcie czas w lasach, parkach, w górach i uprawiajcie sport na polach zamiast na murawach.
4. Zatroszczcie się o brud! Niech wasza społeczność i ustawodawca wiedzą, że cenicie jakość powietrza i wody i że chcecie zachować naszą ziemię, drzewa i przyrodę. To nie sprawi, że nagle staniesz się ekologiem *per se*, tylko uczyni z ciebie inteligentnego człowieka. Ustawodawcy i przywódcy polityczni są naciskani przez przemysł; muszą usłyszeć również częściej

głosy z ich społeczności. Jak mówi Dalajlama: „Jeśli myślisz, że jesteś zbyt mały, by coś zmienić, spróbuj spać z komarem”. Trzymajmy naszych zleceniodawców, lekarzy, społeczności, prawodawców i liderów w gotowości!

Potrzebujemy toniku dzikości… Pragniemy badać, odkrywać i wiedzieć wszystko, a jednocześnie wymagamy, by wszystko było tajemnicze i niedostępne, by ziemia i morze były nieskończenie dzikie, nieodkryte i niezgłębione przez nas, ponieważ są bezkresne. Nigdy nie możemy mieć wystarczająco dużo natury.

– HENRY DAVID THOREAU

Przepisy

W naszym domu mamy ulubione przepisy na potrawy, które przygotowujemy regularnie. Moje dzieci same głosowały, które dania umieścimy w tym zestawieniu! Nie ma w nich nic skomplikowanego. Nie jestem szefem kuchni. Jestem za to fanką szybkiego i łatwego gotowania – szczególnie po długim dniu w pracy. Nie znaczy to jednak, że poniższe przepisy pozbawione są smaku. Skoro już poświęcam swój czas na gotowanie, zależy mi na tym, aby każdy jadł z przyjemnością.

Każde z poniższych dań składa się ze zdrowych składników i wykorzystuje różne metody obróbki termicznej i przyprawiania, aby wydobyć z potraw to, co najlepsze. Smakują one naturalnie i nie ma tutaj ukrywania warzyw w daniach tylko po to, aby sprawić, żeby dzieci chętniej je jadły.

W przepisach podałam miary, jednak musicie wiedzieć, że sama nigdy nie trzymam się sztywno zaleceń (dlatego też pieczenie nie jest moim ulubionym zajęciem!). Zachęcam was, abyście potraktowali te przepisy jako sugestie i porady; nie przywiązujcie wagi do konkretnych miar. Dostosowujcie potrawy do was samych, próbując i podmieniając składniki tak, aby wam smakowały.

PAMIĘTAJCIE: Wszystkie składniki, których używacie, powinny być najwyższej jakości – organiczne, biodynamiczne, od zwierząt z wolnego wybiegu, świeże i lokalne, jeśli to tylko możliwe.

WARZYWNA FRITTATA

6–8 porcji

Lubię mieć to danie w pogotowiu w sytuacjach, gdy odkrywam, że w mojej lodówce są zupełnie przypadkowe składniki, a ja muszę szybko przyrządzić kolację. Po prostu pokrójcie ulubione warzywa – zupełnie dowolne – i podsmażcie je na patelni, ubijając w tym czasie jajka, a w 20 minut będziecie mieli gotową kolację. Używam od jednego do trzech jajek na osobę, jeśli ta potrawa ma być daniem głównym, w zależności od apetytu, ale dostosujcie liczbę jajek do waszych osobistych preferencji.

Równie dobrze smakuje na zimno i doskonale nadaje się do zabrania ze sobą na lunch.

Składniki:

4 łyżki oliwy z oliwek lub oleju kokosowego albo 2 łyżki smalcu
2–3 szklanki różnych warzyw (szparagi, pomidorki koktajlowe, cebula, por, brokuły, groszek, papryka, szpinak lub boćwina), pokrojone na kawałki
½ łyżeczki soli i pieprzu

½ łyżeczki papryki

12 dużych jaj

Opcjonalnie: ekologiczny ser, starty lub w małych kawałkach; boczek lub szynka z naturalnej hodowli, wolne od azotanów, pokrojone w kawałki.

Przygotowanie:

1. Rozgrzejcie piekarnik do 175°C.
2. Na żeliwnej patelni lub dużej patelni do smażenia rozgrzejcie tłuszcz, następnie dodajcie warzywa. Podsmażcie je krótko, aby nie straciły chrupkości, od 5 do 8 minut. Dodajcie sól, pieprz i paprykę.
3. W międzyczasie ubijcie jajka w średniej misce, aż do powstania piany.
4. Zmniejszcie ogień i dodajcie jajka do warzyw na patelni. Dodajcie również ser i boczek, jeśli ich używacie. Smażcie, aż jajka zaczną się ścinać na brzegach patelni. Delikatnie podważajcie brzegi szpatułką, aby płynna masa spływała pod spód. Gdy prawie wszystkie jajka będą już ścięte, włóżcie patelnię do piekarnika na kolejne 10–15 minut, do momentu uzyskania brązowego koloru.

SŁODKIE I CHRUPIĄCE BRUKSELKI

6–8 porcji

Za pomocą tego przepisu udało mi się przekonać do brukselki wiele dzieci, które nie przepadały za zielonymi warzywami. Tak przygotowane brukselki są słodkie i słone jednocześnie, a także odrobinę gorzkie – po prostu pyszne.

Składniki:

4 łyżki oliwy z oliwek lub 2 łyżki smalcu
10 szalotek, obranych i posiekanych
450–700 g brukselek pokrojonych w plasterki (jeśli macie opcję krojenia w robocie kuchennym, pójdzie wam bardzo szybko)
2 łyżki surowego miodu
½–1 łyżeczki soli

Przygotowanie:

1. Rozgrzejcie żeliwną patelnię lub dużą patelnię do smażenia na średnim ogniu. Następnie dodajcie tłuszcz. Na rozgrzanym tłuszczu zeszklijcie szalotkę.
2. Wrzućcie połowę brukselki i smażcie przez 5 minut, aż lekko zwiędnie. Dodajcie miód i sól i wymieszajcie.
3. Dodajcie pozostałe brukselki, wymieszajcie z resztą i smażcie przez kolejne 5–7 minut. Pierwsza porcja warzyw wchłonie miód i tłuszcz, a druga nada daniu chrupkości i świeżości.

SURÓWKA Z CZERWONEJ KAPUSTY

6–8 porcji

Zawsze, gdy podaję tę sałatkę odwiedzającym nas gościom, ktoś pyta mnie o przepis, a ja jestem zawstydzona, podając go, ponieważ jest on banalnie prosty. Ale oprócz tego, że prosta w wykonaniu, poniższa sałatka jest również przepyszna, a najlepiej smakuje drugiego dnia. Kapusta pozostaje chrupiąca, a dodatkowo nabiera głębi poprzez marynowanie w pełnymi smaku umami occie ze śliwek umeboshi. To świetny sposób na podanie dzieciom czerwonej kapusty wraz z całym bogactwem fitoskładników, które zawiera.

Składniki:

½ średniej wielkości główki czerwonej kapusty, poszatkowana (unikajcie gotowej pokrojonej kapusty ze sklepu – zróbcie to sami!)
½ szklanki oliwy z oliwek
sok z 1 cytryny lub 2 łyżeczki octu ze śliwek umeboshi (jeśli go używacie, pomińcie sól)
1 łyżeczka soli morskiej (do smaku)

1. Kapustę wrzućcie do dużej miski. Dodajcie oliwę z oliwek, sok z cytryny lub ocet umeboshi oraz sól (jeśli jej używacie). Wymieszajcie dokładnie i podawajcie od razu dla uzyskania świeżej, chrupiącej sałatki lub marynujcie godzinę dla uzyskania głębszego smaku.

JARMUŻ NA TRZY SPOSOBY

W ostatnim czasie jarmuż stał się popularny – nie bez powodu. Te zielone liście bogate są w składniki odżywcze, które polepszają pracę mózgu, usprawniają pamięć i ułatwiają naukę. Jarmuż wspomaga także proces oczyszczania organizmu – podobnie jak inne warzywa kapustne i zielone warzywa liściaste, na przykład cykoria. Najlepiej spożywać je zamiennie, aby w pełni wykorzystać ich uzupełniające się właściwości.

Chipsy z jarmużu

4–6 porcji

Składniki:

1 pęczek jarmużu (czerwony, zielony, toskański)
1 łyżka oliwy z oliwek
sól morska

Przygotowanie:

1. Rozgrzejcie piekarnik do 175°C.
2. Podzielcie listki na mniejsze cząstki o wielkości 2–5 cm, oddzielając je od grubej łodygi. Wrzućcie je do średniej wielkości miski i wymieszajcie z oliwą oraz solą (w trakcie pieczenia chipsy staną się bardziej słone, więc nie przesadzajcie z ilością). Pieczcie chipsy na blasze wyłożonej papierem do pieczenia przez 10–15 minut, aż staną się chrupiące. Upewnijcie się, że nie nachodzą na siebie.

Sałatka z surowego jarmużu

4–6 porcji

Składniki:

1 pęczek jarmużu lacinato (inaczej: dino lub toskańskiego) pozbawionego łodyg
½ szklanki oliwy z oliwek
2 ząbki startego czosnku, posiekane
½ łyżeczki soli morskiej
Opcjonalnie: rodzynki, kiełki słonecznika, nasiona dyni, nasiona konopi, płatki parmezanu.

Porada: Zachowajcie łodygi! Poszatkujcie łodygi i wrzućcie je na patelnię razem z warzywami; używajcie ich do wywaru lub soku.

Przygotowanie:

1. Posiekajcie jarmuż na małe kawałki. Wrzućcie je do miski i wlejcie do niej oliwę. Delikatnie wetrzyjcie oliwę w jarmuż, a następnie dodajcie czosnek, sól i inne przyprawy.

Smażony jarmuż

4–6 porcji

Składniki:

1 pęczek fioletowego jarmużu (może być również każdy inny jarmuż lub inne zielone liście, jak na przykład kapusta)

2 łyżki oliwy z oliwek lub oleju kokosowego albo 1 łyżka smalcu lub łoju

1 fioletowa cebula lub duży por, posiekane

3 ząbki czosnku, posiekane i odstawione na 10 minut*

½ szklanki bulionu z kości lub wody (w razie potrzeby więcej)

odrobina octu ze śliwek umeboshi lub sok z 1 cytryny

½ łyżeczki soli lub gomasio

* Wspaniałe właściwości lecznicze czosnku zostaną zachowane nawet podczas gotowania, **pod warunkiem że po posiekaniu odstawicie go na 10 minut.**

Przygotowanie:

1. Oddzielcie liście jarmużu od łodyg i posiekajcie jedno i drugie, pozostawiając je jednak osobno.
2. Na średnim ogniu rozgrzejcie tłuszcz na dużej patelni. Gdy zacznie się gładko rozprowadzać po powierzchni patelni, do-

dajcie łodygi jarmużu i cebulę lub por. Podsmażajcie je przez 2–4 minuty, następnie zmniejszcie ogień i dodajcie liście jarmużu i czosnek. Gotujcie przez kolejne 5–8 minut, w zależności od tego, czy wolicie miękkie, czy bardziej chrupiące liście. Aby nadać potrawie soczystości, dodajcie odrobinę bulionu lub wody, zwiększcie ogień do średniego/dużego i podsmażajcie 3–5 minut po dodaniu liści. Uważajcie, aby nie gotować za długo, bo jarmuż stanie się gorzki i zwiędnie. Próbujcie podczas gotowania!

3. Przełóżcie jarmuż z patelni, doprawcie go octem umeboshi lub sokiem z cytryny i solą lub szczyptą gomasio.

HUMMUS

około 2 szklanek

Dzieci uwielbiają zanurzać potrawy w dipach, a ten kremowy sos smakuje najlepiej, gdy jest przyrządzony w domu. Przyda się, jeśli wasze dzieci nie chcą jeść warzyw – zachęci je do interakcji z jedzeniem.

Składniki:

½ szklanki suszonej ciecierzycy, moczonej przez 12 godzin, a następnie gotowanej na wolnym ogniu przez 1 godzinę

2 łyżki tahini (pasty sezamowej)

¾ filiżanki oliwy z oliwek

sok z 2 cytryn lub 1 łyżka octu umeboshi (w przypadku korzystania z umeboshi możecie użyć mniej soli)

3 ząbki czosnku, zmielone

1 łyżeczka soli morskiej

Przygotowanie:

1. Połączcie składniki w malakserze lub blenderze. Mieszajcie aż do uzyskania gładkiej konsystencji. W razie potrzeby dodajcie ¼ szklanki wody, aby osiągnąć luźniejszą konsystencję.

Kiełkowanie fasoli, nasion i zbóż

Moczenie ziaren i nasion w celu ich skiełkowania daje znaczące korzyści żywieniowe. Sprawia, że jedzenie staje się łatwiej strawne, neutralizuje kwas fitynowy, który może blokować wchłanianie kluczowych składników odżywczych, jak wapń, magnez, żelazo, miedź i cynk; zwiększa zawartość witaminy C i witamin z grupy B, alkalizuje organizm.

WYWAR Z KOŚCI

około 4 litrów

Buliony zwierzęce zawsze były przyrządzane z tych części zwierząt, które nie mogły być wykorzystywane do innych celów, jak tusza kurczaka czy szpik z kości wołowych, nie wspominając o kurzych łapkach lub kostkach wołowych. Te z pozoru niepotrzebne kawałki dodają bulionowi głębokiego aromatu oraz niesamowitych właściwości zdrowotnych. Możecie cieszyć się bulionem jako bazą do zup i gulaszów, możecie gotować w nim ryż lub inne ziarna lub po prostu wypić kubek na ciepło.

Pomyślcie o bulionie jak o pustym płótnie – możecie do niego dodać dowolne składniki, które lubicie. Dodajcie kilka kawałków korzenia imbiru wielkości kciuka (jeśli jest organiczny, możecie zostawić skórkę), suszony korzeń traganka, garść grzybów takich jak reishi, maitake lub shiitake; kawałek korzenia kurkumy lub

1–2 łyżeczki zmielonej kurkumy; warzywa, jak dynia, seler, cebula lub marchewka; inne dodatki nadające aromat, jak czosnek lub zioła – pietruszka, tymianek, kolendra. Pamiętajcie, że gotowanie wywaru to również świetna okazja na zużycie wszelkiego rodzaju resztek. Możecie w dowolny sposób modyfikować ten przepis, pamiętając, że podstawowa wersja to pół kilograma kości na około 3,8 litra wody, ale z czasem nabierzecie takiej wprawy, że będziecie przyrządzać go „na oko".

Składniki:

ok. ½–1 kg kości różnego rodzaju – wołowina, żubr, bawół, szpik kostny, jagnięcina, dziczyzna, drób, kaczka, gęś, indyk, koza lub wieprzowina prażone w temperaturze 200°C przez 50 minut. Aby uzyskać głębszy aromat i lepsze właściwości zdrowotne, dodajcie kurze lub wołowe nóżki. Spróbujcie, zanim skrytykujecie!
ok. 3,8 litra filtrowanej wody
3–5 szklanek różnych warzyw, korzeni, świeżych i suszonych ziół
10 ząbków czosnku, obranych

Przygotowanie:

1. W dużym garnku lub wolnowarze umieśćcie kości i zalejcie je wodą (dodając więcej wody, jeśli to konieczne). Doprowadźcie do wrzenia i gotujcie na małym ogniu pod przykryciem przez 6–12 godzin, jeśli używacie kości kurczaka, przez 12–24 godziny (a nawet 48 godzin), jeśli używacie większych kości, jak na przykład wołowe. W ciągu pierwszych kilku godzin usuwajcie szarą pianę, która zbierze się na powierzchni. Jest to czas, aby do wywaru dodać grzyby, jak shiitake i maitake, a także korzeń traganka lub imbiru.

2. W ciągu ostatniej godziny gotowania dodajcie warzywa – wszystkie oprócz czosnku i świeżych ziół, które dodacie pod koniec gotowania. Dobrą wskazówką, że wywar jest gotowy, jest moment, w którym kości stają się kruche – to znak, że minerały rozpuszczają się w rosole. (Koniecznie zjedzcie szpik znajdujący się w kościach – u zwierząt wypasanych na wolnym wybiegu szpik bogaty jest w zdrowe tłuszcze, które wzmacniają odporność).
3. Odcedźcie wywar przez sito i przechowujcie w lodówce do tygodnia lub zamroźcie go w kostkach do lodu i używajcie do różnych potraw. Imbir, reishi i korzeń traganka już wzbogaciły wywar i nadają się do kompostowania.

KULKI ROZKOSZY

10 porcji jako deser przechowujcie w lodówce i spożyjcie w kolejnych dniach

Te atrakcyjnie wyglądające i bogate w składniki odżywcze kulki zwiększą waszą odporność. Możliwości jest mnóstwo, włączając w to daktyle, skórkę cytrynową, orzechy ziemne, chia, nasiona konopi i wiele innych. Użyjcie wyobraźni!

Składniki:

półkilogramowy słoik masła orzechowego, sezamowego lub słonecznikowego

¾ szklanki melasy cukrowej

¼ szklanki syropu klonowego typu B (lub ½ szklanki, w zależności od smaku)

2 łyżki proszku z reishi

2 łyżki proszku z korzenia traganka
2 szklanki surowego kakao (lub kakao ze sprawiedliwego handlu)
niesłodzone płatki kokosowe (opcjonalnie)

Przygotowanie:

1. Połączcie masło z syropem klonowym i wymieszajcie. Wmieszajcie do tego proszek reishi oraz proszek z korzenia traganka. Uformujcie kulki za pomocą łyżki do lodów, następnie obtaczajcie je w kakao i, opcjonalnie, w kokosie. Gotowe kulki mogą być przechowywane w lodówce co najmniej przez tydzień.

GULASZ Z DYNI I SOCZEWICY

8–10 porcji

To wspaniały posiłek – rozgrzewa i syci, a resztki możecie zabrać następnego dnia do pudełka na lunch.

Składniki:

6 łyżek masła, ghee, oleju kokosowego lub oliwy z oliwek
1 łyżeczka papryki w proszku
1 duża cebula, posiekana
1 kg dyni piżmowej, obranej ze skórki i pokrojonej w kostkę
1 marchewka, posiekana
1 laska selera naciowego, posiekana
4 ząbki czosnku, posiekane
1 łyżeczka soli
2 łyżeczki mielonego imbiru
1 łyżeczka kurkumy

1 łyżeczka kuminu
¼ łyżeczki pieprzu cayenne (opcjonalnie)
1½ szklanki czerwonej soczewicy, namoczonej i skiełkowanej (patrz notatka na stronie 509)
8 szklanek wywaru z kości lub wody
sok z 1 dużej cytryny lub 2 łyżeczki umeboshi
świeżo zmielony czarny pieprz, dla smaku

Przygotowanie:

1. Dużą żeliwną patelnię lub garnek z podwójnym dnem i pokrywką umieśćcie na średnim ogniu. Dodajcie tłuszcz, a kiedy zacznie rozlewać się łatwo wokół patelni, dodajcie paprykę. Podsmażajcie, aż przyprawy nieznacznie zbrązowieją i staną się aromatyczne. Dodajcie cebulę i smażcie, aż się zeszkli, około 4 minut, a następnie dodajcie dynię, marchew, seler, czosnek i łyżeczkę soli. Gotujcie, aż wszystkie warzywa będą miękkie, około 10 minut, mieszając od czasu do czasu. Wymieszajcie z imbirem, kurkumą, kuminem i cayenne (jeśli używacie) i gotujcie, często mieszając, przez kolejne 2 minuty.
2. Dodajcie soczewicę i bulion lub wodę i duście pod przykryciem, aż soczewica zmięknie, 20–30 minut.
3. Następnie dodajcie soku z cytryny lub octu umeboshi, doprawcie solą i pieprzem i podawajcie jako samodzielne danie lub z ziarnami.

KURCZAK NA CZTERY SPOSOBY

Zawsze lubię myśleć o tym, w jaki sposób mogę wykorzystać każdą część mojego jedzenia, zwłaszcza gdy chcę wyczerpać jego pełny potencjał odżywczy. Kurczak jest doskonałym przykładem: pieczeń jednego wieczoru, zapiekanka z resztek drugiego, a następnego – rosół. Trzy posiłki (lub więcej) w jednym!

Kurczak pieczony z warzywami

4 porcje

Składniki:

2 łyżki tłuszczu z kurczaka albo z kaczki lub 2 łyżki oliwy z oliwek
3 ząbki czosnku, zmielone
1 łyżeczka papryki
½ łyżeczki soli morskiej
1 łyżeczka świeżo zmielonego czarnego pieprzu
1 łyżka melasy cukrowej lub miodu
1 4-kilogramowy kurczak
2–3 szklanki różnych warzyw nadających się do pieczenia, takich jak ziemniaki, dynia kabocha, marchew, koper, pokrojone w kostkę

Przygotowanie:

1. Rozgrzejcie piekarnik do 150°C.
2. Łyżkę tłuszczu wymieszajcie z papryką, czosnkiem, solą, pieprzem i powstałą mieszanką dokładnie natrzyjcie kurczaka. Polejcie go również melasą lub miodem i odłóżcie.
3. Pozostałą łyżką tłuszczu wraz z solą natrzyjcie warzywa i połóżcie je na dnie naczynia. Na warzywach połóżcie kurczaka, piersią do góry, i przykryjcie naczynie.

4. Pieczcie kurczaka przez 2–3 godziny, następnie zdejmijcie pokrywkę. Kurczak będzie spadał z kości. Kontynuujcie pieczenie jeszcze przez 10 minut, aż kurczak się przyrumieni.

Zapiekanka z kurczaka

4–6 porcji

To doskonały przepis, jeśli macie do wykorzystania resztki z pieczonego kurczaka. Dlatego gdy piekę kurczaka, często wkładam do piekarnika kilka dodatkowych udek, aby mieć pewność, że będę mieć wystarczająco dużo resztek na kolację następnego dnia.

Składniki:

5 białych lub niebieskich ziemniaków (opcjonalnie: 2 ziemniaki można zamienić na 1 główkę kalafiora, 3 rzepy lub 3 średnie pasternaki, pokrojone na kawałki)
½ łyżeczki soli morskiej, ewentualnie więcej dla smaku
5 łyżek oliwy z oliwek lub 3 łyżki łoju, smalcu lub schmaltzu
1 duża cebula, posiekana
5 łodyg selera z liśćmi, posiekanych
5 nieobranych marchewek, pokrojonych
2–3 szklanki gotowanego mięsa z kurczaka
6 łyżek mąki z komosy ryżowej lub z tapioki
2 szklanki rosołu lub wywaru

Przygotowanie:

1. Rozgrzejcie piekarnik do 175°C.
2. Ziemniaki wraz z pozostałymi warzywami umieśćcie w garnku i zalejcie zimną wodą. Dodajcie pół łyżeczki soli i dopro-

wadźcie do wrzenia. Niech gotują się do miękkości. Gdy będą już miękkie, odcedźcie je i ubijcie. Odstawcie na bok.

3. Żeliwną patelnię rozgrzejcie na średnim ogniu, następnie podgrzejcie na niej tłuszcz. Na gorący tłuszcz wrzućcie cebulkę i podsmażajcie ją, aż się zeszkli, około 4 minut. Dodajcie seler, marchew i łyżeczkę soli, a następnie kontynuujcie gotowanie przez kolejne 5 minut. Dodajcie do tego kurczaka, zdejmijcie patelnię z ognia i odstawcie na bok.
4. W małym rondelku na małym ogniu rozgrzejcie dodatkowy tłuszcz i dodajcie do niego mąki, aż powstały sos zgęstnieje. Dodajcie do tego rosołu, a następnie tak przygotowanym sosem polejcie kurczaka z warzywami.
5. Zapiekankę przykryjcie warstwą ziemniaczanego purée i zapiekajcie w piecu przez godzinę, aż uzyska brązowy kolor.

Zupa z kurczaka

6–8 porcji

Składniki:

1 kurczak o wadze ok. 2 kg (lub po prostu nogi, udka lub tusza z pieczonego kurczaka)
2–3 litry wody lub wywaru z kości
2 łodygi selera, posiekane
2 marchewki, pokrojone na połówki
2 cebule, pokrojone na połówki
1 pochrzyn, posiekany
mały pęczek pietruszki
1 rzepa, przekrojona na pół
1 pasternak, przekrojony na pół

1 łopian, posiekany
kawałek imbiru wielkości kciuka (obierzcie ze skórki, jeśli nie jest organiczny)
sól do smaku
1 łyżeczka mielonej kurkumy

Przygotowanie:

1. Kurczaka, wodę lub rosół, seler, marchew, cebulę, pochrzyn, pasternak i pozostałe warzywa wraz z imbirem umieśćcie w dużym garnku lub wolnowarze.
2. Doprowadźcie do wrzenia, zmniejszcie ogień i gotujcie na małym ogniu przez 3 godziny.
3. 15 minut przed końcem gotowania dodajcie kurkumę i sól.

Kurczak, oliwki i quinoa

6 porcji

Ta potrawa jest przykładem tego, jak używając kilku prostych składników i odpowiednich przypraw, można wyczarować całkiem nowe danie.

Składniki:

1½ szklanki quinoa lub innych ziaren, jak pszenica, amarantus, ryż lub kasza
4 łyżki oliwy z oliwek lub 2 łyżki smalcu lub łoju
1 kg piersi z kurczaka pozbawionej kości, pokrojone na kawałki (w wersji wegańskiej zastąpcie kurczaka ciecierzycą)
3–4 łyżki surowego miodu
1 łyżeczka kuminu

1 łyżeczka papryki
1 łyżeczka kurkumy
odrobina pieprzu cayenne (lub więcej, jeśli wolicie pikantne potrawy)
1 łyżeczka soli, do smaku
½ szklanki zielonych oliwek, pozbawionych pestek i pokrojonych (postarajcie się znaleźć te dobrej jakości, nie z puszki)
5 ząbków czosnku, posiekanych (jeśli lubicie czosnek, dodajcie go więcej)
Opcjonalnie: świeżo posiekana kolendra lub pietruszka

Przygotowanie:

1. Jeśli quinoa nie była płukana, płuczcie ją na sitku pod bieżącą wodą przez 2 minuty, aby pozbyć się gorzkich saponin. Następnie przełóżcie ją do średniego garnka i dodajcie 3 szklanki wody. Doprowadźcie do wrzenia na dużym ogniu, następnie zmniejszcie ogień, przykryjcie garnek i gotujcie, aż komosa będzie miękka i wchłonie większość płynu, czyli około 15–20 minut. Zdejmijcie garnek z ognia i odstawcie na bok.
2. Żeliwną patelnię lub dużą patelnię do smażenia rozgrzejcie na średnim ogniu. Dodajcie tłuszcz i podgrzewajcie, aż będzie się łatwo rozprowadzał po patelni. Dodajcie kurczaka i smażcie go przez 1–2 minuty bez poruszania. Następnie dodajcie miód, kumin, paprykę, kurkumę, pieprz cayenne i sól i pozwólcie, aby przyprawy dokładnie pokryły kurczaka. Używając drewnianej lub metalowej szpatułki, smażcie kurczaka przez 8–10 minut, przewracając go, aby równomiernie zarumienił się z każdej strony.
3. Ściągnijcie patelnię z ognia i dodajcie oliwki i komosę ryżową. Posypcie świeżymi ziołami, jeśli ich używacie, i podawajcie.

PIECZEŃ WYPASANA NA TRAWIE

6 porcji

Oprócz obfitości składników odżywczych, mięso od zwierząt wypasanych na trawie gotuje się inaczej niż jego przemysłowy odpowiednik. Postarajcie się nie wysuszyć go, a otrzymacie soczyste, miękkie mięso.

Składniki:

1 duży kawałek mięsa do pieczeni – wołowego, cielęcego, koziego lub owczego
4 łyżeczki surowego miodu lub syropu klonowego
5 ząbków czosnku, zmielonego
¼ łyżeczki pieprzu cayenne
1 łyżeczka papryki lub annato
1 łyżeczka kuminu
1 łyżeczka kurkumy
2 łyżki smalcu, łoju, oleju kokosowego lub oliwy z oliwek
1 żółta cebula, posiekana
3 marchewki, nieobrane i posiekane
3 warzywa korzeniowe, takie jak ziemniak, pochrzyn, batat, pasternak
3 szklanki wywaru z kości, rosołu lub wody
mała garść grzybów reishi, maitake lub shiitake (opcjonalnie)
1 łyżka octu jabłkowego
1 szklanka organicznego wytrawnego wina czerwonego

Przygotowanie:

1. Jeśli to możliwe, wyjmijcie mięso z lodówki godzinę przed przyrządzaniem tej potrawy, aby mogło odpocząć w temperaturze pokojowej.

2. Rozgrzejcie piekarnik do 150°C.
3. W małej misce wymieszajcie miód, czosnek, pieprz cayenne, paprykę, kumin i kurkumę do uzyskania gęstej pasty. Posmarujcie nią mięso i odstawcie na bok.
4. Jeśli macie dużo energii, przyrumieńcie nieco mięso, zanim zaczniecie przygotowywać pieczeń. Żeliwny garnek rozgrzejcie na średnim ogniu i dodajcie tłuszcz. Gdy zacznie gładko rozprowadzać się po patelni, dodajcie mięso i pozwólcie, aby jego skórka się zarumieniła, smażąc je przez 2–3 minuty. Niech z każdej strony będzie równo podsmażone. Przydają się do tego szczypce. Odstawcie patelnię z ognia i dodajcie wszystkie warzywa, a następnie bulion, ocet i wino, jeśli go używacie.
5. Możecie również pominąć podsmażanie na patelni i po prostu przygotować marynatę, pokryć nią mięso i wrzucić wszystkie składniki do żeliwnego garnka.
6. Przykryjcie garnek i wstawcie do pieca.
7. Pieczcie przez 4 godziny. Po wyjęciu z pieca odstawcie na 10–15 minut. Pokrójcie w plasterki i podawajcie.

GORĄCE KAKAO

2 porcje

Tak, właśnie ten smakołyk, o którym tylu rodziców myśli, że jest na zakazanej liście. Użyjcie dobrej jakości kakao, bogatego w składniki odżywcze. Wraz z reishi, tragankiem i cynamonem stworzy ono przepyszny i odżywczy napój. Moje dzieci uwielbiają pić go przez „słomki” zrobione z lasek cynamonu!

Składniki:

2 szklanki surowego mleka (lub alternatywnie mleka roślinnego, jak mleko kokosowe lub orzechowe)
4–6 łyżek kakao w proszku lub kakao ze sprawiedliwego handlu
1–2 łyżki surowego miodu, syropu klonowego lub soku z trzciny cukrowej
Opcjonalnie: odrobina cynamonu lub gałki muszkatołowej, ekstraktu z wanilii, a nawet pieprzu cayenne

Przygotowanie:

1. Podgrzejcie mleko w małym garnuszku, pilnujcie, aby nie przywarło. Gdy będzie się prawie gotowało, dodajcie wszystkie składniki i wymieszajcie. Wyłączcie ogień i mieszajcie około minuty, aż będzie kremowe i gęste. Możecie również użyć blendera.

NAPÓJ Z MELASY

Cieszcie się tym wspaniałym napojem, bogatym w minerały i składniki odżywcze, każdego dnia.

Składniki:

1 łyżka niesiarkowancj mclasy cukrowej
¼ szklanki gorącej wody
¾ szklanki mleka (krowiego, koziego, migdałowego, kokosowego, ryżowego itd.)
Opcjonalnie: kostki lodu, odrobina cynamonu, 1 łyżeczka kakao w proszku, miód lub syrop klonowy do smaku

Przygotowanie:

1. Rozpuśćcie melasę w gorącej wodzie, a następnie zmieszajcie z mlekiem.
2. Możecie wypić tak albo dodać kakao, cynamon lub miód. Zblendujcie z lodem, jeśli macie ochotę na wersję mrożoną, lub pijcie na ciepło.

KREM DYNIOWY

4–6 porcji

Wyznaję filozofię, według której deser musi być pyszny, a podając lub jedząc go, nikt nie powinien mieć poczucia winy. Ten przepis to jeden z takich deserów. Dynia to uzdrawiające warzywo, które rozgrzewa, gdy za oknem zima. Możecie użyć dyni kabocha lub piżmowej, i koniecznie przygotujcie tę potrawę w Święto Dziękczynienia. Mniam!

Składniki:

1½ szklanki pieczonej dyni (lub jedna 500-gramowa puszka, jeśli nie macie świeżej dyni)
½ szklanki dowolnego mleka (krowie, kozie, kokosowe, migdałowe itd.)
½ szklanki syropu klonowego klasy B
3 duże jajka i dodatkowo 1 żółtko
1 łyżeczka ekstraktu z wanilii
1 łyżeczka mielonego imbiru
1 łyżeczka mielonego cynamonu
½ łyżeczki mielonej gałki muszkatołowej
⅛ łyżeczki mielonych goździków

⅛ łyżeczki mielonego kardamonu
½ łyżeczki skórki z cytryny
szczypta soli
1 szklanka śmietany 36% lub mleka kokosowego (opcjonalnie)

Przygotowanie:

1. Piekarnik rozgrzejcie do temperatury 175°C.
2. W dużej misce wymieszajcie wszystkie składniki oprócz opcjonalnej śmietanki lub mleka aż do uzyskania gładkiej konsystencji.
3. Rozdzielcie nadzienie do kokilek, napełniając je do ¾ pojemności. Wyłóżcie je na blasze do pieczenia i wstawcie do rozgrzanego piekarnika na 25–30 minut. Na środku powinny się lekko poruszać.
4. Pozwólcie im wystygnąć w temperaturze pokojowej, następnie trzymajcie w lodówce co najmniej 1 godzinę przed podaniem. Podawajcie z domowej roboty bitą śmietaną lub ubitym mlekiem kokosowym, jeśli macie ochotę.

DYNIOWA TARTA

6–8 porcji

Dzięki temu pysznemu deserowi wiele osób zmieniło swoje nastawienie wobec dyni.

Składniki:

1 mała dynia piżmowa, obrana i pokrojona w kostkę
½ szklanki mleka migdałowego (lub kokosowego albo krowiego)
3 duże jajka od kur z wolnego wybiegu, roztrzepane

szczypta soli

3 łyżki surowego miodu lub syropu klonowego

½ szklanki mąki z komosy ryżowej (lub innej świeżo zmielonej mąki albo mąki bezglutenowej)

3 łyżeczki mielonego cynamonu (lub więcej – my kochamy cynamon!)

Przygotowanie:

1. Piekarnik rozgrzejcie do temperatury 175°C.
2. Wrzućcie dynię do średniej wielkości rondelka i przykryjcie wodą. Doprowadźcie do wrzenia na dużym ogniu i gotujcie, aż dynia zmięknie. Odcedźcie i odstawcie, aby lekko przestygła.
3. W dużej misce wymieszajcie dynię, mleko, jaja, sól i miód.
4. Wylejcie ciasto do lekko natłuszczonej 40-centymetrowej formy do pieczenia lub do płytkiego naczynia ze szkła żaroodpornego. Posypcie łyżeczką cynamonu i pieczcie od 45 minut do godziny, aż do momentu zbrązowienia wierzchu i upieczenia w środku.

SYROP Z CZARNEGO BZU

Składniki:

7 szklanek wody

2 szklanki świeżego czarnego bzu (użyjcie suszonych, jeśli to konieczne)

2 laski cynamonu

½ szklanki gwiazdek anyżu

2 szklanki surowego miodu (ja kupuję na naszym lokalnym targu) lub soku z trzciny cukrowej

Przygotowanie:

1. Wlejcie wodę do dużego garnka i dodajcie wszystkie składniki oprócz miodu.
2. Doprowadźcie do wrzenia, przykryjcie, a następnie gotujcie przez godzinę, aż płyn zmniejszy swą objętość prawie o połowę.
3. Przelejcie przez sitko do sterylnego słoika. Pozostałe w sitku owoce odłóżcie.
4. Dodajcie miód lub cukier i wymieszajcie.
5. Zakręćcie i zapieczętujcie słoik lub przechowujcie go w lodówce. Dziennie spożywajcie łyżkę syropu, aby zwiększyć odporność.

Posiłki i przekąski „zrób to sam"

Dzieci uwielbiają, gdy dajemy im wybór i liczymy się z ich zdaniem na temat tego, co będą jeść. Dlatego bardzo lubię urządzać „bary" dla moich dzieci (z wykorzystaniem mnóstwa różnych zdrowych składników), dzięki czemu one same mogą uczestniczyć w procesie przygotowywania jedzenia. Poniżej znajdziecie kilka pomysłów.

Taco bar: przygotujcie składniki – taco, tortille, resztki pieczonego kurczaka lub innego mięsa, skiełkowaną podsmażoną fasolę, ryż, posiekaną sałatę (my używamy mieszanki szpinaku i sałaty rzymskiej), posiekaną cebulę, salsę, ekologiczny ser i kwaśną śmietanę. Jeśli unikacie ziaren, niech bazą dla tych tacos będzie liść sałaty, do którego włożycie nadzienie. Często używamy czipsów z banana jako zdrowszej i pełnej składników odżywczych alternatywy dla tacos.

Bar z ziarnami: do słoików wsypcie ziarna – słonecznik, dynię, konopie, sezam, chia i pozwólcie waszym dzieciom dodawać je do potraw, posypywać sałatki, owsianki lub po prostu jeść bez dodatków.

Stacja z przyprawami: przygotujcie małe pojemniki do przechowywania przypraw – kurkumy, imbiru, kuminu, pieprzu cayenne (ostrożnie z nim!), papryki, annato, oregano, rozmarynu, tymianku, cynamonu, goździków, gałki muszkatołowej, kardamonu i pieprzu. Pozwólcie dzieciom samodzielnie wybrać ich ulubione smaki i zapachy oraz własnoręcznie przyprawić potrawy, niezależnie od tego, czy będą to podsmażone warzywa, purée z ciecierzycy, czy też jajecznica. To samo możecie zrobić ze świeżymi posiekanymi ziołami: bazylią, oregano, tymiankiem, a także rozmarynem. Smacznego!

Podziękowania

Wiele osób w moim życiu zasługuje na słowa podziękowania za wkład, jaki wniosły do tej książki, w mniejszym lub większym stopniu. W pierwszej kolejności pragnę podziękować moim pacjentom i ich rodzinom. Pozwalacie mi wkraczać w osobistą sferę waszego życia i wierzycie w to, że uzdrawianie to coś więcej niż tylko leczenie objawów.

Dziękuję kilku z moich licznych nauczycielek: Stelli Koch, mojej nauczycielce biologii z dziewiątej klasy, która prawdopodobnie była przekonana, że wcale jej nie słucham, tymczasem dzięki jej lekcjom rozpoczęłam zgłębianie tej tematyki. Dr Isabelle Rapin, dzięki której zrodziła się we mnie pasja do tajemnicy i złożoności neurologii dziecięcej i która odpowiadała na moje pytania (nawet jeśli ich nie lubiła). Dr Tieraonie Low Dog, zielarce i uzdrowicielce, która zachęcała mnie i była wspaniałym przyjacielem. Dr Rocio Alarcon, która hojnie dzieliła się owocami swojej pracy, zarówno tymi widzialnymi, jak i tymi niewidzialnymi.

Dziękuję przyjaciołom, kolegom i innym członkom mojej wspaniałej drużyny: mojej fantastycznej agentce, Janis Donnaud, zawsze cierpliwej Rachel Holtzman, mojej oddanej redaktorce Leslie Meredith i całemu zespołowi Atria, dzięki któremu niniejsza publikacja ujrzała światło dzienne. Dziękuję Oly – za jej intuicję i ogromne serce. Elainie, Xenii, Rosemarie i Donnie, których niekończące się wsparcie sprawiło, że mogę być matką, praktykującym lekarzem oraz autorką jednocześnie. Siostrom mojego serca – Brendzie, Gail, Denice, Jaclyn, Inbal, Arieli, Big Mouths, Riverdale Chevra i mojemu drogiemu Ecuadorowi Journeyersowi za miłość i zaangażowanie. Dziękuję dr. Robertowi Naviaux, Geri Brewster, dr. Stephanowi Cowanowi, dr Susan Blum, dr. Michaelowi Finkelsteinowi, dr Marthcie Herbert, Kathie Swift, dr. Nico Moshe, dr Jennifer Madan-Cohen, Anat Baniel, moim kolegom z Uniwersytetu w Arizonie i wielu innym za pokrewieństwo dusz w mojej karierze zawodowej.

Dziękuję mojej rodzinie: mojej matce, dzięki której miałam tęczę na talerzu codziennie na kolację, która co roku sadziła ze mną rośliny w ogródku, która często zabierała mnie do Narodowego Arboretum i która poświęciła krew, pot i łzy, aby zapewnić mnie, że zostanę elokwentnym pisarzem; mojemu ojcu, za którym tęsknię każdego dnia i który głęboko wierzył w to, że mogę osiągnąć wszystko, na co tylko nastawię swój umysł; mojemu dziadkowi, który przewidział to, że zostanę lekarzem, zanim ktokolwiek inny zaczął to podejrzewać; mojej babci, która przyrządzała od podstaw wszystkie moje ulubione potrawy; dziesięciorgu rodzeństwa mojego ojca, które głęboko rozumiało związek jedzenia, przypraw i miłości jak nikt inny i które zaraziło mnie wiedzą na temat tradycyjnego gotowania; Billowi, który w moim domu odrzuca swoje żywieniowe granice; a także kochającej rodzinie mojego męża.

Przede wszystkim dziękuję jednak mojemu mężowi, Avniemu, oraz moim muzom: Margalit, Elan i Erez. Wspieraliście mnie bezwarunkowo, pielęgnowaliście moje pomysły, sprowadzaliście mnie na ziemię i poświęciliście tak dużo naszego rodzinnego czasu, abym mogła pisać tę książkę. To błogosławieństwo móc uczyć się od was i kochać was każdego dnia.

Przypisy

CZĘŚĆ 1. ROZPOCZYNAMY *ZDROWY BRUD*

1. http://www.cdc.gov/nchs/data/nhsr/nhsr065.pdf
2. http://www.consumerreports.org/cro/2013/12/are-too-many-kids-taking-antipsychotic-drugs/index.htm
3. http://www.cdc.gov/features/childrensmentalhealth/; http://www.ncbi.nlm.nih.gov/pubmed/24796725
4. http://www.ncbi.nlm.nih.gov/pubmed/19934770
5. http://jama.jamanetwork.com/article.aspx?articleid=1866098
6. http://www.aaaai.org/about-the-aaaai/newsroom/asthma-statistics.aspx
7. http://www.ncbi.nlm.nih.gov/pubmed/25038753
8. http://www.ncbi.nlm.nih.gov/m/pubmed/25838260
9. http://www.ncbi.nlm.nih.gov/pubmed/25584915
10. http://www.ncbi.nlm.nih.gov/pubmed/25404284
11. http://www.ncbi.nlm.nih.gov/m/pubmed/25838260
12. http://www.nature.com/ncomms/2015/150630/ncomms8486/abs/ncomms8486.html
13. http://www.ncbi.nlm.nih.gov/pubmed/18394317

ROZDZIAŁ 1

14. http://www.sciencedirect.com/science/article/pii/S0021755713000028; http://pediatrics.aappublications.org/content/127/3/580; http://www.clinicaltherapeutics.com/article/S0149-2918(06)00121-4/abstract
15. http://m.jleukbio.org/content/90/5/951.abstract
16. http://pediatrics.aappublications.org/content/127/3/580.full
17. http://www.nature.com/ncomms/2015/150512/ncomms8000/full/ncomms8000.html
18. http://www.ncbi.nlm.nih.gov/pmc/articles/PMC2822875

19. http://www.ncbi.nlm.nih.gov/pubmed/21727249
20. http://www.hngn.com/articles/30407/20140504/environmental-factors-increase-risk-of-autism-by-50-percent.htm
21. http://www.ncbi.nlm.nih.gov/pmc/articles/PMC4440679/
22. http://www.ncbi.nlm.nih.gov/pubmed/23608919
23. http://m.cpj.sagepub.com/content/early/2010/11/24/0009922810384728.abstract
24. http://www.thelancet.com/journals/laneur/article/PIIS1474-4422(13)70278-3/abstract
25. http://www.ncbi.nlm.nih.gov/pmc/articles/PMC3166669/
26. http://www.ncbi.nlm.nih.gov/pubmed/12415039
27. http://www.ncbi.nlm.nih.gov/pubmed/10634297
28. http://www.ncbi.nlm.nih.gov/pmc/articles/PMC3166669/
29. http://www.ncbi.nlm.nih.gov/pubmed/24575806
30. http://jama.jamanetwork.com/article.aspx ?articleid=1788456

ROZDZIAŁ 2

31. C.A. Boyle, S. Boulet, L. A. Schieve, R. A. Cohen, S. J. Blumberg, M. YearginAllsopp, S. Visser, M. D. Kogan, Trends in the prevalence of developmental disabilities in U.S. children, 1997-2008, „Pediatrics" 2011, vol. 127(6), s. 1034–1042.
32. S. Alessi-Severini, et al, Ten years of antipsychotic prescribing to children:a Canadian population-based study, „Canadian Journal of Psychiatry" 2012, 57 (1), s. 52–58.
33. Ibidem
34. http://www.latimes.com/science/sciencenow/la-sci-sn-antidepressants-selfharm-age-20140429-story.html
35. http://www.nytimes.com/2013/04/01/health/more-diagnoses-of-hyperactivity-causing-concern.html?pagewanted=all
36. J.F. Bach, The effect of infections on susceptibility to autoimmune and allergic diseases, „New England Journal of Medicine" 2002, vol. 347(12), s. 911–920.
37. http:// www.nature.com/ni/journal/v15/n4/full/ni.2847.html
38. J.T. McBride, The association of acetaminophen and asthma prevalence and severity, „Pediatrics" 2011, vol. 128(6), s. 1181–1185.
39. http://www.ncbi.nlm.nih.gov/pubmed/24322007
40. http://www.ncbi.nlm.nih.gov/pubmed/25251831
41. http://www.ncbi.nlm.nih.gov/pubmed/15878691
42. http://www.ncbi.nlm.nih.gov/pubmed/25956491
43. http://www.ncbi.nlm.nih.gov/pmc/articles/PMC2504411/
44. http://www.fda.gov/ForConsumers/ConsumerUpdates/ucm453610.htm
45. http://www.ncbi.nlm.nih.gov/pubmed/24646587
46. http://www.sciencedaily.com/releases/2011/02/110220193013.htm

ROZDZIAŁ 3

47. http://www.ncbi.nlm.nih.gov/pubmed/22940212
48. http://www.ncbi.nlm.nih.gov/pubmed/21392369
49. http://www.ncbi.nlm.nih.gov/pmc/articles/PMC2886850/
50. http://www.ncbi.nlm.nih.gov/m/pubmed/25731162/
51. http://www.nature.com/nature/journal/v519/n7541/full/nature14232.html; http://www.ncbi.nlm.nih.gov/pmc/articles/PMC3677668/
52. http://www.ncbi.nlm.nih.gov/pubmed/21370495
53. http://www.ncbi.nlm.nih.gov/pubmed/15228837
54. http://www.ncbi.nlm.nih.gov/pmc/articles/PMC2515351/
55. http://www.ncbi.nlm.nih.gov/pubmed/26092910
56. http://www.ncbi.nlm.nih.gov/pmc/articles/PMC1069066/
57. http://www.ncbi.nlm.nih.gov/pmc/articles/PMC1774411/
58. http://www.ncbi.nlm.nih.gov/pmc/articles/PMC3440091/
59. http://advances.sciencemag.org/content/1/3/e1500183
60. http://www.sciencedaily.com/releases/2014/08/140825152016.htm
61. http://www.ncbi.nlm.nih.gov/pubmed/21866137
62. Y. Chen., and M. J. Blaser, „*Archives of Internal Medicine*" 2007, vol. 167, s. 821–827.
63. http://www.ncbi.nlm.nih.gov/pubmed/25712154
64. http://www.ncbi.nlm.nih.gov/pubmed/25410903
65. http://www.ncbi.nlm.nih.gov/pubmed/?term=25656764
66. J.V. Weinstock, et al., „Gut" 2004, vol. 52, s. 7–8.
67. Y. Wang, and J. K. Pfeiffer, „Nature" 2014, vol. 516, s. 42–43.
68. http://www.ncbi.nlm.nih.gov/pubmed/25409145
69. http://www.nature.com/nature/journal/v447/n7142/abs/nature05762.html
70. http://www.ncbi.nlm.nih.gov/pmc/articles/PMC2951028/
71. http://www.ncbi.nlm.nih.gov/pubmed/24574393
72. http://www.ncbi.nlm.nih.gov/pubmed/25996182
73. http://www.ncbi.nlm.nih.gov/pubmed/19203112
74. http://www.ncbi.nlm.nih.gov/pubmed/25575816
75. http://www.ncbi.nlm.nih.gov/pubmed/25394505
76. http://www.ncbi.nlm.nih.gov/pubmed/26122188
77. http://www.nature.com/mi/journal/v3/n5/full/mi201020a.html
78. http://www.ncbi.nlm.nih.gov/pubmed/25677705
79. http://www.ncbi.nlm.nih.gov/pubmed/14669332
80. http://www.ncbi.nlm.nih.gov/pubmed/21040780
81. http://www.ncbi.nlm.nih.gov/pubmed/21885731
82. http://www.sciencedirect.com/science/article/pii/S00319384 0800382X
83. http://www.ncbi.nlm.nih.gov/pmc/articles/PMC3788166/

84. Ibidem
85. http://www.ncbi.nlm.nih.gov/pubmed/21988661
86. http:// www.ncbi.nlm.nih.gov/pmc/articles/PMC1856434/
87. Ibidem
88. http://www.ncbi.nlm.nih.gov/pubmed/1549382
89. https://www.sciencenews.org/article/inconstant-gardener?mode=magazine&context=188379
90. http://www.ncbi.nlm.nih.gov/pubmed/25311587
91. http://www.ncbi.nlm.nih.gov/pubmed/23877071
92. http://www.ncbi.nlm.nih.gov/pubmed/25404894
93. http://www.ncbi.nlm.nih.gov/pubmed/23404112
94. http://www.ncbi.nlm.nih.gov/pubmed/24299259
95. http://www.ncbi.nlm.nih.gov/pubmed/21881466
96. http://www.ncbi.nlm.nih.gov/pubmed/25602622
97. http://www.ncbi.nlm.nih.gov/pubmed/25142572
98. http://www.ncbi.nlm.nih.gov/pubmed/25239737
99. http://www.ncbi.nlm.nih.gov/pubmed/20170845
100. Ibidem
101. http://www.ncbi.nlm.nih.gov/pubmed/24505898
102. http://www.ncbi.nlm.nih.gov/pubmed/23825301
103. http://www.thelancet.com/journals/lanneurol/article/PIIS1474-4422(13)70278-3/abstract
104. http://www.pnas.org/content/107/26/11971
105. AAP. „Pediatrics" 2012, vol. 129(8), e827–e841.cs 2012; 129(8), e827–e841.
106. http://www.ncbi.nlm.nih.gov/pmc/articles/PMC4350908/
107. http://www.ncbi.nlm.nih.gov/pmc/articles/PMC4083661/
108. http://www.ncbi.nlm.nih.gov/pmc/articles/PMC4349412/
109. http://aem.asm.org/content/75/4/965.full
110. http://www.biomedcentral.com/content/pdf/1758-907X-1-7.pdf

ROZDZIAŁ 4

111. http://www.ncbi.nlm.nih.gov/m/pubmed/14754581/
112. http://www.ncbi.nlm.nih.gov/pmc/articles/PMC3237378/
113. http://toxsci.oxfordjournals.org/content/early/2013/05/22/toxsci.kft102.full
114. http://www.ncbi.nlm.nih.gov/pubmed/24606795
115. http://www.ncbi.nlm.nih.gov/pubmed/23981537
116. http://www.ncbi.nlm.nih.gov/m/pubmed/26343190/
117. http://www.ncbi.nlm.nih.gov/pubmed/26017680
118. http://www.ncbi.nlm.nih.gov/pubmed/26371195
119. http://www.ncbi.nlm.nih.gov/m/pubmed/21905454/
120. http://www.ncbi.nlm.nih.gov/pmc/articles/PMC3114825/
121. http://www.ncbi.nlm.nih.gov/pubmed/23516405

CZĘŚĆ 2. KROK PIERWSZY: LECZYMY

ROZDZIAŁ 5

122. http:// www.jacionline.org/article/S0091-6749(14)00899-9/abstract
123. http://www.cdc.gov/nchs/fastats/delivery.htm
124. http://www.ncbi.nlm.nih.gov/pubmed/25452656
125. http://www.ncbi.nlm.nih.gov/m/pubmed/26325665/
126. http://www.ncbi.nlm.nih.gov/m/pubmed/26113704/; http://www.ncbi.nlm.nih.gov/pubmed/26265016
127. http://pediatrics.aappublications.org/content/134/Supplement_1/S21.abstract
128. http://www.ncbi.nlm.nih.gov/pubmed/26126682
129. http://www.ncbi.nlm.nih.gov/pubmed/24973272
130. http://www.nature.com/nature/journal/v516/n7529/abs/nature13960.html
131. http://www.nytimes.com/2014/11/19/science/viruses-as-a-cure.html
132. http://www.ncbi.nlm.nih.gov/pubmed/16387585; http://www.ncbi.nlm.nih.gov/pubmed/19255001
133. http://www.ncbi.nlm.nih.gov/pubmed/10436392; http://www.ncbi.nlm.nih.gov/pubmed/11706842; http://www.ncbi.nlm.nih.gov/pubmed/7977735; http://online.liebertpub.com/doi/abs/10.1089/088318700750070411
134. http://www.ncbi.nlm.nih.gov/pubmed/10436392
135. http://www.ncbi.nlm.nih.gov/pubmed/19682267; http://www.ncbi.nlm.nih.gov/pubmed/19174791
136. http://www.sciencedirect.com/science/article/pii/S0194599804001305
137. http://www.ncbi.nlm.nih.gov/pubmed/20168232
138. http://www.ncbi.nlm.nih.gov/pubmed/24573125
139. http://www.sciencedirect.com/science/article/pii/S0196070903001182
140. http://www.ncbi.nlm.nih.gov/pubmed/16403684
141. http://ajcn.nutrition.org/content/79/5/727.full
142. http://www.ncbi.nlm.nih.gov/pubmed/10479881
143. http://www.ncbi.nlm.nih.gov/pubmed/22294663
144. http://www.ncbi.nlm.nih.gov/pubmed/24266677
145. http://www.ncbi.nlm.nih.gov/pubmed/25168224
146. http://www.ers.usda.gov/media/1282246/err162.pdf
147. http://www.nejm.org/doi/full/10.1056/NEJM199603143341103
148. http:// digitalcommons.unl.edu/cgi/viewcontent.cgi ?article= 1028 &context= foodscidiss
149. http://www.nature.com/nbt/journal/v22/n2/abs/nbt934.html
150. http://www.nature.com/nbt/journal/v22/n2/full/nbt0204-170.html
151. http://www.ncbi.nlm.nih.gov/pmc/articles/PMC1364539/
152. http:// onlinelibrary.wiley.com/doi/10.1002/jat.2712/abstract

153. http://www.ncbi.nlm.nih.gov/pubmed/21338670
154. http://www.ncbi.nlm.nih.gov/pubmed/23224412
155. http://www.thelancet.com/journals/lanonc/article/PIIS1470-2045(15)70134-8/abstract
156. http://www.ncbi.nlm.nih.gov/pubmed/23756170
157. http://apps.who.int/iris/bitstream/10665/43624/1/9241665203_eng.pdf; http://www.ncbi.nlm.nih.gov/pmc/articles/PMC3945755/
158. http://www.ncbi.nlm.nih.gov/pubmed/20180575; http://www.ncbi.nlm.nih.gov/pubmed/22591574; http://www.agweb.com/assets/ import/files/58p20-22.pdf; http://www.greenpasture.org/documentFiles/3.pdf
159. http://www.ncbi.nlm.nih.gov/pubmed/20350266; http://www.ncbi.nlm.nih.gov/pubmed/24983973; http://www.ncbi.nlm.nih.gov/pubmed/23319082; http://www.ncbi.nlm.nih.gov/pubmed/21127082
160. http://www.ncbi.nlm.nih.gov/pubmed/23886227
161. http://www.medicalnewstoday.com/articles/264854.php
162. http://www.ncbi.nlm.nih.gov/pubmed/24251558
163. http://www.ncbi.nlm.nih.gov/pubmed/7868571
164. http://www.ncbi.nlm.nih.gov/pubmed/11903088
165. http://www.ncbi.nlm.nih.gov/pubmed/16366404
166. http://www.ncbi.nlm.nih.gov/pubmed/22294663
167. http://www.ncbi.nlm.nih.gov/pubmed/15870662; http://www.ncbi.nlm.nih.gov/pubmed/19348719; http://www.ncbi.nlm.nih.gov/pmc/articles/PMC3916846/
168. http://www.ncbi.nlm.nih.gov/pubmed/12161033
169. http://www.ncbi.nlm.nih.gov/pubmed/20406576; http://www.ncbi.nlm.nih.gov/pmc/articles/PMC3540005/
170. http://www.ncbi.nlm.nih.gov/pubmed/25311313
171. http://www.ncbi.nlm.nih.gov/pubmed/22237879; http://www.ncbi.nlm.nih.gov/pubmed/25583468; http://www.gastrojournal.org/article/S0016-5085(15)30192-X/abstract
172. http://www.enveurope.com/content/24/1/24
173. http://www.ncbi.nlm.nih.gov/pmc/articles/PMC3945755/
174. http://www.ncbi.nlm.nih.gov/pubmed/23396248; http://www.ncbi.nlm.nih.gov/pubmed/24985121
175. http://www.ncbi.nlm.nih.gov/pubmed/24505898
176. http://www.ncbi.nlm.nih.gov/pubmed/24533607
177. http://www.ncbi.nlm.nih.gov/pubmed/24505898
178. http://www.ncbi.nlm.nih.gov/pubmed/25457448
179. http://www.ncbi.nlm.nih.gov/pubmed/24566676
180. http://www.ncbi.nlm.nih.gov/pubmed/16194732; http://www.ncbi.nlm.nih.gov/pubmed/2390052; http://www.ncbi.nlm.nih.gov/pubmed/24813861; http://www.ncbi.nlm.nih.gov/pubmed/22845673

181. http://www.ncbi.nlm.nih.gov/pubmed/23666039
182. http://www.ncbi.nlm.nih.gov/pubmed/26150853; http://www.ncbi.nlm.nih.gov/pubmed/26486282
183. http://www.ncbi.nlm.nih.gov/pubmed/24048168; http://www.ncbi.nlm.nih.gov/pubmed/25925932; http://www.ncbi.nlm.nih.gov/pubmed/24369326
184. http://www.ncbi.nlm.nih.gov/pubmed/26198999
185. http://www.ncbi.nlm.nih.gov/pubmed/23030231

ROZDZIAŁ 6

186. http://www.ncbi.nlm.nih.gov/pubmed/21130826
187. http://www.ncbi.nlm.nih.gov/pubmed/25551610
188. http://www.ncbi.nlm.nih.gov/pubmed/25009784
189. http://www.ncbi.nlm.nih.gov/pubmed/24556450
190. D. McCann, A. Barrett, A. Cooper, D. Crumpler, L. Dalen, K. Grimshaw, E. Kitchin, K. Lok, L. Porteous, and E. Prince, Food additives and hyperactive behaviour in 3-year-old and 8/9-year-old children in the community: a randomised, double-blinded, placebo-controlled trial, „Lancet" 2007, vol. 370 (9598), s. 1560–1567.
191. H.M. El-Wahab, and G. S. Moram. Toxic effects of some synthetic food colorants and/or flavor additives on male rats. „Toxicology and Industrial Health" 2013, vol. 29 (2), s. 224–232.
192. A. Axon, F. E. May, L. E. Gaughan, F. M. Williams, P. G. Blain, and M. C. Wright, Tartrazine and sunset yellow are xenoestrogens in a new screening assay to identify modulators of human oestrogen receptor transcriptional activity, „Toxicology" 2012, vol. 298 (1–3), s. 40–51.
193. T. Tanaka, O. Takahashi, S. Oishi, and A. Ogata, Effects of tartrazine on exploratory behavior in a three-generation toxicity study in mice, „Reproducitve Toxicology" 2008, vol. 26(2), s. 156–63.
194. A. Noorafshan, M. Erfanizadeh, and S. Karbalay-Doust, Sodium benzoate, a food preservative, induces anxiety and motor impairment in rats, „Neurosciences" (Riyadh) 2014, vol. 19(1), s. 24–28.
195. http://cspinet.org/new/pdf/food-dyes-rainbow-of-risks.pdf
196. http://cpj.sagepub.com/content/54/4/309
197. http://cpj.sagepub.com/content/53/2/133
198. http://www.ncbi.nlm.nih.gov/pubmed/25431840
199. http://www.ncbi.nlm.nih.gov/pubmed/20043888
200. http://www.ncbi.nlm.nih.gov/pubmed/15925301
201. http://www.ncbi.nlm.nih.gov/pubmed/25683673
202. http://www.truthinlabeling.org/hiddensources.html
203. Ibidem
204. http://www.scientificamerican.com/article/soda-chemical-cloudy-health-history/

205. http://www.fda.gov/forconsumers/consumerupdates/ucm048951.htm
206. http://www.fda.gov/downloads/AdvisoryCommittees/CommitteesMeetingMaterials/FoodAdvisoryCommittee/UCM273033.
207. http://www.ncbi.nlm.nih.gov/m/pubmed/20551163/
208. http://www.fda.gov/downloads/AdvisoryCommittees/CommitteesMeetingMaterials/FoodAdvisoryCommittee/UCM273033.pdf
209. This sort of reaction may well extend to a similar population of the adult population, whose response to food additives simply hasn't been studied.
210. http://www.latimes.com/nation/la-na-sugar-limits-20150317-story.html

ROZDZIAŁ 7

211. http://www.cdc.gov/nchs/data/databriefs/db71.htm
212. http://www.medscape.com/viewarticle/732212
213. http://www.nytimes.com/2014/05/04/us/study-reveals-sizable-increase-in-diabetes-among-children.html ?smid= tw-share
214. http://well.blogs.nytimes.com/2014/06/13/threat-grows-from-liver-illness-tied-to-obesity/
215. http://www.ncbi.nlm.nih.gov/pubmed/23482247
216. http://www.ncbi.nlm.nih.gov/pubmed/23390127
217. http://www.sciencedaily.com/releases/2014/11/141104141731.htm
218. Azadbakht, L., and A. Esmaillzadeh. Dietary patterns and attention deficit hyperactivity disorder among Iranian children. Nutrition, 2012 Mar;28(3):242–49.
219. M. Lenoir, F. Serre, L. Cantin, and S. H. Ahmed, Intense Sweetness Surpasses Cocaine Reward, „PLoS ONE", vol. 2007, vol. 2(8), e698.
220. http://drhyman.com/blog/2011/02/04/food-addiction-could-it-explain-why-70 -percent-of-america-is-fat/#close
221. http:// www.ncbi.nlm.nih.gov/pmc/articles/PMC2235907/
222. „Neuroreport" 2001, vol. 12 (16), s. 3549–3552.
223. http://www.ncbi.nlm.nih.gov/pubmed/12055324/
224. B. Stevens, J. Yamada, G. Y. Lee, and A. Ohlsson, Sucrose for analgesia in newborn infants undergoing painful procedures, „Cochrane Database of Systematic Reviews" 2013, Jan 31;1:CD001069.
225. C. Johnson, Sucrose Analgesia During the First Week of Life in Neonates Younger Than 31 Weeks' Postconceptional Age, „Pediatrics" 2002, vol. 110 (3), s. 523–28.
226. http://www.ncbi.nlm.nih.gov/pubmed/25692302
227. http://www.ncbi.nlm.nih.gov/m/pubmed/1013192/
228. M. Moss, Salt Sugar Fat: How the Food Giants Hooked Us, Random House Trade Paperbacks (New York), 2014.
229. Ibidem.
230. http:// abcnews.go.com/Health/Business/story ?id= 962115

231. https://www.ftc.gov/news-events/press-releases/2009/04/kellogg-settles -ftc-charges-ads-frosted-mini-wheats-were-false
232. http://www.cerealsettlement.com/index
233. http://rodalewellness.com/health/sugar-marketing
234. http://www.ucsusa.org/center-for-science-and-democracy/sugar-industry -undermines-public-health-policy.html
235. A. Alexander, The Sugar Smart Diet: Stop Cravings and Lose Weight While Still Enjoying the Sweets You Love!, Emmaus, PA: Rodale, 2014.
236. http:// ajcn.nutrition.org/content/79/4/537.abstract
237. B. Monzavi-Karbassi, R. J. Hine, J. S. Stanley, V. P. Ramani, J. Carcel-Trullols, T. L. Whitehead, T. Kelly, E. R. Siegel, C. Artaud, S. Shaaf, R. Saha, F. Jousheghany, R. Henry-Tillman, and T. Kieber-Emmons, Fructose as a carbon source induces an aggressive phenotype in MDA-MB-468 breast tumor cells, „International Journal of Oncology" 2010, vol. 37 (3), s. 615–22.
238. http://www.ncbi.nlm.nih.gov/m/pubmed/10766253/
239. http://www.ncbi.nlm.nih.gov/m/pubmed/9568685/
240. http://www.ncbi.nlm.nih.gov/pmc/articles/PMC2235907/
241. http://www.ncbi.nlm.nih.gov/m/pubmed/15181085/
242. http://www.ncbi.nlm.nih.gov/pubmed/?term= 25965509
243. http://www.ncbi.nlm.nih.gov/pubmed/19171026
244. http://www.motherjones.com/environment/2009/07/corn-syrups -mercury-surprise
245. I. Simintzi, K. H. Schulpis, P. Angelogianni, C. Liapi, and S. Tsakiris, l-Cysteine and glutathione restore the modulation of rat frontal cortex Na+, K+-ATPaseactivity induced by aspartame metabolites, „Food and Chemical Toxicology" 2008, vol. 46 (6), s. 2074–2079.
246. P. Humphries, E. Pretorius, and H. Naudé, Direct and indirect cellular effects of aspartame on the brain, „European Journal of Clinical Nutrition" 2008. Apr;62(4):451–62.
247. R.P. Sharma, and R. A. Coulombe, Effects of repeated doses of aspartame on serotonin and its metabolite in various regions of the mouse brain, „Food and Chemical Toxicology" 1987, vol. 25 (8), s. 565–568.
248. K. Toru, T. Mlmura, Y. Takasakl, and M. Ichlmura, Dietary aspartame with protein on plasma and brain amino acids, brain monoamines, and behavior in rats, „Physiology Behavior" 1986, vol. 36, s. 765.
249. P.H. Kussie, S. Gorina, and V. Marechal, et al., Structure of the MCM2 oncoprotein bound to the p53 tumor suppressor transactivation domain, „Science" 1996, vol. 274, s. 948–953.
250. M. Soffritti, F. Belpoggi, D. D. Esposti, L. Falcioni, and L. Bua, Consequences of exposure to carcinogens beginning during developmental life, „Basic & Clinical Pharmacology & Toxicology" 2008, vol. 102 (2), s. 118–124.
251. http://www.ncbi.nlm.nih.gov/pubmed/25609450

252. http://www.ncbi.nlm.nih.gov/pubmed/15798075/
253. http://www.ncbi.nlm.nih.gov/m/pubmed/15166298/
254. http://www.ncbi.nlm.nih.gov/pubmed/23701749
255. http://www.nature.com/nature/journal/v514/n7521/full/nature13793.html
256. http://www.cell.com/cell-host-microbe/abstract/S1931-3128 (15)00021-9
257. H. J. Roberts, Does aspartame cause human brain cancer?, „Journal of Advanced Medicine" 1991, vol. 4, s. 231–241.
258. S. E., Shephard, K. Wakabayaski, and M. Nagao, Mutagenic activity of peptides and the artificial sweetener aspartame after nitrosation, „Food Chemical Toxicology" 1993, vol. 31, s. 323–29.
259. J. W. Olney, N. B. Farber, E. Spitznagel, and L. N. Robins, Increasing brain tumor rates: is there a link to aspartame?, „Journal of Neuropathology & Experimantal Neurology" 1996, vol. 55 (11), s. 1115–1123.
260. P. Camfield, C. S. Camfield, J. M. Dooley, K. Gordon, S. Jollymore, and D. F. Weaver, Aspartame exacerbates EEG spike-wave discharge in children with generalized absence epilepsy: a double-blind controlled study, „Neurology" 1992, vol. 42 (5), s. 1000–1003.
261. A. J., Rowan, Shaywitz, L. Tuchman, J. A. French, D. Luciano, and C. M. Sullivan, Aspartame and seizure susceptibility: results of a clinical study in reportedly sensitive individuals, „Epilepsia" 1995, vol. 36 (3), s. 270–275.
262. R. J. Wurtman, Aspartame: possible effect on seizure susceptibility, „Lancet" 1985, vol. 2, s. 1060 (letter).
263. R. G. Walton, Seizure and mania after high intake of aspartame, „Psychosomatics" 1986, vol. 27 (3), s. 218, 220.
264. S. K., Van den Eeden, T. D. Koepsell, and W. T. Longstreth, Jr., et al, Aspartame ingestion and headaches: a randomized crossover trial, „Neurology", 1994, vol. 44, s. 1787–1793.
265. S. M., Loehler, and A. Glaros, The effect of aspartame on migraine headache, „Headache" 1988, vol. 28, s. 10–14.
266. J. G., Millichap, and M. M. Yee, The diet factor in pediatric and adolescent migraine, „Pediatric Neurology" 2003, vol. 28 (1), s. 9–15.
267. R. B., Lipton, L. C. Newman, J. S. Cohen, and S. Solomon, Aspartame as a dietary trigger of headache, „Headache" 1989, vol. 29 (2), s. 90–92.
268. http://pubs.acs.org/doi/abs/10.1021/es504769c

CZĘŚĆ 3. KROK DRUGI: ODŻYWIAMY

269. This is why traditional growers always planted beans in combination or rotation with other types of plants, so that nitrogen would be plentiful in the soil for all plants.
270. http://www.hindawi.com/journals/jt/2012/862764/
271. http://www.ncbi.nlm.nih.gov/pubmed/15151947
272. http://www.ncbi.nlm.nih.gov/pmc/articles/PMC3981853/
273. http://www.sciencedaily.com/releases/2007/04/070402102001.htm
274. http://www.ncbi.nlm.nih.gov/pubmed/23454729
275. http://www.ncbi.nlm.nih.gov/pubmed/26339029/

ROZDZIAŁ 8

276. http://www.ncbi.nlm.nih.gov/pubmed/24947126
277. http://www.ncbi.nlm.nih.gov/pubmed/21123457
278. http://www.ncbi.nlm.nih.gov/pubmed/21098643
279. http://www.ncbi.nlm.nih.gov/pubmed/25876645
280. http://www.ncbi.nlm.nih.gov/pubmed/25635978
281. http://www.ncbi.nlm.nih.gov/pubmed/19042940
282. http://www.ncbi.nlm.nih.gov/pubmed/24481133
283. http://www.ncbi.nlm.nih.gov/pubmed/24459829
284. http://www.nottingham.ac.uk/news/pressreleases/2015/march/ancient-biotics-a-medieval-remedy-for-modern-day-superbugs.aspx
285. http://www.ncbi.nlm.nih.gov/pubmed/22972323
286. http://www.ncbi.nlm.nih.gov/pubmed/25395702
287. http://www.ncbi.nlm.nih.gov/pubmed/25744406
288. http://www.ncbi.nlm.nih.gov/pubmed/25491608
289. http://www.ncbi.nlm.nih.gov/pubmed/25586902
290. http://www.ncbi.nlm.nih.gov/pubmed/25774338
291. http://www.ncbi.nlm.nih.gov/pubmed/24245576
292. http://www.ncbi.nlm.nih.gov/pubmed/24364759
293. http://www.ncbi.nlm.nih.gov/pubmed/25159039
294. http://www.ncbi.nlm.nih.gov/pubmed/25192721
295. http://www.ncbi.nlm.nih.gov/pubmed/25102117
296. http://www.ncbi.nlm.nih.gov/pubmed/25019218
297. http://www.ncbi.nlm.nih.gov/pubmed/23810671
298. http://www.ncbi.nlm.nih.gov/pubmed/24532027
299. http://www.ncbi.nlm.nih.gov/pubmed/21259333
300. http://www.ncbi.nlm.nih.gov/pubmed/25054107
301. http://www.ncbi.nlm.nih.gov/pubmed/18566435
302. http://www.ncbi.nlm.nih.gov/pubmed/25054107

303. http://www.ncbi.nlm.nih.gov/pubmed/18566435
304. http://www.ncbi.nlm.nih.gov/pubmed/22537070
305. http://www.ncbi.nlm.nih.gov/m/pubmed/26269198/
306. http://www.ncbi.nlm.nih.gov/m/pubmed/25313065/
307. http://www.ncbi.nlm.nih.gov/pubmed/21245306
308. http://www.ncbi.nlm.nih.gov/pubmed/24317433
309. http://www.ncbi.nlm.nih.gov/pubmed/25222709
310. http://www.ncbi.nlm.nih.gov/pubmed/24700279
311. http://www.ncbi.nlm.nih.gov/pubmed/24506007
312. http://www.ncbi.nlm.nih.gov/pubmed/24940315
313. http://www.ncbi.nlm.nih.gov/pubmed/19179623
314. http://www.nature.com/nm/journal/v16/n11/abs/nm.2237.html
315. http://www.ncbi.nlm.nih.gov/pubmed/25785234
316. http://www.ncbi.nlm.nih.gov/pubmed/24671262
317. http://www.ncbi.nlm.nih.gov/pmc/articles/PMC3041787/
318. http://www.ncbi.nlm.nih.gov/m/pubmed/20478945/
319. „Acta Paediatrica" 2012, vol. 101 (8), s. 811–818.
320. http://www.ncbi.nlm.nih.gov/pubmed/23367522
321. R. Harari, „Environmental Health Perspective" 2010, vol. 118 (6), s. 890–896.
322. http://www.ncbi.nlm.nih.gov/pubmed/15997102
323. S. K., Sagiv, et al., „American Journal of Epidemiology" 2010, vol. 171 (5), s. 593–601.
324. http://www.ncbi.nlm.nih.gov/pubmed/18226078
325. http://www.ncbi.nlm.nih.gov/pubmed/25063718
326. http://www.ncbi.nlm.nih.gov/pubmed/24726197
327. http://www.ncbi.nlm.nih.gov/pubmed/?term=dichlorophenol+ food+allergies
328. http://www.mindfully.org/Pesticide/Preschool-Exposed-Mexico-Guillette.htm
329. http://www.ncbi.nlm.nih.gov/pmc/articles/PMC1241395/pdf/ehp0111-000377.pdf
330. http://pediatrics.aappublications.org/content/early/2010/05/17/peds.2009-3058.full.pdf
331. http://www.sciencedirect.com/science/article/pii/S0013935 11400067X
332. http://www.ncbi.nlm.nih.gov/pmc/articles/PMC1367841/
333. W. Allen, The War on Bugs, White River Junction, VT: Chelsea Green Publishing, 2007, s. 78.
334. Ibidem, s. 79; „Agricultural Chemical" 1964, vol. 72, s. 132.
335. http://www.the-open-mind.com/more-than-half-of-breakfast-cereals-exceed-limits-for-arsenic/
336. http://www.consumerreports.org/cro/magazine/2012/01/arsenic-in-your-juice/index.htm

337. http://www.consumerreports.org/cro/magazine/2015/01/how-much-arsenic-is-in-your-rice/index.htm
338. http://www.ncbi.nlm.nih.gov/pubmed/24134670
339. http://www.ncbi.nlm.nih.gov/pubmed/23817957
340. http://www.ewg.org/foodnews/dirty_dozen_list.php
341. http://www.ewg.org/foodnews/clean_fifteen_list.php
342. http://www.ncbi.nlm.nih.gov/pubmed/1627021; http://www.ncbi.nlm.nih.gov/pmc/articles/PMC3257681/

ROZDZIAŁ 9

343. http://www.ncbi.nlm.nih.gov/pubmed/25599007; http://www.ncbi.nlm.nih.gov/pubmed/11122711; http://www.ncbi.nlm.nih.gov/pmc/articles/PMC28714/
344. http://www.ncbi.nlm.nih.gov/pubmed/25646339
345. http://www.ncbi.nlm.nih.gov/pubmed/25833976
346. http://www.ncbi.nlm.nih.gov/m/pubmed/24920033
347. http://www.ncbi.nlm.nih.gov/pubmed/14574348; http://www.ncbi.nlm.nih.gov/pubmed/25097630
348. http://www.ncbi.nlm.nih.gov/pubmed/23122211; http://www.ncbi.nlm.nih.gov/m/pubmed/18716179/
349. http://www.ncbi.nlm.nih.gov/pubmed/21489570; http://www.ncbi.nlm.nih.gov/pubmed/24084509
350. http://www.ncbi.nlm.nih.gov/pubmed/23321679
351. http://www.ncbi.nlm.nih.gov/pubmed/24871475
352. http://ucfoodsafety.ucdavis.edu/files/162415.pdf
353. P. Murano, Food Irradiation: A Sourcebook. ed. Dr. Elsa Murano, Iowa State University: Blackwell Pub Professional, 1995.
354. http://www.ncbi.nlm.nih.gov/pubmed/25694676; http://www.ncbi.nlm.nih.gov/m/pubmed/19774556/
355. http://www.ncbi.nlm.nih.gov/pubmed/20715598; http://www.ncbi.nlm.nih.gov/m/pubmed/16929240
356. http://www.ncbi.nlm.nih.gov/pubmed/25341870; http://www.ncbi.nlm.nih.gov/pubmed/14672293; http://www.ncbi.nlm.nih.gov/pubmed/21508424
357. http://ajcn.nutrition.org/content/47/2/270.full.pdf
358. http://www.ncbi.nlm.nih.gov/pubmed/2998440
359. http://www.ncbi.nlm.nih.gov/pubmed/11110854; http://www.ncbi.nlm.nih.gov/pubmed/12036813; http://www.ncbi.nlm.nih.gov/pubmed/19321589
360. http://www.ncbi.nlm.nih.gov/pubmed/10625946; http://www.ncbi.nlm.nih.gov/pmc/articles/PMC3876062; http://www.ncbi.nlm.nih.gov/pubmed/24260736
361. http://www.ncbi.nlm.nih.gov/pubmed/23551617; http://www.ncbi.nlm.nih.gov/pubmed/19674804; http://www.ncbi.nlm.nih.gov/pubmed/26384212

362. http://www.sciencedirect.com/science/article/pii/S030881 4608002513; http://www.sciencedirect.com/science/article/pii/S0308814608014945; http://www.ncbi.nlm.nih.gov/pubmed/24050000
363. http://www.ncbi.nlm.nih.gov/pubmed/12499338; http://www.ncbi.nlm.nih.gov/pubmed/18460487; http://www.ncbi.nlm.nih.gov/pubmed/16366727
364. http://www.ncbi.nlm.nih.gov/m/pubmed/20597543/
365. http://www.ncbi.nlm.nih.gov/pubmed/16672077
366. http://www.ncbi.nlm.nih.gov/pubmed/24898231
367. http://www.ncbi.nlm.nih.gov/pubmed/23167584; http://www.ncbi.nlm.nih.gov/pubmed/22594854; http://www.ncbi.nlm.nih.gov/pubmed/20715598
368. Bernasek, 5th World Congress on Breads and Cereals, Dresden 1970 (cited in Aubert, 1989), http://eap.mcgill.ca/publications/EAP35.htm
369. http://www.ncbi.nlm.nih.gov/pubmed/19723572
370. http://www.ncbi.nlm.nih.gov/pubmed/23194529
371. http://www.ncbi.nlm.nih.gov/pubmed/22017795
372. http://www.ncbi.nlm.nih.gov/pubmed/23057788
373. http://www.ncbi.nlm.nih.gov/pubmed/18680953
374. http://www.ncbi.nlm.nih.gov/pubmed/14766592
375. C. Aubert, „Pain au levain ou pain a la levure?”, Les quatre saisons du jardinage 1984, s. 57–60.
376. http://www.ncbi.nlm.nih.gov/pubmed/22307223
377. http://www.ncbi.nlm.nih.gov/pubmed/22474577
378. http:// ajcn.nutrition.org/content/79/5/774.full
379. http://www.cdc.gov/nchs/pressroom/04news/calorie.htm
380. http://www.ncbi.nlm.nih.gov/pmc/articles/PMC3854723
381. http://www.ncbi.nlm.nih.gov/pubmed/23030231
382. http://www.ncbi.nlm.nih.gov/pubmed/24048168
383. http://www.ncbi.nlm.nih.gov/pubmed/24302835
384. http://www.ncbi.nlm.nih.gov/pubmed/22474577
385. http://pompeo.house.gov/uploadedfiles/safeandaccuratefoodlabellingactof2014.pdf
386. Including citric acid, aspartame, amino acids, sodium ascorbate, and flavorings.
387. Farmers Cope with Roundup-Resistant Weeds. New York Times, May 3, 2010.
388. X. Ge, D. D'avignon, J. Ackerman, and R. Sammons, Rapid vacuolar sequestration: the horseweed glyphosate resistance mechanism, „Pest Management Science” 2010, vol. 66 (4).
389. http://farmindustrynews.com/ag-technology-solution-center/glyphosate-resistant-weed-problem-extends-more-species-more-farms
390. M.S. Majewski, et al., Pesticides in Mississippi air and rain: A comparison between 1995 and 2007, „Environmental Toxicology and Chemistry” 2014, vol. 33 (6), s. 1283–1293.

391. A. Sundaram, and K.M.S. Sundaram, Solubility products of six metal-glyphosate complexes in water and forestry soils, and their influence on glyphosate toxicity to plants, „Journal of Environmental Science and Health", Part B 1997, vol. 32, s. 583–598.
392. http://www.omicsonline.org/open-access/detection-of-glyphosate-residues-in-animals-and-humans-2161-0525.1000210.pdf
393. N. Benachour, and G. E. Séralini, Glyphosate formulations induce apoptosis and necrosis in human umbilical, embryonic, and placental cells, „Chemical Research in Toxicology" 2009, vol. 22 (1), s. 97–105.
394. J. Marc, et al., A glyphosate-based pesticide impinges on transcription, „Toxicology and Applied Pharmacology" 2005, vol. 203 (1), s. 1–8.
395. http://onlinelibrary.wiley.com/doi/10.1002/(SICI)1098-2280(1998)31:1%3C55::AID-EM8%3E3.0.CO;2-A/abstract
396. R. M. Romano, M. A. Romano, M. M. Bernardi, P. V. Furtado, and C. A. Oliveira. „Prepubertal exposure to commercial formulation of the herbicide glyphosate alters testosterone levels and testicular morphology, „Archives of Toxicology" 2009.
397. http://www.ncbi.nlm.nih.gov/pubmed/11391760
398. V. F. Garry, M. E. Harkins, L. L. Erickson, L. K. Long-Simpson, S. E. Holland, and B. L. Burroughs, Birth defects, season of conception, and sex of children born to pesticide applicators living in the Red River Valley of Minnesota, USA, „Environmental Health Perspective" 2002, vol. 110 Suppl 3:441–449.
399. http://responsibletechnology.org/glutenintroduction
400. http://www.mdpi.com/1099-4300/15/4/1416
401. http:// omicsonline.org/open-access/detection-of-glyphosate-residues-in-animals-and-humans-2161-0525.1000210.pdf
402. http://www.ncbi.nlm.nih.gov/m/pubmed/26537666; http://www.ncbi.nlm.nih.gov/m/pubmed/22337346
403. J. Ordlee, et al., Identification of a Brazil-Nut Allergen in Transgenic Soybeans, „New England Journal of Medicine" 1996.
404. U.S. Food and Drug Administration. Statement of policy: Foods derived from new plant varieties, „FDA Federal Register" 1992, vol. 57 (104), s. 229.
405. L. Kahl, Memorandum to Dr. James Maryanski, FDA biotechnology coordinator, about the Federal Register document: „Statement of policy: Foods from genetically modified plants", U.S. Food & Drug Administration, 8 January 1992.
406. G. B. Guest, Memorandum to Dr. James Maryanski, biotechnology coordinator: Regulation of transgenic plants, FDA Draft Federal Register Notice on Food Biotechnology. U.S. Department of Health & Human Services, 5 February 1992.

407. E. J. Matthews, Memorandum to Toxicology Section of the Biotechnology Working Group: „Safety of whole food plants transformed by technology methods", U.S. Food & Drug Administration. October 28, 1991.
408. S. L. Shibko, Memorandum to James H. Maryanski, biotechnology coordinator, CFSAN: Revision of toxicology section of the „Statement of policy: Foods derived from genetically modified plants", U.S. Food & Drug Administration, 1992.
409. L. J. Pribyl, Comments on the March 18, 1992, version of the Biotechnology Document. U.S. Food & Drug Administration, March 18, 1992.
410. M. A. Sudduth, Genetically engineered foods, fears and facts: An interview with FDA's Jim Maryanski, FDA Consumer, January–February 1993; 11–14. http://web.archive.org/web/20090202053904/http:/ www.fda.gov/bbs/topics/consumer/Con00191.html
411. http://www.ncbi.nlm.nih.gov/pubmed/26133768
412. http://www.nytimes.com/2015/09/06/us/food-industry-enlisted-academics-in-gmo-lobbying-war-emails-show.html
413. W. Freese, and D. Schubert, Safety testing and regulation of genetically engineered foods, „Biotechnology & Genetic Engineering Reviews" 2004, s. 299–324.
414.

Monsanto Position	Individual	Federal Position
Senior vice president for clinical affairs at G.D. Searle and Co. (merged with Monsanto)	Michael A. Friedman	Acting commissioner of the FDA
Consultant to Searle's public relations firm (merged with Monsanto)	Arthur Hull Hayes	Previously FDA commissioner
Top Monsanto scientist, oversaw approval of rBGH	Margaret Miller	Appointed deputy director of FDA, 1991
Worked on Monsantofunded rBGH in connection with Cornell University	Suzanne Sechen	FDA reviewer on scientific data
Attorney for Monsanto for 7 years, previous head of Monsanto Washington, D.C., office	Michael Taylor	Former FDA deputy commissioner for policy. In 2010 appointed senior advisor to FDA commissioner
Former Monsanto lawyer	Clarence Thomas	Appointed to U.S. Supreme Court in 1991

Served on Board of Directors at Calgene, a Monsanto Biotech subsidiary	Anne Veneman	Appointed head of USDA in 2001
Retired senior vice president for public policy at Monsanto	Dr. Virginia Weldon	Previously, member of FDA's Metabolism and Endocrine Advisory Committee
Vice president, Public and Government Affairs	Linda Fisher	Deputy Administrator, EPA
Manager, New Technologies	Linda Watrud	USDA, EPA
Director, Monsanto Danforth Center	Roger Beachy	Director USDA, NIFA

415. http://www.mindfully.org/Farm/Green-Revolution-Revolving.htm
416. G. Harris, New official named with portfolio to unite agencies and improve food safety, „New York Times", 13 stycznia 2010. http://www.nytimes.com/2010/01/14/health/policy/14fda.html
417. M. Bittman, Why aren't GMO foods labeled?, „New York Times", 15 lutego 2011. http://opinionator.blogs.nytimes.com/2011/02/15/why-arent-g-m-o-foods-labeled/
418. U.S. Food and Drug Administration. Meet Michael R. Taylor, J. D., deputy commissioner for foods, 2011. http://www.fda.gov/AboutFDA/CentersOffices/OfficeofFoods/ucm196721.htm
419. http://www.nytimes.com/2001/01/25/business/redesigning-nature-hard-lessons-learned-biotechnology-food-lab-debacle.html ?sec= health
420. http://www.sciencedirect.com/science/article/pii/S09291393 12002466
421. http://www.nature.com/srep/2014/140709/srep05634/full/srep05634.html
422. D. Huber, What about glyphosate-induced manganese deficiency?, „Journal of Fluid Mechanics" 2007, s. 20–22.
423. L.H.S., Zobiole, R. S. de Oliviera, D. M. Huber, J. Constantin, C. de Castro, et al. Glyphosate reduces shoot concentration of mineral nutrients in glyphosate resistant Soybeans, „Plant and Soil" 2009, vol. 328, s. 57–69.
424. http://gmoanswers.com/ask/uk-daily-mail-reports-an%C2%A0estimated-125000-farmers-have-committed-suicide%C2%A0because-crop-failure
425. http://www.theguardian.com/global-development/gallery/2014/may/05/india-cotton-suicides-farmer-deaths-gm-seeds
426. http://www.huffingtonpost.com/2014/07/10/gmo-labels-congress_n_5576255.html

ROZDZIAŁ 10

427. http://advances.nutrition.org/content/4/4/453.abstract
428. „Canadian Journal of Animal Science" 1999, vol. 79 (3), s. 391–315.
429. http://www.ncbi.nlm.nih.gov/pubmed/12019607
430. http://www.ncbi.nlm.nih.gov/pubmed/20807460
431. http://www.ncbi.nlm.nih.gov/pubmed/19935865
432. C. Ip, J. A. Scimeca, et al. Conjugated linoleic acid. A powerful anti-carcinogen from animal fat sources, „Cancer" 1994, vol. 74 (3 suppl), s. 1050–1054.
433. A. Aro, S. Mannisto, I. Salminen, M. L. Ovaskainen, V. Kataja, and M. Uusitupa, Inverse Association between Dietary and Serum Conjugated Linoleic Acid and Risk of Breast Cancer in Postmenopausal Women, „Nutrition and Cancer" 2000, vol. 38 (2), s. 151–157.
434. http://www.ncbi.nlm.nih.gov/m/pubmed/16183568/
435. S. K., Duckett, et al. Effects of winter stocker growth rate and finishing system on: III. Tissue proximate, fatty acid, vitamin and cholesterol content. „Journal of Animal Science" June 2009.
436. W. G. Kruggel, Influence of sex and diet on lutein in lamb fat, „Journal of Animal Science", 1982;54:970–75.
437. D. B., Mutetikka, and D. C. Mahan, Effect of pasture, confinement, and diet fortification with vitamin E and selenium on reproducing gilts and their progeny, „Journal of Animal Science" 1993, vol. 71, s. 3211.
438. http://www.cafothebook.org/
439. „By-Product Feedstuffs in Dairy Cattle Diets in the Upper Midwest", College of Agricultural and Life Sciences at the University of Wisconsin at Madison, 2008.
440. http://www.omicsonline.org/open-access/detection-of-glyphosate-in-malformed-piglets-2161-0525.1000230.pdf; http://www.truth-out.org/opinion/item/25426-one-little-piggy-had-birth
441. http://www.ncbi.nlm.nih.gov/pubmed/26133768
442. http://www.ncbi.nlm.nih.gov/pubmed/25448876
443. http://www.ncbi.nlm.nih.gov/pubmed/24930125
444. http://www.ncbi.nlm.nih.gov/pubmed/24719846
445. http://www.enveurope.com/content/26/1/14
446. https://www.tgen.org/news/archive/2011-media-releases/nationwide-study.aspx#.VO01lrPF-SY
447. http://www.cdc.gov/drugresistance/threat-report-2013/
448. http://www.ncbi.nlm.nih.gov/pmc/articles/PMC3553221/
449. http://www.foodproductiondaily.com/Safety-Regulation/US-contests-EU-chicken-restrictions
450. http://www.nytimes.com/2013/10/02/business/fda-bans-three-arsenic-drugs-used-in-poultry-and-pig-feeds.html? _r= 0

451. http://www.fda.gov/AnimalVeterinary/SafetyHealth/ProductSafetyInformation/ucm055436.htm
452. https://www.aasv.org/shap/issues/v7n1/v7n1p29.pdf
453. http://www.ncbi.nlm.nih.gov/pubmed/22063148

ROZDZIAŁ 11

454. http://www.ncbi.nlm.nih.gov/pubmed/19747410
455. A. Vileisis, Kitchen Literacy, Island Press, 2010.
456. http:// ucanr.edu/sites/UCCE _LR/files/152030.pdf
457. http://www.ncbi.nlm.nih.gov/pubmed/11049070
458. http://www.ncbi.nlm.nih.gov/pubmed/21875744
459. http://www.ncbi.nlm.nih.gov/pubmed/25441645
460. http://www.ncbi.nlm.nih.gov/pubmed/23041676
461. http://www.ncbi.nlm.nih.gov/pubmed/22846753
462. http://www.ncbi.nlm.nih.gov/pubmed/23993223
463. http://www.fda.gov/Food/ResourcesForYou/consumers/ucm079516.htm
464. http://www.cdc.gov/breastfeeding/recommendations/handling_breastmilk.htm; http://www.ncbi.nlm.nih.gov/m/pubmed/1557249; http://www.ncbi.nlm.nih.gov/pubmed/18784324; http://www.ncbi.nlm.nih.gov/pubmed/2723294
465. http://www.ncbi.nlm.nih.gov/pubmed/25731162
466. http://www.ncbi.nlm.nih.gov/pubmed/25512686
467. http://www.ncbi.nlm.nih.gov/pubmed/25310757
468. http://www.ncbi.nlm.nih.gov/pubmed/25213053
469. http://www.ncbi.nlm.nih.gov/pubmed/15015834
470. http://m.motherjones.com/tom-philpott/2014/05/nanotech-food-safety-fda-nano-material
471. http://onlinelibrary.wiley.com/doi/10.1002/bies.20708/abstract
472. http://www.ncbi.nlm.nih.gov/pubmed/24932525
473. http://www.ncbi.nlm.nih.gov/pubmed/25634802
474. http://www.ncbi.nlm.nih.gov/pubmed/25987426
475. http://www.ncbi.nlm.nih.gov/pubmed/15939853
476. http://www.sciencedirect.com/science/article/pii/0308814693 90171B
477. http://onlinelibrary.wiley.com/doi/10.1002/mnfr.200600303/abstract
478. http://pediatrics.aappublications.org/content/early/2010/08/09/peds.2009-3079.abstract
479. http://www.ncbi.nlm.nih.gov/pubmed/11758913
480. http://www.nytimes.com/1998/10/25/magazine/playing-god-in-the-garden.html?pagewanted= 5
481. http://www.motherjones.com/environment/2014/03/a1-milk-a2-milk-america

ROZDZIAŁ 12

482. Nicol Christine, Bristol University professor of animal welfare, The Intelligent Hen. http://www.dailymail.co.uk/sciencetech/article-2344198/Chickens-smarter-human-toddlers-Studies-suggest-animals-master-numeracy-basic-engineering.html#ixzz3HLqzi7C8
483. C. J. Lopez-Bote et al, Effect of free-range feeding on omega-3 fatty acids and alpha-tocopherol content and oxidative stability of eggs, „Animal Feed Science and Technology" 1998, vol. 72, s. 33–40.
484. http://www.ncbi.nlm.nih.gov/pubmed/23775487
485. http://www.ncbi.nlm.nih.gov/m/pubmed/25572556
486. http://www.ncbi.nlm.nih.gov/m/pubmed/26288263
487. http://advances.nutrition.org/content/4/4/453.full/
488. http://www.ncbi.nlm.nih.gov/pubmed/25713056
489. http:// pediatrics.aappublications.org/content/135/1/e196
490. http://www.ncbi.nlm.nih.gov/pubmed/24558199
491. http://www.ncbi.nlm.nih.gov/m/pubmed/10648274/
492. http://www.ncbi.nlm.nih.gov/pmc/articles/PMC3066069/
493. http://www.hindawi.com/journals/cholesterol/2012/292598/
494. http://www.ncbi.nlm.nih.gov/pubmed/25223281
495. http://www.ncbi.nlm.nih.gov/pubmed/24723866
496. http://www.ncbi.nlm.nih.gov/pubmed/25482392
497. http://www.ncbi.nlm.nih.gov/pubmed/25457283
498. http://www.ncbi.nlm.nih.gov/pubmed/3553287
499. http://www.ncbi.nlm.nih.gov/pubmed/2170516
500. http://www.ncbi.nlm.nih.gov/pubmed/2564950
501. http://www.ncbi.nlm.nih.gov/pubmed/1607898
502. http://www.ncbi.nlm.nih.gov/pubmed/2170516
503. http://www.ncbi.nlm.nih.gov/pubmed/7246527

H. M. Krumholz, et al., Lack of association between cholesterol and coronary heart disease mortality and morbidity and all-cause mortality in persons older than 70 years, „JAMA" 1994, vol. 272 (17), s. 1335–1340.

A.W. Weverling-Rijnsburger, et al., High-density vs. low-density lipoprotein cholesterol as the risk factor for coronary artery disease and stroke in old age, „Arch Intern Med." 2003, vol. 163 (13), s. 1549–54.

A. Jonsson, H. Sigvaldason, and N. Sigfusson, Total cholesterol and mortality after age 80 years, „Lancet" 1997, vol. ;350 (9093), s. 1778–1779.

I. Räihä, J. Marniemi, P. Puukka, T. Toikka, C. Ehnholm, and L. Sourander, Effect of serum lipids, lipoproteins, and apolipoproteins on vascular and nonvascular mortality in the elderly, „Arteriosclerosis, Thrombosis, and Vascular Biology" 1997, vol. 17 (7), s. 1224–1232.

S. Behar et al., Low total cholesterol is associated with high total mortality in patients with coronary heart disease. The Bezafibrate Infarction

Prevention (BIP) Study Group. „European Heart Journal" 1997, vol. 18 (1), s. 52–59.

L. P. Fried, et al., Risk factors for 5-year mortality in older adults: the Cardiovascular Health Study, „JAMA" 1998, vol. 279 (8), s. 585–592.

P. H. Chyou, and E. D. Eaker, Serum cholesterol concentrations and all-cause mortality in older people, „Age Ageing" 2000, vol. 29(1), s. 69–74.

I. J. Schatz, et al., Cholesterol and all-cause mortality in elderly people from the Honolulu Heart Program: a cohort study, „Lancet" 2001, vol. 358 (9279), s. 351–355.

W. Weverling-Rijnsburger, et al., High-density vs low-density lipoprotein cholesterol as the risk factor for coronary artery disease and stroke in old age, „Arch Intern Med." 2003, vol. 163 (13), s. 1549–1554.

G. Onder, et al., Serum cholesterol levels and in-hospital mortality in the elderly, „American Journal of Medicine" 2003, vol. 115 (4), s. 265–271.

E. Casiglia, et al., Total cholesterol and mortality in the elderly, „Journal of Internal Medicine" 2003, vol. 254 (4), s. 353–362.

B. M. Psaty, et al., The association between lipid levels and the risks of incident myocardial infarction, stroke, and total mortality: The Cardiovascular Health Study, „Journal of American Geriatric Society" 2004, vol. 52 (10), s. 1639–1647.

H. Ulmer, et al., Why Eve is not Adam: prospective follow-up in 149650 women and men of cholesterol and other risk factors related to cardiovascular and all-cause mortality, „Journal of Women's Health" 2004, vol. 13 (1), s. 41–53.

N. Schupf, R. Costa, J. Luchsinger, M. X. Tang, J. H. Lee, and R. Mayeux, Relationship between plasma lipids and all-cause mortality in nondemented elderly, „Journal of the American Geriatric Society" 2005, vol. 53 (2), s. 219–226.

J. L. Akerblom, et al., Relation of plasma lipids to all-cause mortality in Caucasian, African-American and Hispanic elders, „Age Ageing", 2008, vol. 37, s. 207–213.

R. S. Newson, et al., Association between serum cholesterol and noncardiovascular mortality in older age, „Journal of the American Geriatric Society" 2011, vol. 59, s. 1779–1785.

L. Bathum, R. Depont Christensen, L. Engers Pedersen, P. Lyngsie Pedersen, J. Larsen, and J. Nexøe, Association of lipoprotein levels with mortality in subjects aged 50 + without previous diabetes or cardiovascular disease: A population-based register study, „Scandinavian Journal of Primary Health Care" 2013, vol. 31, s. 172–180.

504. http://www.ncbi.nlm.nih.gov/pubmed/25602855; http://www.ncbi.nlm.nih.gov/pubmed/20470020; http://www.ncbi.nlm.nih.gov/pubmed/21160131

505. http://www.ncbi.nlm.nih.gov/pubmed/9343498
506. http://qjmed.oxfordjournals.org/content/96/12/927.full?ijkey=172mwKXqzgmtE&keytype= ref
507. http://www.ncbi.nlm.nih.gov/m/pubmed/8225591
508. http://www.ncbi.nlm.nih.gov/m/pubmed/18028461/
509. http://www.ncbi.nlm.nih.gov/m/pubmed/1355411; http://www.ncbi.nlm.nih.gov/pmc/articles/PMC3750440
510. http://www.ncbi.nlm.nih.gov/pmc/articles/PMC2386667; http://www.ncbi.nlm.nih.gov/pubmed/10217054; http://www.ncbi.nlm.nih.gov/pmc/articles/PMC3683816/
511. http://www.ncbi.nlm.nih.gov/pubmed/22985435
512. http://www.ncbi.nlm.nih.gov/pubmed/20876207
513. http://www.ncbi.nlm.nih.gov/pubmed/22890407
514. http://www.ncbi.nlm.nih.gov/pubmed/26110252
515. http://www.ncbi.nlm.nih.gov/pubmed/26166555
516. http://www.nytimes.com/2011/11/03/health/policy/health-guideline-panels-struggle-with-conflicts-of-interest.html ?pagewanted= all& _r= 2&
517. „The Institute of Medicine (IOM), an independent organization of scientists that analyzes available data and provides advice on medical issues, recommends that chairs of guideline committees should have no conflicts of interest if possible, and that the entire panel should also be free of ties to industry; if that's not possible, then at least half of the members should meet this criterion...

    Those policies stem from studies suggesting that biases do creep in to people's behaviors, whether consciously or not. In one study published earlier this year, for example, scientists compared the guidelines proposed by two different groups of experts for treating a blood clotting disorder; the panel in which 73 percent of members reported connections to pharmaceutical companies suggested stronger recommendations for turning to drug-based treatments compared to a panel in which none of the members had ties to industry." http://healthland.time.com/2013/11/22/conflicts-of-interest-cholesterol-panel-head-defends-members-ties-to-industry/
518. D. Love, R. Halden, M. Davis, and K. Nachman. Feather Meal: A Previously Unrecognized Route for Reentry into the Food Supply of Multiple Pharmaceuticals and Personal Care Products (PPCPs), „Environmental Science & Technology" 2012, vol. 46 (7), s. 3795–3802.

ROZDZIAŁ 13

519. Omega-3 for bipolar disorder: meta-analyses of use in mania and bipolar, „Journal of Clinical Psychiatry" 2011, 9 sierpnia.
520. Reduced mania and depression in juvenile bipolar disorder associated with longchain omega-3 polyunsaturated fatty acid supplementation. „European Journal of Clinical Nutrition" 2009, vol. 63 (8), s. 1037–1040.

521. http://www.ncbi.nlm.nih.gov/pubmed/25373095
522. http://www.ncbi.nlm.nih.gov/pubmed/21961774
523. Supplementation of polyunsaturated fatty acids, magnesium, and zinc in children seeking medical advice for attention-deficit/hyperactivity problems, an observational cohort study. „Lipids in Health and Disease" 2010, vol. 9, s. 105.
524. http://www.ncbi.nlm.nih.gov/pubmed/18511348
525. http://www.ncbi.nlm.nih.gov/m/pubmed/26318793/
526. Dietary supplementation with fish oil rich in omega-3 polyunsaturated fatty acids in children with bronchial asthma. „European Respiratory Journal" 2000, vol. 16 (5), s. 861–865.
527. Effects of n-3 fatty acids on autoimmunity and osteoporosis. „Front Biosci" 2008, vol. 1 (13), s. 4015–4020.
528. C. Seigneur, K. Vijayaraghavan, K. Lohman, P. Karamchandani, and C. Scott, Global source attribution for mercury deposition in the United States, „Environmental Science & Technology" 2004, vol. 38, no. 2, s. 555–569.
529. http://www.ncbi.nlm.nih.gov/m/pubmed/26109549/; http://www.ncbi.nlm.nih.gov/m/pubmed/25757069/
530. http://www.ncbi.nlm.nih.gov/m/pubmed/10430235/
531. http://www.ncbi.nlm.nih.gov/m/pubmed/25461680; http://www.ncbi.nlm.nih.gov/m/pubmed/24598815; http://www.ncbi.nlm.nih.gov/m/pubmed/24561639; http://www.ncbi.nlm.nih.gov/m/pubmed/24555651
532. http://www.ncbi.nlm.nih.gov/m/pubmed/15298193/
533. http://www.ncbi.nlm.nih.gov/m/pubmed/22425897; http://www.ncbi.nlm.nih.gov/m/pubmed/14760257/
534. P. Greenberg, Four Fish: The Future of the Last Wild Food, New York: Penguin, 2010.
535. Ibidem.

ROZDZIAŁ 14

536. http://www.nytimes.com/2007/04/03/health/03iht-snwater.1.5126782.html?pagewanted=all
537. http://www.who.int/mediacentre/factsheets/fs379/en/
538. http://www.sciencedaily.com/releases/2013/07/130722071947.htm
539. http://www.ncbi.nlm.nih.gov/pmc/articles/PMC1566656/pdf/envhper00512-0121.pdf
540. http://www.safewater.org/PDFS/scientificresearch/humanhealtheffectsfromchronicarsenicpoisoning-areview.pdf
541. http://www.ncbi.nlm.nih.gov/pubmed/23176881
542. http://www.theguardian.com/environment/2015/jul/05/fracking-injection-chemicals-drinking-water-transparency

543. http://www.theatlantic.com/health/archive/2012/03/for-pennsylvanias-doctors-a-gag-order-on-fracking-chemicals/255030/
544. http://www.law360.com/articles/553427/doctor-s-challenge-to-pa-fracking-gag-rule-gets-nixed
545. http://www.nature.com/ncomms/2015/150421/ncomms7728/full/ncomms7728.html
546. http://thinkprogress.org/climate/2015/05/05/3654388/california-drought-oil-wastewater-agriculture/
547. N. Leiba, et al., Environmental Working Group, 2011. „2011 Bottled Water Scorecard", http://static.ewg.org/reports/2010/bottledwater2010/pdf/2011-bottledwater-scorecard-report.pdf; E. D. Olson, Natural Resources Defense Council, 1999. „Bottled Water: Pure Drink or Pure Hype?" http://www.nrdc.org/water/drinking/bw/bwinx.asp
548. http://www.motherjones.com/environment/2014/03/tritan-certichem-eastman-bpa-free-plastic-safe?page=2
549. ttp://www.mnn.com/earth-matters/translating-uncle-sam/stories/what-is-the-great-pacific-ocean-garbage-patch
550. M. S. Ganio, D. J. Casa, L. E. Armstrong, and C. M. Maresh. Evidence-based approach to lingering hydration questions, „Clinics in Sports Medicine" 2007, vol. 26 (1), s. 1–16.
551. http://www.ncbi.nlm.nih.gov/m/pubmed/11229668/
552. http://www.ncbi.nlm.nih.gov/m/pubmed/23968739/
553. http://www.ncbi.nlm.nih.gov/m/pubmed/17008578/
554. Christopher Bryson, *The Fluoride Deception*, New York: Seven Stories Press, 2006.
555. Ibidem.
556. http://www.ncbi.nlm.nih.gov/pmc/articles/PMC2001050/
557. http://www.accessdata.fda.gov/scripts/cdrh/cfdocs/cfcfr/cfrsearch.cfm?fr=355.10
558. http://www.fluoridealert.org/wp-content/uploads/fda-2005a.pdf
559. Poziom fluoru w mleku matki jest zdecydowanie niższy (0,004 ppm) w porównaniu z niemowlętami karmionymi butelką, które spożywają wodę z fluorem (o,6-1,2 ppm). http://www.ncbi.nlm.nih.gov/pubmed/26449642; http://www.ncbi.nlm.nih.gov/pubmed/15587090
560. http://www.cdc.gov/nchs/data/databriefs/db53.htm
561. http://www.ncbi.nlm.nih.gov/pubmed/26319807; http://www.ncbi.nlm.nih.gv/pubmed/25164033; http://www.ncbi.nlm.nih.gov/pubmed/22369953; http://www.ncbi.nlm.nih.gov/pubmed/11275672
562. http://www.ncbi.nlm.nih.gov/pubmed/11434994
563. http://www.ncbi.nlm.nih.gov/pubmed/22820538
564. http://www.thelancet.com/journals/laneur/article/PIIS1474-4422(13)70278-3/abstract?cc=y

565. http://www.ncbi.nlm.nih.gov/pubmed/19054310
566. J. A. Yiamouyiannis, Water Fluoridation and Tooth Decay: Results from the 1986–87 National Survey of U.S. Schoolchildren, „Fluoride" 1990, vol. 23, s. 55–67, 32. https://iadr.confex.com/iadr/2006Orld/techprogram/abstract_73811.htm
567. https://iadr.confex.com/iadr/2006Orld/techprogram/abstract_73811.htm
568. http://www.ncbi.nlm.nih.gov/pubmed/22320287
569. http://www.ncbi.nlm.nih.gov/pubmed/26092033
570. http://www.ncbi.nlm.nih.gov/pubmed/15153698
571. http://www.ncbi.nlm.nih.gov/pmc/articles/PMC1615305/pdf/amjph00440=0107.pdf

ROZDZIAŁ 15

572. http://www.ncbi.nlm.nih.gov/pubmed/19103324; http://www.ncbi.nlm.nih.gov/pubmed/18598178
573. http://www.ncbi.nlm.nih.gov/pubmed/24983789
574. http://www.ncbi.nlm.nih.gov/pubmed/21033720; http://www.ncbi.nlm.nih.gov/pubmed/21675726
575. http://www.ncbi.nlm.nih.gov/pubmed/20132041; http://cfs.nrcan.gc.ca/publications?id=28297
576. http://www.ncbi.nlm.nih.gov/pubmed/22147441; http://www.ncbi.nlm.nih.gov/pubmed/23122108
577. http://www.ncbi.nlm.nih.gov/m/pubmed/25647359
578. http://www.ncbi.nlm.nih.gov/pubmed/25819960; http://www.ncbi.nlm.nih.gov/pubmed/18377679
579. http://www.ncbi.nlm.nih.gov/pubmed/24005018; http://www.ncbi.nlm.nih.gov/pubmed/25757438
580. http://www.ncbi.nlm.nih.gov/pmc/articles/PMC3715094; http://www.sciencedirect.com/science/article/pii/S1756464611000296
581. http://www.ncbi.nlm.nih.gov/pubmed/19103324
582. G. Paolisso, and M. Barbagallo, Hypertension, diabetes mellitus, and insulin resistance: the role of intracellular magnesium, „American Journal of Hypertension" 1997, vol. 10, s. 346–355.
583. M. I. Pikilidou, et al., Insulin sensitivity increase after calcium supplementation and change in intraplatelet calcium and sodium- hydrogen exchange in hypertensive patients with type 2 diabetes, „Diabetic Medicine" 2009, vol. 26, s. 211–219.
584. R. Chatterjee, et al. Potassium intake and risk of incident type 2 diabetes mellitus: the coronary artery risk development in young adults (CARDIA) study, „Diabetologia" 2012, vol. 55, s. 1295–1303.
585. http://www.ncbi.nlm.nih.gov/pubmed/19103324
586. http://www.ncbi.nlm.nih.gov/pubmed/24228787

587. http://www.ncbi.nlm.nih.gov/pubmed/15630260
588. http://www.ncbi.nlm.nih.gov/pubmed/24876885
589. http://www.ncbi.nlm.nih.gov/pubmed/21196761
590. http://www.ncbi.nlm.nih.gov/pubmed/18056558
591. http://www.ncbi.nlm.nih.gov/pubmed/24886260
592. http://www.ncbi.nlm.nih.gov/pubmed/24690749
593. http://www.ncbi.nlm.nih.gov/pubmed/22811614
594. http://www.ncbi.nlm.nih.gov/pubmed/24476150
595. http://www.ncbi.nlm.nih.gov/pubmed/23584372
596. http://www.ncbi.nlm.nih.gov/pmc/articles/PMC4075678
597. http://www.ncbi.nlm.nih.gov/pubmed/23256446
598. http://www.ncbi.nlm.nih.gov/pubmed/23111883
599. http://www.ncbi.nlm.nih.gov/pubmed/23102243
600. http://www.ncbi.nlm.nih.gov/pubmed/23971045
601. http://www.ncbi.nlm.nih.gov/pubmed/25258397
602. http://www.foodsafetynews.com/2011/11/tests-show-most-store-honey-isnt-honey/#.VFp6Vf1lUZ0
603. http://abcnews.go.com/Health/hide-sweet-surprising-places-find-high-fructose-corn/story?id=23257519
604. http://www.ncbi.nlm.nih.gov/pubmed/26456559
605. http://www.ncbi.nlm.nih.gov/pubmed/26351933; http://www.ncbi.nlm.nih.gov/pubmed/25498862; http://www.ncbi.nlm.nih.gov/pubmed/25790022; http://www.ncbi.nlm.nih.gov/pubmed/26258079; http://www.ncbi.nlm.nih.gov/pubmed/26480301
606. http://www.ncbi.nlm.nih.gov/pubmed/26318151
607. http://www.ncbi.nlm.nih.gov/pubmed/25722654
608. http://www.ncbi.nlm.nih.gov/pubmed/25709792
609. http://www.ncbi.nlm.nih.gov/pubmed/25840667
610. http://www.ncbi.nlm.nih.gov/pubmed/11160540; http://www.ncbi.nlm.nih.gov/pubmed/19437058
611. http://www.ncbi.nlm.nih.gov/pubmed/26200659
612. A. Vileisis, *Kitchen Literacy*, Island Press, 2010.
613. http://www.ncbi.nlm.nih.gov/pubmed/26410780; http://www.ncbi.nlm.nih.gov/pubmed/25303528
614. http://www.ncbi.nlm.nih.gov/pubmed/25222131
615. http://www.ncbi.nlm.nih.gov/pubmed/25031459
616. http://www.ncbi.nlm.nih.gov/pubmed/25997382; http://www.ncbi.nlm.nih.gov/pubmed/23515148
617. http://www.ncbi.nlm.nih.gov/m/pubmed/17570262; http://www.ncbi.nlm.nih.gov/pubmed/23471488
618. http://olivecenter.ucdavis.edu/oil-testing

619. http://olivecenter.ucdavis.edu/research/files/report041211finalreduced.pdf
620. http://www.jisppd.com/article.asp?issn=0970-4388;year=2008;volume=26;issue=1;spage=12;epage=17;aulast=Asokan
621. http://www.ncbi.nlm.nih.gov/pubmed/21163558
622. http://www.ncbi.nlm.nih.gov/pubmed/24556122
623. http://www.ncbi.nlm.nih.gov/m/pubmed/19022225/
624. http://www.ncbi.nlm.nih.gov/m/pubmed/18990554/
625. http://www.ncbi.nlm.nih.gov/pubmed/15736917
626. http://www.ncbi.nlm.nih.gov/pubmed/17764919
627. http://www.ncbi.nlm.nih.gov/pubmed/24435467
628. http://www.hindawi.com/journals/isrn/2012/251632/
629. http://www.ncbi.nlm.nih.gov/pubmed/24506418
630. http:// www.ncbi.nlm.nih.gov/pubmed/22050471
631. http://www.ncbi.nlm.nih.gov/pubmed/25332990
632. http://www.ncbi.nlm.nih.gov/pubmed/24494050
633. http://www.ncbi.nlm.nih.gov/pubmed/22207209
634. http://www.ncbi.nlm.nih.gov/pubmed/21242065

CZĘŚĆ 4. SKŁADAMY WSZYSTKO W JEDNĄ CAŁOŚĆ

635. http://www.ncbi.nlm.nih.gov/pubmed/19211608; http://www.ncbi.nlm.nih.gov/pubmed/17652719
636. http://scholar.lib.vt.edu/theses/available/etd-05062011-114155/unrestricted/Parsons_AE_T_2011.pdf; http://eab.sagepub.com/content/32/6/775.abstract

ROZDZIAŁ 16

637. http://www.ncbi.nlm.nih.gov/pubmed/23143785
638. http://www.ncbi.nlm.nih.gov/m/pubmed/26366755/
639. http://www.ncbi.nlm.nih.gov/m/pubmed/26500095
640. http://www.ncbi.nlm.nih.gov/m/pubmed/21112742
641. http://www.ncbi.nlm.nih.gov/pubmed/25675368/
642. http://www.ncbi.nlm.nih.gov/pubmed/12690999/
643. http://www.ncbi.nlm.nih.gov/pubmed/22647733; http://www.ncbi.nlm.nih.gov/pubmed/22946853
644. http://www.ncbi.nlm.nih.gov/pmc/articles/PMC2896222/
645. http://www.ncbi.nlm.nih.gov/pubmed/25000133

646. http://www.nytimes.com/2014/09/02/health/childhood-diet-habits-set-in-infancy-studies-suggest.html

ROZDZIAŁ 17

647. http://www.ncbi.nlm.nih.gov/pubmed/24887352
648. S. Strife, and L. Downey, Childhood development and access to nature. A new direction for environmental inequality research, „Organ Environ" 2009, vol. 22, s. 99–122.
649. S. Strife, and L. Downey, Childhood development and access to nature. A new direction for environmental inequality research, „Organ Environ" 2009, vol. 22, s. 99–122.
650. http://journals.plos.org/plosone/article?id=10.1371/journal.pone.0108548
651. M. G. Berman, J. Jonides, and S. Kaplan, The cognitive benefits of interacting with nature, „Psychological Science" 2008, vol. 19, s. 1207–1212.
652. http://www.pnas.org/content/112/26/7937
653. http://journals.plos.org/plosone/article?id=10.1371/journal.pone.0108548
654. http://www.sciencedirect.com/science/article/pii/S02724944 15000328
655. http://www.pnas.org/content/early/2015/06/23/1510459112
656. http://www.sciencedirect.com/science/article/pii/S02724944 15000195
657. http://www.ncbi.nlm.nih.gov/pubmed/24858508
658. http://www.ncbi.nlm.nih.gov/pubmed/24858507
659. http://www.ncbi.nlm.nih.gov/pubmed/24858504
660. http://www.ncbi.nlm.nih.gov/pubmed/22840583
661. http://www.ncbi.nlm.nih.gov/pubmed/15151947
662. http://www.ncbi.nlm.nih.gov/pubmed/23863507
663. http://www.ncbi.nlm.nih.gov/pmc/articles/PMC1868963/
664. http://www.ncbi.nlm.nih.gov/pubmed/23454729
665. J. L. Oschman, Perspective: assume a spherical cow: the role of free or mobile electrons in bodywork, energetic and movement therapies, „Journal of Bodywork and Movement Therapies" 2008, vol. 12 (1), s. 40–57.
666. http://www.ncbi.nlm.nih.gov/pmc/articles/PMC3265077/
667. http://www.ncbi.nlm.nih.gov/pubmed/24697969
668. http://ajcn.nutrition.org/content/85/6/1586.full
669. http://www.ncbi.nlm.nih.gov/pmc/articles/PMC3256339/
670. http://www.thelancet.com/journals/lancet/article/PIIS0140-6736(04)15649-3/abstract
671. http://www.ncbi.nlm.nih.gov/pubmed/25207378; http://www.ncbi.nlm.nih.gov/pubmed/23638051
672. http://www.ncbi.nlm.nih.gov/pubmed/22279374
673. http://www.ncbi.nlm.nih.gov/pubmed/15068032
674. http://www.ncbi.nlm.nih.gov/pubmed/11594062
675. http://www.ajpcr.com/Vol5Suppl3/1238.pdf

676. http://www.cdc.gov/biomonitoring/Lead_FactSheet.html
677. http://www.washingtonpost.com/blogs/early-lead/wp/2014/10/09/is-there-a-link-between-artificial-turf-and-cancer-in-soccer-goalies/
678. http://www.ncbi.nlm.nih.gov/pubmed/12690999
679. http://www.nature.com/jid/journal/v134/n11/full/jid2014273a.html
680. http://www.ncbi.nlm.nih.gov/pubmed/17030480; http://www.ncbi.nlm.nih.gov/pubmed/17913417
681. http://www.ncbi.nlm.nih.gov/pubmed/17913417
682. http://www.ncbi.nlm.nih.gov/pubmed/25821503